普通高等教育农业部"十三五"规划教材

农业自然资源导论

谢立勇　主编

中国农业大学出版社
·北京·

内容简介

随着人口增加和科技进步，人类对自然资源的需求空前加大。过度利用自然资源必然导致资源短缺、环境污染、生态退化等问题，影响人类自身的生存与发展。本书坚持可持续发展理论，运用系统的、发展的观点，结合学科最新研究进展和发展实践编写而成。系统介绍农业自然资源的基本概念，农业自然资源科学的研究内容、研究方法及农业自然资源开发利用存在的问题与对策。本书旨在培养学生树立正确的资源使用观和社会发展观，为建设和实践资源节约型和环境友好型社会奠定基础。全书内容充实、体系完整，既有一定的学术创新性，也有较好的实践操作性。本书可作为全国高等农林院校教材，适用于农林管理类、农学类专业本科生以及农村发展、农业管理等专业硕士研究生，也适合于对农业自然资源管理和农业可持续发展感兴趣的各界人士阅读。

图书在版编目(CIP)数据

农业自然资源导论/谢立勇主编. —北京：中国农业大学出版社，2018.12
ISBN 978-7-5655-2153-9

Ⅰ.①农… Ⅱ.①谢… Ⅲ.①农业资源-自然资源-中国-高等学校-教材 Ⅳ.①F323.2

中国版本图书馆 CIP 数据核字(2018)第 273524 号

书　名　农业自然资源导论
作　者　谢立勇　主编

策划编辑　赵　中　　　责任编辑　洪重光
封面设计　郑　川
出版发行　中国农业大学出版社
社　址　北京市海淀区圆明园西路 2 号　　　邮政编码　100193
电　话　发行部 010-62818525，8625　　　读者服务部 010-62732336
　　　　编辑部 010-62732617，2618　　　出 版 部 010-62733440
网　址　http://www.cau.edu.cn/caup　　　E-mail cbsszs @ cau.edu.cn
经　销　新华书店
印　刷　北京鑫丰华彩印有限公司
版　次　2019 年 1 月第 1 版　　2019 年 1 月第 1 次印刷
规　格　787×980　16 开本　22.5 印张　410 千字
定　价　47.00 元

编审人员

主　　编　谢立勇

副 主 编　刘世平　郑华伟　杨文凤　冯永祥

编写人员　（按姓氏音序排列）

陈　勇（四川农业大学）
丛巍巍（沈阳农业大学）
段美春（西南大学）
冯永祥（黑龙江八一农垦大学）
纪朋涛（河北农业大学）
刘世平（扬州大学）
吕长文（西南大学）
孙成明（扬州大学）
谢立勇（沈阳农业大学）
杨文凤（西藏农牧学院）
雍太文（四川农业大学）
张文元（江西农业大学）
赵洪亮（沈阳农业大学）
郑华伟（南京农业大学）

主　　审　朱朝枝　吴绍洪

前　言

自然界中一切参与农业生产过程的天然形成的物质和能量都是农业自然资源。人类对农业自然资源的利用由来已久，伴随着人类产生、进化和发展的整个过程。特别在农耕社会时期，人类社会发展的过程就是人类改进和提高利用农业自然资源的过程，钻石取火、狩猎稼穑、冶炼青铜、造纸印刷，无一例外。农业自然资源是人类社会发展的源泉和基础，没有对农业自然资源的开发利用就没有人类社会的今天。然而，随着人类社会的发展，农业自然资源的内涵和范围不断扩大。特别是近百年来，人类需求与供给的矛盾、资源利用与环境保护的矛盾日益尖锐，人们急需加深对自然资源的认知了解，加强自然资源的规划和管理，合理开发使用自然资源，以保证地球人居条件长久稳定、人类社会永续发展。

人口、资源、环境是人类社会发展的三个核心要素，相互依存、相互制约。全球范围内的资源短缺、环境污染等问题，威胁着人类自身的生存与发展。如何有效地协调三者间的关系，对人类社会健康发展至关重要。如何坚持建设资源节约型、环境友好型社会，如何切实落实农业供给侧结构性改革，是今后相当长的一段时间内农林高等院校共同面临的责任和问题。资源是基础，过度开发利用资源不仅造成浪费，还会带来严重的环境问题。强化农业自然资源科学的教学与研究，有利于学生树立正确的资源使用观和社会发展观，有利于学生对可持续发展的理解和实践。

在多年教学研究与实践的基础上，按照“坚持正确的价值导向，坚持创新发展，坚持服务产业发展需求；育人为本，质量为重，努力打造适应农业产业发展和教育教学改革规律的高质量教材”这一总要求，2017 年我们申报了农业部“十三五”规划教材，得到立项批复。2018 年 3 月十三届全国人大一次会议提出组建自然资源部，作为国务院新的组成部门。将原国土资源部的职责，水利部的水资源调查和确权登记管理职责，农业部的草原资源调查和确权登记管理职责，国家林业局的森林、湿地等资源调查和确权登记管理职责，国家海洋局的职责等进行整合，以健全自然资源资产产权制度和用途管制制度，创新政府配置资源方式，明确国土空间的自然资源资产所有者、监管者及其责任。

形势的发展不断鼓励和督促我们要加强农业自然资源科学的课程建设和研究。2018 年 3 月正式启动了本教材的编写工作，来自全国九所高校的一线教师，反复推敲、热烈研讨，完善了课程大纲和章节目录，明确了分工。教材立足于中国国情，坚持可持续发展理念，突出科学性、系统性、实用性和针对性，重点关注农业自然资源的数量与质量及其开发利用。内容体系贴近学生思想、学习和生活实际，服务于学生全面发展。

本教材包括十四章，由谢立勇教授担任主编，刘世平、郑华伟、杨文凤、冯永祥担任副主编。各章节编写人员分工如下，第一章绪论由谢立勇编写，第二章农业气候资源由谢立勇、冯永祥编写，第三章土地资源由丛巍巍、郑华伟编写，第四章农业水资源由刘世平、孙成明编写，第五章森林资源由冯永祥、张文元编写，第六章草地资源由杨文凤编写，第七章海洋资源由郑华伟、赵洪亮编写，第八章种植业资源由陈勇、雍太文编写，第九章驯化动物资源由杨文凤、张文元编写，第十章野生动植物资源由段美春、吕长文编写，第十一章农业微生物资源由纪朋涛、谢立勇编写，第十二章农业废弃物资源由刘世平、丛巍巍编写，第十三章农用矿物资源由赵洪亮、刘世平编写，第十四章农业自然资源评价与利用由郑华伟编写。全书由谢立勇、刘世平、郑华伟统稿和修改，谢立勇负责总体设计和最后定稿。

本教材在确立大纲、修改完善过程中，得到福建农林大学朱朝枝教授和中国科学院地理科学与资源研究所吴绍洪研究员的热忱指导。他们对本书的内容提出了宝贵意见，在此表示衷心的感谢。教材编写过程中，参考了大量文献并列于书后，在此向所有文献的作者表示感谢。由于涉及文献较多，如有遗漏，敬请谅解。

本书可作为全国高等农林院校教材，适用于农林管理类、农学类专业本科生以及农村发展、农业管理等专业硕士研究生，也适合于对农业自然资源管理和农业可持续发展感兴趣的各界人士阅读。

农业自然资源科学正是蓬勃发展时期，新信息、新成果日新月异。教材编写过程中，编者通力合作、精益求精，广泛吸收相关学科的新成果和新成就，但由于我们水平有限、经验不足，教材中难免有错误之处，恳请读者批评指正。

编　者

2018 年 12 月 30 日

目　　录

第一章 绪 论

重点提示

本章主要阐述农业自然资源的基本概念、类型和属性，农业自然资源开发利用与人类社会发展的关系，学习和研究农业自然资源开发利用的理论、原理和本质，了解和掌握农业自然资源管理的重要意义。

资源是经济社会发展的基础。人类进行生产和消费的内容多种多样，但根本上都是利用和消耗资源。例如人类生活所需要的食物是由水、土壤和大气中的CO_2、O_2等农业自然资源通过生态系统对太阳能的转化和固定所形成的；占地球总生物量近90%的森林，既是氧气的重要来源，又是国民经济许多部门的基本生产资料。资源的开发和利用是与人类进化发展同步而行的活动。采集与狩猎是人类利用自然资源的原始阶段，石器是他们最初的工具；到稼穑与驯化，逐步提高了资源利用效率和水平；兴修水利高效利用水资源，疏导水源缓解水患。人类利用自然资源的手段不断改进，认知不断提高，智慧不断积累。

西方工业革命以来，社会发展模式发生了重大变化，人类对资源的开发利用也发生了巨大变化。一方面人类在控制自然方面取得了辉煌的成就，另一方面这种开发与控制造成了各种困境和危机，甚至危及人类的生存。其中核心问题就是资源与环境问题，因为工业文明依赖的主要是煤、石油等非再生资源，同时导致水土污染、生态退化、气候变化等环境问题日益严重。事实警示人们，必须合理开发和利用资源，建成资源可持续利用的保障体系。

农业是国民经济的基础，农业自然资源则是农业乃至人类社会赖以生存和发展的物质基础与根本保证。农业自然资源是一个相关联系、彼此依存的耦合系统，只有调节好农业自然资源系统内部的土、水、肥、气与植物生长的关系，使之处于最佳状态，才能最大限度地挖掘资源系统的内在潜力，充分发挥农业自然资源的效益，促进整个人类社会的健康可持续发展。

第一节 农业自然资源的概念和属性

一、资源与自然资源

(一)资源

资源(resource)是指一个国家或一个地区内拥有的物力、财力、人力等各种物质要素的总称,可分为自然资源和社会资源两大类。自然界中凡是能满足人类生活和生产需要的物质,均称为自然资源,比如阳光、空气、水、土地等。社会资源包括人力资源、信息资源以及经过劳动创造的各种物质财富。

资源既是历史的范畴,又是社会的产物,内涵和外延都随着科学技术的发展而不断变化扩展。在原始社会末期,由于生产力的提高、私有制的形成,为商品交换创造了条件,人们开始意识到自然物质是资源,从而形成了资源的概念。随着科学技术的进步和人类认识水平的提高,越来越多的物质的利用价值被发现,资源的种类日益增多,资源范畴也不断扩大。工业革命以来,由于能源和矿产资源相对充裕,只要有资本,就能从市场上买到劳动力和原材料,这时资本成为发展的主要资源。第二次世界大战以后,人口急剧增加,工业和城市迅速发展,人类用掠夺的方式开采自然资源,以资源的大量消耗换取经济的快速增长,资源危机威胁着人类自身的生存与发展。只有合理开发利用自然资源,协调经济效益、社会效益和生态效益三者之间的关系,才能保证经济社会的健康发展。所以,资源的概念可以归纳为,在一定历史条件下,能够被人类开发利用以提高自身福利水平或生存能力的、具有某种稀缺性的、受社会约束的各种环境要素或事物的总称。资源的根本性质是社会化的效用性和相对稀缺性。广义上讲,对人类有用或有价值的物质都是资源。资源的狭义概念仅指自然资源,本课程讨论的资源属于狭义自然资源的范畴。

(二)自然资源

自然资源(natural resources)是天然存在的自然物,不包括人类加工制造的原料,如土地资源、水资源、生物资源和海洋资源等是生产原料的来源和布局场所。联合国环境规划署定义为“自然资源是指在一定时间、地点等条件下,能够产生经济价值的、以提高人类当前和将来福利的自然环境因素和条件的总称”。《中国资源科学百科全书》定义为“自然资源是人类可以利用的、自然生成的物质与能量,是人类生存和发展的物质基础。”

自然资源是一个相对的概念，具有动态特征。随着社会生产力的提高和科学技术的进步，自然资源的外延和内涵不断扩大和加深。自然资源既是人类生存和发展的基础，又是环境要素。人类通过对自然资源的开发利用与自然界发生关系。在人类社会的发展进程中，由于对自然资源的开发利用方式及程度的不同，形成了人与自然关系的不同发展阶段。根据自然资源在经济部门中的地位和作用，可以将其分为农业自然资源、工业自然资源、交通业自然资源、服务业自然资源等类型。根据自然资源是否可耗竭的特征，可分为可再生资源、可更新资源和不可再生资源。

二、农业自然资源及其属性

(一)农业自然资源

农业自然资源(agricultural natural resources)指存在于地球表层自然系统中的、参与农业生产过程的物质和能量。一般指各种气象要素和水、土地、生物等自然物，不包括用以制造农业生产工具或用作动力能源的煤、铁、石油等矿产资源和风力、水力等资源。在自然资源科学里讨论农业自然资源，经常简称为农业资源。

农业自然资源是自然资源的重要组成部分，在人民生活、生产及国民经济中占有重要地位。一个国家或地区的农业资源丰度、分布状况，体现了这个国家或地区农业生产的潜力，而农业自然资源开发的水平，则是一个国家或地区社会文明与发达的标志。掌握某一地区农业自然资源的状况、特点和开发潜力，加以合理利用，不但对发展农业具有重要战略意义，而且有利于保护人类生存环境和发展国民经济。

农业自然资源作为农业生产资料的物质来源以及农业生产和人类生活所必要的条件，是提供人类所需农产品和良好环境的物质基础。如果说资源是人类从事一切活动和生存的必要条件，那么农业自然资源就是为农事活动或农业生产提供原料或能量的必要条件。

农业自然资源可分为三大类：一类就是仅为农用生物提供载体或生长的环境，本身并没有物质生产功能，如土地资源、农业气候资源等。如果提高它们的质量或增加其数量，均有利于农用生物的生长发育或能在总体上使生物量得以增加。另一类是作为农业经营对象的生物资源，如森林资源、草地资源等，都具有可更新的特征。通过生长和发育过程，在一般情况下可周而复始地完成生物的繁衍过程，并通过生物量的积累形式提供生物产品满足人类社会需要。其他的可归结为一类，如废弃物资源等。

生态环境指与人类密切相关的,影响人类生活和生产活动的各种自然、力量或作用的总和。它与自然资源是相互依存、相互影响的有机整体,一定条件下还可以相互转化。从功能角度区分,自然资源体现自然的实体功能,反映自然对于人类的直接有用性;生态环境体现自然的受纳功能和服务功能,与人类是客体与主体的关系。由于自然资源和生态环境相互关系,自然资源和生态环境的监管也存在一些交叉。例如,在空间规划体系统一构建、国土空间管制规则制定过程中,生态红线的划定、评价和监督;山水林田湖草的整体保护、系统修复和综合治理的分工协作;自然资源和生态环境保护的责任清单和监管边界的界定。

(二)农业自然资源的基本属性

农业自然资源中的生物群落与其环境相互联系、相互作用,以生态系统的形式存在于自然界中,与此同时,农业自然资源又区别于自然生态系统,它具有一定的使用价值,因而具有社会属性。所以农业自然资源系统既具有生态系统的基本属性,又具有一定的社会属性。

1. 共生性和整体性

在自然界,气候资源、土地资源、水资源、生物资源等是相互联系、相互制约的一个整体,它们在垂直空间上是共生的。人类在改变一种自然资源或生态系统中的成分时,就会改变其周围的环境,并对其他资源产生影响。因此,农业自然资源系统作为生态系统,具有整体性的特点,如果脱离对资源整体性的考虑,只顾及某一特定资源的合理利用与保护,就很难达到保护整个生态系统的目的。农业自然资源的共生性与整体性决定了对资源合理利用管理的综合性。农业生产中是对全部农业自然资源的利用,各类农业自然资源对农业生产具有同等的重要性。

2. 相对有限性与绝对无限性

在确定的时空范围内,自然资源的数量和质量是有限的,而时间、空间和运动是无限的,物质和能量也是无限的。所以,农业自然资源是相对有限性与绝对无限性的辩证统一,主要表现在土壤肥力的周期性恢复,生物体的不断死亡与繁衍,水分的循环补给,气候条件的季节性变化等。更新和循环过程可因人类活动的干预而加速,从而打破原来的生态平衡。这种干预和影响如果是合理的,就有可能在新的条件下,使农业自然资源继续保持周而复始、不断更新的良好状态,建立新的生态平衡;反之就会导致某些资源衰退,甚至枯竭。农业自然资源的绝对无限性是人类无限生存下去和社会无限发展进步的重要条件,而其相对有限性则为经济、合理地利用资源,有效地保护和管理农业自然资源提供了依据。

3. 资源分布的地域性

农业自然资源的分布是不均匀的，具有一定的空间范围和分布规律，如气候、土地和水资源的空间分布，表现出不同经度和纬度的差别，形成了纬度地带性和经度地带性，在山区随海拔高度的变化，又形成垂直地带性。不仅大的区域如南方和北方、东部和西部、沿海和内陆、平原和山区自然资源的形成条件，以及各种资源的性质、数量、质量和组合特征等都有很大差别；即使在一个小范围内，如在水田和旱田、平地和坡地、阳坡和阴坡，以及不同海拔高度之间，也都有不同的资源生态特点。严格地说，农业自然资源的分布只有相似的，而无相同的地区。资源的区域性决定了在开发利用时，必须遵循“因地制宜”的原则。

4. 资源用途的多宜性

无论是单项的农业自然资源，还是复合性的农业自然资源，都具有多功能、多用途和多效益的特点，如一条河流对农业生产来说，既可以用来灌溉农田，又可以作为农田排水通道。森林资源既可以提供木材和林副产品，又可以保持水土、防沙固尘，也可用于观赏和美化环境。虽然一种资源具有多种功能，但不是所有的这些潜在用途都具有同等重要的地位。在资源开发、区域规划时，必须权衡利弊，注意发挥当地的资源优势，按照经济效益、社会效益与生态效益相结合的原则，选择最佳方案，及时将资源优势转变为现实生产力。

5. 资源利用的层次性

农业自然资源的层次性包括两方面的内容：一是针对某一种资源，可以从不同角度进行多层次的研究和利用。如就生物资源，既可以从生物个体的生理活动开始，或从分子生物学的角度研究该种生物的开发利用，也可从种群出发，研究某一生物的群体规律，甚至研究多种资源及其环境的总体规律，以便了解在系统或生物圈的水平上，资源开发对大区域甚至整个地球环境的影响。二是从空间范围来看，对资源的开发可以是一个地块、一个小的自然区域或经济区域，也可以是一个生态系统或大的经济区。因此，应根据资源开发所处的水平和等级，采取相应的对策。

第二节 农业自然资源科学的研究内容与方法

资源科学是研究自然资源的形成、演化、质量特性与时空规律及其与人类社会发展之间相互关系的一门综合性学科，其目的是更好地开发、利用、保护和管理资源，协调资源与人口、环境与经济发展之间的关系，促使其向有利于人类生存发展的方向演进，有利于人类社会与经济的可持续发展。

一、农业自然资源科学的研究内容

农业自然资源科学的研究对象是农业自然资源。由于农业自然资源存在于地球的物质圈层的交界部位，它的发生与演变规律、各要素之间的相互关系受各种自然和人为因素的影响和制约。农业自然资源的这种特性决定了农业自然资源科学是各个分支学科（自然科学、社会科学与工程技术科学）之间相互交叉的综合性学科。因此，农业自然资源科学的研究内容和方法具有复杂性和多样性的特点。

在研究手段上开始从过去单项资源学科各自描述研究转向定性和定量相结合，单向资源特征与总体资源特征研究相结合，微观与宏观研究相结合，综合研究农业自然资源。于是农业自然资源的主要研究内容包括：

（一）农业自然资源的发生、演化规律及时空分布规律

主要研究农业自然资源的属性，农业自然资源结构的形成与演化机理等，属基础性研究工作，强调的是资源的整体功能。

（二）农业自然资源各要素之间，各类资源之间的相互作用机理与平衡机理

主要包括农业自然资源利用中，光、温、水等气候要素之间的平衡，水、土地资源之间的平衡。研究区域内的农、林、牧用地平衡与草、畜平衡等。

（三）农业自然资源特征及其与人类社会发展的关系

核心是人口、资源、环境与发展的关系；农业自然资源开发与再生，污染物排放与环境容量的关系；人口与资源之间的相互关系，特别是平衡关系，探讨可持续利用途径等。

（四）区域农业自然资源开发与经济发展的关系

研究区域经济的种类、构成、质量特征与经济发展的关系，将区域农业自然资源优势转变为经济优势，寻求资源互补、解决区域性资源短缺问题。

（五）新技术、新方法在农业自然资源科学研究与开发中的应用

自 1972 年以来，航天、航空遥感技术就成为资源科学研究的重要手段。如遥感技术在土壤调查中的应用，应用电子计算机建立资源数据库与资源信息系统，自动化制图等。因此，充分利用现代科学技术，开发、研制快速自记和精度高的分析

与测试仪器，研究农业自然资源有效的管理和高效利用方法和技术，都是资源科学的重要领域。

(六)农业自然资源立法与资源政策

我国重视自然资源的管理与保护，已经制定了土地管理法、矿产资源法、海洋资源法等法律法规，还制定了森林法、水法、草原法、水土保持法等。这些单项法律均以宪法为依据，体现了自然资源属于国家所有权属原则，确立了开发与节约并举，把节约放在首位，即在保护中开发、在开发中保护的资源利用原则。这些法律法规为农业自然资源合理利用和保护发挥了重要作用。

二、农业自然资源科学的研究方法

(一)综合研究方法

农业自然资源问题涉及人口学、经济学、环境科学等诸多方面的因素，直接关系到经济与社会的进一步发展，相关学科中的研究方法大多可以应用到资源科学研究中来。具体方法包括以下几个。

1. 实证研究法

通过对研究对象大量的观察、实验和调查，获取客观材料，从个别到一般，归纳出事物的本质属性和发展规律的一种研究方法。实证研究法是认识客观现象，向人们提供实在、有用、确定、精确的知识的研究方法，其重点是研究现象本身“是什么”的问题。它超越或排斥价值判断，只揭示客观现象的内在构成因素及因素的普遍联系，归纳概括现象的本质及其运行规律。

实证研究方法包括观察法、谈话法、案例法等。观察法就是研究者通过直接观察他人的行为，并把观察结果按时间顺序系统地记录下来，可以分为自然观察与实验室观察；也可以分为参与式观察与非参与式观察。谈话法就是研究者通过与对象面对面地交谈，在口头信息沟通的过程中了解对象心理状态的方法，可以分为有组织与无组织谈话两种。案例法是对某一个体、群体或组织在较长时间里连续进行调查、了解，收集全面的资料，从而研究其发展变化的全过程。

2. 文献研究法

文献研究法主要指搜集、鉴别、整理文献，通过对文献的研究形成对事实的科学认识的方法。运用文献研究法，可以了解有关问题的历史和现状，帮助确定研究课题；形成关于研究对象的一般印象，有助于观察和访问；得到现实资料的比较资料，有助于了解事物的全貌。

3.综合集成法

综合集成法是运用人的主观能动性，根据具体情况和目标要求，将定性分析与定量分析，科学理论与经验知识以及专家学者与决策人员相结合，把行之有效的现代科学方法、手段或技术，科学、合理地结合起来，以使开放复杂的系统发挥出全新的系统功能，恰当地处理实际问题。

综合集成法在资源研究中能在较全面、深入和广泛的定性研究和分析基础上，确定整体框架。可进行定量分析，求得社会效益、经济效益和环境效益三者统一的资源利用方向和结构的多种方案，做出将资源配置到不断发展变化的国民经济各部门的决策中。

4.比较研究法

比较研究法是根据一定的标准，对两个或两个以上有联系的事物进行比较分析，寻找其异同，探求普遍规律与特殊规律的方法。包括纵向比较与横向比较、定性比较与定量比较、静态比较与动态比较、直接比较与间接比较、单项比较与综合比较、微观比较与宏观比较等。具体应用中，有些方法是交叉使用的。

(二)专业技术方法

1.调查法

调查法是科学研究中最常用的方法之一，它是有目的、有计划、有系统地收集有关研究对象现实状况或历史状况的材料，综合运用历史法、观察法等方法以及谈话、问卷、案例等科学方式，并对调查搜集到的资料进行分析、综合、比较、归纳，从而为人们提供规律性的知识。

2.区划法

区划法是为揭示资源客观存在而对区域进行逐级划分。农业自然资源区划一般是在资源分类的基础上，按照一定的原则和等级系统选取一定的指标体系，进行自上而下的划分。常用的方法有归纳法、聚类分析法、主因子分析法和最优分割法等。

3.评价法

在一定用途条件下，对事物进行质量好坏鉴定或分等级的方法。在对各种农业自然资源特性进行深入调查的基础上，根据所收集资料，对农业自然资源优劣程度划分等级，比较划分结果与利用上的要求，判断两者是否相宜，确定有无改变利用方式的需要，同时还要对各种利用方式进行经济、社会效益和环境影响方面的分析。

4. 规划法

规划是根据需要与可能以及未来发展的目标要求，对资源利用各种方案进行优化的过程，以使多种农业自然资源的利用达到经济效益、社会效益、生态效益综合最优的结果。

5. 预测法

预测是对自然资源系统的演化或变化趋势做出符合客观规律的预测与判断，从而使人类能够有意识地进行控制和管理。农业自然资源预测多采用规模型预测的方法。

三、农业自然资源科学的发展趋势

目前不断出现的重大全球环境问题，都与资源的分配和利用有关，资源和资源利用问题已经成为全世界的热点问题。农业自然资源的可持续开发、利用也成为研究的重点。现代农业自然资源科学研究的趋势表现为以下几个方面。一是注重资源全球整体化研究，强调人类对资源的共享和资源在国家间的合理分配。二是进行资源—生态—社会—经济复合系统的综合研究，强调资源的承载力，资源的优化配置，资源的产业化，确定资源区域开发战略和经济开发模式。三是资源价值法、资源核算论的研究。四是深入开展资源管理方面的研究，涉及资源保护、资源经济管理、社会需求管理等。

第三节 农业自然资源的开发利用进程

人类对农业自然资源的利用由来已久，伴随着人类产生、进化和发展的整个过程。特别在农耕社会时期，人类社会发展的过程就是人类改进和提高利用农业自然资源的过程。在社会生产的初级阶段，生产工具的制造完全依赖于自然资源，如石器取材于岩石，木器取材于森林。人类劳动的对象如土地、动植物和水等都是自然资源。自然资源与人类的关系十分密切，资源的逐步开发利用促进了人类社会的发展，人类社会的发展水平又决定了人类从环境中索取资源的种类、数量和范围。

一、原始人类的采集与狩猎

大约 300 万年以前，是原始人类对自然界和人类社会混沌不分的时期，所用的工具非常简单，社会形态原始，生产活动效率极低，人类赖以生存的食物是天然存在的野生动植物，人们以采集和狩猎的方式获取食物维持生存（称为旧石器时代）。

随着原始人类群体的发展和生理上的进化，人类逐渐具有了较高智能和灵活性，提高了适应不同环境的能力。约在170万年以前我国元谋人已能用火（距今约140万年的非洲维多利亚湖附近也发现了古代炉灶），距今50万年的北京猿人已经懂得保存天然火种，并能人工取火。由于火的发现和利用，人类对自然产生了一定的支配能力并使其为自己服务。火的发现和利用是人类开发利用资源的一个转折点，也是人类走向文明的第一步。

距今约20 000年前，人类的劳动工具石器不仅有了改进，而且能够制造一些骨具、角器，还发展了复合工具（称为新石器时代）。特别是距今约15 000年，由于弓箭的发明，促进了人类对动物的捕获，并进行饲养和驯化；同时对那些产量较高，适应性较强的植物进行种植，开始了原始的农牧业。在原始农业生产中，人们运用刀耕火种的粗放农业技术开发资源，进行种植业生产，这是一种撂荒耕种，不超过自然力负荷而带掠夺式的生产方式，土壤营养平衡全靠自然植被的自我恢复。畜牧业生产完全靠天养畜，以游牧方式把人类不能直接食用的植物种类，转化为人类可以食用的肉食产品。天然植被的物质和能量平衡，靠元素自我循环来调节。

框1-1　火的发现与使用

火的发现和使用，是人类认识自然，并利用自然来改善生产和生活的第一次实践，是旧石器时代原始人的一项特别重大的成就，在人类文明发展史上有极其重要的意义。从100多万年前的元谋人，到50万年前的北京人，都留下了用火的痕迹。

事实上，对于火的使用，他们经历了一个从利用自然火到人工取火的漫长过程，即恐惧—认识—使用。火山爆发、电闪雷击引起森林起火，对于原始人来说，是很可怕的。但是人们在同险恶的自然条件做斗争中，逐渐了解了烈火附近比较暖和，被烧死的野兽可以充饥。于是，他们便试着取回火种，把燃烧的树枝带到山洞里去，用火作为战胜寒冷和防止野兽侵袭的武器。在长期的劳动过程中，他们还发现了摩擦生火的现象。例如，打击燧石或石器相碰会产生火花；刮木、钻木时会生热，甚至冒烟起火。经过若干万年的摸索、尝试，他们终于在实践中掌握了打击、磨、钻等人工取火的方法。

人类最初使用的都是自然火，人工取火发明以后，原始人掌握了一种强大的自然力，促进了人类的体制和社会的发展，而最终把人与动物分开。

二、植物栽培和动物驯化

约 7 000～8 000 年前，我国黄河流域已经种植了黍、粟、稻等谷物，驯化了猪、牛、羊等家畜，有了较为发达的原始农业；到 5 000～6 000 年前，原始农业进一步发展，当时的粮食有黍、粟、糜、大麻籽等，农具比以前更为进步。黄河流域的原始农业一开始就具有旱作农业的特点，发达程度高于其他地区。长江流域也是我国农业自然资源开发最早的地区之一，约在 7 000 年前已形成水田农业；5 000～6 000 年前，水田农业又发展到长江中游的四川、湖南、湖北部分地区；到 4 000～5 000 年前，水田农业扩大到整个长江流域。

青铜时代和铁器时代，各种农业用具开始转化和进步，原始社会向阶级社会过渡。在生产规模较大与经济水平较高的地区出现了城市，城市文明的兴起，更具有促发自然经济和文化发展的潜力，增加了对自然资源开发利用的广度和深度，出现了农、林、牧、副、渔全面开发的局面。开始兴修水利工程、发展灌溉技术，发展种植园，开发森林资源，出现了木质结构建筑。同时，由于冶炼技术的出现，全面改革和创新了农业用具，农业生产获得全面进步，并逐渐完善了技术体系，从原始农业过渡到农业自然资源广泛开发的粗放农业时期。

框 1-2 五谷六畜

五谷有两种解释，一说是黍、稷、麦、菽、稻；一说是黍、稷、麦、菽、麻。主要区别在于稻和麻。谷指的是粮食，前一种说法没有麻比较合理。但是当时的经济文化中心在北方，稻是南方作物，北方栽培的有限，所以五谷中有麻而没有稻，也有可能。其实当时的作物并不止五种，同时还有六谷、九谷和百谷的说法。五谷说之所以盛行，显然是受到五行思想的影响。因此，五谷指的就是几种主要的粮食作物。随着社会经济和农业生产的发展，五谷的概念在不断演变，现在所谓五谷已成为粮食作物的总名称，或者泛指粮食作物。五谷丰登自然预示着丰收景象。

六畜即牛、羊、马、猪、犬、鸡，它们是人类为了经济或其他目的而驯养的。远古时期，人类根据自身生活的需要和对动物世界的认识程度，先后驯化了马、牛、羊、鸡、犬和猪成为家畜，《三字经》中有“此六畜，人所饲”的评述。牛能耕田，马能负重致远，羊能供备祭器，鸡能司晨报晓，犬能守夜防患，猪能宴飨速宾，六畜各有所长，在悠远的农业社会里，为人们的生活提供了基本保障，为人类做出了极大的贡献。它们全都选入人的十二生肖中（其他六位是鼠、虎、兔、龙、蛇和猴，后者有的虚无缥缈，有的是动物世界里的精英，甚至令人望而生畏，也有的危害四方）。动物的种类成千上万，唯有六畜和人的关系最为密切，人类社会进步，离不开六畜的无私奉献，相辅相成，达到更新、更高的境界。六畜兴旺代表着家族兴旺、吉祥美好。

原始农业始于夏、商和西周时代，处于奴隶社会阶段，主要生产资料（土地）归奴隶主所有，耕作制度得到发展，土地利用率有所提高。周代，农田一般分为三类，连年种植的称“不易之地”，种一年休闲一年称“一易之地”，种一年休闲两年的称“两易之地”。这种将土地定时休闲的耕作制比原始的耕后撂荒制有了重大的进步。

夏、商、西周时代是农、牧两旺，资源广泛开发的时代。首先畜牧业已经相当发达，驯化的牲畜包括马、牛、羊、鸡、犬、豕等六畜，还有鸭、鹅等水禽，商代还驯养和役使过大象。被记录下来的作物种类实际包括黍、稷、稻、麦、桑、菽、麻等。其中，黍、稷在粮食作物中占有重要的地位，南方的水稻这时已向北方扩展。除农、牧两旺外，还表现在其他各业的生产，如园圃业的出现。园艺业在商代就已经出现，到西周时则形成了场圃园地的园艺经营，春夏季节园圃用来种蔬菜，秋季便将菜地碾平以便收获时堆放庄稼。其次林业开始产生，已开始出现人工植树，改变了原始社会只伐不种的局面。三是蚕桑业开始成为家庭副业，黄河流域已发展成主要的蚕桑产区。四是人工养鱼的出现，这是渔业生产上的一大转折。当时所养的鱼不只是生产性的，还有是供部落首领游乐和祭祀用的。

框 1-3　冶炼青铜

中国历史上的夏商周三代被称为青铜时代，商周时期是其发展的巅峰时期，黄河流域创造的青铜文明留名于世。由于克服了纯铜的柔软弱点，且具有熔点低、铸造性能好等优点，逐渐成为铜器中的主要品种，并促进了车、船、雕刻、金属加工等制造技术和农业、军事及经济社会的发展。

青铜冶炼使用的是熔模铸造方法。用蜡制作所要铸成器物的模子，然后在蜡模上涂以泥浆，做成泥模，晾干后再焙烧成陶模。一经焙烧，蜡模全部熔化流失，只剩陶模。一般制泥模时就留下了浇注口，再从浇注口灌入铜液，冷却后，所需的器物就制成了。在冶炼青铜的过程中，祖先还逐步发现了铜与锡、铜与铅配比的改变，使炼制出来的青铜属性发生变化。青铜熔点低，加进的锡越多，熔点越低，随着加锡量的增多，硬度也随之增高，远远超过了红铜。但是当加锡过多时，青铜反而变脆，容易断裂。后来，人们又发现在青铜中加入定量的铅，就能克服青铜较脆的弱点。通过反复的实践，到春秋战国时期，已总结出配制青铜的合金规律。

青铜的发明是人类文明史上的重大事件，青铜器的应用，代表了当时的科技水平和文化艺术水平，成为这一时代的鲜明标志。

三、农业自然资源的全面开发与传统农业

从公元前770年周平王东迁到公元前211年秦始皇统一中国的560年间，由奴隶社会过渡到封建社会，铁器和畜力被用到农业生产上，为农业自然资源的全面开发提供了物质条件，从而促进了农业生产的大飞跃。铁器的使用为砍伐树木、开垦荒地、深耕细作以及兴修水利创造了有利条件。这一时期出现了漳水渠、郑国渠、都江堰等大型水利工程。农业生产上广泛利用牛马等牲畜进行耕种，从此成为2 000多年来中国最基本的耕作方法，这一时期形成了“一夫挟五口，治田百亩”的小农经济。小农经济采用农牧结合、农桑结合的经营形式，保证一家数口的粮食、副食、衣着自给自足。随着小农经济的出现，铁农具的推广使用，又促进了农业技术的大发展，诸如土地深耕与平整，提倡多粪肥田等。掌握耕种农时，创造了二十四节气，总结出“凡农之道，厚(候)之为宝”(《吕氏春秋·审时篇》)。

框1-4 二十四节气

节气一般是按阳历算出来的。地球每年绕太阳公转一周，每天还要自转一次。由于地球旋转的轨道面同赤道面不是一致的，而是保持一定的倾斜，所以一年四季太阳光直射到地球的位置是不同的。对半球来讲，太阳直射在北纬23.5°时，天文上就称为夏至；太阳直射在南纬23.5°时称为冬至；夏至和冬至即指已经到了夏、冬两季的中间了。一年中太阳两次直射在赤道上时，就分别为春分和秋分，这也就到了春、秋两季的中间，这两天白昼和黑夜一样长。所以，每一个节气分别对应于太阳在黄道上每运动15°所到达的一定位置。

二十四节气的命名是对季节、物候和气候变化的反映。如立春、春分、立夏、夏至、立秋、秋分、立冬、冬至主要反映季节变化，又称八位；惊蛰、清明、小满、芒种反映物候现象；雨水、谷雨、小暑、大暑、处暑、白露、寒露、霜降、小雪、大雪、小寒、大寒反映气候变化。

二十四节气是中国古代订立的一种用来指导农事的补充历法，是中国劳动人民长期经验的积累和智慧的结晶。由于中国农历是一种“阴阳合历”，即根据太阳也根据月亮的运行制定的，不能完全反映太阳运行周期。但中国又是一个农业社会，农事要求根据太阳运行规律来进行，所以需要严格了解太阳运行情况，于是在历法中又加入了单独反映太阳运行周期的二十四节气。

与此同时，耕作制也发生了重大的变化，开始由休闲耕作制发展到“不易之地”的连年种植制。有的地区还出现了轮作复种制，土地利用率有了明显的提高，作物结构也发生了重大变化。粮食作物中的“五谷”概念已经形成，所涉及的作物大致是黍、稷、豆、麦、稻、麻等六种，这六种作物在不同时期所处的地位不同。春秋时期，粟与麦占有重要的地位，黄河流域栽培的冬小麦是冬种夏熟作物，具有能利用晚秋和早春生育季节的特性，与早谷搭配起来，能实行轮作复种，提高复种指数，因而受到重视。战国时又重视粟、菽的生产。

在提高农业自然资源利用率的同时，保护资源的意识这时也已萌发。由于农业生产的发展，部分地区出现了“竭泽而渔”“焚薮而田”的现象，使生物资源遭到严重破坏。因此，保护生物资源和合理利用生物资源受到人们的重视。《吕氏春秋·义赏》说“竭泽而渔，岂不获得，而明年无鱼；焚薮而田，岂不获得，而明年无兽”，反对滥捕滥杀，破坏生物资源，主张按照生物的生长发育规律来保护和合理利用资源。在利用资源时，要适量的取和适时的取，以保证生物资源的再生能力和人们对资源的持续利用。与此同时，人们对全国自然资源的分布有了比较多的知识，开始产生了农业生产要因地制宜，合理布局的思想。

四、农业自然资源的深度开发与精耕细作

从秦汉至南北朝的 800 年间，是我国北方耕地资源利用与旱作农业定型的时期。它与稍后南方水田农业繁盛时期共同构成了我国传统农业大发展时期。

秦汉时期，黄河中下游是土地最集中、利用率最高、农业最发达的地方，也是政治经济的中心。黄河流域气候比较干燥，因此秦汉时期特别重视这一带水资源的开发，进行农田水利建设。汉武帝时，全国出现了“争言水利”的建设高潮，农田水利工程遍及黄河流域和淮河两岸。但仅靠引水灌溉还难以解决缺水问题，人们便在耕作上找出路，创造了耕、耙、耱、锄相结合的一整套抗旱保墒技术，使土壤最大限度蓄住水分而减少蒸发。这套耕作技术萌芽于战国，发展于西汉，形成于魏晋，成熟于北魏，至今仍是北方旱作地区抗旱夺丰收不可缺少的耕作措施。战国时期出现的铁农具，到汉代不仅已被普遍使用，而且种类增多，到北魏时铁农具的种类达 30 多种。

汉代由于发展养马业的需要，开始从西域引进优良牧草苜蓿，促进了饲料作物的种植。同时从西域引进的还有芝麻，作为油料作物来利用。原产于我国的茶叶，到汉代开始作为饮料。晋代开始利用稻田种植冬绿肥苕子。南北朝时，学会了制砂糖技术，甘蔗开始被利用为制糖的原料。此外，粮食、纤维、油料、糖料、饲料、绿肥等六大类农作物已经先后出现。其间，耕作制度有明显的进步，轮作复种有了很

大的发展。北魏时北方已大量利用绿豆、小豆等豆科作物和粟、黍、麦等粮食作物或蔬菜进行轮作复种,同时,又创造了间作和套种。汉武帝时,张骞通西域,开辟了中国商业贸易、文化交流通道。这条通道以长安为起点,经宁夏、甘肃、新疆和中亚直达阿母河上游(今乌兹别克),全长达 7 000 多 km。我国的丝绸便是通过这条通道传向西方的,被人们称为“丝绸之路”。通过这条通道,我国也从西域引进了良种马和新作物,如汗血马、苜蓿、葡萄、芝麻等,从而丰富了我国的家畜和农作物的种类。

自隋唐以来,我国南方土地资源被广泛利用,水田农业日渐繁盛。沿长江流域,一套适合水稻生产需要的,以耕、耙、耖、耘、耥为内容的水田耕作技术和以培养壮秧为重点的水稻栽培技术逐渐形成,在宋代时趋于成熟。随着人口的增加,出现了“田尽而地,地尽而山”到处开荒的局面,于是出现了圩田、梯田、涂田、架田、沙田等土地利用方式,使土地资源得到了空前的开发。宋朝以后,北方人口大量南移,社会对麦类的需要量增加,促使小麦在南方大发展,形成了稻麦一年两熟制,提高了江南稻田的土地利用率。汉以来以粟、麦为主的粮食结构,便为稻、麦为主的粮食结构所代替。宋唐以前衣着原料一直以麻丝为主,宋代棉花从岭南和新疆分南北两路传到长江流域和黄河流域,成为主要的衣着原料。油料作物自汉代以来一直以芝麻为主,到宋代由于油菜种植的发展,使之成为继芝麻以后的又一重要油料作物。中国传统农业农作物结构的基本格局自此基本定局。

从公元 1368 年明朝建立,到 1840 年鸦片战争发生,中国农业资源进一步深入开发利用,传统农业进一步精耕细作、臻于完善。通过连作、间作、套作等来发展多熟种植,提高复种指数,是解决明、清时期人多地少矛盾的一个重要措施。当时黄河流域推广了二年三熟制和三年四熟制,土地利用率提高了 30%~50%。长江流域推行一年两熟制,福建、广东推广一年三熟制,土地利用率提高了两倍。明、清时期成了多熟制大发展的时期,并开始采用了粮、畜、桑、鱼结合的经营方式,使土地和生物资源都能得到有效的利用,取得了不增加耕地面积而能增加产量的效果。

五、现代农业的掠夺性开发与反思

人类社会进入工业革命以后,科学技术飞速发展,实现了手工生产到机器生产的过渡,极大地提高了社会生产力,促进了开矿、挖煤、采油、伐木、垦荒、捕捞等事业的发展。拖拉机等动力进入农业生产,加快了农业自然资源的开发速度。各种靠化学工艺生产的肥料、农药也被广泛应用到农业生产中,还通过兴修水利、开辟道路、培养新品种等途径大大提高农产品的数量,形成规模化生产。这一阶段的农业是以高度集中、高度专业化、高劳动生产率为重要标志的集约型农业。

从1850—1950年这100年间，资本主义国家的发展与扩张，对燃料、原料的需要加速增长，人们曾认为，自然资源是取之不尽、用之不竭的。因此，很少想到要合理开发和利用资源，更想不到要保护资源和环境。高效的"石油农业"虽然使农产品产量大幅度提高，却带来了严峻的环境与生态问题。从1950年以后，逐渐出现了资源相对短缺的现象，发生了能源危机，环境污染问题也日趋加重。世界人口不断增长，耕地资源减少、环境污染、气候变化甚至对人类生存构成了威胁。全球资源状况日趋恶化，人口、资源和环境已成为当今世界突出的矛盾。无论是发展中国家还是发达国家，都不得不根据各自的现实情况探索资源持续利用、生产持续发展、人与自然协调的道路。

框1-5 工业革命

工业革命(industry revolution)在1750年左右发源于英格兰中部地区，以轻工业开始，向其他部门发展。1765年，英国人哈格里夫斯发明的珍妮纺纱机，标志着工业革命首次在英国出现；同一时期，瓦特改良了蒸汽机，引起从手工劳动向动力机器生产转变的重大飞跃。整个生产动力不再依靠人力和畜力，工厂也不再依河或溪流而建，机械化生产取代人力和手工业。随后工业革命传播到英格兰再到整个欧洲大陆，19世纪传播到北美地区，后来传播到世界各国。蒸汽机、煤炭、钢铁是促成工业革命技术加速发展的三项主要因素。工业革命也促进了交通运输业的大发展，推进了铁路运输和航海，同时激发了电话、电报等的发明，在通信联络方面引起了一场革命。人类征服了时间和空间，凭借汽船和铁路越过海洋和大陆，能够用电报与世界各地的同胞联系。

工业革命是一般政治革命所不可比拟的巨大变革，其影响涉及人类社会生活的各个方面，实现了从传统农业社会转向现代工业社会的重要变革。使机器代替了手工劳动，工厂代替了手工工场。对推动人类的现代化进程起到了不可替代的作用。工业革命极大地提高了生产力，巩固了资本主义各国的统治基础；密切了世界各地之间的联系，改变了世界的面貌，确立了资产阶级对世界的统治，使东方从属于西方。然而工业革命也使平民更加贫困，带来了环境污染、犯罪增加等新的社会问题。

1992年世界环境与发展会议《里约宣言》写道：人类是可持续发展的关注核心，他们有权获得一种与自然和谐共处的健康而丰富的生活。2002年可持续发展世界高峰会议《约翰内斯堡宣言》就是建立在这种热望之上的，并且表达了世界领导者的许诺——建立一个人道的、平等的国际社会，理解人类所有关于尊严的需要。农业持续发展的基础是丰富的资源和良好的生态环境。在当代自然资源日趋减少和人口迅速增长的情况下，通过科技手段合理利用水土、生物等资源，充分发掘物质的生产潜力和改善失调的生态环境，已成为实现农业可持续发展的重要途径。

近年来，我国在农业持续发展和资源合理利用与保护生态工程方面已取得了显著成效，引起世人越来越多的关注。2017 年中央一号文件指出，推进农业供给侧结构性改革，要在确保国家粮食安全的基础上，紧紧围绕市场需求变化，以增加农民收入、保障有效供给为主要目标，以提高农业供给质量为主攻方向，以体制改革和机制创新为根本途径，优化农业产业体系、生产体系、经营体系，提高土地产出率、资源利用率、劳动生产率，促进农业农村发展由过度依赖资源消耗、主要满足量的需求，向追求绿色生态可持续、更加注重满足质的需求转变。

第四节 农业自然资源管理

一、农业自然资源开发利用的基本原理

农业自然资源开发利用主要以生态学原理和经济学原理为基础。从生态学和经济学的角度来看，农业生产有两个特点：一是受自然资源、生态环境和社会因素的影响，二是受人工控制的生态系统。

(一)生态系统与生态平衡

生态系统由生物及其周围的环境因素共同组成，生物群落和非生物环境之间相互作用，进行物质和能量交换。生态系统极为复杂，可分为生物和非生物两大部分。生物部分由生产者、消费者和分解者构成，非生物部分由光、热、水、气、土以及各种矿产资源等自然环境因素构成。生态平衡指生态系统内的生产、消费和分解之间保持着相对平衡状态，即能量交换和物质循环在较长时间内保持稳定。生态平衡仍处于不断运动变化之中，只是在一定的条件下，保持着相对的暂时的平衡，随着条件的改变就会发生相应的变化。生态平衡失调，会干扰甚至破坏工农业生产，给人类带来危害。

(二)人口经济原理与收益递减率

人口经济理论分析人口发展与自然资源环境和经济发展的相互关系，揭示人口与资源开发利用之间的联系和规律，指导人们正确认识人与自然，人与资源、环境的关系，是农业自然资源利用中的一项基本原理。一个国家应有适度的人口规模、合理的人口密度，人口的增长应与其经济发展和技术进步相一致，不能超过农业自然资源及其提供食物的能力。收益递减率是由土地报酬递减率发展而来的，在某些条件下，它对农业生产的集约经营有制约作用。集约经营应有一定的限度，超过其限度，则会产生各种不利的影响，要达到合理的集约经营，必须使某一资源与其他变量资源投入有一个最佳的配合比例和最佳的配合点。

(三)农业生态系统和农业生态经济系统

农业生态系统是在人类的积极参与下，以植物、动物和微生物为对象，以土壤、气候等为自然环境，利用农业生物种群与非生物环境之间的相互关系，通过合理的生态结构及高效的生理机能，进行物质循环和能量转化的综合体。农业生态经济系统指农业生态系统与农业经济系统的联系、结合、矛盾和统一。农业经济系统对农业生态系统具有主导作用，影响着农业自然资源的利用及农业生产的发展方向。在农业生产中，必须使整个农业生态系统的各组成部分在物质、能量输出和输入的数量、结构、功能上，经常处于一种相互适应、相互协调的平衡状态，才能保证农业生产的正常进行。相反，农业生产中对资源的不合理利用，农业生态系统内的物质能量交换遇到障碍，就会引起生态失衡，对整个农业生产带来损失。因此，生态平衡是农业生态系统和经济系统良性循环的基础，也是经济平衡的基础。所以农业资源的合理开发利用既要遵循生态规律，也要遵循经济规律。

(四)农业自然资源利用的微观生态经济平衡

开发利用农业自然资源时，既要考虑到社会经济的需求与平衡，也要考虑到保持农业自然资源所属的农业生态系统的生态平衡，也就是要以生态经济的观点对待农业自然资源的开发与利用，即所谓的经济上限和生态上限。如果生态上限≥经济上限时，该农业自然资源利用的自由度就比较大。在该种情形下，无论生产者是追求最大收益产出量，还是追求最高产量，都不会造成生态失衡。这表明该项农业自然资源具有较大的开发利用潜力。如果有最大收益产出≤生态上限≤经济上限，此时就不应追求最高产量(总产值)而导致生态系统不平衡，但是若把总产量水平下降到生态上限，保持系统生态平衡时可能的最高产量是可以的。

二、农业自然资源开发利用的原则

实行农业与农村可持续发展战略,保证资源的可持续利用是农业自然资源开发利用的基本指导思想,农业自然资源的开发利用存在一个最适利用程度和最适点。为此,应遵循以下原则。

(一)兼顾经济、社会和生态效益的原则

所谓经济效益即以尽可能少的资源消耗,生产出尽可能多的供人类消费的财富和使用价值;而生态效益是指从生态学角度衡量利用自然资源对生态系统的影响,利用各种自然资源进行生产和改造自然资源,都要使生态系统向着良性循环的方向发展。实现农业自然资源的集约经营和集约利用,提高资源的生产力,做到低投入、高收入。优先开发社会急需的资源,还要考虑到环境效益。如果对生态环境影响较大,即使是经济效益高,社会效益大的资源也不应开发。

(二)兼顾当前利益与长远利益的原则

农业自然资源的开发利用要有长远观点,既要考虑当前的资源开发利用,又要考虑资源的保护与改造。对任何一种资源,其利用都有适量、不适量和最大量的问题。一些地区在发展生产的过程中,种植业片面追求高产,盲目提高复种指数,造成地力衰竭;畜牧业一味追求头数,过牧超载,造成草场退化,这些都是只顾当前利益,不顾及长远利益的现象。在发展经济的同时,保护好生态环境,把当前利益与长远利益结合起来,对于条件好的资源要加以科学管理和培育,使其更新速度加快,满足农业生产的需求;对于条件差的要加以改造,发挥其更新潜力和利用价值;对于不可更新的资源要着眼于节约利用和发挥其利用效率,以最少的资源生产出更多的产品。

(三)因地制宜、合理布局的原则

农业自然资源的经济利用价值,不仅取决于它的数量、质量,而且取决于它的时空分布和组合特点。各种生物及农作物在漫长的系统发育过程中,都形成了对一定的自然生态环境的适应性。要提高农业生产力,必须保持农作物与环境以及人为因素的最佳组合,发挥资源优势和环境的最高生产力,以达到合理利用资源。要发挥资源优势,因地制宜最为重要。根据自然资源的特点进行合理布局,扬长补短,把资源优势变成生产优势。如茶树的生长超过秦岭、淮河以北,其温度、水分、土壤等条件均不能满足茶树生长的要求。再如苹果的种植在北回归线以南,由于昼夜温差小,光照不足,导致糖分积累少,品质差。因此,要查明不同地区自然资源的性质和特点,以及农业生物的生态特性,结合社会经济条件,评价其对农业生产

的有利因素和不利因素。分析研究并确定其利用方向，采取不同的利用方式与措施。

(四)保持生态平衡的原则

对生态系统中生物资源开发利用的数量，应小于资源生长更新量，以保持生态系统的平衡。各种生态系统中物质和能量流动的规模不同，只要系统内部各个组分之间能保持一定的物流和能流的规模，该生态系统就是稳定的。如果从该生态系统取走的物质和能量超出了维持资源更新的界限，生态系统就会失调，资源就会衰退。保护是为了更好地利用，保护已有自然或人工的生态平衡，尤其是土地资源、水资源和生物资源。为了合理利用和有效保护自然资源，必须制定有关法规，做到资源的利用和保护有法可依，保护资源的不断更新，永续利用。

(五)综合利用的原则

农业自然资源是一个有机的综合体，资源间相互联系，相互制约。资源的单一开发，不仅会造成资源的浪费，还会危害生态平衡。因此，无论是区域的资源开发或某种资源的开发利用，必须遵循资源综合利用的原则。综合利用的结果，既能产生巨大的经济效益，又能产生良好的社会效益和生态效益，减少资源浪费和环境污染。

(六)资源优化配置的原则

农业自然资源优化配置包括资源区域化配置和时间优化配置。农业自然资源区域化配置是资源的属性和资源的特点决定的。它的层次包括，区域内部产业之间的各种生产活动所需资源的优化配置，区域内部各产业之间的资源优化配置，区域之间经济发展取向与优化配置和区域参加国际经济活动的资源优化配置。农业自然资源时间优化配置是根据资源的动态特征，求出资源在不同时段的最优分布，实现资源动态优化。

三、农业自然资源管理

农业自然资源的开发利用是一个综合性和基础性的农业投资过程，是一个涉及广泛的系统工程，是农业扩大再生产的最主要的形式。其实质是通过扩大再生产规模和改善现有生产条件，来推动农业综合生产能力的提高。农业自然资源的合理开发可以提高农业综合生产能力、增强农业发展后劲，而且能够增强农民的现代意识，消化农村剩余劳动力。

(一)资源管理与农业自然资源管理

资源管理就是管理者在资源承载力的允许下，以资源科学理论为基础，对利用和保护农业资源的人类活动所进行的组织、指挥、监督和协调等一系列过程。同样，农业自然资源管理就是科学合理的开发和使用自然资源，充分利用可再生能源，高效利用不可再生资源，以实现农业自然资源的可持续利用和农业的可持续发展。

农业自然资源管理内容包括权益管理、宏观调控、监督检测和综合管理。权益管理是指对所有权的确定和对使用权与利用方式的管理；宏观调控包括农业资源区划、资源开发规划、资源管理政策的制定与实施；监督是指对农业资源用户的开发、利用和保护自然资源的活动进行有效监督，检测是为了了解农业资源的数量、质量和空间分布状态的变化趋势；综合管理是指对多种农业资源实行综合管理。

农业自然资源管理主要采取行政、法律、科技和经济相结合的方法和手段进行。行政管理是主管部门依据法律法规、运用经济和科技等手段对资源实施的管理；法律管理是指以立法形式约束和规范资源开发利用与保护的过程；科技管理包括应用科学技术提高资源的开发利用效率，节约与保护资源，进行微观方面的管理，以及应用现代资源信息技术，建立以采集传输贮存和处理资源信息为主要功能的资源信息系统，进行资源的宏观管理；经济手段是遵循经济规律，并以法律形式，规定和规范资源的有偿使用。

框 1-6 自然资源部

2018 年 3 月 13 日十三届全国人大一次会议《关于国务院机构改革方案》中指出，新组建自然资源部，将原国土资源部的职责，国家发展和改革委员会的组织编制主体功能区规划职责，住房和城乡建设部的城乡规划管理职责，水利部的水资源调查和确权登记管理职责，农业部的草原资源调查和确权登记管理职责，国家林业局的森林、湿地等资源调查和确权登记管理职责，国家海洋局的职责，国家测绘地理信息局的职责整合，作为国务院新的组成部门。目的在于健全自然资源资产产权制度和用途管制制度，创新政府配置资源方式，明确国土空间的自然资源资产所有者、监管者及其责任。据不完全统计，至少有 30 个国家明确设立自然资源部，比如俄罗斯、加拿大、菲律宾、巴基斯坦以及南美洲、非洲等的一些国家和地区；美国、法国、日本、韩国、澳大利亚等国虽无自然资源部之名，却有自然资源部之实；德国、英国、南非、巴西、印度等国，自然资源管理职能则分散于多个管理机构。

(二)各国自然资源管理模式

各国自然资源管理模式不尽相同,由基本国情、资源禀赋、发展阶段等因素决定,主要有以下几种形式。一是对自然资源实行综合统一管理。在现代信息技术的推动下,资源管理机构向综合化、产业化与生态一体化方向发展,资源管理、产业管理、生态管理和资产管理等职能日趋融合。二是通过横向扩权、纵向简政、建立协调机制等方式,不断优化自然资源管理职能。一方面,立足资源作为基本生产要素,实行自然资源的全流程立体化管理;另一方面,通过简政和权力下放,解决中央机构业务过多难题;尤其是通过应用现代信息技术,让中央政府有更多精力用于战略指导、规划管理和政策引导。三是以契约方式实现全域生态管理。对自然资源与生态环境的管理机构采取并行设置方式,自然资源部门的职能侧重于增强自然资源对经济的贡献,环境管理部门侧重于通过生态管护和污染防治改善生活质量。四是与基本国情和发展阶段相适应,科学划定生态保护面积。我国是世界上唯一划定生态保护红线的国家,国际上在生态保护地划定方面与我国生态保护红线划定的思路相似,各国生态保护地划定大都基于本国国情,面积约在10%~20%。

我国是公有制和中央集权制国家,自然资源属于国家和集体所有,中央对自然资源有较大的管理权力。同时,我国自然资源丰富,还是发展中国家,生态环境保护压力很大,仍然需要利用自然资源促进发展。这些决定了我国要走资源管理、产业管理和生态管理并重的道路。必须加强国家对自然资源所有权的控制,对生态区位重要的国有自然资源实行国家、省级分级所有和管理的机制,对集体的国家级重点自然资源逐步实行收购,由政府投资国家公园,发挥国土保安作用。加大对自然资源使用权人的产权限制,通过用途管制手段,达到保护自然资源的目的。另外,建立生态补偿转移机制,突出自然资源的生态价值,促进自然资源的市场化配置,激励保护自然资源。

复习题

1. 什么是资源?什么是资源科学?
2. 农业自然资源的基本属性有哪些?
3. 农业自然资源开发利用的原则是什么?
4. 农业自然资源科学的研究内容和研究方法是什么?
5. 如何加强农业自然资源管理?

讨论题

读下面两段话，分析其中的含义和对自然资源利用的意义。

竭泽而渔，岂不获得，而明年无鱼；焚薮而田，岂不获得，而明年无兽（吕不韦，吕氏春秋，约前 239 年）。

不要过分陶醉于我们对自然界的胜利，对于每一次这样的胜利，自然界都报复了我们（恩格斯，自然辩证法，约 1883 年）。

第二章 农业气候资源

重点提示

本章主要阐述农业气候资源的基本概念与分布特征,以及气候资源与农业生产之间的关系,学习和研究农业气候资源的类型与农业气象灾害防控原理,了解和掌握气候变化对农业的影响及适应对策。

第一节 气候与气候资源

农业生产与气候关系最为密切。农作物生长发育的好坏和产量的高低,除取决于农作物本身的生物学特性和经营措施外,在很大程度上还受到光、热、水、气等气候要素的支配。为达到高产优质的目的,必须深入研究农业生产和气候要素之间的关系,以确定合理的农业种植制度和品种以及管理措施。

一、气候资源的概念

(一)气候与气候资源

气候(climate)是某一地区多年大气的一般状态,是各种天气过程的综合表现。气候与天气不同,天气是大气过程的短期(或瞬间)状态,气候是长时期的大气状态;天气是气候背景上的振动,气候则是天气的综合表现。气候的形成主要取决于太阳辐射、大气环流、下垫面以及人类活动(图 2-1)。

气候资源(climate resources)是指在当前的社会经济技术条件下,可以为人们所直接或间接利用、能够形成财富、具有使用价值的气候系统要素或气候现象的总体,通常包括光能、热量、降水、风速、气体等。

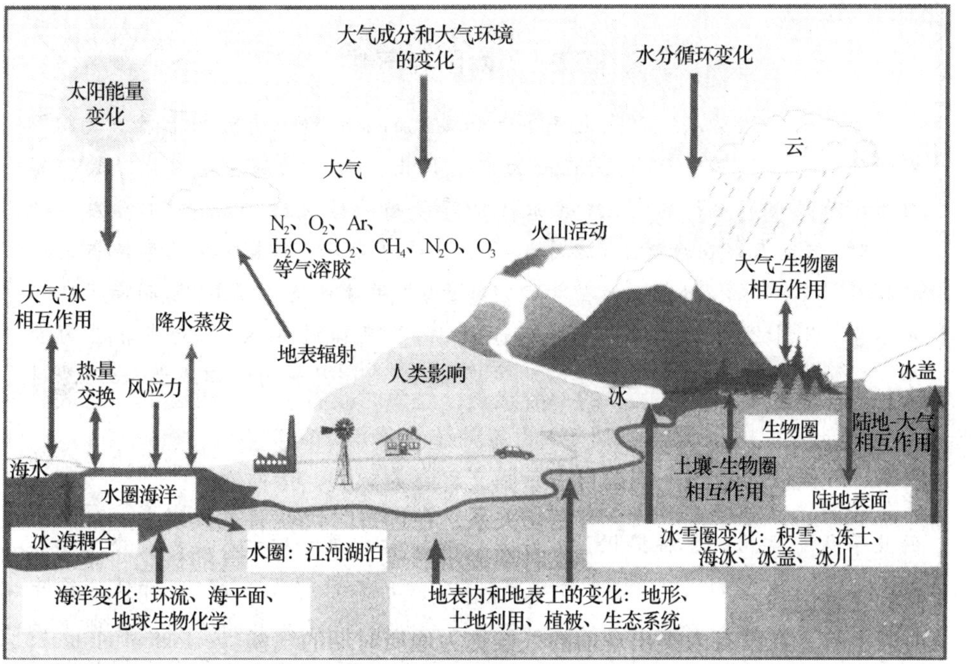

图 2-1　气候系统示意图

气候和气候资源既有区别又有联系：两者的具体对象和范围往往是同一客体，但气候多强调的是人类生存的客观外部气候环境和条件，气候资源则强调从人类需要的角度来认识气候现象或要素的价值。同时，农业气候资源过量或不足也会形成自然灾害，如由于降水过多形成洪涝，降水过少形成干旱。趋利避害是农业气候资源开发利用的一条基本准则。

由于气候要素众多，气候资源类型丰富而具有动态和多功能等特点，可以把气候资源划分为 5 种形式。一是太阳能资源，太阳辐射中含有植物光合作用所需要的生理辐射量，同时也能为人类的生活和生产提供必要的能源。二是热量资源，以空气温度为代表的热能，是作物、森林生长所必需的，也是人类得以生存的环境条件之一。三是降水资源，它是地球陆地一切水的唯一来源，离开它，常见的河湖泉瀑都成了无源之水，生产谷物的土地将干涸，森林和草场将消失。四是风力资源，以空气流动所产生的动力，可以作为人类生存和谋利的动力或能源。五是其他气候资源，大气中的氧气、二氧化碳、氮气、气溶胶粒子等，在人类生存与发展过程中同样起着不可缺少的作用。

框 2-1　太阳与气候

地球上的热量以及产生大气运动和洋流的能量均来自太阳辐射。太阳辐射强度随纬度和季节而变化,在一天内随日出至日没的昼长而变化。太阳辐射随季节呈现有规律的变化,形成了四季。当地球公转到 3 月 21 日左右的位置时,阳光直射在赤道上,这时北半球正是春季,南半球正是秋季。当地球转到 6 月 22 日时,阳光直射在北回归线上,北半球便进入了夏季,而南半球正是冬季。9 月 23 日时,阳光又直射赤道上,北半球进入秋季,南半球转为春季。当地球转到 12 月 22 日左右的位置时,阳光直射在南回归线上,北半球进入冬季,而南半球则进入夏季。

地球上的生命依靠太阳的能量生存,而光合作用是唯一能捕捉此能量的重要生物途径。光合作用就是生物利用太阳能合成有机物,为包括人类在内的几乎所有生物的生存提供了物质来源和能量来源。对于人类和整个生物界都具有非常重要的意义,通过制造有机物,转化并储存了太阳能,并使大气中的氧和二氧化碳的含量相对稳定,对生物的进化具有重要的作用。地球上的大气、水、生物是地理环境要素,他们本身的发展变化以及各要素之间的相互联系,大部分是在太阳的驱动过程中完成的。所以说万物生长靠太阳的说法并不夸张。

(二)农业气候资源及特点

农业气候资源(agricultural climate resources)是农业自然资源的重要内容之一,包括太阳辐射、热量、降水、风、二氧化碳等,具体指生长期(包括无霜期)的长短、总热量和降水的多少及其年内和年际的分配和变化,太阳辐射强度、质量及其年内变化特点、日照时数等。农业气候资源具有以下几个特点。

1. 具有年、日周期的循环性

一个地区每年的积温、降水量、太阳辐射和日照时数的数量是有限的,但植物所利用的光能、降水等,是年复一年,周而复始,永无穷尽的。

2. 时间分布的不稳定性和空间分布的不均衡性

由于我国南北方纬度差异大,东西距海远近不同,以及地形、地势、土壤、植被等特性,造成气候资源的区域分异和季节分配上的差异性。此外,气候年际的变化引起农作物产量的波动。有的年份光热水配合得好,可获得丰收,有的年份光热水配合得不好，即某一因素过多或不足给农业生产造成不利的影响。只有光热水都满足作物生长发育要求时，才是良好的农业气候资源。

3. 气候要素之间相互制约

光热水各因素中，一个要素的变化会引起另一要素的变化。如雨日多则光照弱，温度偏低；降水少则光照充足，温度偏高。雨水不足则限制光温作用的发挥，温度低也限制光和水的利用。只有光热水配合适宜时，对农作物的生长发育才最有利。

4. 和土地、生物资源互相作用

气候、土壤、植物构成一个整体。若没有肥沃的土壤与优良的作物品种，也就发挥不出农业气候资源的优越性，产量也难以提高。因此，只有不断培肥地力，改良品种，因时因地因作物制宜，开展多种经营，使气候、土壤、作物三者协调，使恶性循环转化为良性循环，才能达到高产、稳产、优质的效果。

5. 潜在性和非商品性

由于大气物质流动性大、无边界，通常是有值无价，不能直接形成商品。因此，充分合理地利用农业气候资源就是要因地制宜，从农业生态系统的观点出发，提高对农业气候资源的利用率，发展以粮为主的多种经营，多熟种植，建立积极的生态平衡。“顺天时，量地力，用力少而成功多。任情反道，劳而无获。”

二、气候资源与农业生产

农业生产受自然条件影响很大，其中气候和土壤是两个最基本最重要的条件。而土壤的形成和发育，土壤中水热状况、微生物的活动和繁衍，在很大程度上受气候条件的制约。农作物的产量是作物、气候、土壤三者综合作用的结果。

（一）气候对农业的地理分布影响十分显著

我国地跨热带、亚热带、温带，气候丰富多样，各地的农业生产也呈现出其复杂性和多样性。南岭以南处于热带和南亚热带，水热资源丰富，四季常青，一般不出现霜冻，水稻一年可三熟，盛产香蕉、荔枝、菠萝、橡胶等热带水果和经济作物。南岭以北至长江以南属中亚热带和北亚热带，气候温和，雨量充沛，是著名的鱼米之乡，水稻一年两熟，盛产茶叶、桑叶、柑橘、油桐等亚热带经济作物。

黄河中下游和华北平原属南温带，四季分明，年降水量在500～700 mm，以旱作为主，一年一熟或两年三熟，主要作物有小麦、玉米、棉花、花生等，是麦、棉、玉米的主要产区。东北、西北、内蒙古等地属中温带和北温带，冬季长夏季短，农作物一年一熟,主要作物为高粱、大豆、玉米、谷子、马铃薯等。这里有一半以上地区降水量低于 400 mm,是我国的主要牧区。

(二)气候条件直接影响当地的种植制度、栽培措施,以及引种育种方向的选定

我国是受季风影响明显的国家,冬季寒冷,夏季炎热,气候的大陆性强,年较差大。大部分地区随温度升高降水量增加,到夏季气温最高,降水量也最大。这种雨热同季的气候有利于充分发挥气候资源的生产效率,也是形成我国农业季节性生产差异的主要原因。在华北、西北地区春旱严重,为保证农业稳产丰收,需要采取一系列增墒、保墒的耕作措施,如早秋耕、秋深耕、耙耱、镇压,早春顶凌耙地,雨后及时中耕等,以收到伏雨春用和减少蒸发的效果。从外地引入作物品种时,必须考虑作物品种对光温水条件的要求及其对当地气候条件的适宜程度,才能避免盲目性,收得预期的效果。培育良种也应从趋利避害出发,培育抗逆性强、丰产性能好的品种。

(三)气候对农作物的生育、产量和品质的形成影响很大

作物在其生长发育和产量形成过程中,需要一定的热量,适宜的水分和充足的阳光。这些气候要素配合得越好,则越有利于高产。如青藏高原河谷农区,小麦生育期间光温配合得好,太阳辐射强,白天温度处于光合作用适宜的温度范围,又无高于 30℃的高温,光合效率高。华北小麦成熟期天气晴朗干燥,有利于籽粒蛋白质的积累,蛋白质含量高,品质较好。而南方小麦成熟期多阴雨,湿度大,成熟缓慢,淀粉含量高,蛋白质含量低。我国北方稻米品质优于南方,南方晚稻品质优于早稻,这与水稻籽粒形成时的气候条件有密切关系。又如东北的大豆含脂肪高,新疆的哈密瓜大而香甜,吐鲁番的葡萄驰名中外,杭州的龙井茶、安徽祁门红茶等等,均以品质优良而享有盛誉,这些品质优良的产品都与产地的气候条件密切相关。

三、农业气候资源的类型和作用

(一)单项农业气候资源

1. 光能资源

光能资源(light energy resources)包括作物光合作用直接利用的可见光及具有间接农业意义的红外光和紫外光,对作物的作用表现为热效应、光合效应和光形态效应。

(1)光合有效辐射与光能利用率　光合有效辐射(photosynthetically active

radiation,PAR)指到达地面的波长为0.39～0.76 μm的那部分太阳辐射。单位面积上作物累积的化学潜能与同时期内投射到该单位面积上的光合有效辐射能之比成为光能利用率。农田作物的实际光能利用率约为0.2%～0.4%。

(2)光照强度与光合作用　光照强度(illumination intensity)指单位面积上单位时间内所接收到的太阳辐射能(直接辐射和天空散射辐射的总量)。绿色植物吸收太阳光能,把二氧化碳和水合成有机物质(碳水化合物)并放出氧气的这个生理过程,被称为光合作用(photosynthesis)。

$$6CO_2 + 6H_2O \rightarrow C_6H_{12}O_6(CH_2O) + 6O_2$$

在一定的光照强度范围内,光合作用的速度随着光照强度的增加而增加,当增加到一定程度以后,光照强度再增加,光合作用速度也不增加,这种现象叫作光饱和现象,这个光照强度的临界点叫作光饱和点。当植物进行光合作用时,还进行呼吸作用,消耗有机物质。光合作用制造的有机物质和呼吸作用所消耗的有机物质相等时的光照强度,叫作光补偿点。光照强度达此点时就不能积累干物质,低于补偿点时,消耗大于积累。

(3)光照时间　太阳光照除影响作物的光合作用、有机物质的积累和品质外,还通过光照时间对作物的生育产生影响。不同作物开花的时间,取决于日照长短,即光照与黑暗的交替及其长短对作物开花有很大影响,这种现象称为光周期现象。根据作物对光照长短的要求,可分为以下几种类型:

短日照作物。这类作物只有在日照长度小于某一时数时才能开花,若大于某一时数则停止或延迟开花。水稻、玉米、大豆、高粱、棉花、甘薯等原产于热带和亚热带的作物均属于这种类型。

长日照作物。这类作物只有在日照长度大于某一时数时才能顺利开花,在昼短夜长的条件下,则延迟开花,甚至不能开花。小麦、大麦、豌豆、油菜、甜菜、马铃薯、菠菜、胡萝卜、甘蓝、大白菜等原产于高纬度的植物,从早春到夏末之间开花的作物均属于此类。

中间型作物。这类作物开花不受光照长度的影响,在长日照或短日照条件下,都能正常开花结实,如黄瓜、茄子、辣椒、番茄、菜豆、荞麦以及某些特早熟水稻和大豆品种。

2.热量资源

农业生产上可利用的热量称为农业热量资源(agricultural heat resources),主要来源是太阳辐射。热量的多少不仅影响作物生长发育、产量和质量以及作物本身全部生命过程,而且也影响作物的分布界限、种植制度和栽培方式。

(1)三基点温度　任何作物的生命过程，都有三基点温度(three-base-points temperature)，即最低温度、最高温度和最适温度。在最适宜温度范围内，作物生长发育良好而健壮，在最低温度或最高温度条件下，生物停止生长发育，但仍维持生命活动。如果温度继续降低或升高，就会发生不同程度的危害，甚至死亡(表 2-1)。

表 2-1　主要作物不同生育期三基点温度　℃

作物	播种期			营养生长期			开花期			结实期		
	最低	最适	最高	最低	最适	最高	最低	最适	最高	最低	最适	最高
玉米	7～8	10～15	30～32	10	22～26	30～32	18～20	25～28	38	15～16	20～25	30
水稻	10～12	12～15	30～32	18～20	25～30	35	20～22	25～30	40～45	10～12	20～25	30～32
棉花	10	12～14	10	10～12	25～30	35	18～20	25～30	35	10	10	10
冬小麦	10～12	15～18	—	15	25～30	32～35	20～22	25～30	32～34	10～12	20～25	—
油菜	12～14	16～18	20～22	3～5	5～20	25	8～10	15～18	25～28	10～12	15～20	25～26

对于不同作物或同一作物不同的发育期来说，三基点温度是不同的。一般光合作用的最低温度为 0～5℃，最适温度为 20～25℃，最高温度为 40～50℃。而呼吸作用的最低温度为－10℃，最适温度为 36～40℃，最高温度为 50℃(图 2-2)。

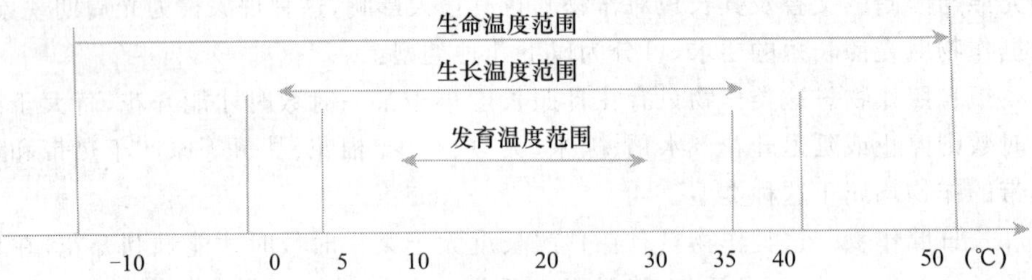

图 2-2　三基点温度示意图

(2)界限温度与日较差　界限温度是指具有普遍意义的、标志某些重要物候现象或农事活动开始和终止的温度。它是热量资源鉴定、农业气候区划以及确定种植制度等农业气象工作常用的热量指标。一般有 0℃、5℃、10℃、15℃、20℃等几种，对农业生产有重要意义。

日平均温度≥0℃的初日和终日，表示土壤解冻和冻结，冬小麦开始返青和停止生长，也是春小麦、春油菜、春播作物开始播种的指标。因此，0℃以上的持续日数称为农耕期或可能生长期，其积温称为总热量或可利用积温，代表一个地区可供农业生产利用的生长期和积温。

日平均气温≥10℃的初日是喜温作物如高粱、谷子、大豆、玉米、水稻、甘薯、花生、棉花等开始播种与生长期，喜凉作物如小麦、马铃薯、胡麻、油菜等开始积极生长期。其终日是喜温作物停止生长的温度。≥10℃以上的持续期和积温是喜温作物的生长期（或活跃生长期）和可利用的热量，是评定喜温作物生长期长短和热量多少的指标。

日平均气温≥20℃的初日是水稻插秧、热带作物开始生长、喜温作物光合作用最适温度的下限。其终日是水稻安全齐穗期，玉米、高粱、谷子等喜温作物安全灌浆成熟期。

日较差就是一天内最高温度与最低温度的差值。在一定范围内，日较差大可增加白天的光合作用，减少夜间的呼吸消耗，利于有机物质的积累，利于籽实的品质提高和瓜果含糖量的增加。

(3)生长期与无霜冻期　生长期分为气候生长期和实际生长期。气候生长期是指作物可能生长的时期，也可用无霜期来表示，一般无霜期要长于喜温作物的生长期，短于喜凉作物的生长期（表 2-2）。实际生长期是指作物从播种到成熟的日期，也称作物生长期。作物生长期受品种和环境条件的综合影响，不同的生长环境可能改变作物生长期。比如水分偏多，会延缓营养生长期，出现贪青晚熟的现象。

表 2-2　不同作物品种生长期　　d

作物品种	早熟品种	中熟品种	晚熟品种
春小麦	<100	100～120	>120
一季稻	<130	130～150	>150
早稻	<110	110～120	>120
晚稻	<120	120～130	>130
玉米	<100	100～120	>120
棉花	<150	150～170	>170

无霜冻期是指一年内终霜冻日至初霜冻日之间的持续日数，通常用地面最低温度>0℃的终初日之间的天数来表示。无霜冻期与无霜期的含义不同，无霜期是根据地面出现白霜的终、初日起确定的。

(4)活动积温和有效积温　积温（accumulated temperature）就是作物某一生长阶段内日平均气温的累积值，常用的有活动积温和有效积温两种。

作物开始生长的下限温度叫生物学零度，只有高于这个温度时，植物才开始生长发育。高于生物学零度的日平均温度称为活动温度，作物全生育期或某个发育时期内活动温度的总和称为活动积温(表 2-3)。活动温度与作物生长下限温度之差称为有效温度,作物全生育期或某个发育时期内有效温度的总和为有效积温。

如:玉米生物学最低温度为 10℃,而某 4 天的实际气温分别为 15℃、17℃、14℃和 9℃,则四天的活动温度分别为 15℃、17℃、14℃和 0℃,四天的活动积温为:15℃+17℃+14℃+0℃=46℃,有效温度分别为 5℃、7℃、4℃和 0℃,有效积温为:5℃+7℃+4℃+0℃=16℃。可见,活动积温可根据生育期内逐日平均气温计算,有效积温是逐日气温减去生物学最低温度后的总和。

表 2-3　各种作物不同类型所需≥10℃的活动积温　　℃·d

作物	早熟型	中熟型	晚熟型
水稻	2 400～2 500	2 800～3 200	—
棉花	2 600～2 900	3 400～3 600	4 000
冬小麦	—	1 600～1 700	—
玉米	2 100～2 400	2 500～2 700	>3 000
高粱	2 200～2 400	2 500～2 700	>2 800
谷子	1 700～1 800	2 200～2 400	2 400～2 600
大豆	—	2 500	>2 900
马铃薯	10 000	1 400	1 800

由于有效积温扣除了低于生物学下限温度的那部分无效积温,因而较为稳定,能更确切地反映作物对热量的要求;所以在制订作物物候期预报时,使用有效积温较好;而对于某地区热量鉴定、合理安排作物布局和农业气候区划时,则用活动积温较为方便。

3. 水分资源

水分资源包括大气降水、河流、湖泊、水库的地表水和地下水等,其中大气降水是基本的。

(1)年降水量　年降水量是一年中每月降水量的平均值的总和(mm)。我国降水的水汽主要来自太平洋,降水量自沿海向内地、自东南向西北递减,年等雨量线大致由东北向西南延伸。

其中 400 mm 年等雨量线沿大兴安岭西麓南下,经太行山麓向西南延伸至青海的同德、曲麻莱,西藏的那曲、拉萨附近至泽当。此线西北基本上不受夏季湿润季风的影响,气候干燥,以牧为主;此线东南,普遍受夏季湿润季风的影响,光、热、水配合较好,是我国粮食生产基地。在东部湿润地区,900 mm 等雨量线大致通过淮河和秦岭一线。此线以北为主要旱地农业区。此线以南主要是水田灌溉地区，旱作物一般不需要灌溉。

框 2-2 胡焕庸线

黑河—腾冲线(瑷珲—腾冲线)，或胡焕庸线(英文：Hu Line)，是一条贯穿中国版图的假想直线段。是我国著名地理学家胡焕庸(1901—1998)1935年提出的划分我国人口密度的对比线。根据1933年的人口分布，胡焕庸发现：自黑龙江的瑷珲至云南的腾冲作一直线，把全国分为两部分。东南部面积400万km^2，约占全国总面积36%，西北部面积700万km^2，约占全国总面积64%。东南部人口4.4亿，约占全国总人口96%，西北部人口0.18亿，约占全国总人口的4%。该线大致划分出了中国人口在区域上的分布，体现了中国人口分布区域的悬殊差异，在地理学和人口学上具有重大意义。

胡焕庸线是一条奇特的线，它不仅是一条人口地理的分界线，还是一条自然地理的分界线，与我国400 mm等降水量线基本重合，两边地理、气候迥异。东南方以平原、水网、丘陵、喀斯特和丹霞地貌为主要地理结构，西北方人口密度极低，是草原、沙漠和雪域高原的世界。

1987年，胡焕庸根据中国大陆1982年的人口普查数据，得出东半部面积占全国的42.9%，西半部面积占全国的57.1%；东部地区居住着全国人口的94.4%，而西半部人口仅占全国人口的5.6%。这条看不见的线仍然主宰着中国东、西部的人口地理分布。

(2)降水变率和降水保证率　一般把某地实际年降水量与同期多年平均降水量之差称为降水绝对变率，而把降水绝对变率与多年平均降水量的百分比称为降水相对变率。二者均反映降水的稳定性或可靠性，而由于降水相对变率更具有指示意义，通常也把降水相对变率简称为降水变率。

一个地区降水丰富、变率小，表明水资源利用价值高。降水变率越大，表明降水越不稳定。一般纬度越高、距海越远、海陆差异越明显的地方，降水变率越大。我国的年降水变率为10%～50%，30°N以南的地区降水相对变率一般为10%～15%，而华北平原则高达30%～35%。

多年平均降水量只表示常年降水情况，出现的机会只有50%左右，为了农业的需要，应该计算不同降水量的保证程度，即计算不同降水量的保证率。降水保证率是指某一等级降水量出现的可靠程度，通常以降水量小于或大于某一数值的累计频率来表示。

作物在不同生育期对水分的敏感程度不同，对水分最敏感，即水分缺乏或过多对产量影响最大的时期，称为作物的水分临界期（表 2-4）。需水量多少与敏感程度是不同的概念，因此临界期不一定是作物需水最多的时期，也不一定成为需水的关键期。如北方玉米春播期间的降水对于出苗率和产量有极大影响，是水分关键期，但这时作物需水量并不大，敏感程度也赶不上开花期，并不是水分临界期。

表 2-4　主要作物水分临界期

作物	临界期	作物	临界期
水稻	拔节至抽穗，灌浆至乳熟	马铃薯	开花至块茎形成
玉米	开花至乳熟	甜菜	抽薹至开花
大豆、花生	开花至结实	棉花	开花至成铃
冬、春小麦	孕穗至抽穗	向日葵	花盘形成至灌浆
高粱、谷子	孕穗至灌浆	瓜类	开花至成熟

（3）蒸散量与蒸腾系数　蒸散量是指在土壤水分经常保持湿润状态条件下，农田水量平衡中的水分支出项，包括土壤水分蒸发量和作物蒸腾量，代表作物田间耗水的多少，是衡量作物蓄水量的主要农业气候指标，在农业气候干湿评定、农田灌溉管理、作物产量估测和土壤水分预报等方面具有广泛的应用。

当作物完全覆盖地面且土壤充分潮湿条件下的蒸散量称为可能蒸散量。而现实中，由于农田水分供应往往不充分，作物也不能完全覆盖地面，所以其实际蒸散量要小于可能蒸散量，二者的比值称为相对蒸散量。

在作物生育期间，作物合成 1 g 有机物质所蒸腾的水量称为蒸腾系数。蒸腾系数大表明作物需水量大，水分利用效率低；蒸腾系数小，表明作物需水量小，水分利用效率高。不同作物的蒸腾系数不同（表 2-5），同一作物的不同发育期的蒸腾系数也不同。

表 2-5　主要作物的蒸腾系数　kg/g

作物	水稻	小麦	棉花	玉米	谷子	大豆	马铃薯
蒸腾系数	500～800	450～600	300～600	250～300	200～250	300～400	300～600

（4）干燥度　在评价一个地区农作物的水分保证情况时，除考虑年或生长季节降水量的收入外，还必须考虑土壤水分的支出部分（土壤蒸发和植物蒸腾）。我们

把在日平均温度≥10℃期间可能蒸发量和降水量的比值叫作干燥度。干燥度同时考虑了水分收入项和水分支出项，表明了降水对作物需水的保证程度（表 2-6）。

表 2-6 干燥度等级与农业利用

干燥度 K	干燥程度	主要地区	农业利用
<1.00	湿润	华南、华中	水稻可灌溉，注意排水
1.00～1.49	半湿润	秦岭、淮河	季节性缺水，旱作不稳定
1.50～3.99	半干旱	内蒙古	必须灌溉
≥4.00	干旱	甘肃、新疆	作物、树木均需要灌溉

（二）农业气候资源组合

评价一个地区农业气候资源，不但要看各单项资源的好坏，更要看资源的组合和配置是否合理。李继由（1991）将水、热、光等主要单项资源按其总量划分为丰富、较丰富、欠丰富和贫乏 4 级，并考虑其对作物生产力的贡献分别确定不同级别的生产力指数（表 2-7）。3 个单项资源可组合成 64 种类型，但我国实际出现的只有 20 种，将这些组合类型又归纳为 5 个类型区，比较分区的综合生产力指数，定义为各单项要素生产力的乘积。

表 2-7 光温水资源总量的分级与生产力指数

资源种类	丰富	生产力指数	较丰富	生产力指数	欠丰富	生产力指数	贫乏	生产力指数
光[太阳总辐射/(MJ/m^2)]	>6 000	1.0	5 000～6 000	0.9	4 000～5 000	0.8	<4 000	<0.7
温[≥0℃年积温/(℃·d)]	>6 000	1.0	4 000～6 000	0.8	2 500～4 000	0.5	<2 500	<0.4
水(年降水量/mm)	>900	1.0	400～900	0.6	200～400	0.3	<200	<0.1

年降水量≥900 mm，水分资源丰富，植被为森林，种植业主要为水田稻作，属湿润气候；年降水量 400～900 mm，水分资源较丰富，植被为森林、草原，种植业主要为旱作，属半湿润气候；年降水量 200～400 mm，水分资源欠丰富，植被为草原、半荒漠，属半干旱气候；年降水量≤200 mm 为荒漠，属干旱气候，在绿洲地区有些植被和农作，其余地区植被稀少。

≥0℃年积温 6 000℃以上，属亚热带-热带气候，热量资源丰富，种植业一年可三熟，以热带、亚热带林果木等植被为主；4 000～6 000℃属暖温带-亚热带气候，热量资源较丰富，种植业一年可两熟，多为温带林果木等植被；2 500～4 000℃属中温带气候，热量资源欠丰富，种植业年仅一熟，但可种喜温作物，有温带林果木等植被；≤2 500℃属寒温带、高原温带、高原亚寒带气候，只能种一季喜凉作物，果木已不多，植被以针叶林和草原为主。

我国的20个农业气候资源组合类型共计21区，只有223类型出现2次，其余各类型各为一次。其中，水分资源丰富区5个，贫乏区4个，11个较丰富和欠丰富区；热量资源丰富区2个，贫乏区6个，12个较丰富和欠丰富区；光资源丰富区6个，贫乏区1个，13个较丰富和欠丰富区。水、热资源丰富和较丰富者，是较好的农业气候资源类型，对农业生产的发展有利。分区是从总的资源生产力考虑的，对于特定的作物和品种，农业气候资源的丰度需根据其生物学特性来评价。如南方沿湖和山麓多云雾光照较差，但却是优质名茶的产地。吐鲁番的干热风气候对许多作物生长不利，但却是生产葡萄干得天独厚的条件。

(三)气候生产潜力

作物产量的高低取决于气候、土壤、栽培技术和作物本身这四个因素。气候生产力指在土壤管理、农业技术条件等都处于最优状态，充分利用当地光、热、水等气候资源，某一作物将太阳辐射能转化为化学能、形成农产品的最大能力，是农业气候资源的一种综合性的度量指标(表2-8)。研究意义在于明确某一地区农业的生产潜力，通过选取各种先进的农业生产技术并进行科学组合，最大限度地利用气候这一自然资源，以获得最高产量与良好的品质。

估算气候生产力的方法有光合生产潜力(按辐射量估算)、光温生产潜力(按辐射量与气温估算)和气候生产潜力(按光照、温度、水分估算)等方法。先假设其他条件都得到满足，根据当地的辐射量使用光能利用率，每生产1 g干物质所需辐射热量等参数，估算出最大光合生产能力。我国气候生产力年总量自南向北递减，大部地区等值线呈东北—西南向，与气候的地带性和季风性相一致。

表2-8　东北地区主要作物光温生产潜力　　kg/hm^2

省份	水稻	小麦	玉米	大豆	马铃薯
黑龙江	18 525	9 465	25 260	10 815	17 580
吉林	19 710	10 365	26 790	11 535	18 735
辽宁	17 760	9 465	24 195	10 365	16 860
内蒙古	19 065	9 690	26 175	11 070	17 985

(李奇峰等，2005)

第二节　我国农业气候资源的分布与评价

我国幅员辽阔，地形复杂，各气候要素值年际变率大、季节变化大。降水量自东南向西北由 2 000 mm 递减至 200 mm，气温年较差北方明显大于南方，在北纬 40°以北地区，年较差值在 40～45℃，最大值为 49.2℃，出现在黑龙江省嘉荫。长江流域至黄河流域间年较差在 25～30℃，而华南及海南地区，年较差不足 10℃。

一、农业气候资源分布

由于季风性气候和大陆性气候特征明显，我国区域降水随夏季季风而来。南方季风雨季来得早去得迟，雨季长，降水量季节分布均匀；北方则雨季短，降水量集中。东南部地区常年湿润多雨，西北部却终年少雨干旱。总体上，全国可以分为东部季风区、西北干旱区和青藏高寒区 3 个农业气候大区（表 2-9）。

表 2-9　我国气候带的划分指标及农业利用

气候区	气候带	热量指标	参考指标	农业利用
东部季风区	**温带**	**最冷月气温＜0℃**	**低温均值＜－10℃**	有死冬
	寒温带	＞10℃积温＜1 700℃·d	＞10℃日数＜150 d	极早熟作物，一年一熟
	中温带	＞10℃积温 1 700～3 500℃·d	＞10℃日数 106～180 d	一年一熟
	暖温带	＞10℃积温 3 500～4 500℃·d	＞10℃日数 181～225 d	两年三熟
	亚热带	**最冷月气温＞0℃**	**低温均值＞－10℃**	无死冬
	北亚热带	＞10℃积温 4 500～5 300℃·d	＞10℃日数 226～240 d	稻麦两熟，竹子茶叶
	中亚热带	＞10℃积温 5 300～6 500℃·d	＞10℃日数 241～285 d	两年五熟，双季稻柑橘
	南亚热带	＞10℃积温 6 500～8 000℃·d	＞10℃日数 286～365 d	一年三熟，双季稻荔枝
	热带	**最冷月气温＞15℃**	**低温均值＜5℃**	全年可生长
	边缘热带	＞10℃积温 8 000～8 500℃·d	最冷月气温＞15℃	一年三熟，双季稻椰子
	中热带	＞10℃积温＞8 500℃·d	最冷月气温＞18℃	橡胶椰子
	赤道热带	＞10℃积温＞9 000℃·d	最冷月气温＞25℃	热带作物
西北干旱区	干旱中温带	＞10℃积温 1 700～3 500℃·d	＞10℃日数 100～180 d	冬小麦
	干旱暖温带	＞10℃积温＞3 500℃·d	＞10℃日数＞180 d	长绒棉
青藏高寒区	高原寒带	＞10℃日数不出现	最冷月气温＜6℃	无人区
	高原亚寒带	＞10℃日数＜50 d	最冷月气温 6～12℃	牧业为主
	高原温带	＞10℃日数 50～180 d	最冷月气温 12～18℃	农业为主

(一)东部季风农业气候区

东部季风农业气候大区位于我国东半部广大区域,从大兴安岭、东北平原西部,沿长城沿线南部,再沿青藏高原东缘至藏南,东南濒临太平洋,面积占全国面积的46.2%。农业耕地占80%以上,人口占90%多。地势西高东低,多山地丘陵,平原有东北、华北、长江中下游、珠江三角洲等,河流湖泊纵横,北部和西部分别与西北干旱、青藏高寒两个农业气候大区相接。气候温暖湿润,土壤较肥沃,物产丰富,是我国的主要农业区,主要农业气候如下:

1.季风活跃,构成了我国季节性农业生产特征

由于季风环流的影响,夏季东南季风、西南季风盛行,潮湿气流向北、西北方向运行。气候湿润多雨,为农业生产提供了丰富的水、热、光资源。冬季受大陆气候的影响,盛行西北风;气候干燥寒冷。北方农作物有越冬期,南方大部分地区冬季只能种喜凉作物,偶有寒害冻害发生。

2.光、温、水资源丰富,有利于发展农业生产

东部季风区太阳辐射年总量为33.5亿~58.6亿J/m^2,农业生长季节(≥10℃期间)总量10.5亿~54.4亿J/m^2,年日照时数为1 200~2 800 h,光资源可充分满足作物高产的需要,有各种类型的作物和品种或不同熟制的生产方式。年降水量在400~2 000 mm及以上,南方多,北方少,可以发展各种水、旱作和多熟种植。

3.水热同季,适宜扩大高产作物栽培

东部季风区温度与降水量的增减同步,夏季温度高,降水量多,冬季温度低,降水量少。北方比南方更明显。夏季降水量占年降水量的40%~75%,冬季占5%~15%。雨热同季正好与农作物需求相一致,有利于发展水稻、玉米等喜温高产作物。水稻几乎全分布在东部季风区,播种面积占粮食作物播种总面积28.9%,产量占43.6%。玉米播种面积占全国玉米播种面积的80%。

4.农业气候类型多样,适宜发展名优特农产品生产

东部季风区地跨北温带至热带的广大地区,具有各种气候类型,不同气候类型适宜生产名优特产。热带气候适于橡胶、咖啡、椰子等热带特产;南亚热带有甘蔗、荔枝、龙眼、紫胶等特产;中、北亚热带有柑橘、茶叶、油桐、漆树、苎麻、蚕桑等特产;南温带有苹果、梨、枣、板栗、烟等名优产品;中温带有甜菜、大豆、人参、貂皮、红松等特产;北温带有鹿茸和貂皮等特产。作物在不同的气候条件下有不同的优质品种,如东北的大豆,华北的小麦,亚热带的油菜、蚕豆等。

5. 气候复杂，农业气象灾害频繁

由于季风气候的影响，农业气象灾害多且频繁。主要灾害有旱、涝、低温、冻害、干热风、冰雹等。这些灾害几乎每年都在一定的范围内发生。干旱影响的范围最大，有春旱、伏旱、秋旱等，危害各种农作物；涝灾在东北地区、华北平原、长江流域、华南地区时有发生，沿海地区有台风危害，在平原低洼地区有淹害或内涝，在山区有暴雨造成的冲刷和水土流失。低温是中温带和南方晚稻的主要灾害，柑橘、茶树、冬小麦等有冻害危害，华南有热带作物寒害发生，干热风主要危害北方小麦，冰雹局部毁坏农作物。

(二)西北干旱农业气候区

西北干旱农业气候大区位于我国北部与西北部，包括内蒙古、吉林、宁夏、甘肃部分地区及整个新疆。其东界以年降水量≥400 mm 出现的频率 50%等值线，并参照日平均风速≥5 m/s^{2}的日数来确定；西部的南界以≥0℃积温 3 000℃ · d 等值线与青藏高寒农业气候大区接壤。由于本区远离海洋，湿润气流难以达到，区内年降水量由 400 mm 向西锐减至十几毫米，为半干旱干旱气候；最热月平均气温在20℃以上，最冷月平均气温－25～－6℃，全年≥0℃积温 570～2 100℃ · d，除南疆、东疆为南温带，主要为中温带气候。

西北干旱农业气候大区虽有充足的光照和夏季较温暖的条件，但多数地区的年降水量已接近或低于旱作农业所需降水量的下限，干旱因素十分突出，限制了光温条件的发挥，使得没有灌溉的地区旱作种植业退居到为辅的地位，而大片草原和半荒漠草原，为发展畜牧业提供了有利条件，使西北干旱区成为我国的主要牧区。但有高山降水、冰雪融化水和水利灌溉的河套、宁夏灌区、河西走廊灌区、新疆石河子灌区等农业比较发达，成为戈壁上的绿洲。该区主要农业气候特点如下：

1. 太阳辐射强，日照时间长

本区地处大陆腹地，阴雨少、晴天多，气候干燥，是全国太阳辐射能最丰富的地区之一。全区年总辐射量在 50.2 亿～67.0 亿 J/m^2，比东部地区多 8.4 亿～16.7 亿 J/m^2。全年日照时数在 2 800～3 200 h，比东部季风区多 400～1 600 h。5—8 月的太阳辐射日值大多在 0.18 亿～0.23 亿 J/m^2，对春播作物的生长和干物质积累十分有利。由于总辐射多，紫外辐射也较多，加之气温日较差大，因此本区果实着色浓，品质优。丰富的光资源利于光合作用，并在一定程度上补偿了热量的不足。

2. 降水少，变率大，季节分配不均

降水量由东向西迅速递减。东界年降水量 400 mm 等值线的东北段以西相隔 300～400 km，西南段以西相隔 100 km 左右的地方，年降雨量已降至 200～250 mm。此线以西降水更少，塔里木盆地、吐鲁番盆地全年降水量甚至不足 25 mm。同时降水量年际变化很大，平均变率一般在 30%～40%。夏季(6—8月)降水量一般占年降水量的一半以上，冬、春季只占 15%～20%。严重春旱影响春播作物出苗，并使牧草返青推迟。本区缺水牧场面积很大，内蒙古东南缘、山西北部、陕西北部、甘肃中部等农牧交错地带农业干旱十分严重。

3. 积温有效性高

春季升温快，夏季热量条件好，各地日较差也较大，日平均气温≥10℃期间日较差一般在 13～18℃。在有灌溉条件的地区，丰富的光、热资源得以充分发挥，积温有效性较高。降水多集中在高温的夏、秋季，牧草能在雨水到来的短期内迅速生长，对农牧过渡地带的农作物也十分有利。如能采取有效的旱作农业措施，并发挥日较差大，光照多的优势，农、林、牧结合，可以进一步提高积温的有效性。

4. 风能资源丰富，沙化严重

多数地区全年日平均风速≥5 m/s 的天数在 50 d 以上，从呼伦贝尔草原沿大兴安岭西侧经阴山山脉到甘肃北山一线以北多达 80～120 d，甚至 200 d。大风对发展中、小型风力机，为农牧业提供动力十分有利。但在干旱、半干旱地区大风导致土地风蚀沙化十分严重。在这些地区防风固沙，禁止盲目垦荒，保护生态平衡，尤为重要。

(三)青藏高寒农业气候区

青藏高原东起横断山脉、西抵昆仑山脉、南至喜马拉雅山、北达阿尔金山—祁连山北麓。东西长约 2 000 km，南北宽约 1 300 km，总面积 2 500 km^2，占我国陆地总面积的 1/4 多。在我国大陆地形格局中，青藏高原属最高的一级阶梯面，平均海拔在 4 000 m 以上。最高峰珠穆朗玛峰海拔 8 888.48 m，称为地球的第三极。青藏高原坐落在中纬度地带，耸立在对流层中、下部，几乎全年都是热源，它源源不断地把热量输送给大气。但是，毕竟地势高，空气稀薄，保温效应差，形成了独具特色的高原气候。与我国东部同纬度地带相比较，青藏高原农业气候资源的特点非常突出，主要农业气候特点如下：

1. 太阳总辐射多

青藏高原各地的太阳辐射能年总量 58 亿～87 亿 J/m^2，远较东部各地的 46 亿～

53 亿 J/m^2 多，为我国辐射能的高值区。与世界同纬度比较，接近或次于西亚和北非。

2. 年平均气温低，暖季温凉，最热月平均气温不高，积温少

青藏高原各地年平均气温在－6～3℃之间，最热月气温低于 25℃。特别是青藏高原中部，稳定≥0℃天数仅 100 d 左右，积温低于 500℃·d。而我国东部同纬度地区，年平均气温在 12℃以上，最热月平均气温 26～29℃，稳定≥0℃天数比高原上多 100～200 d，积温高 2 000～4 000℃·d。

3. 基本没有绝对无霜期

高原上不仅最冷月平均气温比我国东部同纬度地带低，最热月的极端气温亦多在 0℃以下，因此，霜冻任何月份都可能发生，基本没有绝对无霜期。

4. 水湿状况差异悬殊

青藏高原的水汽主要来自印度洋孟加拉湾，由于喜马拉雅山和横断山脉的阻挡，水汽只能沿雅鲁藏布江和三江河谷深入。但是，山脉走向与西南季风来向有一个交角，这就迫使西南季风在前进过程中翻山爬坡，雨水在迎风坡降落，在背风坡形成“雨影区”。藏东南的巴昔卡、前门里一带，年降水量达 3 000～5 000 mm，有热带雨林季雨林分布，年湿润度≥1.0，属潮湿气候。而喜马拉雅山脉北坡的雅鲁藏布江河谷，年降水量仅 400 mm 左右，植被为山地灌丛草原，年湿润度 0.3～0.4，属于半干旱气候。到西北部的羌塘高原和柴达木盆地，水汽难以到达，年降水量 18～60 mm，年湿润度≤0.1，到处是荒漠。

二、农业气候资源评价

(一)气候资源评价及其原则

1. 气候资源评价

气候资源评价(climate resources assessment)就是根据气候资源科学的原理和方法，分析和评定有关地区气候资源状况及其对人类生产、生活的影响程度。气候资源评价的基本方法是气候分类和气候区划，它对于认识气候资源的地理分布具有重要意义，也是人类生产生活活动布局的重要科学依据。气候资源评价是多层次性的，并涉及经济学、社会学、伦理学、法学等多学科，成为一个多种学科共同发展的领域。

2. 气候资源评价的原则

(1) 确定总体目标　气候资源数量有限，资源要素存在时间和空间的差异。

评价气候资源应有目的地进行，以确立最优发展目标和生产结构，扬长避短，兴利除弊。发展农业生产就要协调光温水气，发展风能利用就要侧重风能资源的数量和质量。

(2)因地制宜，明确优劣　气候资源及其组合具有明显的地域差异，评价时要明确资源的优势劣势，针对当地生产问题，抓住主要矛盾和关键因子，趋利避害，合理利用。如在西北干旱地区光能丰富而降水不足，利于发展特色瓜果产业，而在东南或西南山区，云雾丰沛，则茶叶可作为特色产业。

(3)因时制宜，不违农时　气候资源年际变化较大，某一要素的波动幅度超出范围便导致某种灾害，所以评价气候资源时，不但要看气候要素的平均值，还要看其年际变化和重大气候灾害的发生频率。如东北地区，伏期降水集中而猛烈，就需要做好防洪防涝措施。

(4)最佳综合效益　开展气候资源评价是为了合理开发利用资源，达到最佳的经济效益、社会效益和生态效益。所以在气候资源评价中要坚持三个效益最优化原则，达到三效俱佳、主次结合。

(二)气候资源评价方法

1. 区划法

区划法是自然资源评价最普遍采用的方法。农业气候区划是以农业气候资源的丰度及其综合方式作为依据，以地域为单位将农业生产区域划分为内容相对一致的不同等级的区域，可为农业生产的合理布局和可持续发展提供依据。按照区划的对象可分为综合农业气候区划和专业农业气候区划，后者如畜牧气候区划、棉花气候区划。

2. 综合法

综合法是以气候生产潜力为主要指标进行区划，对比光合生产潜力、光温生产潜力和气候生产潜力的分布，可以看出不同气候要素对作物生产的限制程度和增产潜力所在。有人还引入土壤肥力或土地因子，提出了作物生产潜力的概念。

3. 数学方法

在农业气候资源评价中引入数学方法可进行定量分析。其中聚类分析可确定不同区域多项气候资源的综合差异，形成相似性与差异程度的分级系统；线性规划则运用最优化理论，从多种控制因素和约束条件中选择综合评价和利用气候资源的最优模型，近年来都得到了广泛应用。

第三节　农业气象灾害

作物生长发育需要一定的气候条件，当气候条件不能满足时，就会影响作物的正常生长和成熟。由不利气象条件所造成的作物减产歉收，称之为农业气象灾害。与气象的概念不同，农业气象灾害是结合农业生产遭受灾害而言的。例如寒潮在气象上是一种天气气候现象或过程，不一定造成灾害，但当寒潮危及农作物时，即造成冻害、霜冻等农业气象灾害。

一、低温与寡照

环境温度低于动植物生长发育的适宜温度下限产生的危害，称为低温灾害。低温灾害包括冷害、霜冻和冻害，因低温发生时段和强度而异。低温有时伴随寡照，进一步损害作物。

(一)冷害

冷害(chilling injury)指农作物生育期内，由于气温下降到低于作物所处生长发育阶段的下限温度时，引起的作物生理活动受阻、生殖器官机能受到损害而造成农业减产。冷害对不同作物、同一作物不同品种、不同发育期的危害是不同的。一般作物苗期和生育后期抵御冷害的能力强，而在抽穗、开花、灌浆等生殖生长阶段对冷害敏感。

根据冷害对作物危害的时间，把冷害分为延迟性冷害、障碍性冷害和混合型冷害三种类型。延迟性冷害是指作物在营养生长期内，遭受长时间低温危害，使作物发育期延迟，不能正常成熟而导致减产。东北地区的玉米、水稻经常遭遇延迟性冷害。障碍性冷害是指作物在生殖生长期内短时间遭受异常低温，使生殖器官的生理机制受到破坏而造成的减产。华南地区寒露前后和长江中下游秋分前后经常出现，导致水稻发育受阻、结实率降低。混合型冷害是指作物同一生长季内，相继遭遇了延迟性冷害和障碍性冷害，比单一的冷害危害更为严重。往往是前期发育延迟，后期大量空壳秕粒，对产量的形成造成严重危害。

抵御低温危害，首先要掌握冷害的发生规律，准确评估影响和危害，然后采取切实可行的措施。一是选择适于本地的作物品种，兼顾高产性、稳产性、抗逆性等主要性状；二是充分利用热量资源，适当早播、缩短播期、增加营养、地膜覆盖、疏松土壤、改善农田热状况；三是做好应急管理，以水增温，利用水面和叶面保温剂，提高作物抗寒能力。

(二)霜冻

霜冻(frost)指春季或秋季,土壤表面或作物层中的气温短时间内降到0℃及其以下,使作物体内水分冻结而造成受害或死亡的现象。

按照发生季节可以把霜冻分为秋霜冻(早霜冻)和春霜冻(晚霜冻)。秋季第一次出现的霜冻为初霜冻日,春季出现的最后一次霜冻为终霜冻日。从终霜冻日到初霜冻日之间的天数为无霜期。

防御霜冻,一方面加强农业技术,慎重选择品种,适时播种、适时插秧,加强抗寒锻炼、提高抗寒能力,加强田间管理,适当改善小气候。另一方面采用物理化学方法,包括灌水、熏烟、覆盖、喷雾等,增加土壤热容量,保存地表热量,减少降温。

(三)冻害

冻害(freeze injury)是指越冬作物、林木果树及牲畜在越冬期间因遇0℃以下天气,引起植株冻冰或丧失生理活力造成死亡,以及牲畜冻伤或死亡的现象。

防御冻害,要根据当地气候条件选用和培育抗寒动植物,提高作物、牲畜的抗冻能力,并提高人们的防冻意识,加强冬前管理,做好应急准备,以便及时应对突发灾害。

(四)寡照

寡照(scant light)灾害是指受冷空气影响导致气温大幅度下降,同时天空中云层笼罩,太阳光线极少或全无并且持续几天而形成的灾害。低温寡照灾害与霜冻灾害是不同的,霜冻灾害是指短时间的低温冻害,作物受冻而死亡,而低温寡照是指温度下降到低于作物当时所处生长发育阶段的下限温度,作物的生理活动受到限制,缺少作物进行光合作用的太阳光照,当作物呼吸作用加强而大于光合作用时,作物的生命活动将衰竭。一般每天日照时数不大于3 h,连阴天达7 d以上为一个低温寡照过程。

寡照往往与湿渍害相伴。对于水稻等大田作物,要及时排涝除渍、疏通沟渠,清除淤泥和杂物。对淹水田块要降低水位,坚持湿润灌溉,改善土壤理化性状,排除有毒物质,增强根系活力。对已进行排水露田的田块及时追肥,促进秧苗平稳生长。并注意病虫草害的综合防治,把损失降到最低限度。对于温室大棚,可以采用棚内加放高效的植物补光灯,使蔬菜保证基本的光照进行光合作用。光照强度以1万～3万 lx为好,光源以红光和蓝紫光效率最高,可全天补光。同时控制浇水量,降低温室内空气湿度。同时通过叶片喷施,补充养分和钾、钙、镁、铁、锌等元素。

二、干旱和洪涝

(一)干旱

干旱(drought)是指在较长时间内因降水量严重不足,致使土壤水分亏损、空气干燥、农作物体内水分发生匮缺,影响作物正常生长发育而发生减产的农业气象灾害。也是我国农业生产中最严重的农业气象灾害。

1.按原因分类

根据干旱发生的自然原因,可将干旱分为土壤干旱、大气干旱和生理干旱。

(1)土壤干旱 由于土壤水分含量低,作物根系难以吸收到足够的水分补偿蒸腾作用消耗,使体内水分失去平衡而不能正常生长发育,影响各种生理生化过程而发生的危害。

(2)大气干旱 由于大气高温低湿并伴有一定风力,使作物蒸腾加快,根系吸收的水分不能满足蒸腾水分的消耗,引起作物体内水分平衡失调,造成作物光合强度降低或灌浆过程受阻的现象。

(3)生理干旱 在土壤水分不匮缺时,由于土壤环境不利或技术措施不当,导致作物根系吸水困难,体内水分平衡失调而造成的危害。如土壤含盐碱量过多、温度过高或过低等,都会影响根系对水分的吸收。

2.按时期分类

根据干旱发生的时期,可以把干旱分为春旱、夏旱、秋旱和冬旱。

(1)春旱 华北、西北和东北春季温度回升快,太阳辐射强,空气干燥,降水稀少,一旦长时间无雨或雨量明显偏少,便很容易出现春旱。主要影响春播作物的适时播种,导致缺苗、断垄及生长受阻;影响冬小麦返青后生长,严重损失产量。

(2)夏旱 一般在7—8月,由于受副热带高压控制,天气晴热,降水很少,加之台风偏少,造成降水蒸发差很大。主要影响春播和夏播作物,严重影响中稻开花、灌浆和晚稻的移栽、苗期生长。初夏干旱主要发生于东北西部、华北大部、西北东部以及黄淮北部。

(3)秋旱 秋旱主要影响夏播作物和部分晚熟春播作物的灌浆成熟,以及越冬作物的播种和出苗。多发生在华北、黄淮、长江中下游、东北西南部。

(4)冬旱 主要发生在华南和西南,影响该地区的冬种作物、瓜菜和越冬果树等。北部和西北部牧区冬季持续少雪,牲畜因缺乏饮水、饥渴风寒致死而发生“黑灾”,是冬旱在牧区的一种表现形式。

(二)洪涝

洪涝是指降水集中或时间过长导致地表积水或土壤水分饱和,致使作物生长发育不良或死亡,造成减产或绝收。一般分为洪灾、涝害和湿(渍)害 3 种。

1. 洪灾

洪灾(flood)指大雨、暴雨引起山洪暴发,河水泛滥,淹没农田,毁坏农业设施。按照成因可分为暴雨洪水、融雪洪水、冰凌洪水、冰川洪水等。

2. 涝害

涝害(waterlog)指雨量过大或过于集中造成农田积水过多,无法及时排出,使作物受淹,持续时间超过作物耐淹能力而造成的灾害。涝灾一般只针对农作物而言。

3. 湿(渍)害

湿(渍)害(water stress)指洪水涝灾过后排水不良或长时间持续阴雨,使土壤水分长期处于饱和状态,作物根系因缺氧而受害。按照成因不同可分为积水型湿害、盐渍型湿害、潜渍型湿害等。

洪涝与湿害在概念上可以明确划分,但是实际中往往难以分开。因为很多时候洪涝和湿害是共存的。因此常常把二者一起称为渍涝灾害或涝渍灾害。

三、其他灾害

(一)雪灾

雪灾(snow storm)是指由强降雪、雪崩或冰川跃动、江河冰凌等对农业生产、交通运输及生产生活造成直接危害的自然灾害。雪灾的发生具有一定的区域性和季节性。我国雪灾冰冻呈线、面状分布,山区多于平原,北部多于南部,西部多于东部。灾害发生时段多为冬、春寒冷季节。

(二)冰雹

冰雹(hail)灾害是指由强对流天气系统引起,常常伴随着狂风、冰雹、强降水等阵发性天气过程的气象灾害。大风指 8 级以上的风(风速≥17 m/s),冰雹是直径大于 5 mm 的固体降水物。风雹灾害具有影响范围小、发展速度快、持续时间短,但来势猛、灾害重、破坏力强等特点。对农业、林业以及交通通信等造成极大危害。

(三)高温热害

高温热害(high temperature damage)指由于田间温度超过作物生长发育的上

限温度，导致作物灼伤、生长发育过程受阻、产量降低的气象灾害。由于不同作物对高温的忍耐力不同，通常把高温热害标准定为连续 3 d 或 3 d 以上日平均气温≥30℃、日最高气温≥35℃。主要影响水稻、玉米、棉花、大豆等，其中以长江流域水稻最为显著。

(四)干热风

干热风是华北地区春末夏初在小麦扬花灌浆期间易出现的一种高温、低湿并伴有一定风力的灾害性天气，也称之为火风、烧风等。一次性热风天气过程的前后，空气温、湿度有明显的突变，可使小麦在短时间内失去水分平衡，发生青枯或灰绿、青灰，生理功能受到严重影响，千粒重明显下降，导致减产显著。

第四节 气候变化与农业气候资源利用

一、气候变化对农业的主要影响及应对

气候变化可能引起全球和中国气温和降水的格局发生重大变化，在全球 CO_2 浓度倍增时，中国各地气温都将升高，尤以冬季和北方增温为显著。华北和黄河中下游可能趋向干燥，东北和西北可能较现在变湿。

(一)气候变化对农业的影响

1. 种植区域与种植制度

随着温度升高，农业气候带向北向西推移，许多作物的种植界线总体表现为向高纬度和高海拔移动的趋势。水稻的播种区域向北延伸，黑龙江省的水稻种植区域从 48°N 拓展到 52°N；冬小麦种植北界从大连推移到了抚顺—法库—彰武一线，北移了近 4 个纬度；东北玉米的栽培北界向北扩展到黑龙江呼玛县，向东扩展到辽宁东部山区。

区域变暖使作物的适宜生长季延长，即作物播种期提前，收获期延后。如果气候变暖 2℃，中国作物全年生长季延长 8～32 d，东北地区延长较少为 8 d，华南地区延长 32 d。当年平均温度增加 1℃时，全国≥10℃积温的持续日数平均可延长约 15 d，引起作物生育期缩短。气温每增高 1℃，水稻生育期日数平均缩短 7～8 d，玉米缩短为 7 d 左右，冬小麦缩短 17 d 左右，但地区差异明显。如果气候变暖 2℃，水稻生育期日数平均缩短 14～15 d，小麦平均缩短 34 d。

气候变暖增加了复种指数，促进了粮食增产。1986—1995年的10年内，全国耕地复种指数增加了9.7%。随着热量增加，喜温作物播种面积比例增加；此外，华北地区两年三熟制已改为冬小麦-玉米一年平播两作；近50年东北地区积温带北移东扩，主栽作物品种熟性由中晚熟品种替换早中熟品种。

2. 作物产量与品质

依据作物品种和地区条件的不同，气候变化已经对作物生产和产量产生影响。东北地区温度是主要限制因子，过去20多年的气候变暖对东北地区粮食总产量增加有明显的促进作用，但是对华北、西北和西南地区的粮食总产量增加有一定抑制作用，而对华东和中南地区的粮食产量的影响不明显。同时气候变暖对灌溉农业有益，但是对雨养作物不利。

大气中CO_2浓度增高是引起全球气候变化的主要原因，CO_2浓度与温度的增高会对作物品质产生影响。由于CO_2浓度的增高，作物的光合作用增强，使根系吸收更多的矿物元素，有利于提高作物品质，但由于植株中含碳量增加，含氮量相对降低，蛋白质也会降低，粮食品质有可能下降。水稻、小麦、玉米等作物一般从籽粒灌浆到蜡熟期，环境因子的差异(包括CO_2浓度、温度、水分等)对籽粒品质影响很大。

框 2-3　气候变化

气候变化(climate change)是指气候平均状态统计学意义上的巨大改变或者持续较长一段时间(30年或更长)的气候平均值或变率的变化。在政府间气候变化专门委员会(IPCC)的使用中，气候变化指气候随时间的任何变化，无论其原因是自然变率，还是人类活动的结果。而在《联合国气候变化框架公约》中，气候变化是指在自然气候变化之外由人类活动直接或间接地改变全球大气组成所导致的气候改变。

过去百余年间，人类依赖石油、煤炭等化石燃料来提供生产生活所需的能源，燃烧这些化石能源排放的二氧化碳等温室气体是使得温室效应增强、进而引发全球气候变化的主要原因。还有约1/5的温室气体是由于破坏森林、减少了吸收二氧化碳的能力而排放的。另外，一些特别的工业过程、农业畜牧业也会有少许温室气体排放。持续的气候变化将导致冰川消融、海平面上升、粮食歉收、灾害加剧、物种灭绝等诸多灾难性问题，甚至威胁人类自身的生存。因此引起国际社会的广泛关注。

3. 畜牧业与渔业

草地畜牧业和设施养殖业都受到气候变化的严峻挑战。气候变化对畜牧业的影响主要包括草地的生产能力、牲畜及其产品。草原的生产量(就生物量而言)呈下降趋势,对于温带草地不利影响更多。由于气温升高,草原地区春旱越来越严重,暖干化趋势造成北方草地畜牧业区的中东部降水减少,农牧交错带边界出现南移,草地生态系统退化,草地生物多样性下降、生物量减少,草地沙化加快的问题。气候变化同样对牲畜及其产品产生严重影响,我国牧区在一般年份牲畜死亡率在5% 左右,但在极端气候条件下的灾害年份的死亡率可高达 24%。草地生长量的减少使得其载畜量也下降,高温导致畜禽的生产能力下降,对奶牛的泌乳性能产生了负面影响。此外,载畜量的下降和饲料生产成本的提高,使畜牧养殖业经济效益下降,导致牧民的收入水平下降。

全球气候变化对渔业产生明显的负面影响。海水温度升高对大黄鱼的负面影响最大,不仅会造成产量降低,而且还减少鱼的洄游、产卵等。从分布海区看,对南海海区的负面影响较大,由于水温升高而造成的渔业资源的产量下降,捕捞量的减少最高可接近 10%。

4. 病虫草害与灾害

随着气候变暖,气象灾害与病虫害呈加重态势,对农业的影响越来越大。我国每年由于气象灾害造成的农业直接经济损失达 1 000 多亿元,占国民生产总值的 3%~6%。影响农业经济的最为严重的是干旱,其次是涝渍。1950—2003 年全国干旱区面积资料统计表明全国旱灾面积逐渐加大,干旱期在逐渐延长,严重干旱年份出现频率有增加的趋势。2000—2007 年间,每年损失增加到 5 万 hm^2,损失粮食 1 400 多万 t,占同期全国粮食产量的 4.7%。洪涝灾害也较为频繁,主要分布在东南部,在长江和黄淮河流域地区尤为严重。

在西北地区和长江中下游地区,极端气候变化发生得越来越频繁。气温升高又使得我国亚热带和暖温带地区夏季温度过高,形成高温热害。随着气候变暖,病虫害的地理范围扩大,给作物带来危害,病虫害侵扰的耕种面积大约由 1980 年的 100 万 hm^2 增加到 2010 年的 345 万 hm^2,每年因病虫害造成的粮食减产幅度占同期粮食生产的 9%。

(二)应对气候变化可采取的措施

气候变化对农业的影响利弊共存,以弊为主。为应对气候变化的影响,农作物的种类、地理分布和种植制度等必将做出相应的调整。已采取的有针对性的适应技术包括:

(1)针对作物种植带和种植结构改变，开发未来光、温、水资源重新分配和农业气象灾害格局的分析技术，发展调整农作物的种植技术，作物种植季节调节技术和适宜作物品种选育技术。

(2)针对干旱加剧问题，采取工程设施抗旱技术，包括滴管、微灌、注水灌溉、膜上灌、喷灌、沟畦灌溉、管道灌溉、渠道衬砌等节水灌溉技术，利用小型水库、池塘和屋顶、路面等集蓄利用雨水和利用农田微地形集雨保墒技术，抑制农田水分蒸发的秸秆覆盖、地膜栽培、化学抗旱、间作套种、深松蓄水以及生物节水技术。

(3)针对灾害加剧问题，采取培育和选用适应气候变化环境的抗旱、抗涝、抗高温、抗低温等抗逆品种选育基因技术。

(4)针对病虫害加剧问题，采用能力强、抗病、抗虫性高的适栽品种培养技术，生物农药有效靶标技术，物理与生态调控技术以及化学防治方法。

(5)针对土壤肥力下降问题，采取农田固碳增汇的施肥、耕作和栽培技术，包括配方平衡施肥、推广缓释化肥、有机无机肥配施、少免耕为主的保护性耕作制以及高光效栽培技术。

(6)针对中国适应气候变化能力弱问题，采取调整农业管理措施，如农作物春节适时早播、秋季适当晚播以及控制盐碱沙荒、水土流失、节水栽培、适期防治病虫害等，以提高农业生态系统的适应能力。

二、农业气候资源利用现状

(一) 时间上的合理安排与利用

由于气候资源的时空差异，各地凭借科技的保障在农业气候资源的时间利用上大挖潜力。

首先，改进原有的作物种植制度，从作物结构、熟制、育种、种植技术等方面有效地提高作物生长季内的光热利用强度。在原有熟制的基础上，选用不同热量要求的作物品种进行搭配，使得各种熟制区的耕地在一年中尽可能多的时间长满庄稼。在作物培育上，各地积极进行水稻、玉米等作物品种的改良，使作物具有较好的株叶型，光合作用增强，并通过推广套种、移栽、密植等栽培技术，使作物在生长季内维持较大的绿叶面积，使光合作用更有效地得以进行。通过搭建温室大棚、覆盖地膜等方式营造人工气候环境，进行增温保墒，从而可有效提高光热资源的利用率。研发促进作物光热利用的药剂，提高作物的光热资源利用率。

其次，在农业水资源的利用上，利用多种途径进行调控。通过大规模的农田水利工程建设，给雨水渗入地下提供条件。采取地下灌溉、喷灌、滴灌等新型节水灌溉技术，发展节水农业，提高水分利用率。通过深耕改土，熟化土壤，增施有机肥、化肥等措施改良土壤，提高土壤的蓄水保墒能力，减少了水分的流失。通过流域综合治理和修建农田防护林，减少土壤蒸发和水土流失，调节水分的可利用性。

另外，各地还根据中长期天气预报，进行相应的农业物候期预报、收获期预报、病虫害发生期预报，按农产品上市、交货期的要求利用积温进行适宜播种期推算，也是提高农业气候资源利用的一种途径。

（二）在空间上的有效利用

各地在发展农业时都比较注重发挥当地气候资源的优势，能结合各种作物对气候资源的要求进行较为合理的作物布局，形成了一大批专业化经营的生产基地和农业产业带。如新疆的棉花和西瓜生产基地，云南的甘蔗、烟叶、花卉生产基地。

在山地地区，根据不同高度的热量资源分布及山地的坡度、坡向和山体部位等因素，对各种作物的安全栽培高度及其上限加以确立。如在河南西部山区，小麦的种植上限与暖温带上限高度大体上一致，南坡为 1 000～1 100 m，北坡在 900～1 000 m。

根据山体不同部位的局部小气候对作物的最佳种植地域进行有效筛选，在山坡中部进行作物的大规模种植。因为山坡下部易形成“冷湖”，不利于作物的防寒避冻，而山顶风大，受气温垂直梯度和空气平流运动的影响，气温偏低，热量资源最少，同样不利于作物的种植，只有在山坡的中段，由于地形逆温的存在，气温偏高，才更有利于作物的种植。以茶树在浙江天目山的种植为例，虽然 700 m 以下地段都可栽培茶树，但以 200～600 m 层次的气候条件最利于种茶。

人们在选择山地作物的种植地段时，还常考虑风口的影响。在偏北的风口或通道附近，由于北方干冷空气的呼啸而来常会加剧作物的冷、冻害，因此人们多不在此大规模种植作物。而在偏南的风口或通道附近种植作物时常有排涝的作用。

三、农业气候资源利用存在的问题与对策

（一）影响农业可持续发展的气候因素

影响农业可持续发展有许多自然、社会、经济的因素。中国的气候，既有对农业有利的方面，如雨、热同季，气候类型多样等，也有一些对农业不利并影响农业可持续发展的障碍因素，特别是气候资源的时空分布不均和气候灾害频繁发生。

1. 降水时空分布不均，南涝北旱在总体上有发展加重的趋势

由于大陆性季风气候的影响，中国各地降水的时空分布极不均匀。近 20 年来南涝北旱有逐年发展加重的趋势，这不但与南方持续多雨和北方降水有所减少有

关，更主要的是由于人为的影响。北方20多年来灌溉面积和农业用水量迅速增加，工业用水和城市生活用水增加更快，导致对地下水连年超采水位逐年下降，加剧了水资源危机。华北的河流几乎全都成为季节河，1997年黄河断流7个月，甚至发生在汛期。加上多年来盲目围湖垦荒，调蓄能力下降，下游河防堤坝和排水渠道多年失修，致使洪涝灾害逐年加重。

2.短缺气候要素制约着优势要素的发挥

中国东北的土地资源丰富，肥力较高，水分和光照条件也较好，但热量不足，只能种植一季早熟品种，还经常遭受冷害和霜冻。1995年辽宁西部、内蒙古东部、山西北部、河北北部等地早霜造成的产量损失超过20亿kg。西南的水分和热量资源都很丰富，唯光照较差，特别是贵州，有“天无三日晴”之说，影响了作物产量的提高。西北地域辽阔，光热资源极为丰富，但水资源不足，沙漠和戈壁的面积很大。占全国面积1/6的新疆，由于水资源的制约，可耕地有限，最多只能承载5 000万人口。

3.气候波动剧烈，灾害频繁

大陆性季风气候的一个显著特点是季节和年际变化很大，多雨年和少雨年的年降水量可相差数倍。如2012年北方夏凉、南方酷热，2018年则南方出现多年少有的相对凉夏，而北方却持续酷热难熬，不少城市出现破纪录的高温。大部分地区气候的季节变化也很突出，雨季很集中，如华北7—8月，降水可达全年的60%～70%及以上，极易出现暴雨和洪涝。旱季又降水十分稀少，常发生连季干旱。气温的变化也很大，长江下游地区的秋季本应秋高气爽，但1997年秋冬却连阴雨达50多天，许多已收获的水稻不能脱粒，烂在田里。

4.人类活动对气候资源的不利影响

人类活动对气候产生了许多影响，有些是有利的，如营造农田防护林改善小气候，修建水库使上游降水增加，城市建设使近郊变暖对冬季保护地生产有利等等。但也有不少不利的影响，如城市郊区大气污染加重，酸雨增加。温室效应和热岛效应使热害和病虫害加剧。超量提取地下水使水资源日益紧缺，地下水位持续下降也加剧了局地的旱情。至于滥伐森林，破坏草原，围湖垦田，破坏生态，加剧水土流失，所导致气候的恶化就更严重了。

5.全球气候变化带来新的不稳定性和不确定性

工业革命以来人类大规模地干预自然界，已经对全球气候产生了很大的影响。虽然现在还不能说温室效应已经完全被探明和证实了，但世界各国的科学家一致公认近100年来气候确实在变暖，对人类活动可能引起的全球变化及其对人类社会、经济的影响必须给予高度重视，并采取切实有效的防范措施。

（二）农业气候资源开发利用的对策

农业生产活动主要是在自然条件下进行的，因此，农业是受气候影响最大的产业部门。气候在农业自然资源中具有特殊地位，充分合理利用气候资源是农业持续发展的重要前提。

1. 开发气候生产潜力，提高作物生产能力

中国各地主要农作物的光、温生产潜力约为现有产量水平的 4～5 倍，为气候生产潜力的 2～3 倍，继续增产的余地还很大。分析差距形成的因子，找出主要障碍因素，特别是瓶颈因素的克服途径，也就找到了影响生产潜力深度开发的症结所在。任何良种都是与一定的生态气候环境相适应的，只适用于一定的气候区。要想引种成功，必须遵循气候相似的原理，至少要在作物生育期间相似，或稍加调节后在农业设施内使之相似，才能成功。同样，在果林业上也必须遵循“适地适树”的原则，“适地”的一个主要内涵就是指要适应当地的气候。

2. 气候资源与其他农业自然资源的优化配置

在新垦荒的土地上，只有根据当地的气候条件种植适宜的作物，采取适宜的种植制度和耕作方式，才能保证土地资源的永续利用。东北的黑土地开垦后有些农场土壤有机质含量已从最初的 80～100 g/kg 下降到 20～30 g/kg。目前农业科技工作者正在推广秸秆还田和水旱轮作，不使土壤肥力下降过快。化肥和农药的施用也必须考虑气候，充分利用有利天气进行作业。如易挥发的氨态氮肥应主要在低温季节深施，易淋溶的钾肥应与有机肥混施，有机肥堆积发酵应利用高温季节等。

3. 根据气候规律安排农业生产，实现减灾增产

要根据气候区划和气候资源的分析决定一个地区的农业结构和种植制度。如复种指数过高，或使用生育期过长的品种，企图对热量超量使用，结果往往事与愿违，导致冷害或霜冻而减产。在种植业中一般应按 80％的气候资源保证率，并计算农耗时间来安排农作物的播种、移栽和收获期。对于果树等生产周期很长的对象和一些特殊灾害，保证率还应更高，达到 90％以上。即使是经济价值很高，生长周期较短的作物，保证率也应达到 70％，并制定应急措施，才能有备无患。

4. 根据气候资源的分布合理布局农业生产，实现区域化专业化生产

区域化专业化生产是现代农业实现资源优化配置所必需的，也是适应市场需求和追求最大经济效益的必然趋势。建立全国性的“适地种植，流通调剂”的产销

体系,能够在适宜的气候下种植适宜的蔬菜,并输往最有利的市场,能最充分地利用气候资源,取得最佳经济效益。中国目前正在形成冬、春南菜北运,夏、秋北菜南调的格局,已初步形成淡季不淡,旺季少烂菜,农民、居民双满意的局面。

5.开发利用气候能源,改良生态环境

目前大部分农村能源并不充足,利用气候能源可节省能耗。如利用太阳能取暖、做饭和晒谷,利用风能发电,利用低温储藏和干燥脱水等。新疆的吐鲁番盛产葡萄,就是利用了那里频繁的干热风来风干葡萄,保持了良好的色、香、味,可谓得天独厚。

复习题

1.农业气候资源有哪些特点?

2.什么是有效积温和活动积温?

3.冷害、冻害、霜冻有什么区别?

4.干旱是怎么分类的?

5.简要分析我国农业气候资源利用状况。

讨论题

如何认识和应对气候变化?

第三章 土地资源

重点提示

本章主要阐述土地资源的基本概念和功能属性、地理分布及分类体系和现状，学习和研究土地资源评价的内容和方法，了解和掌握我国土地资源评价、土地资源的开发利用情况及农田保护的重要性。

第一节 土地资源的概念和功能

一、土地资源及其特征

为实现对土地资源的开发利用，首先要明确土壤、土地、土地资源等相关概念，从而更好地区别各自的含义。

(一)土壤

土壤(soil)是指地球陆地表面具有一定肥力，且能够生长植物的疏松表层，其本质特征是具有肥力。通常意义上来说，在气候、生物等自然因素的作用下形成的土壤称为自然土壤。而在耕种、施肥、灌溉等人为因素的影响下，改变自然属性的土壤，被称作耕作土壤。由于土壤的使用受各地自然和人为因素的影响不同，从而形成了各种不同的土壤类型。

(二)土地

从生态学观点看，土地是一个由气候、地貌、岩石、土壤、植被、水文以及人类活动种种结果组成的生态系统，与此同时，土地又是整个地球更大系统的自然环境要素；土地是能量流、物质流、信息流的输入与输出，及物质交换转移得以实现的基础，是储存库和供应站。从农业生产的角度看，土地是一种最基本的不可缺少的生产资料，是生产基地、劳动场所和劳动对象，土地以自身理化性质参与农作物的自然再生产过程，生产人类所需要的动植物产品。1976 年联合国粮食及农业组织(Food and Agriculture Organization of the United Nations, FAO)在《土地评价纲要》指出：土地是地表的一个区域，其特点包括该区域垂直向上和向下的生物图的全部合理稳定的或可预测的周期性属性，包括大气、土壤和生物圈、植物界和动物界的属性，以及过去和现在的人类活动的结果。一般而言，土地内涵分为以下几个方面。

1. 土地是自然综合体

其性质取决于各组成成分，如从农业生产来看，气候、土壤、岩石、植物、动物、水等自然要素均对农业生产施加一定的影响，但这些影响不是孤立的，而是彼此联系、相互制约的。换言之，农业生产并不仅仅受某一因素的影响，而且取决于它们之间的相互联系和相互结合。

2. 土地是一个垂直系统

土地具有一定立体的空间，可分为地上层、地表层和地下层，包括地貌、土壤、植被的全部，以及直接影响生物生长的地表水、浅层地下水、表层岩石和与地表产生直接水热交换的气候要素，是岩石圈、水圈、土壤圈、生物圈和大气圈的复合界面。

3. 土地与土壤的关系

从相互关系上，土地包含土壤，而土壤一旦被利用，与气候、地形、水文等组成要素一起就形成了土地的概念。土壤的本质特征是具有肥力，即土壤为植物生长供应和协调营养条件及环境条件的能力；而土地的本质特征是生产力，即在特定的管理制度下，对某种(或一系列)用途的生产能力。从形态结构上看，土壤是处在地球风化壳的疏松表层，而土地是由地上层的近地面气候(大气圈)、地表层的生物圈和土壤圈以及地下层的水圈和岩石圈组成的立体垂直剖面，土壤只是土地表层的一部分。

(三)土地资源

土地资源(land resource)是指在当前和未来可预见的技术经济条件下，能为人类所利用的土地。第一，土地作为自然要素，通过人类的利用可产生财富；第二，土地资源将土地作为自然要素看待；第三，土地资源是土地成为资产的基础。土地与土地资源是有区别的，土地资源是目前和未来可预见的能够产生价值的土地，不包括不可利用的土地，所涉及的范围比土地小，且为包含关系(图 3-1)。但随着人类不断加大着对土地的利用，所以不可利用的土地范围逐渐变小，在外延所指上的差距也逐渐变小。

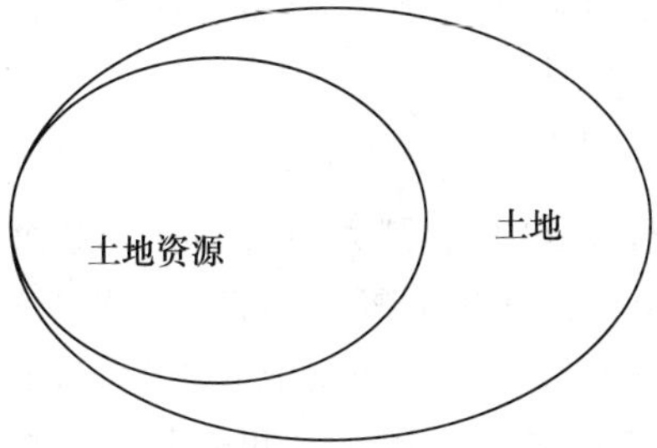

图 3-1　土地资源与土地关系

(四)特征

1. 土地资源的自然性

土地区别于其他生产资料，在于土地不是前人的劳动成果，而是自然的产物。地球自诞生以来已有 46 亿年的历史，人类历史仅有 300 万年，而人类开始从事农业生产大约 7 000 年。这意味着人类劳动可以影响土地利用，提高其生产率，但人类却不能创造出新的土地，从而增加土地面积。20 世纪 60 年代以来，世界上出现了海洋热，有的国家如日本、荷兰向海洋要土地，发展海洋农场、海洋牧场，在海上建设工业基地和海上城市。有时陆地和水地(海洋)之间并没有根本的区别，所谓水地只不过是被水所淹没的陆地，一旦积水排出，水地即刻变为陆地。经筑堤填海造田后，水地变为陆地，仅是土地形态和利用方式的改变，并非是创造新土地。

2. 土地资源的整体性

地球是一个整体，陆地表面与其他自然资源一起相互依存、相互制约，构成完整的资源生态系统。土地的各组成成分不是单独或孤立存在的，只有它们耦合在一起才成为土地资源，或称作土地系统。系统中各元素紧密结合，相互影响，协同进化，互为因果。人类不可能改变一种资源或资源系统中的某种成分，而同时使周围环境保持完全不变。例如，对草地破坏，不仅会改变植物的生长状态，同时也会导致土壤和水分径流地的变化，对动物、甚至气候等都会造成一定的影响。

3. 土地资源的多用性

由于土地是供人类生存延续、社会经济活动以至精神生活的主要承载者和环境，因此，土地资源对人类的用途便具有多用性。既可以用于农、林、牧业，又可用于工矿、交通和城镇建设，也可用于旅游、文化娱乐等的场所。如果对不同类别土地做出评价，就会选择不同的评价项目和指标。比如，农用土地要求土地平坦，土层深厚肥沃，灌排条件良好等。旅游区要求有优美的山水，郁郁葱葱的林木等。最适宜的农地不一定是适宜的旅游地，反之亦然。即使在农用地内部，由于利用方向不同，参评项目及指标也会有区别。

4. 土地资源的可持续性

土地在其合理利用的过程中，其肥力不仅不会减退而且会有一定程度的提高。人类祖先使用过的土地至今仍在周而复始地使用，这一事实充分证明了土地利用具有可持续性。但必须指出只有处理好用地和养地之间的关系，处理好利用和保护之间的关系，保持土地中各种生态因子之间的动态平衡，才能使土地生产力得以不断提高，土地利用才能保持可持续性。

二、土地资源的属性

(一)土地资源的面积有限性和供给的稀缺性

地球的面积是固定的，土地面积为地球大小所决定。地球表面的总面积是5.1亿 km^2，其中海洋的面积为3.61亿 km^2，占70.8%；陆地面积1.49亿 km^2，占29.2%。自地球形成之日，虽然历经多次地质变化，但其总面积始终未变。

由于土地资源面积的有限性，对于人类利用来说，即呈现着供给的稀缺性。一方面土地供给总量与土地需求总量的矛盾，即能为人们所利用，从事各种活动的土地总面积是有限的；另一方面在某些地区（城镇地区和经济文化发达、人口密集地区），某种用途的土地面积是有限的，往往不能完全满足人们对各类用地的需求。土地供给稀缺性是引起土地所有权垄断和土地经营垄断的基本前提。由于土地供给稀缺，在土地私有并可以自由买卖或出租的条件下，容易出现地租、地价猛强，土地投机泛滥等现象。

(二)土地空间位置分布的固定性

土地分布在地球各个不同位置，在一定的地质历史时期内，永久固定在一定的地理位置和地形部位上，使土地具有明显的地域性。同时在农业之外的生产部门，连同附加于土地之上的基础结构如道路、桥梁、渠道等固定资产都具有不可移动性。土地的空间位置的固定性也决定了土地的地域差异性，不同的地域其地理位置不同，地表的气候、水热对比条件不一样，地质、地貌对其具有再分配的功能，使得地表的土壤、植被类型也随之发生变化，因而造成土地的巨大自然差异性。这种差异性不仅存在于一个国家或一个地区的范围之内，即使在一个基层生产单位内也同样存在着。随着生产力水平的提高和人类对土地利用范围的扩大，这种差异性会逐步扩大，而不是缩小。

土地空间的固定性与地域差异性又同时决定着土地流通的特殊性及资产性，土地资产可以像其他商品一样进行流通，但在市场上流通的不是土地资产商品实体本身，而是土地产权证书。土地资产的交易实际上是土地资产产权的交易。土地资产流通的特殊性表现为所有权与使用权的分离。一般商品无论在出售前还是出售后，它在法律上的所有权和使用权总是统一的。土地资产则不然，在实行土地资产国有、使用权可以转让的国家与地区，租赁是土地资产市场流通的主要形式，甚至是唯一的形式。在那些土地资产可以自由买卖的国家与地区，很多土地资产也是采用租用的形式，从而导致所有权与使用权的分离。

(三)土地资源的非再生性及其增值性

如果人类对土地进行掠夺性开发，一旦破坏了土地生态系统的平衡，就会出现水土流失、沼泽化、盐碱化、沙漠化等系列的土地退化，使土地生产力下降，使用价值降低。这种退化达到一定程度，土地原有性质可能彻底破坏而不可逆转和恢复。在人类历史上，土地资源遭到严重破坏的例子很多，教训十分深刻。所以，土地资源的再生性是有一定限度的，当超过某一临界值时，土地的再生性就会丧失，土地资源即被破坏变为不可再生的土地。

土地存在着一定的增值性，一般商品的使用，随着时间的推移总是不断地折旧直至报废。而土地则不然，由于土地经营者对土地的投资、土地周围设施的改善、土地用途的改变和土地需求量的增加，土地不仅不会折旧，反而还可以反复使用和永续利用，并随着人类劳动的连续投入而不断发挥它的性能。甚至，随着社会经济的发展，实现自然增值。

三、土地资源的功能

土地是人类生存的自然环境的重要组成部分，它在人类社会的生产和生活中的作用是极其重要而多样的。概括起来，有以下几个方面。

(一)土地资源的承载功能

土地是承载万物的基础，如果没有土地，则世上的万物也将化为乌有。土地为生物提供了生存的空间和活动场所，也是各项生产活动得以实施的基地。同时，土地还是历史陈迹和文化遗产的保存场所，具有人文价值的特殊承载功能。

(二)土地资源的养育功能

由于土地的多相性特点，使土地具有滋生万物的养育功能。如气候中的光、热及二氧化碳，土壤中的矿质营养元素及水等是地球上生物生长、繁殖的基本条件。如果没有这些条件，生物也就不能繁育，人类也不能产生、生存和发展。

(三)土地资源的净化功能

土地生态系统有着严密的结构,使其自身成为一个活的过滤器,不仅可以生长万物,还对来自各种途径的污染物有显著的净化作用和代谢能力,通过物质循环和能量流动,保持着土地资源的可持续性。但其净化能力也是有一定限度的,进入土壤的污染物一旦超过土壤的自净化能力,土壤就失去了它的净化功能。

(四)土地资源的景观功能

土地除了具备生产性能提供各种生产资料外,还自然形成各种景观,如浩瀚的大海、秀丽的群山、奔腾的江河、飞泻的瀑布、无限的沃野、悬崖幽谷、奇峰怪石、清泉溶洞等,千姿百态,为人类提供了丰富的风景资源,使人类可以亲近自然,陶冶情操。

第二节　土地资源分类和利用现状

一、土地资源分类原则

(一)自然发生学原则

土地是由多种要素组成的一个自然综合体,其类型的划分取决于全部地域分异因素的综合特征,而不是仅考虑其中一个因素的特征。发生学原则强调在进行某一级分时,必须全面考虑构成土地要素的各种成分和其本身综合特征的相似和差别。依据这一原则,在实际操作中通常采用叠置法,即将土地各组成要素的同比例尺图件叠置(套叠)在一起,形成各要素的界线重叠网络,选取其中重叠最多的线条作为土地类型的界线。

(二)主导因素原则

由于各自然要素在土地这一自然综合体中的作用是不均衡的,因此在综合分析中常能找到一个起决定作用,并因其变化而引起综合体其他因素变化的主导因素。贯彻这一原则的具体办法是选取反映主导因素的标志作为分类指标。由于不同区域土地的分异特点是不同的,因此起决定作用的主导因素也往往随地而异。一般说来,在山地和丘陵地区,海拔高度、相对高度、坡度与坡向的变化对水热条件的重新分配有重要影响,从而导致植被和土壤也相应发生变化。因此,在这些地区划分土地类型时,地貌通常可作为主导因素。在平坦地区,尤其是那些坦荡的平原地区，微地形的起伏、土壤质地或水分状况等常可作为土地类型划分的主导因素。

如果植被的分异状况比较明显，就可将植被作为主导因素的标志，因为植被的分异在很大程度上可反映地形的微起伏、土壤质地或水分状况。土地类型划分是多层次的，不同级别土地的主导因素也常常是不同的。如我国 1∶100 万土地类型图中，第一级土地类型（土地类）的主导地域分异因素往往是大中地貌，第二级土地类型（土地型）的主导地域分异因素在山地是由于地貌起伏而形成的垂直亚带，在平地则是土种和植物群系（包括人工植被）。在地面坦荡、以高原和内陆盆地为主的干旱、半干旱地区，地面组成物质往往是主导地域分异的因素。

（三）实用性原则

土地类型的划分最终要为土地资源评价开发利用和保护的社会实践服务。土地类型划分能反映土地利用价值、方式和空间结构，在选取分类指标时应该尽量考虑到它的应用目的。比如中国 1∶100 万土地类型图主要是为大农业布局服务的，所采取的指标大多考虑到坡度、盐碱度等与农业生产、治理水土流失等密切相关的指标，并加以细分。不同地区的土地资源禀赋和人地关系也是考虑的因素之一，如东北土地资源较为丰富，可以坡度 15°作为划分平地（种植业为主）和林地的指标界限，到了人地矛盾严峻的南方丘陵地区则以 25°为划分平地和山地的指标界限。

此外，在具体选择土地类型的分类指标时，还应注意指标的互斥性、明确性、层次性和针对性等原则，以保证分类过程的可操作性。

二、土地资源分类体系

（一）土地自然类型分类

由于土地资源内涵的复杂性，它在性质、用途、生产性能等方面都表现出十分丰富的多样性，这就使得土地资源类型划分也较为复杂，导致土地资源类型划分必须进行系统化的有序排列，这种土地资源按一定的规律建立的有规则的排列顺序，称为土地资源类型体系。由于土地资源类型划分的目的、依据、性质及作用的不同，目前在我国应用较多的有 3 种分类体系。

1.把土地的自然属性作为主要标志，形成土地自然类型体系

该体系把土地作为自然综合体，土地类型被理解为地貌—土壤—植被的共同体。它主要根据土地的形成、发育、特性演变等特征，还考虑土地生产力水平的一致性和土地开发利用方向的一致性，以及土地正确利用的制约因子和开发利用措施的一致性。这个分类体系在土地资源综合考察、荒地调查时应用较多。

2.按土地利用现状划分，形成土地利用分类体系

该体系的分类主要是依据土地的用途、经营特点、利用方式和覆盖特征等因素来划分的。土地利用现状是指土地在调查时实际所处的用途状况，它是土地自然属性和社会经济属性的综合产物。反映一个地区土地利用的广度和深度。也可从中揭示其土地利用转变的方向和途径。这种分类体系在生产上、管理上广为应用。

3.按土地质量或生产水平划分，形成土地评价分类体系

该体系运用量度指标来综合评价土地的质量水平，以量度指标的差异来划分土地类型(等级)，土地常视为改造对象、财富之库。在划分类型中主要依据土地的适宜性、限制性因素，土地生产潜力的评价，改造投资和效益的估价，以及其他一些社会经济指标来划分。这种分类具有明显的生产管理的实用意义。

(二)土地利用现状分类

1.土地利用现状分类的产生背景

实行统一的土地利用现状分类标准，在发达国家已成惯例。由于历史原因，我国土地资源分类标准不统一，国土、农业、林业、建设、水利、交通等相关部门，分别建立了不同的土地调查、统计分类体系，分类内涵、体系、口径不同，对同一地类的认定、调查、统计结果往往相差很大，造成土地调查统计重复、数出多门、数据矛盾。土地分类标准不统一，一方面严重制约了国土资源统一规范管理，另一方面也导致国家难以全面、系统、准确掌握全国土地资源利用现状，给国家宏观管理带来不利影响。经过不断的探索与实践，我国最终形成了一套适用于我国国情的土地利用现状分类标准。土地利用现状分类标准的统一，避免了各部门因土地利用分类不一致引起的统计重复、数据矛盾、难以分析应用等问题，对于科学划分土地利用类型、掌握真实可靠的土地基础数据、实施全国土地和城乡地政统一管理乃至国家宏观管理和决策具有重大意义。

2.我国土地利用现状分类的调整历程

我国土地利用现状分类在实践中，经历了不断调整变化。

1981 年 7 月中国农业区划委员会和土地资源调查专业组提出了《土地利用现状分类及其含义(草案)》，规定全国土地利用现状采用两级分类，其中一级类 11 个，二级类 48 个。

1989 年，土地部门制订的《城镇地籍调查规程》对城镇土地进行了分类，该分类也是采用二级分类，其中，一级类包括商业、金融业用地，工业、交通用地，农用地等 10 个，二级类共有 24 个。

2001 年，国土资源部制定并印发了城乡统一的《土地分类(试行)》标准。将原有两级分类变成三级分类，一级分类分为三大类，即农用地、建设用地、未利用地，与现行的土地管理法衔接起来。

2007 年 8 月，中华人民共和国质量监督检验检疫总局和中国国家标准化管理委员会联合发布了《土地利用现状分类》，拥有了全国统一的国家标准。体现城乡一体化原则，实现城乡土地分类的全覆盖。共分 12 个一级类、57 个二级类。

3. 我国土地利用现状分类最新标准

2017 年 11 月 1 日，国土资源部制定了《土地利用现状分类》(GB/T 21010—2017)新的分类体系(表 3-1)。秉持满足生态用地保护需求、明确新兴产业用地类型、兼顾监管部门管理需求的思路，细化了二级类划分，调整了地类名称，增加了湿地归类。规定土地利用划分 12 个一级类、72 个二级类，适用于土地调查、规划、评价、统计及信息化管理等。

表 3-1 土地利用现状分类标准(GB/T 21010—2017)

一级类		二级类		含义
编码	名称	编码	名称	
01	耕地			指种植农作物的土地，包括熟地，新开发、复垦、整理地，休闲地(含轮歇地、轮作地)；以种植农作物(含蔬菜)为主，间有零星果树、桑树或其他树木的土地；平均每年能保证收获一季的已垦滩地和海涂。
		0101	水田	指用于种植水稻、莲藕等水生农作物的耕地。包括实行水生、旱生农作物轮种的耕地。
		0102	水浇地	指有水源保证和灌溉设施，在一般年景能正常灌溉，种植旱生农作物的耕地。包括种植蔬菜等的非工厂化的大棚用地。
		0103	旱地	指无灌溉设施，主要靠天然降水种植旱生农作物的耕地，包括没有灌溉设施，仅靠引洪淤灌的耕地。
02	园地			种植以采集果、叶、根、茎、汁等为主的集约经营的多年生木本和草本作物，覆盖度大于 50%和每亩株数大于合理株数 70%的土地。包括用于育苗的土地。
		0201	果园	指种植果树的园地。
		0202	茶园	指种植茶树的园地。
		0203	橡胶园	指种植橡胶树的园地。
		0204	其他园地	指种植桑树、可可、咖啡、油棕、胡椒、药材等其他多年生作物的园地。

续表 3-1

一级类		二级类		含义
编码	名称	编码	名称	
03	林地			指生长乔木、竹类、灌木的土地，及沿海生长红树林的土地。包括迹地，不包括居民点内部的绿化林木用地、铁路、公路征地范围内的林木，以及河流、沟渠的护堤林。
		0301	乔木林地	指乔木郁闭度≥0.2的林地，不包括森林沼泽。
		0302	竹林地	指生长竹类植物，郁闭度≥0.2的林地。
		0303	红树林地	指沿海生长红树植物的林地。
		0304	森林沼泽	以乔木森林植物为优势群落的淡水沼泽。
		0305	灌木林地	指灌木覆盖度≥40%的林地，不包括灌丛沼泽。
		0306	灌丛沼泽	以灌丛植物为优势群落的淡水沼泽。
		0307	其他林地	包括疏林地（指树木郁闭度≥0.1、<0.2的林地）、未成林地、迹地、苗圃等林地。
04	草地			指生长草本植物为主的土地。
		0401	天然牧草地	指以天然草本植物为主，用于放牧或割草的草地，包括实施禁牧措施的草地，不包括沼泽草地。
		0402	沼泽草地	指以天然草本植物为主的沼泽化的低地草甸、高寒草甸。
		0403	人工牧草地	指人工种植牧草的草地。
		0404	其他草地	指树木郁闭度<0.1，表层为土质，不用于放牧的草地。
05	商服用地			指主要用于商业、服务业的土地。
		0501	零售商业用地	以零售功能为主的商铺、商场、超市、市场和加油、加气、充换电站等的用地。
		0502	批发市场用地	以批发功能为主的市场用地。
		0503	餐饮用地	饭店、餐厅、酒吧等用地。
		0504	旅馆用地	宾馆、旅馆、招待所、服务型公寓、度假村等用地。
		0505	商务金融用地	指商务服务用地，以及经营性的办公场所用地，包括写字楼、商业性办公场所、金融活动场所和企业厂区外独立的办公场所；信息网络服务、信息技术服务等用地。

续表 3-1

一级类		二级类		含义
编码	名称	编码	名称	
05	商服用地	0506	娱乐用地	指剧院、音乐厅、电影院、歌舞厅、网吧、影视城、仿古城以及绿地率小于65%的大型游乐等设施用地。
		0507	其他商服用地	指零售商业、批发市场、餐饮、旅馆、商务金融、娱乐用地以外的其他商业、服务业用地，包括洗车场、洗染店、照相馆，以及居住小区及小区级以下的配套的服务设施等用地。
06	工矿仓储用地			指主要用于工业生产、物资存放场所的土地。
		0601	工业用地	指工业生产、产品加工制造、机械和设备修理及直接为工业生产等服务的附属设施用地。
		0602	采矿用地	指采矿、采石、采砂(沙)场，砖瓦窑等地面生产用地，排土(石)及尾矿堆放地。
		0603	盐田	指用于生产盐的土地，包括晒盐场所、盐池及附属设施用地。
		0604	仓储用地	指用于物资储备、中转的场所用地。包括物流仓储设施、配送中心、转运中心等。
07	住宅用地			指主要用于人们生活居住的房基地及其附属设施的土地。
		0701	城镇住宅用地	指城镇用于生活居住的各类房屋用地及其附属设施用地，不含配套的商业服务设施等用地。
		0702	农村宅基地	指农村用于生活居住的宅基地。
08	公共管理与公共服务用地			指用于机关团体、新闻出版、科教文卫、公用设施等的土地。
		0801	机关团体用地	指用于党政机关、社会团体、群众自治组织等的用地。
		0802	新闻出版用地	指用于广播电台、电视台、电影厂、报社、杂志社、通讯社、出版社等的用地。
		0803	教育用地	指用于各类教育用地，包括高等院校、中等专业学校、中学、小学、幼儿园及其附属设施用地，聋、哑、盲人学校及工读学校用地，以及为学校配建的独立地段的学生生活用地。
		0804	科研用地	指独立的科研、勘察、研发、设计、检验检测、技术推广、环境评估与监测、科普等科研事业单位及其附属设施用地。

续表 3-1

一级类		二级类		含义
编码	名称	编码	名称	
08	公共管理与公共服务用地	0805	医疗卫生用地	指医疗、保健、卫生、防疫、康复和急救设施等用地。包括综合医院、专科医院、社区卫生服务中心等用地;卫生防疫站、专科防治所、检验中心和动物检疫站等用地;对环境有特殊要求的传染病、精神病等特殊医院用地;急救中心、血库等用地。
		0806	社会福利用地	指为社会提供福利和慈善服务的设施及其附属设施用地。包括福利院、养老院、孤儿院等用地。
		0807	文化设施用地	指图书、展览等公共文化活动设施用地。包括公共图书馆、博物馆、档案馆、科技馆、纪念馆、美术馆和展览馆等设施用地;综合文化活动中心、文化馆、青少年宫、儿童活动中心、老年活动中心等设施用地。
		0808	体育用地	指体育场馆和体育训练基地等用地。包括室内外体育运用用地,如体育场馆、游泳场馆、各类球场及其附属的业余体校等用地,以及水上运动的陆域部分等用地,以及为体育运动专设的训练基地用地,不包括学校等机构专用的体育设施用地。
		0809	公用设施用地	指用于城乡基础设施的用地。包括供水、排水、污水处理、供电、供热、供气、邮政、电信、消防,环卫、公用设施维修等用地。
		0810	公园与绿地	指城镇、村庄范围内的公园、动物园、植物园、街心花园、广场和用于休憩、美化环境及防护的绿化用地。
09	特殊用地			指用于军事设施、涉外、宗教、监教、殡葬、风景名胜等的土地。
		0901	军事设施用地	指直接用于军事目的的设施用地。
		0902	使领馆用地	指用于外国政府及国际组织驻华使领馆、办事处等的用地。
		0903	监教场所用地	指用于监狱、看守所、劳改场、劳教所、戒毒所等的建筑用地。
		0904	宗教用地	指专门用于宗教活动的庙宇、寺院、道观、教堂等宗教自用地。
		0905	殡葬用地	指陵园、墓地、殡葬场所用地。
		0906	风景名胜设施用地	指风景名胜景点(包括名胜古迹、旅游景点、革命遗址、自然保护区等)的管理机构,以及旅游服务设施的建筑用地。景区内的其他用地按现状归入相应地类。

续表 3-1

一级类		二级类		含义
编码	名称	编码	名称	
10	交通运输用地			指用于运输通行的地面线路、场站等的土地。包括民用机场、汽车客货运场站、港口、码头、地面运输管道和各种道路以及轨道交通用地。
		1001	铁路用地	指用于铁道线路及场站的用地。包括征地范围内的路堤、路堑、道沟、桥梁、林木等用地。
		1002	轨道交通用地	指用于轻轨、现代有轨电车、单轨等轨道交通用地，以及场站的用地。
		1003	公路用地	指用于国道、省道、县道和乡道的用地。包括设计内的路堤、路堑、道沟、桥梁、汽车停靠站、林木及直接为其服务的附属用地。
		1004	城镇村道路用地	指城镇、村庄范围内公用道路及行道树用地。包括快速路、主干路、次干路、支路、专用人行道和非机动车道，以及其交叉口等。
		1005	交通服务场站用地	指城镇、村庄范围内交通服务设施用地，包括公交枢纽及其附属设施用地、公路长途客运站、公共交通场站、公共停车场(含设有充电桩的停车场)、停车楼、教练场等用地，不包括交通指挥中心、交通队用地。
		1006	农村道路	指公路用地以外的南方宽度≥1.0 m，北方宽度≥2.0 m、≤8 m，用于村间、田间交通运输，并在国家公路网络体系之外，以服务于农村农业生产为主要用途的道路(含机耕道)。
		1007	机场用地	指用于民用机场、军民合用机场的用地。
		1008	港口码头用地	指用于人工修建的客运、货运、捕捞及工程、工作船舶停靠的场所及其附属建筑物的用地，不包括常水位以下部分。
		1009	管道运输用地	指用于运输煤炭、石油、天然气等管道及其相应附属设施的地上部分用地。
11	水域及水利设施用地			指陆地水域、海涂、沟渠、沼泽、水工建筑物等用地。不包括滞洪区和已垦滩涂中的耕地、园地、林地、城镇、村庄、道路等用地。
		1101	河流水面	指天然形成或人工开挖河流常水位岸线之间的水面，不包括被堤坝拦截后形成的水库区段水面。

续表 3-1

一级类		二级类		含义
编码	名称	编码	名称	
11	水域及水利设施用地	1102	湖泊水面	指天然形成的积水区常水位岸线所围成的水面。
		1103	水库水面	指人工拦截汇集而成的总库容≥10 万 m^3 的水库正常蓄水位岸线所围成的水面。
		1104	坑塘水面	指人工开挖或天然形成的蓄水量<10 万 m^3 的坑塘常水位岸线所围成的水面。
		1105	沿海滩涂	指沿海大潮高潮位与低潮位之间的潮浸地带。包括海岛的沿海滩涂。不包括已利用的滩涂。
		1106	内陆滩涂	指河流、湖泊常水位至洪水位间的滩地；时令湖、河洪水位以下的滩地；水库、坑塘的正常蓄水位与洪水位间的滩地。包括海岛的内陆滩地。不包括已利用的滩地。
		1107	沟渠	指人工修建，南方宽度≥1.0 m，北方宽度≥2.0 m 用于引、排、灌的渠道，包括渠槽、渠堤、护堤林及小型泵站。
		1108	沼泽地	指经常积水或渍水，一般生长湿生植物的土地。包括草本沼泽、苔盐沼、内陆沼泽等。不包括森林沼泽、灌丛沼泽和沼泽草地。
		1109	水工建筑用地	指人工修建的闸、坝、堤路林、水电厂房、扬水站等常水位岸线以上的建(构)筑物用地。
		1110	冰川永久积雪	指表层被冰雪常年覆盖的土地。
12	其他土地			指上述地类以外的其他类型的土地。
		1201	空闲地	指城镇、村庄、工矿内部尚未使用的土地，包括尚未确定用途的土地。
		1202	设施农用地	指直接用于经营性畜禽养殖生产设施及附属设施用地；直接用于作物栽培或水产养殖等农产品生产的设施及附属设施用地；直接用于设施农业项目辅助生产的设施用地。
		1203	田坎	指梯田及梯状坡地耕地中用于拦蓄水和护坡，南方宽度≥1.0 m，北方宽度≥2.0 m 的地坎。
		1204	盐碱地	指表层盐碱聚集，生长天然耐盐植物的土地。
		1205	沙地	指表层为沙覆盖、基本无植被的土地。不包括滩涂中的沙地。
		1206	裸土地	指表层为土质，基本无植被覆盖的土地。
		1207	裸岩石砾地	指表层为岩石或石砾，其覆盖面积≥70%的土地。

三、土地资源利用现状

(一)我国土地资源现状

1. 耕地

新中国成立开始了我国经济恢复和发展时期,之后大量开荒,使得耕地面积迅速扩大,到1957年前后达到一个峰值。1966—1976年各地大搞农田基本建设,这个时期的耕地面积有所增加,但是新增的耕地质量较差。1977年之后行政管理有所加强,对于人地关系矛盾较为突出的省份,党中央下发了一系列制止乱占耕地的文件。1985年前后改革开放初期,由于国民经济迅速增长,工业化、城市化的发展,建设用地占用了大量耕地。而且1981年后的连续4年粮食大丰收,解除了我国的粮食危机,政府于1985年提出了农业结构调整,退耕还林还草,开辟果园或鱼塘,大量耕地改作他用。因此,这段时期耕地面积迅速下降。1986年国家土地管理局成立,政府开始采取行政、经济的办法来遏制耕地面积的持续减少,并于同年颁布了土地管理法,土地使用权市场开始萌芽,为以后的土地管理的有效实施奠定了良好的基础。1994年国家制定了耕地总量动态平衡的战略目标和措施,大量的荒地和未利用地被复垦,耕地面积迅速滑坡的势头有所减缓。

2000年之后我国耕地数量减少的速度加快(图3-2),从2001—2006年全国减少584万 hm^2,年均116.8万 hm^2。预计2044年我国人均耕地面积将低于联合国粮农组织确定的0.8亩警戒线,目前我国已有近666个县(区)人均耕地面积低于这一数值。

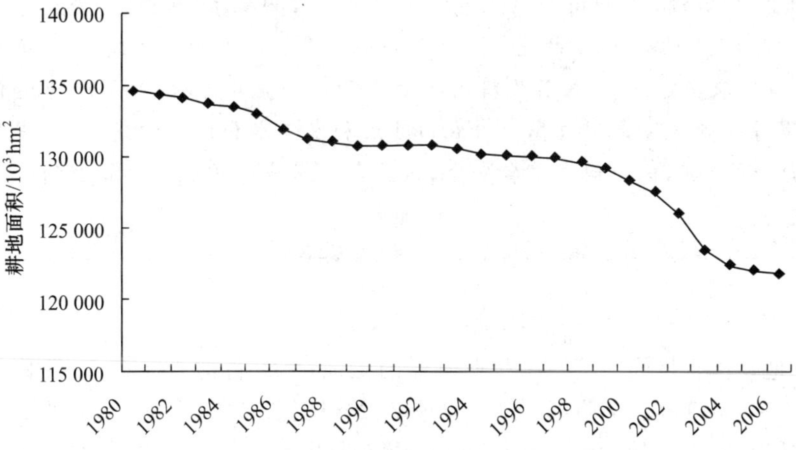

图3-2 中国耕地面积变化

框 3-1　自然资源部划定 15.50 亿亩永久基本农田

自然资源部对永久基本农田进行全面划定并实行特殊保护。截至 2018 年 6 月，全国永久基本农田落地到户各项任务总体完成，实际划定 15.50 亿亩永久基本农田。全国有划定任务的 2 887 个县级行政区划定成果 100%通过省级验收，成果数据库 100%通过质检复核，划定工作成果已广泛应用。同时，地方各级党委、政府坚守耕地红线、节约集约用地的意识明显增强，逐级签订了保护责任书，把保护责任落实到地方各级政府、村组和农户，并设立统一标志，接受社会监督。其中，全国城市周边共划定永久基本农田 9 740 万亩（新划入 3 135 万亩），平均保护比例由 45%上升到 60%，与森林、河流、湖泊、山体、草原等共同形成城市生态屏障，成为城市开发实体边界，优化了城乡空间格局。

土地资源中用于作物生产的部分为耕地资源。2017 年年末，全国耕地面积为 20.24 亿亩，但是耕地质量总体偏低。全国耕地评定为 15 个等别，1 等耕地质量最好，15 等最差，全国耕地质量平均为 9.96 等，优、高、中、低等地面积比例分别为 2.90%、26.59%、52.72%、17.79%。由于有相当一部分耕地的质量不够，耕地保护的压力非常大。

优等地主要分布在湖北、湖南、广东三省，占 90.28%；高等地主要分布在河南、江苏、山东等 9 个省份，占 79.89%；中等地主要分布在黑龙江、吉林、云南等 10 个省份，占 73.73%；低等地主要分布在内蒙古、甘肃、黑龙江等 6 个省份，占 85.55%。保护耕地重在守住耕地数量和质量两条红线，要大规模开展高标准农田建设，深入实施耕地质量的保护和提升行动，遏制耕地退化趋势，提升耕地质量。通过高标准农田建设和农田水利设施的建设，来提高耕地的质量等别，保障国家粮食安全，这是今后耕地保护及土地管理的一个重点方向。

2. 林地

林地是指直接或间接用于林业事业的土地，无论目前有无林木，统称为林地（林业用地）。森林法实施细则第二条规定："林地包括郁闭度在 0.3 以上的乔木林地、疏林地、灌木林地、采伐迹地、火烧迹地、苗圃地以及国家规定的宜林地。"据 2015 年完成的第八次全国森林资源清查结果，我国森林面积为 2.08 亿 hm^2，森林覆盖率为21.63%。活立木总蓄积量164.33亿m^3,森林蓄积量151.37亿m^3。天然森林面积1.22亿hm^2,蓄积量122.96亿m^3;人工林面积为0.69亿hm^2,蓄积量24.83亿m^3。森林面积和森林蓄积量分别位居世界第5位和第6位,人工林面积仍居世界首位。同时根据中国统计年鉴近年数据显示,在2015年前我国林地总面积变化微小,总体水平仍有升高的趋势。

3. 草地

根据2015年中国统计年鉴显示,中国共有草地3.93亿hm^2,其中可利用草地为3.31亿hm^2,分为牧区草原和农区草山草滩两大部分。牧区草原3.13亿hm^2,可利用的2.2亿hm^2,主要分布于西北、东北、西南10省(自治区)的266个牧区县和半牧业县;农区草山草滩0.87亿hm^2,可利用的0.6亿hm^2,主要分布于南方各省份和北方黄土高原地区。牧区草原有草甸、干旱、荒漠与半荒漠三种基本草地类型;农区草山草滩有温带、亚热带、热带灌丛草丛、落叶与常绿阔叶林草地等基本类型。如按质量分,优等占20%,中等占50%,劣等占30%。分布在各类草地的牧场资源有5 000多种,其中豆科139属1 130种;禾本科190属1 150种。已用于人工栽培的牧草有100多种。

4. 湿地

湿地泛指暂时或长期覆盖水深不超过2 m的低地,土壤充水较多的草埔,以及低潮时水深不过6 m的沿海地区,包括各种咸水淡水沼泽地、湿草甸、湖泊、河流以及洪泛平原、河口三角洲、泥炭地、湖海滩涂、河边洼地或漫滩、湿草原等。

据第二次全国湿地资源调查报告,我国湿地总面积为5 360.26万hm^2(另有水稻田3 005.70万hm^2未计入),湿地率5.58%。其中自然湿地面积4 667.47万hm^2,占87.37%;人工湿地面积674.59万hm^2,占12.63%。按照全国水资源区划统计,各流域湿地面积分布分别为:西北诸河区1 652.78万hm^2,西南诸河区210.81万hm^2,松花江区928.07万hm^2,辽河区192.20万hm^2,淮河区367.63万hm^2,黄河区392.92万hm^2,东南诸河区185.88万hm^2,珠江区300.82万hm^2,长江区945.68万hm^2,海河区165.27万hm^2。

(二)土地资源利用中存在的问题

1. 土地污染严重,环境不断恶化

土壤污染主要是工业“三废”和农药、化肥等造成的。中国有20%~30%地表水体不符合农田灌溉水质标准,由于污染而农用水质下降的农田为5 000万亩。农用水污染以有机污染为主，同时，镉、汞等重金属污染也呈加重趋势。据2005年对26省(自治区)调查，有7个省(自治区)的土壤汞超标，6个省(自治区)的土壤镉超标。城镇、工矿区附近大气的二氧化硫污染及酸雨污染相当严重，受此影响，广东、广西两省(自治区)的农作物减产面积分别占省耕地面积的10%与12.6%。氟化物(HF、SiF_4)污染也较普遍，乡镇建材工业是主要氟污染源，全国受大气污染的农田约1亿亩。因工业“三废”污染的农田约1.5亿亩、较20世纪80年代初期增长2.5倍，加上施用化肥与农药，全国受污染耕地已超过2亿亩，形势十分严峻。

2.湿地资源出现危机

湿地资源是重要的土地生态系统类型。全球湿地面积约5.14×10^8 hm²，我国约占12.26%。目前已有30块湿地列入国际重要湿地名录，总面积346×10^4 hm²。但是由于传统的落后观念，需求上的贪欲和巨大的人口压力所造成的不适当围垦、污染、猎捕及干扰湿地水循环(堵截采水、排除存水)等，致使许多湿地消失，还有许多重要湿地都面临着消失的危险。

3.土地管理问题突出

(1)土地管理效率不高　土地要素配置时间长、效率低、交易成本过高。由于征地审批权力的高度集中和涉地行政管理部门较多，一个项目用地从审批到开工建设，往往从基层上报到国务院和省政府批复，并由规划、计划、土地、建设、外经贸、房地产、国资、环保等许多涉地行政管理部门认可后实施，需要少则1年，多则3年，甚至更长的时间才能走完程序。

(2)违法违规用地问题比较突出　除以租代征、违规设(扩)区、未批先用等违法违规用地问题外，在农村建设用地、土地审批后实施、土地供应、补充耕地、补偿安置等方面也还存在不少违法违规现象，亟待采取措施加以制止和规范。土地违法违规的主要因素尚未从根本上消除，由于干部考核制度、财税管理体制等因素的影响，一些地方领导很难真正树立和落实科学发展观，一碰到实际问题，就可能重走外延扩张的老路，以牺牲国家利益和长远利益获取狭隘的地方利益和眼前利益。

(3)经济高速发展对用地的刚性需求所构成的压力持续扩大　各级政府往往把通过招商引资加快工业发展作为经济工作的头等任务，列出了大量的重点项目清单，加上大规模的基础设施建设，对用地的需求有增无减，导致国家下达的年度计划用地指标远远不够，土地供需矛盾日益突出。

(三)土地资源可持续利用的对策

1. 长远规划土地利用

土地资源属于不可再生资源,一旦被破坏只能通过修复的手段使其恢复。土地为人们的生存提供粮食,没有土地人类是无法生存的,更谈不上发展。所以必须加强对土地资源的重视程度,提高土地利用率。国土资源部门作为土地资源规划利用部门应该通过对当前土地利用情况调查之后,采取合理的土地恢复措施,制定长远的土地利用规划。我国虽然地域辽阔,但是土地资源类型却多种多样,而且地域分布不均,土地利用情况也不尽相同。国家可以根据总体的土地利用情况制定相应的政策,地方政府和相关部门应该根据当地的实际情况把握未来土地资源开发的方向,避免土地浪费现象的发生,提高土地利用的科学性。无论是开发土地还是利用现存土地都应该在按照客观规律的基础上进行全面规划,同时考虑局部和整体之间的关系,以及现在和未来的利益,实现土地资源的可持续利用。

2. 治理土地侵蚀

充分利用高新技术,采取工程措施、生物措施等多种措施,重点加大对黄土高原区、长江中下游地区和风沙区综合治理力度,提高植被覆盖率,力求取得突破。对土壤侵蚀进行综合治理,解决农民的吃饭问题,促进坡地耕种,大力造林种草,改广种薄收为少种高产稳收,改单一农业经营为农林牧副渔业全面发展。各地认真贯彻中央国务院关于退耕还林还草的有关方针政策,将坡耕地等退耕还林还草,恢复植被,加强生态建设,从源头上治理水土流失。在荒山荒坡退耕地上实行乔灌相结合,形成多层次、高密度的防护林体系。

3. 提高耕地生产力

我国是农业大国,耕地面积在总土地面积中占有很大部分。为了科学利用土地资源,加强中低产田的改造是目前提高土地承载能力的重要途径。所谓中低产田主要就是土壤受到侵蚀、盐渍化、沙化等的影响,使得农作物产量不高,这就需要加大农田水利工程的投入。在兴建水利工程建设时除了保证其质量满足农业实用要求,还应该发展节水灌溉,缓解农田用水紧张的现象。通过改造中低产田能够有效提高耕地质量等级,提高土地的蓄水能力,提高农作物的生产量。此外,还应该积极推进农业机械化,根据种植种类的不同以及耕地的实际情况选择最佳的机械设备。农业用地是土地资源利用中的重点,作为国土资源部门应该进一步提高农业用地的使用效率,保障农业用地的质量。

框 3-2 《耕地质量等级》国家标准正式发布

《耕地质量等级》(GB/T 33469—2016)国家标准经国家质检总局、国家标准委批准发布,于 2016 年 12 月 30 日起正式实施。这是我国首部耕地质量等级国家标准,为耕地质量调查监测与评价工作的开展,提供了科学的指标和方法。

该标准规定了耕地质量区域划分、指标确定、耕地质量等级划分流程等内容,适用于各级行政区及特定区域内耕地质量等级划分。标准从农业生产角度出发,对耕地地力、土壤健康状况和田间基础设施构成的满足农产品持续产出和质量安全的能力进行评价,将耕地质量划分为 10 个等级。一等地耕地质量最高,十等地耕地质量最低。标准根据不同区域耕地特点、土壤类型分布特征,将全国耕地划分为东北区、内蒙古及长城沿线区、黄淮海区、黄土高原区、长江中下游区、西南区、华南区、甘新区、青藏区等 9 大区域,各区域评价指标由 13 个基础性指标和 6 个区域补充性指标组成,明确了相关评价指标的含义、获取方法和划分标准等。

制定《耕地质量等级》是落实中央关于生态文明建设总体部署的重要措施,标准的发布与实施,实现了全国耕地质量评价技术标准统一,有利于摸清耕地质量家底,掌握耕地质量变化趋势,科学评价耕地质量保护成效,推动"藏粮于地、藏粮于技"战略的实施;有利于落实最严格的耕地保护制度,坚持耕地数量、质量、生态"三位一体"保护,推进耕地质量保护与提升行动的开展。也有利于指导各地根据耕地质量状况,合理调整农业生产布局,推进农业供给侧结构性改革,缓解资源环境压力,提升农产品质量安全水平。

第三节 土地资源评价

一、土地资源评价的概念与特点

(一)土地资源评价的概念

土地评价是对土地的自然属性和社会经济要素的综合鉴定,是对土地生物生产能力及其他生产能力的鉴定，是对土地功能的综合评价；是根据不同的生产和利用目的，在一定时间内，对一定区域范围内土地的自然、经济和社会属性进行综合评定并阐明土地的适宜性程度生产潜力或经济效益以及土地利用对环境有利或不利影响的过程。根据 FAO 的《土地评价纲要》(1976)的定义，土地评价是当土地作为特定用途时，对土地的特性进行估计的过程。简而言之，土地资源评价就是为了一定的目的，在特定的用途条件下，对土地质量的高低或土地生产力的大小进行评定的过程，包括对土地的各种自然构成要素以及与土地利用有关的社会经济状况的综合评价。

(二)土地资源评价的特点

1. 土地资源评价有特定的目的性

土地资源评价是认识土地资源的一种手段，并将评价结果应用于土地利用与管理过程。因此，每一项具体的土地资源评价，都应有非常明确的目的；而特定的评价目的，也在一定程度上决定了评价工作的内容、方法、要求和结果。

2. 土地资源评价须针对一定的土地用途

每一项具体的土地资源评价，不可能针对所有的用途，而是将土地的表现逐一分析，选择一种或几种特定的用途进行分析。其用途的选择，主要取决于评价的目的和土地资源的性状。

3. 土地资源评价有一定的时空性

从时间特性来说，土地资源评价结论只反映一定时间范围内的评价目的。对土地的利用过程是一个连续不断的长时间过程，作为具体的一项土地评价，不可能对整个过程进行全部评价，而只能是特定时间范围内的评价。从空间特性来说，土地评价基于特定的空间范围和空间尺度而进行。土地评价的空间范围可以是行政区划，如针对省、市、县、开发区的土地资源评价；也可以是同类用地区域评价，如城镇用地评价、农用地潜力评价等。

4. 土地资源评价应该能够直接用于生产实践

土地资源评价要求具有简单、直观、明确的特点，能够清楚地说明土地质量的等级或土地适宜性等级，有些评价结果还具体地说明适宜的土地用途，以及进行土地改良的指导性建议。

二、土地资源评价的类型与原则

(一)土地资源评价的类型

根据土地资源评价的方法、因素与用地类型,可将土地资源评价分为各种类型(图 3-3)。由于在现代研究中定性评价与定量评价占据着重要的地位,所以在土地资源评价中认识与掌握定性评价与定量评价尤为重要。

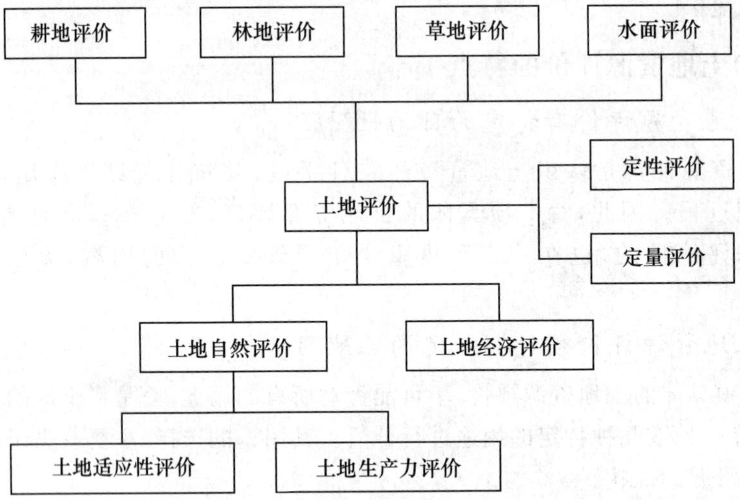

图 3-3　土地评价分类

1. 定性评价

定性评价是用定性语言描述土地的质量特征,确定土地的适宜性或潜力的高低。它属于概略性土地资源评价。有的定性评价近似于所谓的景观评价,主要通过土地组成要素的定性特征来确定土地的质量特征,即根据土地的自然特征来评价,经济特征只作为背景。

2. 定量评价

定量评价是指评价过程中采用定量的数据,用数学的方法进行推算,其结论可以用精确的数据表示,即用量的指标去评定土地对一定用途的适宜与否。定量土地资源评价一般适于较大比例尺的土地资源评价,在开展定量的土地资源评价之前应先进行定性土地资源评价。

(二)土地资源评价原则

1. 相对性原则

由于不同地区的自然和经济条件的不同,土地质量存在着明显的差异。为了不同评价地区的实际需要,往往在评价时将本地区内质量最好的土地定为一等地,最差的土地定为末等地,但这样处理将使不同地区属于同一等级的土地的实际质量可能不一样。另外,不同评价地区的土地质量等级之间的差异也不尽一致。因此,土地评价具有相对性。

2. 比较性原则

(1)比较土地利用的需求和土地质量　不同的土地利用类型或利用方式对土地质量有不同的要求。例如,多年生作物要求在根系层内土壤水分终年不小于凋萎点,而一年生作物只需在生长期内根系层水分保持高于凋萎系数的水平即可。因此,土地评价不仅要分析土地质量,还要考虑土地利用类型的特性,分析作物对土地的要求,比较土地利用的需求和土地质量,只有这样,才能准确地决定土地评价的根据和诊断指标,评价才是确切的和有意义的。

(2)比较土地的投入和产出效益　对土地的投入包括物质输入(如种子、化肥、农药、燃料等)、劳动投入和机械供给,产出包括物质产品(如农作物、肉类、皮毛、乳制品或木材等)以及社会和环境效益(如废物处理、旅游观光和野生动物保护的价值等)。土地只有被利用才能显示出它的生产潜力,这就意味着必须有物质劳动和机械输入。因此,在土地资源评价过程中,应该进行投入产出分析、成本效益比较,以保证土地利用的生态合理性和经济有利性。

(3)比较不同的土地利用　土地资源评价是一个比较的过程,除了进行上述两项比较之外,还应该对不同土地利用的效益进行比较,包括经济效益、生态效益和社会效益。因此,土地评价应该进行多宜性评价,不能只限于单项性评价,以便规划工作者根据需要,决定优化的土地利用结构。

3. 综合性原则

由于土地是自然综合体,土地类型又是综合了地表环境中所有自然要素的组成部分,其质量高低都是其内部各要素物质与能量特征及其外部形态的综合反映,是各要素相互制约、相互作用的结果,因此,土地资源评价必须要以综合性原则为基础。既要研究各要素的特征,又要全面而综合地分析各要素之间的相互作用、因果关系和组合方式。

三、土地资源评价的方法体系

(一)直接评价法

通过一定的观测试验,直接探测土地的生产潜力或土地对某种用途的适宜性及其适宜程度,从而评定土地的质量等级,这种方法称为土地直接评价法。例如,在几种不同类型的土地上种植同一种农作物,并采用相同的农业技术措施,通过观察作物的生长状况和测定作物的产量,便可按其产量的高低来评定这几种土地生产能力的差异,从而确定其质量等级。

土地直接评价法大多应用于农用土地的评价,优点是评价结果比较准确可靠。但是这种准确可靠性只是局限于试验地点或试验区,若将此类试验成果外推至整个地区的土地评价单元,可能会出现较大的误差。鉴于目前我国各地有关土地直接评价所需的系统试验资料积累得还很少,尤其符合统计稳定性原则的试验资料更是缺乏,所以在大范围地区推广使用土地直接评价方法尚有较大的困难,土地间接评价法是比较通用的方法。

(二)间接评价法

1.归类法

归类法是以针对一定利用方式的土地质量优劣为依据,判断其生产力大小(或适宜性与适宜程度等),亦即根据各类土地在生产实践上的相似性与差别,对土地类型再次进行组合、分类和排队,并做出相应的解释或结论。美国农业部制定的《土地潜力分类》和联合国粮农组织制订的《土地评价纲要》是归类法进行土地资源评价的代表性方法。

2.参数法

参数法是应用数学方法处理土地特征、进行土地评价的一种方法。该方法先选出决定土地生产能力的诸要素,根据这些要素的特点定出评价标准,并对某种土地利用方式的潜力或适宜性求得不同的指数,然后对各项指数进行数学运算得出总指数,借此对土地做出等级评定。根据运算方法,参数法又可进一步细分为下面三种。

①累加型:

$$P=A+B+C \tag{3-1}$$

②乘积型:

$$P=A\times B\times C \tag{3-2}$$

③复合型：

$$P=A\sqrt{B\times C\times D} \tag{3-3}$$

式中：P 为参数值或生产力指数；A、B、C、D 分别代表土地的某些特性，如土层厚度、土壤质地、土壤养分等。对这些特征，既可直接采用表示其性质的数值，也可为所评定的分数，分数的设置范围一般为 0～100 分。

参数法与归类法相比，优点在于评价标准和方法易于掌握，便于应用。由于参数法建立在具体数值基础之上，较为精确，客观性显著强于归类法。参数法能够很好地适应数据库和计算机处理的需要，应用前景广阔。但是，参数法在选择因素和分配指数值范围上，仍存在主观的影响，甚至有些重要因素可能被忽视或处理不当；用简单的加法或乘法运算未必能够较好地处理和反映各因素间的相互关系与共同作用。一般认为，在区域面积大、制图比例尺小、各种资料相对较少的情况下，宜用归类法进行评价；若区域面积小、制图比例尺大且有关资料又比较丰富和齐全，则以参数法为佳。

四、土地适宜性评价

土地适宜性评价(land suitability evaluation)是以特定土地利用为目的，评价土地的某种适宜性。就是指某块土地针对特定利用方式是否适宜及其适宜程度如何，并做出等级的评定。

(一)FAO 土地适宜性评价系统

国际上使用最广泛、最典型的土地适宜性评价方案是 FAO 于 1976 年颁布的《土地资源评价纲要》。评价系统共分四级，土地适宜性纲、土地适宜性级、土地适宜性亚级和土地适宜性单元。

1. 土地适宜性纲

土地适宜性纲反映土地适宜性的种类，表示针对所考虑的土地用途是适宜的还是不适宜的。

2. 土地适宜性级

土地适宜性级反映适宜性的程度，可按照纲内适宜性程度递减的顺序用连续的阿拉伯数字表示。在适宜纲内，级的数目不做规定，一般考虑高度适宜、中度适宜、勉强适宜等 3 个级别。

3. 土地适宜性亚级

土地适宜性亚级主要反映级内限制性的种类或需改良措施的种类，用英文字母表示限制性类别，附在适宜性级符号之后。

4. 土地适宜单元

土地适宜单元是适宜亚级的续分。亚级内所有的单元具有同样程度的适宜性和相似的限制性。单元与单元之间的生产特点、经营条件和管理要求的细节方面有差别。

(二)中国土地适宜性评价系统

由土地潜力区、土地适宜类、土地质量等、土地限制型和土地资源单位5个等级组成。

1. 土地潜力区

以水热条件为划分依据，作为土地评价的等级单位。同一区内，具有大致相同的土地生产潜力，包括适宜的农作物、牧草、林木的种类、组成、熟制和产量，以及土地利用的主要方向和措施。全国划分为9个区：华南区、四川盆地—长江中下游区、云贵高原区、华北辽南区、黄土高原区、东北区、内蒙古半干旱区、西北干旱区与青藏高原区。

2. 土地适宜类

在土地潜力区范围内，依据土地对于农、林、牧业生产的适宜性划分。尽可能按主要适宜方面划分，但对那些主要利用方向尚难明确的多宜性土地，则做多宜性评价。共划分8个土地适宜类，即宜农耕地类、宜农宜林宜牧土地类、宜农宜林土地类、宜农宜牧土地类、宜林宜牧土地类、宜林土地类、宜牧土地类、不宜农林牧土地类。

3. 土地质量等

在土地适宜类范围内，反映土地的适宜程度和生产潜力的高低，是土地资源评价的核心。土地质量等的划分可按农、林、牧诸方面(即宜农土地、宜林土地、宜牧土地)各分三等。

其中宜农土地分为三等。一等地即对农业利用无限制或少限制，质量好，地形平坦，土壤肥力高，机耕条件好，均属基本农田，或易于建成基本农田。二等地即对农业利用有一定限制，质量中等，需加以一定的改造精施才能开垦和建设为基本农田，或者需要一定的保护措施，以免产生土地退化。三等地即对农业利用有较大的限制，质量差，需加以大力改造后，才能开垦和建设为基本农田。

宜林土地也分为三等。一等地即最适于林木生产的土地，无明显限制因素，在更新或造林时采用一般技术，产量高，质量好。二等地即一般适于林木生产的土地，受地形、土壤、水分、盐分等因素的一定限制，造林时技术要求较高，质量中等。三等地即林木生长有一定困难的土地，地形、土壤、水分、盐分等因素限制较大，造林时要有一定改良措施，产量较低。

宜牧土地也分为三等。一等地即最适于牲畜放牧饲养的土地，草群质量好，产草量高，水土条件好，容易建设基本牧草场。二等地即一般适宜于牲畜放牧饲养的土地，草群质量较差或产草量较低，或草场轻度退化，但水土条件较好，恢复较容易。三等地即勉强适宜于牲畜放牧饲养的土地，草群质量很差，或产草量很低，草场退化，需大力改造，或由于某种条件的限制，利用困难。

4. 土地限制型

土地限制型是在土地质量等的范围内，按限制因素的种类及强度划分的结果。在同一土地类型内，具有相同的主要限制因素和相同的主要改造措施，在同一等内，型之间只反映限制因素的不同，改造对象和改造措施不同，没有质的差别。限制因素共有 10 种，分别是水文与排水条件限制、土壤盐碱化限制、有效土层厚度限制、土壤质地限制、基岩裸露限制、地形坡度限制、侵蚀限制、水分限制、温度限制、无限制。

5. 土地资源单位

土地资源单位即土地资源类型，是土地资源分类的基层单位，由地貌、土壤、植被与利用类型组成。地貌按形态划分为平地、岗地与台地、丘陵、山地、谷地和沙地六大类。其下根据评价的需要划分若干类型。

(三)土地适宜性评价的一般步骤

1. 评价系统的选择与制定

根据评价目的所要考虑的土地利用种类所属的等级层次，评价研究地区土地资源和土地利用的特点，评价成果应用的要求以及评价的主、客观条件等选择制定。具体制定时，应充分参考类似研究的评价系统以及评价地区其他相关研究的资料。

2. 评价单元的划分

土地是气候、土壤、水文、地质地貌、动植物及人类活动与结果等众多自然和社会经济要素所组成的综合体，又是一个连续体。土地特性和组成要素空间上存在着较大差异。评价单元即通过人为地将土地连续体划分为不同的虚拟个体，使单元内部土地特性和组成要素性质基本一致。土地适宜性评价单元的划分可根据评价的主、客观条件，选择采用地块法、网格法、叠置法、多边形法等方法。

3. 参评因素的选取

土地资源质量的好坏，是通过土地综合体组成要素的性质状况来综合体现的，土地适宜性的高低，则通过评价土地构成要素质量的好坏来刻画。但土地构成要素众多，评价应选择那些对土地适宜性有显著影响、自身性状时间上相对稳定、空间上有较大差异、性状指标数据较易获取的因素，作为评价的参评因素。

4. 参评因素质量分值的量化

评价各参评因素性状指标的表达一般存在很大差异，同时对土地适宜性的影响形式也存在差别。因素作用的影响性往往并不是随因素性状指标数据的增减呈直线性变化的，是非线性的。当因素性状指标数据在一定范围内变化时，受其影响下的土地质量可能变化不大或不发生变化；而当它在另一范围内变化时，较小的变动可能会引起土地质量较大的变化。因此评价需要将参评因素性状指标数据转换成因素因子的质量分值，以便更为直观、合理地刻画因素对土地适宜性的影响作用大小。由于各因素性质的不同，其作用方式、影响程度也不相同，因此需要针对因素的性质采取不同的标准，来实现参评因素性状指标值，质量分值的换算。这一转换实际上就是进行因素因子指标值的标准化和无量纲处理。

5. 参评因素综合分值计算与适宜性等级的划分

参评因素综合分值是在参评因素质量分值量化的基础上，根据各参评因素对土地综合体资源质量影响的贡献性，采用加权求和法或几何平均法等计算得到的。土地适宜性的等级则根据单元适宜性综合分值，一般采用等间距法、数轴法、频率曲线法等进行划分，并经实地验证校核、修改完善而最终确定。

五、持续土地利用评价

(一)持续土地利用评价的内涵

土地可持续利用评价是将与土地利用有关的自然环境经济和社会各个方面的

因素联系起来，通过一系列的科学分析，指出土地利用的可持续性。土地资源的可持续利用是人类社会、经济可持续发展的要求和基础，其中农业土地可持续利用是土地资源可持续利用的核心。农业土地可持续利用的直接目标是持续、稳定、充足地为人类生存提供符合健康要求的食物及其他农产品，并为农村社会成员提供满足自身生活需要的途径。

(二)持续土地利用评价在实践中的实施步骤

1.问题识别阶段

这一阶段的目的有两个：一是判断现有的土地利用方式是否可持续；二是分析所得出的或者已经出现的非持续性特征的形成机制。前者需要覆盖全面的指标和对未来趋势、过程的预测，后者注重特定方面的具体关系和作用过程。

2.方案制定阶段

这一阶段一方面在对可持续性问题进行辨识的基础上拟订相应的解决方案，另一方面也对为解决社会经济发展问题所拟订的各类土地利用方案进行可持续性评价。对方案的评价要有针对性和可操作性，所有方案还需通过技术可行性、经济可行性和社会可接受性的评价，如果评价结果呈否定性，则应权衡各方利弊，修改初始目标以寻求新的解决方案。

3.方案实施阶段

在土地利用方案实施过程中，对于可持续性问题也应进行实时监测，以评估实施效果，这就需要事先确定反映土地利用可持续性的测定指标、差别标准和监测手段。将可持续性评价的结果反馈给决策者，为重新认识和进一步修订土地利用方案提供参考与决策根据。

第四节 土地资源的开发利用

一、土地开发的含义

土地开发包括两方面的含义：一方面是指土地利用范围的扩大，即对未利用土地的开发，如把尚未利用的荒山、荒滩、海涂等转化为可以利用的土地；另一方面是指土地利用深度的开发，把现已利用但利用尚不充分、生产效益低下的土地以及城市基础设施不配套的老城区等加以改造提高,使其利用充分,效益提高。土地开发是通过各种手段挖掘土地的固有潜力,提高土地利用率,扩大土地利用空间与利用深度,充分发挥土地在生产和生活中的作用的过程。

二、我国土地资源开发利用中存在的问题

(一)土地资源退化十分严重

1. 水土流失加剧

随着人类经济活动的加速,全国水土流失面积已从20世纪50年代的116万km^2扩大到2011年的295万km^2,并且每年以约1万km^2的速度在继续扩展。在黄土高原、长江流域、东北黑土区三个地区的问题尤为严重,黄土高原地区水土流失面积为45万km^2,占总面积的71%;长江流域地区水土流失面积为64万km^2,占总面积的41%;东北黑土区水土流失面积为28万km^2,占总面积的27%。

2. 牧草地退化

我国中度退化程度以上的牧草地面积达130万km^2,占牧草地总面积的1/3。导致牧草地退化的主要原因就是人类经济活动的结果,主要问题集中在畜牧业与旅游业的发展上,两者对草地的不合理利用都在一定程度上使草地遭受着严重的破坏。

3. 湖泊面积缩小,沙化面积扩大

由于水土流失与牧草地退化问题的加剧,造成了湖泊面积缩小,沙化面积扩大。我国土地沙化面积已达168.9万km^2,占国土总面积的17.6%,使近1/3的国土受到风沙威胁,每年经济损失达540亿元;且全国湖泊水面减少140多万hm^2,长江中下游通江湖泊水面减少67万hm^2,鄱阳湖、洞庭湖水面缩小了29.69万hm^2。

(二)非农用地继续扩大,耕地减少过快

1999—2005年我国耕地面积减少了995.36万hm^2,平均每年净减少142.14万hm^2,其间2003年减少耕地面积达288.09万hm^2。减少的耕地面积构成为:建设占用124.20万hm^2,占12.48%;灾害损毁耕地45.40万hm^2,占4.56%;农业结构调整减少耕地172.34万hm^2,占17.31%;生态退耕653.42万hm^2,占65.65%。平均每年建设占用耕地17.72万hm^2,灾害损毁耕地6.44万hm^2,农业结构调整占用耕地24.62万hm^2,生态退耕占用耕地93.35万hm^2。

2017 年年末，全国耕地面积为 13 486.32 万 hm^2（20.23 亿亩），全国因建设占用、灾毁、生态退耕、农业结构调整等减少耕地面积 32.04 万 hm^2，通过土地整治、农业结构调整等增加耕地面积 25.95 万 hm^2，年内净减少耕地面积 6.09 万 hm^2。非农用地仍在继续扩大，耕地减少情况依然存在。

（三）土地污染、破坏严重

由于人类不同的经济活动，土地面临着工业污染、城市周边地区生活垃圾堆放污染、农药与化肥使用残留的污染、矿区土地破坏等诸多方面的问题。我国遭到工业"三废"与农业严重污染的耕地约 2 186.7 万 hm^2，占耕地总面积的 16%。而全国矿区土地毁坏的累计面积已达 133 万～200 万 hm^2，每年还以 2.0 万～2.7 万 hm^2 增加；现已复垦的不到 2%。

由于我国农垦历史悠久，土地开发利用程度高，因此普遍存在着土地资源退化问题，表现在水土流失（163 万 km^2）、土地沙化（169 万 km^2）、草原退化（136 万 km^2）及水资源枯竭等，而且由于各种不合理的人为活动和土地利用方式，土地退化日益加剧。

三、我国土地资源开发的潜力

（一）耕地资源仍有待进一步开发

1949 年至今，我国在大规模农田基本建设，提高现有耕地利用率，开垦新的宜农荒地，绿化荒山、利用草原和水面等方面取得了巨大的成就，但在土地资源开发深度和广度上还有相当潜力。如现有 20 亿亩耕地中，有 2/3 的中、低产田。根据多年的大田试验，在增加适量投入，采取必要的治理与培育措施后，可使中、低产田的生产力分别提高 50%～100%，粮食生产潜力约 8 亿 t；我国尚有宜农荒地 0.35 亿 hm^2，其中适宜开垦为耕地的约为 0.033 万 hm^2。如能有计划地对分布在热带、亚热带地区的荒地适度开垦。将可促进该区农业的发展和缓解人地矛盾。

（二）林地资源开发潜力巨大

我国有 7 326 万 hm^2 宜林地尚待开发利用（包括 429 万 hm^2 用材林），还有 1 802 万 hm^2 的疏林地和大量的灌木林地可以加以改造，使之成为有用林地，同时，利用生产率低下的沼泽地发展林业，也是增加林地资源的一条重要途径。我国有 1/3 的泥炭沼泽分布于东北林区，主要是大兴安岭、小兴安岭和长白山地区。这些山区受冷湿气候影响，大部分不宜开垦发展农业，把它们改造用于林业,将是因地制宜合理利用沼泽资源的有效途径。这就要求积极搞好用材林基地和五大防护林体系建设,培育森林资源,促进森林资源增长。同时进一步加强林地管理水平,提高林地生产力,将森林单位面积蓄积量提高到现有世界平均水平。

(三)草地资源利用不充分,具有开发潜力

2004年全国草地面积为4亿hm^2,其中可利用草地3.13亿hm^2,占草地面积的78.33%。实际已利用草地2.53亿hm^2,不到可利用草地面积的80%,尚有1/5的草地,约0.6亿hm^2有待开发。我国北方草地已基本处于超载状态,潜力较大的草地已转向南方热带、亚热带山区的草山草坡,有0.20亿~0.33亿hm^2可用于牧业或林牧结合的生产用地。同时,我国的人工和改良草地还可扩大0.133亿hm^2;在西北牧区仍可开垦667万hm^2水热条件较好、适宜耕种的天然草地作为饲料生产基地;这样,我国的人工和改良草地可由目前的0.1亿hm^2增加到0.233亿hm^2左右,生产潜力相当可观。

(四)湿地资源的景观开发潜力

我国的湿地资源非常丰富,对湿地的利用也在逐渐增加。虽然多数湿地已被利用,但湿地资源仍有潜能未被正确利用。湿地资源因为具有非常好的生态价值,不但维持着整个生态系统的平衡,同时也为诸多珍稀动植物提供了生存的环境,其湿地系统的特殊性,为人类提供了一种不同于其他景观的欣赏价值,所以其旅游开发潜力巨大。对湿地旅游合理的开发利用不但能促进社会经济的发展,同时也能够让众人更加正确地认识湿地资源的重要性,使众人形成对湿地保护的意识。但对于湿地旅游的开发要讲究其合理性,不能以破坏为代价。在开发的同时应建立一系列的管理制度与保护措施,实现湿地资源的可持续利用。

复习题

1. 简述土壤、土地、土地资源的概念及其区别。

2. 土地资源的特征、属性及功能有哪些?

3.《土地利用现状分类》(GB/T 21010—2017)中12个一级类包括哪些?其含义是什么?

4. 土地评价的类型和原则有哪些?

5. 试述对土地适宜性评价、持续土地利用评价的理解。

讨论题

针对我国土地资源的特点及其利用现状，应当如何进行土地资源评价和合理的开发利用？

第四章 农业水资源

重点提示

本章主要阐述水资源的基本概念和特征、水循环与水量平衡，学习和研究水资源评价的内容方法，了解和掌握我国水资源特点以及水资源利用现状、利用存在的问题及发展对策。

第一节 水资源的概念与特征

水是生命之源，是人类及一切生物赖以生存的不可缺少的重要物质，也是工农业生产、经济发展和环境改善过程中不可替代的极为宝贵的自然资源，水资源既是经济资源，也是环境资源，同土地、能源等构成人类经济与社会发展的基本条件。随着人口的增长及工农业生产的日益发展，对水资源的需求也在不断地迅速增长。农业作为国民经济的基础产业和战略产业，是任何国家和地区的经济发展所依赖的基础。而在农业发展的众多资源中，水资源是农业的命脉。实现农业水资源的合理利用是我国社会和经济可持续发展的重要前提。

一、水资源的概念

水资源（water resources）是自然资源的一种，指可以利用或有可能被利用的水源，具有足够数量和可用的质量，并能在某一地点为满足某种用途而可被利用。《中国大百科全书》不同卷册中对水资源也给予了不同的解释。如“水利卷”引用了《不列颠百科全书》中的提法，即自然界中各种形态（气态、液态和固态）的天然水，并把用于评价的水资源界定为人类可利用部分。“大气科学·海洋科学·水文科学卷”把水资源定义为：地球表层可供人类利用的水，包括水量（水质）、水域和水能资源，一般指每年可更新的水量资源。人们对水资源概念具有不同的理解，主要是因为水资源类型繁多，用途广泛，同时水资源的开发利用还受到经济技术条件、社会条件和环境条件的制约。简而言之，水资源就是地球上目前和近期人类可以直接和间接利用水量的总称。水资源同时具有自然与社会的双重性质。从自然属性来看，水是自然地理的重要组成部分，是人类生存的环境因素之一。从其社会属性来看，水资源为人类所利用，创造财富价值的大小又取决于人类的认识和利用能力。因此，水资源同其他许多自然资源一样，是一个历史的范畴，在不同的历史时期，它的内涵也随着人类对水资源的认识和利用能力的变化而变化。

(一)广义水资源

把水资源作为自然资源的一个普通分支，就是广义水资源的概念。它强调的是水资源具有被人类利用的潜力，因此一切正在利用和将来可能被利用的水都属于广义水资源。过去我们强调淡水是水资源，而现在微咸水和轻度污染的水在农田灌溉中也被作为资源加以利用。

(二)狭义水资源

狭义水资源是在一定的经济技术条件下能够直接使用的淡水，指逐年可以恢复和更新的淡水量，即大陆上由大气降水补给的各种地表、地下淡水的动态量。包括河流、湖泊、地下水、土壤水等。在水资源分析与评价中，常利用河川径流量和积极参与水循环的部分地下水作为水资源量。

对于某一流域或局部地区而言，水资源的含义则更为具体。广义的水资源就是大气降水，地表水资源、土壤水资源和地下水资源是其三大主要组成部分。狭义的水资源就是河川径流，包括地表径流、壤中流和地下径流。

二、水资源的特征

水资源属于一种可再生资源，除具有一般再生性自然资源所共有的属性外，还有其本身固有的特性。

(一)循环性

水在地球上以液态、固态、气态三种相态同时存在，并通过相变处于动态平衡之中。水在太阳能的作用下，通过蒸发、降水、渗透和地表径流等环节进行着周而复始的循环运动。水循环是自然地理圈中三大基本循环之一。循环性是水资源的最基本自然特性之一。从时间上来看，水资源是取之不尽用之不竭的，其时间蕴藏量是无限的。所以，人们把水资源看作一种恒定资源。但这种恒定不变是对全球水资源总量而言的，它是各种自然水的总和。

(二)数量有限性

水资源的有限性表现在两个方面:一是地球水总量的恒定不变,决定其数量的有限,即不是无限的;二是尽管全球总水量十分巨大,但在一定历史条件下,可被利用的水资源却是有限的。实际上,开发利用比较容易,与人类生活和工农业生产关系最为密切的浅部地下水、湖泊、土壤水、河川径流等在地球总水量中仅占0.3%,数量有限,并不是“取之不尽,用之不竭”的。

(三)不均匀性

水资源在地区分布上很不均匀,年际年内变化大,给开发利用带来许多困难。地球表面淡水资源分布的不均匀性,表现为降水多的地区,淡水资源比较充足;反之,淡水资源则很贫乏。同时水资源在不同季节也具有分布不均匀的特点。为了满足各地区、各部门的用水要求,必须修建蓄水、引水、提水、水井和跨流域调水工程,对天然水资源进行时空再分配。因兴修各种水利工程要受自然、技术、经济、社会条件的限制,只能控制利用水资源的一部分或大部分。

(四)多用性

在国计民生中,水资源的用途十分广泛,各行各业都离不开水。水不仅用于农业灌溉、工业生产和城乡生活,而且还用于水力发电、航运、水产养殖、旅游娱乐等。这些用途又具有较强的竞争性。随着人们生活水平的提高、国民经济和社会的发展,用水量不断增加是必然趋势,不少地区出现了水资源不足的紧张局面。水资源短缺问题已成为当今世界面临的重大难题之一。

(五)不可替代性

科学技术发展到今天,尚未找到任何一种可以替代水的物质。正是由于水的这种不可替代性,加上水的绝对数量有限,可利用淡水资源的相对缺乏,以及对水资源的需求越来越大和未受污染水资源的不断减少,使人们感觉到水资源越来越稀缺;水越来越成为极其宝贵的自然资源。

(六)利害两重性

水资源具有利害两重性,可以造福人类,也可以危害人类生存。一方面,水作为重要的自然资源,可用于工农业生产和人民生活的方方面面,给人类带来各种利益;另一方面,由于降水和径流时空分布不均,形成因水过多或过少而引起的洪、涝、旱、碱等自然灾害。由于水资源开发利用不当,也会造成人为灾害,如垮坝事故、土壤次生盐渍化、水体污染、海水入侵和地面沉降等。水的可供利用及可能引起灾害,决定了水资源在经济上的两重性,既有正面影响又有负面影响。水资源的综合开发和合理利用,应达到兴利、除害的双重目的。

三、水循环与水量平衡

(一)自然界的水循环

地球上的水以气态、液态、固态分布于地表水体(海洋、湖泊等)、大气圈(大气水)、岩石圈(土壤水、地下水)和生物圈中,并由此组成了一个有机的彼此互相联系的水圈。但地球各层圈中水并不是静止不变的,而是在太阳辐射热和重力的作用下不断地运动,各种形态的水在大气圈、水圈和岩石圈中彼此互相转化,形成了水文循环。

水循环(water cycle),指地球上各种形态的水,在太阳辐射和地球重力等作用下,通过蒸发、蒸腾、水汽输送、凝结降水、下渗及径流(地表和地下)等环节,不断地发生相态转换和周而复始的运动过程。水循环过程可分解为水汽蒸(散)发、水汽输送、凝结降水、水分下渗和径流(地表、地下)等五个环节。它们相互联系又相互影响、相互独立又交叉并存,并在不同环境下,呈现不同组合,形成不同规模与类型的水循环。

自然界水循环的过程如图 4-1 所示。海洋中的水分蒸发成为水汽,进入大气

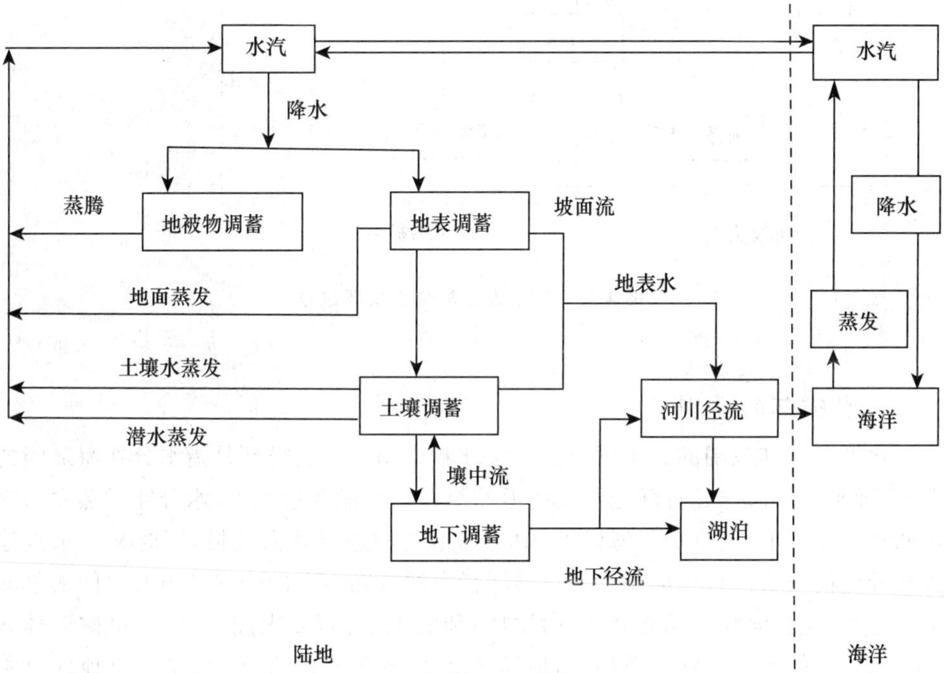

图 4-1　自然界水循环过程
(王腊春等,2007)

圈;水汽随气流运移至陆地上空,在适宜条件下又可重新冷凝成水滴或雪花、冰雹等形成降水;到达陆地表面的降水,一部分经过土壤蒸发和植物蒸腾又返回大气中,另一部分则形成地表水和地下水,地表水和地下水在径流过程中,一部分再度以蒸发的形式返回大气中,其余部分则汇入海洋或湖泊中。这种周而复始的蒸发—降水—径流过程,形成了水的自然循环,通常称为水循环。

人类活动的加剧,如水利工程的兴建和城市化的发展,打破了自然水循环系统原有的规律和平衡,改变了水循环的降水、蒸发、入渗等过程,使原有的水循环系统由单一的受自然主导的循环过程转变为受自然和人工共同影响的循环过程,形成共同作用的新的水循环系统。这种水循环系统称为"自然-人工"(或"自然-社会")二元水循环系统(图 4-2)。

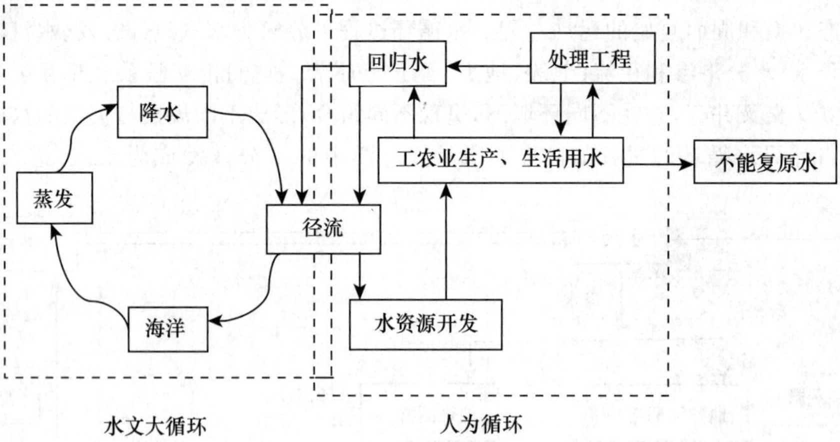

图 4-2　自然-人工复合水循环过程

(王开章,2006)

1. 水循环的类型

水循环按其范围的大小可分为大循环和小循环。大循环是指水分在海陆间的循环,即水分从海洋经过陆地再最终返回海洋。大循环过程中,水分通过蒸发与降水两大基本环节,在空中与海洋,空中与陆地之间进行垂向交换,同时又以水汽输送和径流的形式进行横向交换。小循环指海洋或陆地上的降水同蒸发之间的垂向交替过程,包括海洋小循环(海上内循环)和陆地小循环(内陆循环)。植树造林和兴修水库能够起到增强小循环、增加局部降水量的作用,是干旱、半干旱地区改善气候环境的重要措施之一。

2. 水循环的速度

根据联合国1978年的统计资料，地球上每年参加水循环的总水量约为57.7万 km^3（折合水深1 130 mm），占全球水总量的0.049%。参与全球水循环的水量中，海洋部分所占的比例大于陆地部分，且海洋部分的蒸发量大于降水量，见表4-1。

表4-1　全球水循环状况

分区	面积/(10^6 km^2)	水量/(10^3 km^3)			水深/mm		
		降水	径流	蒸发	降水	径流	蒸发
海洋	361	458	−47	505	1 270	−130	1 400
陆地	149	119	47	72	800	315	485
其中：外流区	119	110	47	63	920	395	529
内流区	30	9	—	9	300	—	300
全球	510	577	—	577	1 130	—	1 130

（陈家琦等，2002）

所有参与水循环的水，都在不停地循环更替着。由于各种水的储存条件不同，更新的周期也有较大差异。如大气对流层中的水分总量约为1 029万 km^3，而地球全年的降水或蒸发总量为57.7万 km^3。大气水通过蒸发和降水每年平均更新约45次，即更新周期约为8 d。同样道理，可计算出河川径流的更新约为16 d，土壤水的更新期约为1年，沼泽和湖泊的循环更新期分别约为5年和17年。其他水体的更新期更长，如深层地下水约为1 400年、海洋约为2 500年，极地冰川更替速度极为缓慢，循环周期长达万年，见表4-2。

表4-2　各类水体的更新周期

水体	更新周期	水体	更新周期
永冻带底冰	10 000 a	湖泊	17 a
极地冰川和雪盖	9 700 a	沼泽	5 a
海洋	2 500 a	土壤水	1 a
高山冰川	1 600 a	河川水	16 d
深层地下水	1 400 a	大气水	8 d

（胡四一等，2016）

注：a，年；d，天。

不同水体的循环速度差异很大,以大气水、河川水和土壤水最为活跃。因此,在开发利用水资源时,应该充分考虑不同水体的更新周期和活跃程度,优先利用更新周期短的水,在利用更新周期长的水体时,充分考虑其更新的能力,防止造成水资源枯竭,如深层地下水的开发就必须慎重。

水的循环特性使得人类赖以生存的水资源不断更新,而且直接影响到气候变化和地表形态的改变,对人类生活和生产具有重要意义。水在全球规模上的循环运动,不仅使能量传输和热量平衡得以实现,同时使水的自我净化顺利进行。水循环中的蒸腾、降水、径流都与工农业生产和人民生活密切相关,没有水的不断循环运动和自我净化,生物就得不到生命活动所需要的水分,其生存也将终结。

由阳光、空气、水分、土壤及动植物等形成的自然环境中,水是最活跃的因素,水的多少及变化规律,影响其他环境因子和生态系统,并发生相应的变化,水分供应条件的变化可能影响整个生态系统的平衡。人们在利用水资源的同时,也在不断地改变生态系统赖以生存的条件,使其向有利于人类的方向转化。

(二)水量平衡

1. 水量平衡的概念

从全球的角度看,在自然界水的循环过程中,其总水量是平衡的。根据质量守恒规律,地球上任何一个区域在任一时段内,水的收入与支出的差额等于该地区蓄水量的变化量,这一关系称为水量平衡(water balance)。从长期的观点看,区域内的蓄水变量趋于零,即收入水量约等于支出水量。降水、蒸发、径流在整个水循环中是三个基本要素。通过水量平衡研究,有助于了解水循环中各要素的数量及其相互转化关系,为水资源的合理利用提供定量化的基础数据。

2. 水量平衡方程

(1)全球水量平衡方程　若以全球陆地作为研究对象,根据水量平衡原理,其水量平衡方程式为:

$$P_L - E_L - R = \Delta S_L \tag{4-1}$$

式中:P_L—陆地降水量;

E_L—陆地蒸发量;

R—入海径流量;

ΔS_L—研究时段内陆地的蓄水变化量。

在短时期内,ΔS_L一般不为零。但在多年情况下,陆地的蓄水变化量接近零。这时,均衡方程式可简单化为:

$$\bar{P}_L = \bar{E}_L + \bar{R} \tag{4-2}$$

式中：$\bar{P}_L$—陆地多年平均年降水量；

$\bar{E}_L$—陆地多年平均年蒸发量；

$\bar{R}$—多年平均年入海径流量。

同理，海洋的多年平均年降水量 $\bar{P}_H$ 与多年平均年蒸发量 $\bar{E}_H$ 及多年平均年入海径流量 $\bar{R}$ 存在如下关系：

$$\bar{P}_H + \bar{R} = \bar{E}_H \tag{4-3}$$

将上述海洋水平衡方程式与陆地水平衡方程式合并，就构成了全球水平衡方程式。

$$\bar{P}_L + \bar{P}_H = \bar{E}_L + \bar{E}_H \tag{4-4}$$

或

$$\bar{P} = \bar{E} \tag{4-5}$$

说明全球多年平均年降水量 $\bar{P}$ 与多年平均年蒸发量 $\bar{E}$ 相等。

(2)流域水量平衡方程　基于上述水平衡原理，对于任何一个区域，可列出如下水平衡方程：

$$P + E_1 + R_{表} + R_{地下} + S_1 = E_2 + R'_{表} + R'_{地下} + S_2 \tag{4-6}$$

式中：P—时段内降水量；

E_1、E_2—时段内水汽凝结量和蒸发量；

$R_{表}$ 和 $R'_{表}$—时段内地表流入与流出的水量；

$R_{地下}$ 和 $R'_{地下}$—时段内从地下流入与流出的水量；

S_1 和 S_2—始末时段蓄水量。

令 $E = E_2 - E_1$，代表净蒸发量；$\Delta S = S_2 - S_1$，代表时段内蓄水变量，则式(4-6)可改写为：

$$(P + R_{表} + R_{地下}) - (E + R'_{表} + R'_{地下}) = \Delta S \tag{4-7}$$

此式即为流域内通用的水量平衡方程式。在此基础上，根据研究对象的不同，对一定时段内有关的收入与支出及其盈余补偿等项目，可建立各种特定的水平衡方程。

另外，还应注意到人类活动对水量平衡的影响，在上述水量平衡方程中还应增加相应的项。

框 4-1　亚洲水塔

青藏高原约有 2.43 万条冰川，冰川面积 3.23 万 km^2，平均年融水量约 360 亿 m^3，是除极地冰盖以外全球第二大的冰川聚集地，俗称第三极。该地区平均年水资源总量达 4 394 亿 m^3，占全国的 15.94%，人均水资源拥有量是全国的 60 倍，是我国水资源最丰富的地区。流域面积大于 10 000 km^2 的河流有 20 多条，流域面积大于 2 000 km^2 的河流有 100 条以上。著名的河流有金沙江、怒江、澜沧江和雅鲁藏布江。西藏的国际河流分布最多，亚洲著名的恒河、印度河、布拉马普特拉河、湄公河、萨尔温江、伊洛瓦底江等河流的上源都在这里。这些河流从世界最高的青藏高原奔腾而下，就像水塔向管网供水一样，因此被称为“亚洲水塔”。这些大河集中了亚洲一多半的地表水量，滋养着几乎所有东亚地区的古老文明地带和现在的主要人口聚居区。

青藏高原高海拔地区是中国同期升温最显著的区域，由于气候变暖，迅速消融的青藏高原冰川会增加河流来水量，但几十年后就将转变为河流水位下降。青藏高原冰川加速消融，造成河流的季节性洪水和总体径流量减少，将直接影响淡水资源的供给，特别是在干旱季节，生活在七大河流域内的大约 13 亿人口(主要在中国和印度)可能面临水资源短缺，遭受巨大的经济损失和环境灾难。而冰川退缩，湖泊萎缩，冻土退化，土壤含水量减少，加之过度放牧等人为因素，也会导致草场退化，鼠害增多，土地沙漠化，河源生态环境逐步恶化，影响水源。

中国冰川学研究的奠基者、中国科学院院士施雅风说：中国冰川 80% 以上位于青藏高原和它周围高山，有大小冰川 46 377 条，总面积 59 425 km^2。由于全球气候变暖，中国冰川以年均 131 km^2 的速度在缩小，预期到 2050 年左右，有三分之一左右的冰川会消失。冰川和冰原融化，是地球变暖给人类带来的灾难性的后果之一。

四、水资源丰缺的影响因素

一个地区水资源的丰缺取决于多种因素，如地理位置、地形条件、土壤植被和人类活动等都会对水资源的运动和分配产生明显的影响。

(一)地理位置

由于降水是水资源的最主要补给来源,所以人们常常以年平均降水量与年平均蒸发量之比(P/E)来判断一个地区的湿润程度。影响一个地区的湿润程度的因素有很多,其中以纬度最为重要。另外,一个地区降水的多少还受到大气环流的影响,一般说来,距离海洋越近,大气湿度越大,降水量越大,水资源也越丰沛;越深入大陆内地,受海洋和季风影响越小,气候越干燥,降水量越少,水资源数量也越少。

(二)地形条件

在同一地区,海拔越高,气温越低;大气湿度越大,降水量越大。高原和山脉对大气环流、水汽的运移有阻隔作用,会对一个地区降水等气候条件产生明显影响。地面坡度也是影响水循环即水分入渗数量多少的重要因素,在其他条件相同情况下,坡度越陡,越容易产生地表径流,入渗到土壤中的水量越少,降水大量流走,地面水分蒸发量减少,空气湿度更小,降水量也随之减少。

(三)土壤和植被

土壤和植被也是影响一个地区水分入渗、蒸发、径流、降水各个循环环节的重要因素。土壤质地中等,结构性好,疏松透水,有利于土壤水分入渗;植被长势茂盛,覆盖度高,能够抑制径流产生。同样,良好的生态环境条件,有利于植物生长,又会对保蓄水分、涵养水源产生积极作用,从而使一个地区的生态环境进入良性循环。

(四)人类活动

人类活动对于水资源的影响,可分为积极的和消极的两个方面。人们兴修水利,拦蓄径流,植树造林,保持水土,跨流域调水,可以改善一个地区的水资源状况;而不合理地开发利用水土资源,使植被遭到破坏,土壤受到侵蚀,气候变得干燥,土地荒漠化,生态环境恶化以及过多废水排放等,必然会造成水资源的衰减。

第二节 水资源概况与特点

一、世界水资源概况

地球表面的总面积约为 5.1 亿 km^2,水圈内全部水体的总体积为 13.86 亿 km^3。

海洋面积为3.61亿km^2，占地球总表面积的70.8%；海水水量为13.38亿km^3，占地球总水量的96.5%。海洋水因含盐量高，除极少量水体可作为冷却水外，很难直接为居民生活和工农业生产所用。地球上陆地面积为1.49亿km^2，占地球总表面积的29.2%，陆地水量为0.48亿km^3，仅占地球总水量的3.5%。

陆地上的水也并不全是淡水。据统计，陆地上的淡水总量仅为0.35亿km^3，占陆地水总量的73%。其中，又有69.6%（约为0.24亿km^3）分布于冰川、极地、多年积雪和多年冻土中，现有经济技术条件下很难被人类所利用。人类可以利用的淡水只有0.1亿km^3，占淡水总量的30.4%，主要分布于河流、湖泊、土壤和600 m深度以内的含水层中。地球上各种水的储量见表4-3。

表4-3　地球水圈水储量

水体种类	总量		咸水		淡水	
	$\times10^3 km^3$	%	$\times10^3 km^3$	%	$\times10^3 km^3$	%
海洋水	1 338 000.0	96.54	1 338 000.0	99.04		
冰川与永久积雪	24 064.1	1.74			24 064.1	68.70
地下水	23 400.0	1.69	12 870	0.95	10 530.0	30.06
永冻层中冰	300.0	0.02			300.0	0.86
湖泊水	176.4	0.013	85.4	0.006	91 000	0.26
土壤水	16.5	0.001			16.5	0.047
大气水	12.9	0.0009			12.9	0.037
沼泽水	11.5	0.0008			11.470	0.033
河流水	2.12	0.0002			2 120	0.006
生物水	1 120	0.0001			1 120	0.003
总计	1 385 984.6	100	1 350 955.4	100	35 029.2	100

（陈家琦等，2002）

可以看出，地球上水的储量是巨大的，但可供人类利用的淡水资源数量却是有限的，地球上只有不到1%的淡水或约0.007%的水可为人类直接利用，这些水量通过降雨和降雪定期更新，可以持续利用。

由于降水分布的不均匀，从几乎没有降水的沙漠到年降水量达几米的湿润地区，全球的淡水资源分布是极不均匀的。蒸发蒸腾作用使水分进入大气层，加剧了这种状况。世界上占陆地面积40%的干旱与半干旱地区的径流仅占全球径流的2%。按地区分布，巴西、俄罗斯、加拿大、中国、美国、印度尼西亚、印度、哥伦比亚和刚果(金)等9个国家的淡水资源占了世界淡水资源的60%。约占世界人口总数40%的80个国家和地区约15亿人口淡水不足,其中26个国家约3亿人极度缺水。

框4-2 贝加尔湖:最大最深最古老的湖泊

贝加尔湖(Lake Baikal)是世界上最大的淡水湖,长度640 km,平均宽度47 km(最大宽度79.5 km,最小宽度25 km),面积31 722 km^2,拥有水量23 013 km^3,占世界总淡水量的20%,相当于北美五大湖的总和;也是世界上最深的湖泊,平均深度744 m,最大深度1 632 m;也是最古老的湖泊,拥有1 700～1 800种特有的动植物物种。1996年被宣布为联合国教科文组织世界遗产。

贝加尔湖位于俄罗斯西伯利亚南部地区,靠近蒙古边境,附近最大城市是伊尔库茨克。冬季平均气温为−21℃,结冰通常在5—6月融化。夏季平均气温为11℃,水温约为10℃。夏季湖中充满来自西伯利亚山脉的融冰,清澈剔透,能看到40 m深处。有300多条河流进入贝加尔湖,安加拉河是唯一的出口,每年向叶尼塞河输送约60 km^3水量,最终流入北冰洋。塞伦加河是进入贝加尔湖的最大水源,从蒙古向北流动,贡献了近50%的湖水。与贝加尔湖一样,塞伦加三角洲因其生物多样性和重要性而享誉国际。贝加尔湖有27个岛屿,最大的是长达72 km的奥尔洪岛,有1 500人住在那里。

贝加尔湖有2 500万年的历史,它和周围的山脉是由地壳破碎和移动形成的,部分地区在第三纪时期(6 600万至260万年前)发育完成。贝加尔湖位于裂谷,每年发生2 000次地震,加深了湖泊并增加了体积。2 100多年前,汉武帝击败匈奴,然后派苏武出使匈奴以商谈和约。汉将卫律的部将打算劫走匈奴旦鞮单于的母亲,与苏武一道归汉。不料事情败露,苏武也受牵连,被单于流放到北海去牧羊。苏武在北海边艰难熬过19年,拒绝了匈奴的多次高官利诱,最后回到汉都长安。这就是流传千百年的苏武牧羊的佳话。17世纪俄罗斯征服西伯利亚期间,将其领土扩大到这里。

贝加尔湖具有特殊的生物多样性,是世界上最丰富的淡水生态系统之一。3 700多种物种约有80%是地方性的,其中最著名的是贝加尔海豹,世界上唯一的淡水海豹,还不知道它们是如何来到贝加尔湖的,其他特有物种包括油性无鳞的奥牧尔鱼,一种白色的鱼,是贝加尔湖最著名的菜肴之一。

贝加尔湖周围的其他陆地物种包括熊、驯鹿、麋鹿、野猪、西伯利亚狍、臭鼬、貂、黑貂和狼,从加拿大进口的美国水貂也生活在贝加尔湖周围。贝加尔湖有50多种鱼类、100多种水生无脊椎动物和170多种软体动物,周边地区生长着许多树种,包括雪松、冷杉和云杉,有些树长达800年,安加拉松树原产于该地区。

由于气候变化以及农业污水和工业污水对湖泊的过度径流,贝加尔湖面临着越来越多的环境威胁。比如湖上藻类大量繁殖已经破坏了水蜗牛、海绵、鱼类和甲壳类动物,并将毒素传递给人们。

二、我国水资源概况

我国多年平均降水量为 6 177.5 km^3，折合降水深度 649.8 mm，与全球陆地平均降水量约 807 mm 相比低 20%。我国多年平均淡水资源总量约为 2 841.2 km^3，居世界第六位（前五位依次为巴西、俄罗斯、加拿大、美国、印度尼西亚）。其中地表水 2 738.8 km^3，地下水 821.8 km^3，由于地表水与地下水相互转换、互为补给，扣除两者重复计算量 719.4 km^3，与河川径流不重复的地下水资源量约为 102.4 km^3。当然，只单独考虑水资源量的多少并没有什么意义，必须与当地的社会经济生产条件相结合，必须与水资源的质量结合起来，才具有社会意义。

表面看来，我国淡水资源数量巨大，但由于人口基数和耕地面积基数大，使得我国人均和单位面积的水资源拥有量远远低于世界平均水平。我国人均水资源占有量约为 2 044 m^3（按 2017 年人口计算），仅为世界平均水平的 1/4，美国的 1/6，俄罗斯和巴西的 1/12，加拿大的 1/50，在世界上名列第 110 位，是全球 13 个人均水资源最贫乏的国家之一。我国水资源的时空分布很不均匀，水资源量的 80%集中在耕地面积仅占全国 36%的长江流域及以南地区。全国农业用水量占总用水量的 60%以上，而且利用率很低，浪费极大；而水污染严重更加剧了水资源短缺。国内部分江河流域水量状况见表 4-4。

表 4-4 国内部分江河流域水量状况 亿 m^3

区域	年降水量	年河川径流量	年地下水量	年平均水资源总量
黑龙江流域	4 476	1 166	431	1 352
辽河流域	1 901	487	194	577
海滦河流域	1 781	288	265	421
黄河流域	3 691	661	406	744
淮河流域	2 803	741	393	961
长江流域	19 360	9 513	2 464	9 613
珠江流域	8 967	4 685	1 115	4 708
浙闽台诸河	4 216	2 557	613	2 592
西南诸河	9 346	5 853	1 544	5 853
内陆诸河	5 113	1 064	820	1 200
额尔齐斯河流域	208	100	43	103
合计	61 889	27 115	8 288	28 124

按照国际公认的标准，人均水资源低于 3 000 m^3 为轻度缺水，低于 2 000 m^3 为中度缺水，低于 1 000 m^3 为严重缺水，低于 500 m^3 为极度缺水。中国目前有 16 个省(自治区、直辖市)人均水资源量（不包括过境水)低于严重缺水线，其中宁夏、河北、山东、河南、山西、江苏 6 省区低于 500 m^3。

三、我国水资源特点

(一)水资源总量较大，而人均占有量少

水资源属于循环的再生资源，因此数量并不是越多越好。到了一定程度，水多还可能酿成后患。国民经济各部门用水并不是随着经济发展不断增加的，相反，用水量达到一定程度后，随着科学技术的发展，单位产品耗水量还可能较多地下降。但是，由于我国人口基数和耕地面积基数较大，人均和每公顷耕地的水资源拥有量要少得多。我国人均水资源占有量约为 2 044 m^3，仅为世界人均占有量的 1/4；耕地亩均水资源占有量也只有 1 440 m^3，约为世界耕地亩均占有量的 3/4。

(二)水资源时空分布不均

一个地区水资源的丰富程度主要取决于降水量的多寡。我国地域辽阔、地形复杂多样、季风性气候等特点，决定了我国水资源的分布特点为时空变化大，地区分布不均。

1. 水资源的地区分布不均匀

由于降水和河流分布的不同，我国水资源的地区分布极不均匀。来自太平洋上的潮湿气流可以增加降水，但是由于山川较多，阻碍了暖湿气流的北上，导致内陆地区与沿海地区降水的分布不均。年降水量的空间分布具有由东南沿海向西北内陆递减的特点。北方特别是西北、华北地多水少，南方水多地少；水资源的分布与人口、耕地的分布也不相适应，南方地区人口占 54%，耕地占 40%，水资源总量占全国的 81%；北方地区人口占 46%，耕地占 60%，但水资源总量仅占全国的 19%。

中国的降水和径流分布特征见表 4-5。

表 4-5 中国的降水和径流分布特征 mm

径流带	年降水量	径流深	地区
丰水带	1 600	＞900	福建省和广东省的大部分地区、台湾地区的大部分地区、江苏省和湖南省的山地、广西壮族自治区南部、云南省西南部、西藏自治区的东南部

续表 4-5

径流带	年降水量	径流深	地区
多水带	801～1 600	201～900	广西壮族自治区大部、四川省、贵州省、云南省大部、秦岭—淮河以南的长江中下游地区
过渡带	401～800	51～200	黄淮海平原，山西省和陕西省的大部，四川省西北部和西藏自治区东部
少水带	200～400	10～50	东北西部、内蒙古自治区、宁夏回族自治区、甘肃省、新疆维吾尔自治区西部和北部、西藏自治区西部
缺水带	＜200	＜10	内蒙古自治区西部地区和准噶尔、塔里木、柴达木三大盆地以及甘肃省北部的沙漠区

2. 水资源的时间分配不均匀

我国的水资源不仅在地域上分布很不均匀，而且在时间分配上也很不均匀。大部分地区降水量年际变化大，最大年降水量与最小年降水量之间相差悬殊。年内雨季又比较集中，水旱灾害频繁发生，枯水年和枯水季节的缺水矛盾更为突出。长江以南地区由南往北雨季一般为 3—7 月，降水量占全年的 50％～60％。长江以北地区雨季多为 6—9 月，降水量占全年的 70％～80％。

农业旱灾的危害又甚于水灾，干旱已成为我国农业最主要的自然灾害。首先，我国干旱受灾面积远大于洪涝受灾面积。1950—2010 年，我国年平均干旱受灾面积 2 148.7 万 hm^2，洪涝受灾面积 982.3 万 hm^2。其次，干旱发生的次数多于洪涝发生的次数，1951—1990 年，全国发生干旱 300 次，发生洪涝 236 次。再次，干旱灾害是影响农业产量最主要的自然灾害，1949 年以后全国粮食单产多次下跌都是由于旱灾引起的。而且，干旱还具有连发性和连片性等特点，如 1959—1961 年的三年连旱，长江、淮河、黄河和汉水流域等广大地区遭受严重干旱，三年共减产粮食 600 多亿 kg，对我国国民经济造成了十分严重的危害，全国粮食产量直到 1966 年才恢复到 1958 年的水平。

框 4-3 长江三峡水利枢纽工程

兴建长江三峡水利枢纽工程(简称三峡工程),是中华民族几代人的夙愿。1992 年 4 月 3 日,第七届全国人民代表大会第五次会议审议并通过了《关于兴建长江三峡工程决议》。从此,三峡工程由论证阶段走向实施阶段。1994 年 12 月 14 日,三峡工程正式开工,总工期 17 年,于 2003 年开始蓄水发电,2009 年全部完工。三峡工程是中国乃至世界上最大的水利枢纽工程,是治理和开发长江的关键性骨干工程。

长江三峡水利枢纽工程位于长江西陵峡中段,坝址在湖北省宜昌市三斗坪,坝址控制流域面积 100 万 km^2,多年平均年径流量 4 510 亿 m^3,多年平均年输沙量 5.3 亿 t。设计正常蓄水位 175 m,总库容 393 亿 m^3,其中防洪库容 221.5 亿 m^3,电站装机总容量 1 820 万 kW,年平均发电量 847 亿 kW·h。长江三峡水利枢纽工程是开发和治理长江的关键性世纪工程,具有防洪、发电和航运等综合效益。

(三)河川径流有不断减少的趋势

水资源和其他事物一样,在内、外因的作用下,也在不断演化。这种演化有的可能有利于人类活动,有的则不利于人类活动,甚至危及人类的生存与发展。如能及时认识其演变规律,就能防患于未然。从直观感觉来说,过去可以通航的河流,如今枯水期多,不能航运;过去为长流水的小河流,现今普遍断流,即使是黄河、海河这样的大河流,近几年来也经常出现断流的现象。

径流的大小与降水关系密切。径流减少只是一种趋势,不能完全用数值来衡量。形成这种趋势的原因主要是用水量的不断增加和地被物的调蓄作用减弱形成的,特别是后者应引起人们的注意。千方百计保护原地被物的调蓄,使径流尽可能分配均匀。因为枯水期流量直接关系到水资源的开发利用。对天然河道来说,灌溉引水按枯水流量设计;发电保证按枯水期决定;通航与伐木也离不开枯水参数。

第三节 我国水资源开发利用

一、水资源开发利用的含义与形式

(一)水资源开发利用的含义

水资源开发利用(water resources development and utilization)是通过各种措

施对天然水资源进行治理、控制、调配、保护和管理等，使其在一定时间和地点供给符合质量要求的水量，为国民经济各部门所利用。

通过水工程和水管理等措施对水资源进行调节控制和再分配，以满足人类生活、社会经济活动和环境对水资源竞争性的需求。社会发展到一定阶段，水资源的原有分布状态，只有通过水工程和水管理对水资源的时间和空间分布进行调控和再分配，才能满足人类的需要。随着社会经济的发展，水资源开发的目的和范围日趋扩大，近现代水资源开发主要包括：以满足城乡居民生活和工农业生产用水为目的的供水、灌溉、排水工程；以利用水能为中心目的的水力发电和航运工程；以保证供水质量和污水处理为目的的水质处理工程；以水域利用为主的水产养殖和旅游设施等。

从水资源开发的过程看，大体可分为单一目标开发和多目标开发。多目标开发从单项工程向流域性多项工程和整个地区发展，从单纯为增加经济收益向社会和环境的整体利益发展。水资源开发已成为自然科学、技术科学和社会科学三者高度综合的重要学科。

(二)水资源开发利用的形式

1. 农业用水

农业是整个水资源需求中消耗水量最多的生产部门。在农业用水中，农田灌溉用水占主要地位。通过兴修水利设施来保证农业的正常用水需求，已成为保证农业稳产高产的重要措施。

2. 工业用水

任何一种工业，都离不开水。按工业用水性质、作用不同，可分为原料用水、锅炉用水、冷却用水、工艺用水、冲洗用水、空调用水及水力用水等。

3. 生活用水

人类为了生活，每天需要一定量的水，所需水量多少不仅与年龄、体质、季节和所在地区等因素有关，而且也与生活水平密切相关。目前，我国城镇人均生活用水量(含公共用水)217 L/d，农村居民人均生活用水量 82 L/d。一般每人每天耗水量约为 200 L，一年人均耗水 100 m^3。

4. 生态用水

特定区域、特定时段、特定条件下生态系统总利用的水资源为生态用水。

由于自然界中的水资源是有限的，某一方面用水多了，就会挤占其他方面的用水，特别是常常忽视生态用水的要求。

框 4-4　南水北调工程

南水北调工程是为缓解北方地区日益严重的水资源短缺间期而规划建设的特大型跨流域调水工程，以东线、中线、西线三条线路将长江、淮河、黄河和海河四大水系连接起来，形成“四横三纵”的总体布局。

工程完成后不仅可以解决北京、天津、石家庄等 30 多座北方大中城市的缺水问题，促进当地城市化进程，实现我国水资源南北调配、东西互济的合理配置格局，而且在沿线地区，特别是西部沿线地区将崛起新的经济增长点，繁荣华北、西北地区的经济，对整个国民经济的推动和可持续发展都将产生重大而深远的影响。

东线工程：从长江下游扬州抽引长江水，利用京杭运河及与其平行的河道逐级提水北送，并连接起调蓄作用的洪泽湖、骆马湖、南四湖、东平湖，向黄淮海平原东部供水，终点天津。长江到天津输水主干线长 1 150 km，与之平行的输水分干线长 740 km。东线供水范围包括黄淮海平原的东部、淮河以南的里运河两岸地区，以及山东半岛的济南、烟台、威海等地。2013 年 12 月 10 日，南水北调东线一期工程正式通水。

中线工程：从长江中游干流及其主要支流汉江引水，具体是从加坝扩容后的丹江口水库引水，经黄淮海平原西部边缘，穿越黄河，沿京广线西侧北上至北京玉渊潭。全长 1 246 km，其中黄河以南 462 km，穿黄河段约 10 km，黄河以北 774 km。在河北省徐水附近向东分一支送水到天津，天津干渠长 144 km。全线采取封闭调水。中线涉及长江、淮河、黄河、海河四个水系，途经鄂、豫、冀三省终至北京市、天津市。2014 年 12 月 12 日，南水北调中线一期工程正式通水。

西线工程：是在长江上游通天河、支流雅砻江和大渡河上游筑坝建库，开凿穿过长江与黄河分水岭巴颜喀拉山的输水隧洞，调长江水入黄河上游。供水目标主要是解决青、甘、宁、内蒙古、陕、晋等 6 省（自治区）以及黄河上中游地区和渭河关中平原的缺水问题。结合已兴建的黄河干流骨干水利枢纽工程，还可以向邻近黄河流域的甘肃河西走廊地区供水，必要时也可向黄河下游补水。

二、水资源开发利用存在的问题

新中国成立60多年来，我国的水利事业有了很大的发展，2015年我国总用水量约6 103.2亿m^3，目前，我国农业用水占63.1%，工业用水占21.9%，生活用水占13.0%，生态用水占2.0%。

从我国水资源的利用现状来看，存在如下问题：

（一）农业用水所占比例仍然较高

我国农业用水占全国总用水量的绝大部分。随着工业化和城镇化的发展，这个比例在逐渐下降。2015年农业用水比例为63.1%。总体来看，农业用水比重仍然偏高，在我国水资源十分紧缺的形势下，有效控制农业用水总量，是解决水资源供需矛盾的重要途径。

（二）农业用水利用率较低，水利设施不配套，浪费严重

长期以来，在水利建设上存在着注重大型、骨干和主体工程，而对一些小型的和一般的配套工程不够重视，以致我国许多水利工程长期不能发挥应有的效益。另外，由于管理不善，农业灌溉技术落后，工业上循环利用率也较低，水的浪费非常严重。

（三）旱涝灾害仍比较严重

旱涝灾害仍然严重影响着我国的国民经济发展和危及人民生命财产安全。全国平均每年受到旱涝灾害的面积仍近4亿亩，因灾减收粮食平均每年有几百亿千克。其中遭受洪涝灾害的面积平均每年达1亿多亩。近50年来，比较严重的有1980年和1981年发生的长江上游大水，1998发生的长江中下游和海河大水等。如何防治旱涝灾害的发生，减少或避免灾害带来的损失，是我国合理利用和保护水资源中十分重要的问题。

（四）水源污染日趋严重

随着工业和城市的发展，水资源受到污染的状况越来越严重。据水利部门统计，2015年我国废污水排放总量为770亿t。

三、我国农业水资源开发利用存在的问题与对策

农业是我国用水大户，近年来的农业用水量基本稳定在4 000亿m^3左右。农

业用水主要包括农田、林业、牧业的灌溉用水及水产养殖业、农村工副业和人畜生活等用水。农田灌溉用水是农业的主要用水，占农业总用水量的90%以上。地下水的开发利用在农业用水中占据着十分重要的地位。在北方农业用水中，地下水用水量占农业总用水量的1/4左右。

（一）我国农业水资源利用存在的主要问题

1. 用水效率低，浪费严重

从总体上看，我国农业水资源利用效率不高。自流灌区的灌溉水利用系数一般不到0.4，井灌区也只有0.6左右，比发达国家低0.2～0.4。也就是说在我国农业用水，约有一半被白白浪费掉了。在灌溉水利用率方面，我国与发达国家差距更大。目前发达国家平均水分生产率（每立方米水生产粮食）已达2.32 kg/m^3，而我国不足1 kg/m^3。

2. 灌溉工程老化和不配套

据统计，全国现有220个大型灌区老化失修，111座大型水库存在不同程度的病险。而灌溉渠系的老化、年久失修和不配套现象则更为严重。这些问题严重威胁到了我国的农业用水安全。

3. 农业用水的管理体制问题

由于没有合理的利益机制和责任机制，导致管理部门失去节水的积极性，如灌区的收入主要依靠水费，在固定的价格条件下，水费的多寡取决于供水量的多少。一些灌区为了获得较多的收益，甚至鼓励多用水。因此，必须改变这种“自然分配、按需供给”的农业水资源管理体制，将农业用水纳入统一的水资源管理和调配。另外，还应制定相关政策，通过合理补偿机制，加强农业用水的优化和节水，实现水资源在区域农业、城市、工业间的合理分配。

（二）我国农业水资源利用主要对策

实现水资源的可持续利用是中国农业可持续发展的必由之路。可持续的水资源开发利用应以满足经济发展和生态环境保护为目标，应从节水、开源和加强用水管理三个方面着手。

1. 推广农业灌溉节水技术

节水农业是在充分利用自然降水的基础上，通过采用水利、农业、管理等措施，最大限度地减少输水、配水、灌水直到作物耗水过程中水的损失，从而提高用水效率、单位用水量的产值和产量。实施喷滴灌技术、低压管道输水技术、渠道防渗技术，可节水30%左右，增产20%～30%。2016年年末，全国灌溉耕地面积6 189万 hm^2，喷滴灌等设施灌溉面积占比16%。因此，要积极开展研制优质、高效、价廉的灌溉设备。

2. 积极开发新水源

在合理利用地表水和地下水这些常规水资源的同时，还应该充分发掘雨水、土壤水、劣质水的利用潜力。如通过修建田间蓄水和拦截工程来达到积蓄雨水的目的，通过污水净化技术、海水淡化技术实现污水资源化、海水资源化，从而实现农业水资源的高效利用。

3. 加强用水管理

鉴于我国农业用水在水资源利用中比重大且浪费严重的现实，应尽快将农业用水作为水资源管理的重要内容，并制定相关的政策，通过"利益机制"和"责任机制"来调动农业节水的积极性，改革现有不合理的农业水资源的管理体制、投资机制和水价政策，实现农业水资源的可持续利用。

四、水资源利用对策

随着经济的发展和人口的增长，我国的用水量将以更快的速度增加。2016年人口已达13.9亿人，粮食产量达6 000亿 kg，我国农业用水总量达5 000亿 m^3，工业用水达1 000多亿 m^3，城镇生活用水达200亿 m^3。解决我国水资源供求矛盾的主要途径如下。

（一）有重点地规划和兴建水资源工程

我国大型水库库容少，调蓄天然径流的能力低，是我国供水能力低和供水保证程度不高的重要原因。要增加新的供水能力，必须有计划地新建一些带战略性的骨干水库工程。它不仅可以增加控制天然径流的能力，解决我国水资源分配不均的矛盾，而且可以调蓄削减洪峰流量，防止水涝灾害，提高抗御水旱灾害的能力。同时，要加强水利管理，充分发挥现有工程的效益。

（二）坚持流域综合治理，实行生物措施与工程措施一体化开发

在修建各种大小型水库、塘坝、沟渠围堰的同时，在库区、塘坝周围，上下游地区的山丘坡岗、荒滩、沙漠地区及一切宜林、宜草地区种草、种树。充分发挥森林、

草原植被在涵养水源,减少水土流失,调节地表径流等特有功能,以增加洪水期水库的有效蓄水量和枯水期水库的有效放水量,降低泥沙淤积速度,延长工程设施的使用寿命,扩大防洪、抗旱能力和增强调节功能,因此,在加强水利工程建设的同时,绝不可忽视生物措施的作用。

(三)节约用水,提高水资源利用效率

节约用水,一靠政策、二靠科学。一方面应尽快实行水资源的有偿使用,收取水费和水资源税,利用经济手段促进节约用水;另一方面要大力推广先进的灌溉手段和技术,如防渗管道输水可比明渠输水增加实用水量近50%,喷灌比漫灌节水近50%,滴灌比喷灌节水近50%。先进的灌溉技术,不仅有利于节水,而且可以节省用地和提高产量。

(四)加强水资源保护,防止水体污染

水质的好坏直接影响着供水的质量和数量。为了保证安全供水,首先,要建立水源保护区,消除污染源;第二,要狠抓三废治理;第三,抓好工业用水的重复利用和循环利用。开源与节流,只有在水资源保护的前提下,才能发挥有效的作用。因此,水资源保护是今后开发利用水资源的基础。

第四节　农业水资源评价

一、水资源评价的内容与原则

水资源评价(water resources assessment)是对一个国家或地区的水资源量、质量及其时空分布特点和开发利用情况做出的分析和评估。尽管水是循环的、可恢复的自然资源,但就一个地区来说,在一定时间内供人们使用的水量总是有一定限度的,需要对水资源进行科学评价,这是水资源合理开发利用的基础,也是保护和管理水资源的依据。

(一)水资源评价的内容

1. 水资源量的评价

水资源量是地表水资源量和地下水资源量以及扣除二者重复计算量后的总水

资源量。地表水资源主要是指便于人类利用的河流、湖泊、冰川等地表水体、动态水量，在评价中常用河川径流量表示地表水资源量。

地下水资源量是指地下水含水层系统中多年平均可更新的水量，计算内容包括地下水的补给量、排出量、允许开采量、水位降深等。

水资源总量并不是地表水和地下水二者数量的简单相加，水的循环特性决定了自然界的水具有不同水体相互转化的特点。因此，总水资源量中要扣除地表水和地下水之间相互转化的量，即重复计算量。

2.水资源质量评价

水的质量是指水体中所含物理成分、化学成分、生物成分的总和。水资源质量评价一般分为供水水质评价和水环境质量评价两类。

供水水质评价就是指依据不同用户对水质的要求，对水的物理性质、化学成分与卫生条件等进行综合评价。一般是将水质分析（或计算）结果同国家（或行业）规定的水质标准进行对比，从而对水质的优劣或水质处理要求做出评定。根据用途的不同，供水水质评价可分为饮用水水质评价、农田灌溉用水水质评价、锅炉用水水质评价、水的侵蚀性评价等。

水环境质量评价是通过一定的数理方法和其他手段，对水环境质量的优劣进行定量描述（或将量质变换为评语）的过程。水环境质量评价的目的是全面准确地确定水体环境状况，量化水体环境质量，为水资源的合理开发利用提供必要的水体质量依据，以确保供水的安全性。

3.水资源利用的综合评价

水资源利用的综合评价是对供水基础设施现状、供用水现状、用水效率、供用水存在的问题等方面的调查及分析，水资源开发利用对环境可能造成的影响的综合评价、分析等，应遵循“资源永续利用、经济可持续发展、生态良性循环”的原则。

（二）水资源评价的原则

1.地下水与地表水统一评价的原则

天然水循环中，大气降水、地表水与地下水（简称三水）是互相转化的，尤其是在大规模开发利用的条件下。当大量开采地下水时，含水层将获得更多的地表水和大气降水的补给，并减少向地表水和大气的排泄和蒸发。对地下水与地表水的统一评价，既可避免长期存在的水资源重复计算问题，也有利于水资源的合理开发。

2.水量水质并重的原则

水资源是指对人类有使用价值的水。因此,可利用的水才是水量评价的对象。对不符合水质标准的水,考虑在经济技术条件允许的前提下,能够实现人工处理改善水质的,可计入水资源量。

3.技术、经济、环境综合考虑的原则

水资源评价必须综合考虑技术、经济、环境三个方面的利弊,要求确定的水资源量和开发利用方案,既要有良好的技术经济效益,又使水资源开发带来的环境负面影响降到最低限度,具有合理的环境效益。因此,水资源评价工作就是保证在不造成生态环境恶化的前提下,能够最大限度满足用水需求的可持续供给的水量。

4.流域评价与区域评价相结合的原则

从水的自然属性角度来看,水资源是按流域分布的。各级用水和水行政主管部门大多是按行政区划或经济区划来设置的。所以,水资源评价工作既要考虑自然条件,也要考虑行政区划。但区域水资源评价工作应在不违反国家水资源规划、不影响上下游和其他用水户权益的前提下进行。

二、水资源量评价

水资源量评价应在充分搜集水资源相关资料,实地调查、实验的基础上,按水资源分区计算地表水和地下水的天然资源量和可利用量。

(一)水资源分区

水资源具有地域性分布变化的特点,在水资源评价前,需根据自然地理条件进行水资源分区。河网水系对地区水资源的分布起控制作用。因此,通常是以大河流域作为一级分区,然后,再结合气候、水文、地质等自然因素并结合水资源开发利用规划的需要,按流域的层次性进行次一级或更次一级的分区。为了保证水资源分区的科学性、合理性和实用性,分区应遵循水资源地域性分布的规律,又要照顾水资源利用与管理的基本要求。

(二)地表水资源量评价

1.地表水资源量

地表水资源量主要指河川天然径流的年径流量。这个值可根据实测流量资料直接获取,也可以根据用水资料经还原处理后得到。水资源评价中一般是给出多年平均和不同典型年(丰水年,频率 $P=25\%$;平水年,$P=50\%$;枯水年,$P=75\%$)的年径流量。

2.地表水资源可利用量

地表水资源量中也包括了所有洪水在内,而实际上这部分水很难充分利用。因此,在地表水资源量评价中,还应该计算地表水资源的可利用量。

地表水资源可利用量是指在经济合理、技术可能及满足河道内用水并顾及下游用水的前提下,通过蓄、引、提等地表水工程措施可能控制利用的河道外一次性最大水量(不包括回归水的重复利用)。某一地区的地表水资源可利用量,不应大于当地河川径流量与入境水量之和再扣除相邻地区分水协议规定的出境水量。另外,为确保生态平衡,不造成环境质量退化,还需留下足够数量的河道内生态用水量。

对地表水资源可利用量的计算,通常采用水均衡分析法。即选定某一频率的典型年,在已知该年的产水量(指当地降水产生的径流量)、入境水量基础上,扣除蒸发渗漏量等损失,以及出境入海等不可利用的水量,求得该频率的地表水资源可利用量。对典型年的选取,一般分两种情况。

(1)在地表径流无调蓄控制能力的地区,为提高供水保证率,通常是选用枯水年($P=75\%$或 $P=95\%$)地表水径流量为基础去确定地表水可利用量。

(2)在具备对地表径流拦截调蓄能力的地区(建有大中型水库),如仍采用枯水年的资料,则计算出的可利用量偏小。这时可利用水库的多年调节作用,可蓄积丰水年的水量补充枯水年水量的不足,即以丰补歉。所以,可用平水年($P=50\%$)的地表水径流来估算可利用量。

(三)地下水资源量评价

根据中华人民共和国《供水水文地质勘察规范》(GB 50027—2001),地下水资源量直接用各种水量表示,分为补给量、储存量和允许开采量。

1.补给量

补给量是指在天然或开采条件下,单位时间内以各种形式进入含水层的水量。其实质是当地下水被开采后,能够通过现代水文循环予以补充的水量,它属于地下水资源中可再生的部分。在天然条件下,含水层的补给包括大气降水入渗补给、河流补给、侧向径流补给等。其量用地下水系统各项补给量总和的多年平均值表示。

在地下水未被开发利用以前，地下水系统往往处于天然的平衡状态，其多年平均补给量大体与多年平均排泄量相等。而在开采条件下，地下水系统的天然补、排均衡关系会受到干扰和破坏，补给量发生变化。开采条件下的补给增加量主要来自：①由于开采时分水岭外移，引起侧向径流补给量增加；②由于开采时地下水位下降，地表水与地下水的水位差增大，引起河流入渗补给量增加等。

2. 储存量

储存量是指赋存于含水层中的重力水体积。储存量属于不可再生的水量，虽然在地下水的开发过程中，储存量会因为地下水位的下降而被动用一部分，但它不能被用来作为专门的开发对象。

3. 允许开采量

允许开采量是指通过技术经济合理的取水构筑物，在整个开采期内出水量不会减少、动水位不超过设计要求，水质和水温变化在允许范围内、不影响已建水源地正常开采、不发生危害性环境地质现象等前提下，单位时间内从水文地质单元或取水地段开采含水层中可以取得的数量。

显然，如果不考虑经济技术和环境方面的约束条件，允许开采量等于地下水的天然补给量。但由于经济、技术和环境要求的限制，地下水的允许开采量要小于地下水的天然补给量。

三、水资源质量评价

(一)农田灌溉用水水质评价

农田灌溉用水的水质好坏主要从水温、pH、矿化度、盐分组成及有毒元素含量等方面考虑。我国现行的农田灌溉用水水质评价标准为《农田灌溉水质标准》(GB 5084—2005)。灌溉用水水质的好坏，主要是从水温、水的总矿化度及溶解盐类的成分对农作物和土壤的影响来考虑的。有时还要考虑水的 pH 和水中有毒元素的含量对农作物和土壤的影响。

1. 水温

灌溉水的温度应适宜。北方为 10～15℃，南方为 15～25℃。温度过高或过低对作物生长都不利。我国北方地下水的温度，一般都偏低，可将水取出后引入调节水池晾晒或用加长渠道等措施来提高水温，还能使水中对作物生长不利的低氧化物发生氧化。利用温泉水灌溉时，也可用这种方法降温后再灌溉。

2. 矿化度

矿化度是指单位体积水中溶解盐的总量。灌溉用水的矿化度不超过 2 g/L 为宜。当然，不同的土壤质地、灌溉方式、作物种类，对水的适应性也不同。如矿化度小于 1 g/L 时，作物生长正常；灌溉水矿化度为 1～2 g/L 时，水稻、棉花生长正常，小麦生长受抑制；矿化度达 5 g/L 时，如水量充足，水稻可以生长，棉花受显著抑制，小麦不能生长；矿化度达 20 g/L 时，作物不能生长，只能生长少量耐盐牧草。此外，透水性差、排水困难的土壤，耐盐性差。

3. 盐分组成及含量

水中所含盐类成分不同，对作物有不同的影响。对作物生长最有害的是钠盐，尤以 Na_2CO_3 危害最大，它腐蚀农作物根部，使作物死亡，还破坏土壤的团粒结构。其次为 NaCl，它使土壤盐化，变成盐土，使作物不能正常生长，甚至枯萎死亡。对于易透水的土壤来说，钠盐的允许含量一般为：Na_2CO_3＜1 g/L；NaCl＜2 g/L；Na_2SO_3＜5 g/L。如果这些盐类在土壤中同时存在，其允许含量应更低。水中有些盐类对作物生长并无害处，如 $CaCO_3$、$MgCO_3$ 等。还有一些盐类不但无害，而且有益，例如硝酸盐和磷酸盐，具有肥效，有利于作物生长。

评价水中盐分组成及含量对作物的影响时，还应该考虑其他因素的影响，如气候、土壤质地、潜水位埋深、作物种类、生育期、灌溉方法等。

(二)水环境质量评价

水环境质量评价是以国家或有关行政部门颁布的针对不同水体、不同使用目的的水环境质量标准为基础，利用可行的评价方法与评价参数，定量地评价水体质量状况。我国根据水体的分布与水质特性，制定了适用于江河、湖泊、水库等地面水体的《地面水环境质量标准》(GB 3838—2002)，适用于地下水的《地下水质量标准》(GB/T 14848—2017)。

水环境质量评价的方法分为单项指标评价法和综合指标评价法两类。单项指标评价法是首先计算出不同地点、不同时段各单项指标水质分析测试结果的平均值，然后对照标准得出评价结果。这种方法简单直观，对了解评价对象的水质特点十分有用，但不能给出评价水体的总体评价。综合指标评价法包括水污染指数法、评分法、概率统计法、模糊数学法、灰色系统理论方法等。各种评价方法各有特色，但也均有一些需要完善的环节。

四、水资源利用与综合评价

水资源利用与综合评价是对水资源开发利用现状以及存在问题的调查分析，是水资源评价工作的重要组成部分，是开展水资源保护、规划和管理的基础性工作。目的是通过对评价区经济社会现状调查、供水与用水现状调查，对全区的水资源开发利用状况以及对社会、经济、环境等各方面带来的影响进行全面、系统的评价，为区域水资源规划和管理工作的顺利开展提供技术支持。

（一）经济社会发展现状调查分析

在开展水资源开发利用影响评价时，首先要调查评价区域的经济社会发展状况，因为水资源规划和管理中的许多指标都涉及经济社会的某个方面，如万元产值用水量、灌溉用水定额等。经济社会发展现状调查包括社会发展现状调查、经济发展现状调查、自然资源开发现状调查三部分内容。社会发展现状调查主要着重分析评价区的人口分布状况、城镇及乡村发展情况等，常用指标如人口总数、人口密度、城市人口总数、城市人均住宅面积、农村人均基础设施支出等。经济发展现状调查从工农业和城乡两方面入手，着重分析产业布局及发展状况，分析各行业产值、产量情况，常用指标包括人均国内生产总值（用 GDP 表示）、GDP 增长率、人均粮食产量、工业总产值占 GDP 比重等。自然资源开发现状调查主要包括可用于农牧业的土地、可开发利用的矿产、可利用的草场、林区等自然资源的现状分布、数量、开发利用状况、程度及存在的主要问题等方面的调查分析。

（二）供用水现状调查分析

1. 供水现状调查分析

主要考虑当地地表水、地下水、微咸水、海水淡化、中水回用等多种水源，并按蓄、引、提、调等四类工程措施来进行统计。分析各种供水方式的实际供水量占总供水量的百分比，并分析各供水方式的调整变化趋势。还应对评价区内已有的各类水利工程及措施情况进行调查，包括各种类型及功能的水库、塘坝、引水渠首及渠系、水泵站、水厂、水井的数量和分布。

2. 用水现状调查分析

可选择资料条件较充分的最近一年作为基准年，调查该年以及近几年的用水情况。包括工业用水、农业用水、生活用水、生态用水等几个方面。一是针对代表性用水单位作典型调查，经分析后推算到群体；二是从供水源的供水量上进行汇总统计。目的一是为了还原水文观测系列资料到天然来水情况；二是为今后发展的需水预测提供依据。

3. 现状供用水存在问题分析

在供用水现状调查基础上，进一步分析评价区的水资源供需平衡状况。以基准年社会经济指标和现有水利工程条件为依据，对基准年供水量做必要修正，对不合理的用水定额做必要的调整，重新估算基准年的合理需水量；按流域自上而下、先支流后干流的方式分区进行供需分析，对各分区和全流域的余缺水量做出评价；对当地地表水、地下水开发利用程度进行分析，并结合现有的供水工程分布和控制状况，对当地水资源的盈缺状况以及水资源的供水潜力做出分析评价。

(三)水资源开发利用对环境的影响评价

水资源开发利用所造成的环境问题主要表现在以下几个方面：①水体污染；②河道退化、断流，湖泊、水库萎缩消亡；③次生盐碱化和沼泽化；④地面沉降、岩溶塌陷、海水入侵、咸水入侵；⑤沙漠化。应开展以下评价工作：①分析环境问题的性质及其成因；②调查统计环境问题的形成过程、空间分布特征和已造成的正面和负面影响；③分析环境问题的发展趋势；④提出防治、改善措施。并有针对性地提出保护环境应增加的工程和措施建议。

(四)水资源综合评价

水资源综合评价是在水资源量、质量和开发利用现状评价以及对环境影响评价的基础上，遵循生态系统良性循环、水资源永续利用、经济社会可持续发展的原则，对水资源的时空分布特征、利用状况及与经济社会发展的协调程度所做的评价。

1. 水资源条件综合分析

评价区水资源条件综合分析是对评价区水资源状况及开发利用程度的整体性评价，通常要从不同方面、不同角度选取有关社会、经济、资源、环境等各方面的指标，并选用适当的评价方法对评价区进行全面综合的评价，给出一个定性或定量的综合性结论。

2.分区水资源与经济社会的协调程度分析

分区水资源与经济社会协调程度分析，主要是通过建立评价指标体系来定量表达分区水资源与经济社会的协调程度，由此实现对评价区内各区的分类排序。评价指标应能反映分区水资源对经济社会可持续发展的影响程度、水资源问题的类型以及解决水资源问题的难易程度，常用评价指标有：①人口、耕地、产值等经济社会状况的指标；②用水现状及需水情况的指标；③水资源数量、质量的指标；④现状供水及规划供水工程情况的指标；⑤描述评价区环境状况的相关指标等。

框 4-5 南水北调工程的环境影响评价

南水北调工程是一个跨时间、地域的大规模调水工程，由它引起的环境影响是一个极为复杂的问题，其影响后果的显现有一定滞后性。因此，在工程实施之前，必须周密规划，科学论证，优化选取。对可能遇到的各种环境问题要深入研究，找出其中各系统之间的相互关系及影响规律，并提出合理的预防措施和建议。南水北调工程的环境影响评价可从以下三个方面来展开：

调水工程对水源区及长江和汉江中下游地区的环境影响评价。包括调水给丹江口库区可能带来的环境问题(如移民、水土流失)；调水对长江水生生物与鱼类资源的影响；调水对汉江中下游河道水环境容量和水体富营养化问题的影响；调水对长江和汉江中下游河道的环境作用机理（河床再造、湿地退化、土壤沙化、水土流失)的影响；调水对长江入海口咸水入侵与泥沙淤积的影响；调水对长江入海口及临近海域水环境的影响等。

调水工程对输水干渠沿线的环境影响评价。包括调水工程对输水干渠沿线土壤次生盐渍化的影响；调水工程与输水沿线河流洪峰相遇后的防洪问题；不同流域丰枯遭遇概率及其调水量的控制影响；极端气候条件对输水干渠沿线工程的影响等。

调水工程对受水区的环境影响评价。包括受水区调水与洪灾遭遇的次生环境问题；受水区的次生盐渍化问题；受水区的污废水处理问题等。

3. 水资源供需发展趋势分析

水资源供需发展趋势分析要满足以下要求：①不同水平年的选取应与国民经济和社会发展五年计划及远景规划目标协调一致；②应以现状供用水水平和不同水平年经济、社会、环境发展目标以及可能的开发利用方案为依据，分区分析不同水平年水资源供需发展趋势及其可能产生的各种问题，其中包括河道外用水和河道内用水的平衡协调问题。

复习题

1. 什么叫水资源？水资源有哪些特性？
2. 从自然界的水循环和水量平衡角度出发，如何看待水资源的开发利用？
3. 中国的水资源有何特点？
4. 针对我国农业水资源开发利用现状，未来应采取何种对策？
5. 简述水资源评价的内容。

讨论题

如何建设节水型社会？

第五章　森林资源

重点提示

本章主要阐述森林资源的基本概念、功能和效益，森林资源利用与农业发展的关系，学习和研究森林资源评价的内容与方法，了解和掌握我国森林资源的概况和特点、开发利用中存在的问题及发展对策。

第一节　森林资源特点与功能

森林是由树木为主体所组成的地球上最大的陆地生态系统。它具有丰富的物种，复杂的结构，多种多样的功能。森林不仅为人类提供了有用的木材资源，而且对全球物质能量循环也起着巨大作用。森林资源是一种重要的可再生资源，是人类赖以生存和发展的资源与环境条件，是实现人类社会可持续发展不可缺少的一个环节。

一、森林与森林资源

森林(forest)是由树木为主体所组成的地表生物群落[以乔木树种为主体，包括灌木、草本植物以及其他生物在内，占据相当大的空间(或面积)，具有一定的结构，密集生长，并能显著影响周围环境]。森林与所在空间的非生物环境有机地结合在一起，构成完整的生态系统。森林是地球上最大的陆地生态系统，是全球生物圈中重要的一环。它是地球上的基因库、碳贮库、蓄水库和能源库，对维系整个地球的生态平衡起着至关重要的作用，是人类赖以生存和发展的资源和环境。

(一)森林资源

狭义的角度讲，森林资源(forest resources)主要指树木资源，尤其是乔木资源。近年来，人们对森林作用和功能的认识不断加深。1986年《中华人民共和国森林法实施细则》中规定“森林资源包括林地以及林区内的野生动物和植物”。可见森林资源的含义比树木的定义要广泛得多。1992年联合国环境与发展大会《关于森林问题的原则声明》中指出“森林资源和森林土地应以可持续的方式管理以满足这一代人和子孙后代在社会、经济、文化和精神方面的需要。这些需要是森林产品和服务，例如木材和木材产品、粮食、饲料、医药、燃料、住宿、就业、娱乐、野生动物栖息地、风景多样性、碳的汇和库以及其他森林产品”。

从森林的功能和利用的角度看，将能够提供森林产品服务的集合称为森林资源，这也是广义的森林资源，包括直接的实物资源和间接资源。直接资源又可分为林地资源（指现实和规定将要用于种植林木的土地）、林木资源（指成片或单株的树木，包括利用木材的树木和利用果、叶、茎、根等非木材的树木）、林中其他植物资源（除树木以外的其他植物）、林中野生动物资源（包括所有的兽、鸟、昆虫等动物）以及林中非生物资源（如水体、岩石、矿物等）。间接资源主要指由于森林的存在而产生的环境气候、观赏旅游、动植物以及森林文化等资源（考虑到篇幅结构，本书把野生动植物单独列章）。

（二）森林界定标准

俗话说独木不成林，几株树在一起，也不能称为森林。那么多少树在一起才能称为森林呢？世界上没有统一的标准。美国等国家规定郁闭度（canopy density，林地上林木树冠的投影面积与林地面积的比值）达到0.1以上为森林；联合国粮农组织和许多国家，如德国、日本规定郁闭度达到0.2以上为森林；北欧国家规定林木蓄积生长量达到1 m^3/hm^2以上为森林。我国以“有林地”定义森林，1994年以前规定郁闭度0.3以上为有林地（林地包括郁闭度在0.3以上的乔木林地、疏林地、灌木林地、采伐迹地、火烧迹地、苗圃地和国家规划的宜林地）。1994年以后规定郁闭度达到0.2为有林地。界定森林除了林木的郁闭度外，还有面积上的要求，比如天然林面积达0.1 hm^2，人工林、经济林等达1亩（0.067 hm^2）以上为森林。

（三）森林资源的意义

森林是陆地生态系统的主体，是地球生命系统的支撑，是人类赖以生存发展的重要资源，森林及其生态系统向人类提供基本的生活条件，并作为栖息场所和取得各种生产与生活资料的基地。人类正是依靠森林生态系统的供养与庇护才得以生存和繁衍的，森林哺育了人类。森林是自然界功能最完善、最强大的资源库、生物基因库、水和二氧化碳储存库。它具有保护水土资源，保持生物多样性，为农业生产可持续发展提供支持，吸收碳并对气候变暖现象进行调节，在干旱、半干旱地区与沙漠化和资源退化做斗争，为人类提供绿荫、宜人的气候和娱乐场所，保护沿海地区和沿海渔业等作用。当前人类所面临的一系列全球性环境问题，如温室效应、臭氧层损耗、物种消失、水土流失、土地沙漠化、水灾、旱灾、风沙危害等，都与森林面积的锐减密切相关。

二、森林资源的特点

(一)森林资源形成过程漫长

森林的自然形成要经历漫长的历史进程。森林的自然形成一般都是从裸地开始的，如在极为干旱的裸岩上，首先出现的是地衣类植物，它们分泌的有机酸，使岩石风化，之后，某些耐旱的苔藓植物开始生长，使土壤水分条件进一步改善，当土壤达到一定厚度并能保持较多水分时，一些耐旱的草本植物开始出现并得到较快发展，成土作用加快，水分、温度等条件进一步改善，一些耐旱灌木和抗旱性强的乔木开始出现，逐步形成森林。地球上的原始森林的起源可追溯至距今约2.8亿年前。如果对森林资源利用不当，一旦破坏很难恢复其原始的面貌。

(二)森林资源分布的地域性

水分和热量的分布是影响森林分布的重要因素，气候带和各种不同水热条件组合的环境，适合生长不同种类的森林植物，因而形成了不同类型的森林。我国由北向南依次是针叶林、针叶与落叶阔叶混交林、落叶阔叶林、常绿与落叶阔叶混交林、常绿阔叶林、季雨林和雨林。由东南向西北，降水量递减，东南部水热条件好，现有森林绝大部分生长在这一区域，西北部干旱少雨，森林很少。

另外，森林的分布还与人类社会以及经济的发展有关。受到这些因素的影响，森林资源的分布呈现出不均衡现象。比如我国森林资源总的趋势是东南部多，西北部少。在东北、西南边远省份及东南、华南丘陵山地森林资源分布多，而人口稠密、经济发达的华北、中原及长江、黄河下游地区森林资源则分布少。

(三)森林资源的再生性

森林可以通过自然繁殖进行天然更新或通过人工造林进行更新，只要不受人为或自然灾害的破坏，就能世代延续演替下去，不断扩展。

(四)森林资源的多用性

森林是结构复杂的物种基因库，世界上有90%以上的陆地植物生长在森林中，丰富的物种资源为人民生活和工农业生产提供了多种原料，并为引种、驯化和科研提供了多样化的物质基因库；森林为人类提供了大量的木材和林副产品，是人类主要的燃料、食物、调味品、医药品和工业原料；森林具有多种防护功能，并在美化环境方面起着重要作用。

三、森林资源的功能和效益

森林分布范围广，结构复杂，生物多样性丰富，对维持地球上的生命起着非常重要的作用。地球上全部森林每年的净生物生产量达 700 亿 t，占全部陆地植物净生物生产量的 65%。

（一）森林生态系统是世界最大的生态系统

与陆地其他生态系统相比，森林生态系统有着最复杂的组成，最完整的结构，能量转换和物质循环最旺盛，因而生物生产力最高，生态效应最强。2005 年全球森林面积有 39.52 亿 hm^2，占地球陆地总面积的 30.3%；森林及其环境所构成的森林生态系统比草原生态系统大 1/3，为农田生态系统的 2.5 倍。森林的水平分布可以由赤道向两半球扩展到纬度 60°；垂直分布可从滨海平原延伸到海拔 4 500 m 以上的高山。乔木个体显著高大于其他植物，且有较长的寿命，占据较大的空间，因而有较大的光合作用面积和较强的代谢能力，从而在森林生态系统内对其他生物以及环境产生重大影响。一般成熟的森林群落高度可达 30 m，热带雨林和生长在优越环境的针叶林，其高度可达 70～80 m，有些单株树木高度可至 100 m 以上。而草原群落高度一般只有 20～300 cm；农田群落高度多在 50～100 cm。乔木是生态系统的优势种和主要成分，生长期较长，如樟树、栎树能活 700～800 年，松、柏树的寿命能超过 1 000 年，因此森林能够长期覆盖地面，起着改善环境的作用。

框 5-1　森林碳汇

森林是陆地生态系统中最大的碳库，在降低大气中温室气体浓度、减缓全球气候变暖中，具有十分重要的独特作用。森林碳汇(forest carbon sink)是指森林植物吸收大气中的二氧化碳并将其固定在植被或土壤中，从而减少该气体在大气中的浓度。树木通过光合作用吸收大气中大量的 CO_2，减缓温室效应，许多国家和国际组织都在积极利用森林碳汇应对气候变化。增加森林碳汇能力与降低 CO_2 排放是减缓气候变化的两个同等重要的方面。扩大森林覆盖面积是未来 30～50 年经济可行、成本较低的重要减缓措施。因为森林在碳汇中发挥着不可替代的作用。通过采取有力措施，如造林、恢复被毁生态系统、建立农林复合系统、加强森林可持续管理等，可以增强陆地碳吸收量。以耐用木质林产品替代能源密集型材料，生物能源、采伐剩余物的回收利用，可减少能源和工业部门的温室气体排放量。

对于中国这样一个发展中大国，经济要发展，通过植树造林活动吸收CO_2，抵减部分工业的温室气体的排放，减轻中国面对的国际减排压力，是最可行、最有效的措施之一。因此，应多渠道加大对林业的投入力度。增加造林和森林经营的投入，同时在现有的国家造林工程中，尽可能地考虑森林的固碳效果，把森林碳汇放到与工业减排同等重要的位置，将我国正在开展的林业生态建设纳入应对气候变化的国际行动中，为我国在应对气候变化的国际谈判和相关国际环境外交上争取主动。中国正在由一个低能源消耗国家迅速转变为高耗能国家，随之而来的将是二氧化碳的大量排放，因而成为整个世界最为关注的焦点之一。到2050年，中国的能源消耗将占到全球能源总消耗的60%左右，这对中国、对世界都是一个很大的挑战。森林碳汇是目前世界上最为经济的“碳吸收”手段。

中国已经明确把增加森林碳汇作为重要的增汇措施，而中国林业产权交易所，将成为中国达成森林碳汇交易的第一家。中国林业产权交易所是经过国务院批复，由国家林业局和北京市政府合作设立的公司。交易的标准应由交易所来制定和执行，而认证标准则应该由生产方和交易方之外的第三方来完成。

(二)森林是结构复杂的物种基因库

在陆地上，森林是一个最庞大最复杂的生态系统。在这个系统中，不仅集合了种类繁杂的木本植物和草本植物，而且还有生活习性各异，包括兽类、鸟类和昆虫等种类丰富的动物。由于森林面积大，分布广，因而世界上有90%以上的陆地植物生存在森林之中。在森林的垂直空间内，分布着乔木、灌木、草本植物、藤本植物、苔藓和各种各样的附生、寄生植物。全球约有150万种动物，绝大部分栖息于森林之中。森林中的鸟类比农田生态系统要多8～10倍。森林土壤的动物和微生物的种类和数量也十分丰富，主要有藻类、细菌、真菌、放线菌、原生动物、线形虫、环节动物、软体动物、节肢动物和脊椎动物等。我国是世界上物种最丰富的国家之一。高等陆栖动物有2 300余种，其中哺乳动物394种，鸟类1 195种，两栖动物265种，爬行动物380种；高等植物有470科、3 700属、32 800余种，居世界第3位，其中木本植物有7 000余种，2 800余种为乔木树种。中国陆地野生动植物的80%生存于森林之中。有多种动植物为中国所特有，如大熊猫、金丝猴、牛羚、丹顶鹤等珍稀动物，以及银杏、水杉、三尖杉等名贵植物。森林中丰富的物种资源为人民生活和工农业生产提供了多种原料，并为引种、驯化和科学研究提供了多样化的种质基因库。

(三)森林是木材和林副产品等重要物资的生产基地

森林是地球表面直接利用太阳能，并将之转化为生物化学能的效率最高、产量最大的生态系统，因而森林具有较高的生物生产力，再加上高大的躯干、庞大的树冠为人类提供了大量的木材以及枝丫、叶、果实等，它们除作燃料外，还是重要的食物和工业原料。当前陆地生态系统的总生物量约 1 852 亿 t，其中森林的总生物量 1 680 亿 t，占 90.7%。单位面积的生物量在 100～400 t/hm^2，相当于同面积农田和草原生物量的 20～100 倍，森林为人类和其他生物提供数量众多的物质和能源。目前，全世界木材的年产量达 30.5 亿 m^3，其中工业用材占 47.7%，薪材和木炭占 52.3%。森林还为广大的农村提供了燃料，全世界有将近一半的人用木材、作物秸秆或干畜粪作燃料，可见人类对森林的依赖性是很强的。木材、木块、木屑可生产胶合板、刨花板、纤维板等多种人造板，还可以从树木中提取甲醇、糠醛、活性炭以及松香、松子油、橡胶、栲胶等工业原料。此外，还能提供大量林副产品：有称之为木本粮食的板栗、柿子、枣等；生产食用油和工业用油的油茶、油桐、文冠果、核桃、乌桕等；作为芳香原料和调味料的樟树、桂皮、八角等；还有多种药材和其他林特产品。

(四)森林具有多种防护效益，是生态环境的重要维护者

森林在维护大自然的生态平衡中起着重要作用，并能促进农田、河流、海洋、草地等生态系统的良性循环，具有多种防护效益，在美化人们工作和生活环境方面起着重要作用。森林的防护效益有：

1. 涵养水源

森林和水的关系密切，许多大江大河都发源于高山密林之中，如黄河和珠江分别发源于巴颜喀拉山和南岭山地，松花江和闽江分别发源于长白山和武夷山林区等。森林地表枯枝落叶腐烂层不断增多，形成较厚的腐殖层，就像一块巨大的吸收雨水的海绵，具有很强的吸水、延缓径流、削弱洪峰的功能。森林涵养水源的主要原因是林木能增加土壤的粗孔隙率，截留天然降水，从而使森林具有调节流量的作用，洪水期流量能蓄积起来，枯水期又能释放出来。

2. 防风固沙

沙漠化是当今世界上的一大危机，全世界沙化面积有 600 万 km^2。我国的沙化面积已由新中国成立初期的 1.1 亿 hm^2 扩大到 1.3 亿 hm^2，而且正在由北向南、

由西向东推移。出于森林树干、枝叶的阻挡和摩擦消耗，进入林区风速会明显减弱。据资料介绍，夏季浓密树冠可减弱风速，最多可减少50%。风在入林前200 m以外，风速变化不大；过林之后，要经过500～1 000 m才能恢复过林前的速度。而防风固沙的有效措施就是植树造林。中国营造的“三北”防护林对防风固沙、改善有关地区的生态环境起了巨大的作用。

3. 保持水土

全世界每年流失到海洋的泥沙约150亿t，其中70%在亚洲。我国每年流失的泥沙约50亿t，以黄河流域泥沙流失最为严重；全国水土流失面积由20世纪50年代初期的1.16亿hm^2扩大到2.5亿hm^2，每年流失泥沙16亿t。森林由于枯枝落叶及其形成的腐殖质的截流，能大大减少水土流失量。林木庞大的根系，除具有直接的固定土壤的作用外，还能在其根系周围分泌一些可以胶结土粒的有机物，使得土粒不容易被雨水冲散而流失。树冠对雨水有截流作用，能减少雨水对地面的冲击力，保持水土。据计算，林冠能阻截10%～20%的降水，其中大部分蒸发到大气中，余下的降落到地面或沿树干渗透到土壤中成为地下水，所以一片森林就是一座水库。森林植被的根系能紧紧固定土壤，能使土地免受雨水冲刷，制止水土流失，防止土地荒漠化。

4. 调节气候，改善农业生产条件

森林对一定范围内的区域性气候具有调节作用，特别是农田林网对改善农田小气候有明显的效果。森林可以降低风速，调节温度，提高空气和土壤湿度，减少地表的蒸发量和作物的蒸腾量，防止或减轻干热风、冰雹、霜冻等灾害。森林浓密的树冠在夏季能吸收和散射、反射掉一部分太阳辐射能，减少地面增温。冬季森林叶子虽大都凋零，但密集的枝干仍能削减吹过地面的风速，使空气流量减少，起到保温保湿作用。据测定，夏季森林里气温比城市空阔地低2～4℃，相对湿度则高15%～25%，比柏油混凝土的水泥路面气温要低10～20℃。林木根系深入地下，源源不断地吸取深层土壤里的水分供树木蒸腾，使林中形成雾气，增加了降水。通过分析对比，林区比无林区年降水量多10%～30%。要使森林发挥对自然环境的保护作用，其绿化覆盖率要占总面积的25%以上。据调查：有林网农田比无林网农田，风速降低40%～50%，气温白天低2℃，夜间高0.4～0.6℃，空气的相对湿度提高20%左右，地表蒸发量平均减少23%，小麦蒸腾的水量减少25.5%。在一次干热风的袭击下，有林网农田比无林网农田当年小麦产量高33%、玉米产量高20%、棉花产量高20%、水稻产量高30%。

5. 净化空气，防止环境污染

森林具有吸收二氧化碳，释放氧气的作用。地球上的绿色植物每年通过光合作用吸收二氧化碳 2 000 亿 t，其中森林吸收占 70%，空气中 60%的氧气是由森林植物产生的。据测定，森林中空气的二氧化硫要比空旷地中空气的少 15%～50%。若是在高温高湿的夏季，随着林木生理活动功能的旺盛，森林吸收二氧化硫的速度还会加快。相对湿度在 85%以上，森林吸收二氧化硫的速度是相对湿度 15%的 5～10 倍。森林是天然的吸尘器，全世界每年排入空气中的灰尘为 1 亿多 t；而每公顷的松林每年可吸附灰尘 36 t，云杉林可吸附 32 t、栎林可吸附 68 t 等。此外，林木还具有杀菌、降低噪声等功能。每公顷松柏林一昼夜可分泌抗菌素 30 g，可杀死空气中的白喉、肺结核、伤寒、痢疾等病菌。40 m 宽的林带能降低噪声 10～15 dB，成片树林则可减少 26～43 dB。森林的绿色能使人们感到舒适、轻松、愉快。

框 5-2　森林是天然制氧厂

氧气是人类维持生命的基本条件，人体每时每刻都要吸入 O_2，排出 CO_2。一个健康的人三两天不吃不喝不会致命，而短暂的几分钟缺氧就会死亡，这是人所共知的常识。资料表明，一个人要生存，每天需要吸进 0.8 kg O_2，呼出 0.9 kg CO_2。森林在生长过程中要吸收大量 CO_2，放出 O_2。据研究测定，树木每吸收 44 g 的 CO_2，就能排放出 32 g O_2；树木的叶子通过光合作用产生 1 g 葡萄糖，就能消耗 2 500 L 空气中所含的全部 CO_2。据估算，森林每生长 1 m^3 木材，可吸收大气中的 CO_2 约 850 kg。树木生长旺季，每公顷的阔叶林，每天能吸收 1.0 t CO_2，制造生产出 750 kg O_2。资料介绍，10 m^2 的森林或 25 m^2 的草地就能把一个人呼吸出的 CO_2 全部吸收，供给所需 O_2。诚然，林木在夜间也有吸收氧气排出 CO_2 的特性，但因白天吸进 CO_2 量很大，差不多是夜晚的 20 倍，相比之下夜间的副作用就很小了。就全球来说，森林绿地每年为人类处理近千亿吨 CO_2，为空气提供 60%的洁净氧气，同时吸收大气中的悬浮颗粒物，有极大提高空气质量的能力；并能减少温室气体，减少热效应。

第二节 我国森林资源与利用情况

一、我国森林资源的特点

(一)资源类型多

我国土地面积广阔,地貌类型比较齐全,且不同地域的气候差异也比较大,因此我国森林资源形成了多种多样的类型特点。全世界木本植物有 2 万余种,我国有 8 000 余种,为世界木本植物种类的 40%,其中乔木有 2 000 多种。竹类资源也十分丰富,约有 30 个属,300 多个种,总面积达 340 万 hm^2,是世界上竹类资源最多的国家。由于我国从南到北地跨热带、亚热带、南温带、温带和北温带 5 个主要气候带,各地自然条件的差异,形成了雨林、热带季雨林、亚热带常绿阔叶林、暖温带落叶阔叶林、温带针叶林与阔叶混交林、寒温带针叶林等多种主要的森林类型。

在众多的森林资源类型中,许多具有很高的价值,包括经济价值、观赏景观价值、生物多样性价值等。例如经济价值高的树种有银杏、红豆杉、漆树、橡胶树、红木、杜仲、桑树、茶树等。世界主要的食用油树种有 150 种,我国就有 100 种左右。此外,还有众多干鲜果品、天然香料、天然饮料等树种。许多树种资源不仅经济价值高,而且为我国所特有,如水杉、银杏、红豆杉、杜仲等。此外,我国还有很多珍稀树种。

(二)资源总量多、人均占有量少

20 世纪 80 年代以来,我国在森林资源管理和开发利用上取得了显著成绩。根据 2015 年林业部第八次森林资源清查,全国森林面积 2.08 亿 hm^2,森林覆盖率 21.63%。森林蓄积量 151.37 亿 m^3,人工林面积 0.69 亿 hm^2,蓄积量 24.83 亿 m^3。与第七次森林资源清查相比,森林覆盖率增长了 1.27%。在全世界发展中国家森林急剧消退的背景下,我国森林面积和蓄积量实现了同步增长。然而,我们不得不承认,相对辽阔的疆土和庞大的人口而言,我国仍属于少林国家,人均森林面积只有 0.13 hm^2,不到世界平均水平的 1/4,居世界第 130 位;人均蓄积量我国为 9.42 m^3,不足世界平均水平的 1/6。从总体上看,我国仍属于森林资源贫乏的国家。

全球森林面积大国排名和森林面积及占比见表 5-1。

表 5-1　全球森林面积大国排名和森林面积及占比

排名	国家	森林面积/万 km²	森林覆盖率/%	世界面积占比/%	主要森林种类
1	俄罗斯	776	45	22.2	亚寒带针叶林
2	巴西	477	56	13.5	热带雨林
3	加拿大	310	31	8.8	亚寒带针叶林
4	美国	303	30	8.6	亚热带常绿阔叶林 温带落叶阔叶林
5	中国	201	21	5.7	亚热带常绿阔叶林 温带落叶阔叶林
6	澳大利亚	147	19	4.2	热带雨林 亚热带常绿阔叶林
7	刚果(金)	121	52	3.4	热带雨林
8	阿根廷	94	34	2.7	亚热带常绿阔叶林 温带落叶阔叶林
9	印度尼西亚	88	46	2.5	热带雨林
10	印度	77	23	2.2	热带雨林

(三)分布不均

由于历史和自然地理条件等方面的原因,我国森林资源分布非常不平衡。东北、西南和东南各地森林资源较多,华北、华中和西北各地的森林资源分布少。从森林覆盖率来看,全国森林覆盖率 20.6%,其中以台湾和香港为最高,达 70%。森林覆盖率超过 50%的有福建、江西、浙江、广西等 8 省(自治区、直辖市),超过 30%的有黑龙江、吉林、陕西等 10 省(自治区、直辖市),森林覆盖率最低的省份是西北的新疆、青海、甘肃和宁夏,多在 10%以下。

森林资源分布不均的特点还反映在与人口、经济发展关系的不平衡上。现有森林主要分布在偏远地区,不仅增加了森林资源经营管理的成本,也使人们的生活环境得不到森林资源的直接保护,降低了生活质量。近年来,我国日渐兴盛的与森林有关的旅游、文化、休憩等活动也由于森林距离遥远而增加了成行的难度和费用。

(四)森林结构不合理

我国森林资源存在着一定的结构不合理性，且生长率低。过去我国森林资源仅作为生产木材的用材林经营，没有充分发挥森林的多种效益，所以森林结构不合理比较明显地反映在林龄结构和林种结构等方面。

从林龄结构上看，主要问题是林分低龄化，即幼龄、中龄林多，成熟林资源少。全国森林中幼龄林和中龄林占2/3以上，在用材林中，尤其是在老的国有林区已接近无成熟林可采伐的状态。从区域林区状况分析，森林资源低龄化问题更为突出。例如，东南部丘陵区，幼龄、中龄林面积占80%以上，近熟、成熟林蓄积量只有约40%，与正常情况下的60%～70%相距甚远。

从林种结构上看，突出的问题是用材林比重大，约占森林面积的73%，而用于防风固沙的防护林仅占森林总面积的9.1%，面积明显偏小，这样就难以发挥其生态效益。薪炭林占2.9%，特用林占2.9%，比例也是偏少的。像我国这样的少林国家，森林资源总量原本就少，许多地区的生态环境非常脆弱，防护林少则更加不利于发挥森林的生态防护效益。从区域情况看，有的地区林种结构不合理现象更为明显。例如，京津唐地区经济发达，人口密集，北京又是政治和文化中心，而周边地区的防护林还达不到全国平均水平。

(五)林地生产力低

林地生产力低主要反映在两个方面：一是每公顷蓄积生长量低，二是在林业用地中有林地比重小。

蓄积生长量是我国蓄积资源增长的主要途径，每年新种植林木的蓄积量所占比重很少。尽管全国林分林木的平均生长率可达3.98%，但由于林分的蓄积量只有78.1 m^3/hm^2，蓄积生长量只有约3 m^3/hm^2。如果我国林分蓄积量能达到世界平均水平114 m^3/hm^2，则年蓄积生长量将达到4.5 m^3/hm^2，比现实的蓄积生长量增长50%。林分生长率在全国各地区间差异较大，南方各省份自然条件好，中、幼龄林比重大，生长率较高，多数在6%以上；我国森林资源主要分布区，北方的内蒙古、黑龙江、吉林和西南的云南、四川、西藏蓄积生长率都低于全国平均水平。因此，在南方生长条件好的省份重点发展用材林，是解决我国木材供用严重不足的有效途径。

林业用地的利用率(即有林地占林业用地之比)较低是林地生产力低的另一个方面。我国现有林业用地2.85亿 hm^2，其中有林地只占59.7%，为1.75亿 hm^2。其余的40.3%中，无林地0.58亿 hm^2，占20.5%；灌木林地0.45亿 hm^2，占15.9%；疏林地0.06亿 hm^2，占2.1%；未成林和苗圃林地面积516.45万 hm^2，占

1.8%。从中可以看出，无林地和疏林地 0.64 亿 hm^2，占林业用地的 22.6%。世界上林业发达的国家，如德国、芬兰、美国等有林地比重都在 90%以上，与此相比，我国的林业用地资源还有巨大的潜力。

(六)人工林多，质量不高

近年来我国人工造林成绩非常明显，是世界人工林面积最大的国家。目前保存的人工林约占现有林地面积的 30%，人工林蓄积量 24.83 亿 m^3，占森林总蓄积量的 16%。这些人工林已成为全国森林资源的重要组成部分，在我国的经济建设和生态环境保护中发挥着巨大的作用。

但由于经营水平不高，人工林的质量较低。质量低的主要表现：一是人工造林合格率低，20 世纪 80 年代中期只有 55%，90 年代中期只有 87%；二是蓄积量低，全国人工林蓄积量 24.83 亿 m^3，仅占森林蓄积量的 16%，平均只有 35 m^3/hm^2，与天然林 91 m^3/hm^2 相比还有较大的提升空间。究其原因，除了许多人工林正处于幼龄、中龄林阶段外，主要是经营管理水平低，造林成活以后，后期管理跟不上，成活而未成林。

二、我国森林资源的分布

我国森林的自然分布，可划分为 6 带 2 区，即：寒温带针叶林带；温带针叶、落叶阔叶混交林带；暖温带落叶阔叶林带；北亚热带常绿阔叶和落叶阔叶混交林带；中、南亚热带常绿阔叶林带；南亚热带、热带季雨林和雨林带；甘南、川西、滇北、藏东南峡谷高山针叶林区（青藏高原的高山针叶林区）和西北山地针叶林区（蒙新山地针叶林区）。

(一)寒温带针叶林带

主要分布于大兴安岭北部山地，本区气候严寒，林木生长期短，树种和林相均比较简单。区内森林以兴安落叶松林为主，数量大，分布广，约占本区森林面积的 50%和蓄积量的 70%以上。其次是樟子松和红皮云杉松，阔叶树种有白桦、黑桦、蒙古栎、山杨和朝鲜柳等。

(二)温带针叶、落叶阔叶混交林带

主要分布在东北东部山地，该地受海洋性气候的影响，夏季气温较高，雨量集中，有利于树木生长发育。针叶树种主要有松属、云杉属、冷杉属和落叶松属的树种；常见的落叶树有栎、桦、杨、柳类和材质优良的水曲柳、黄波罗、胡桃楸等。小兴安岭和长白山素有“红松之乡”的美称，红松系古老而珍贵的树种，以高大通直、易加工、耐腐蚀、光泽好而享有盛誉。

(三)暖温带落叶阔叶林带

分布区东起辽东和山东半岛,西至黄土高原,南到秦岭、淮河以北,北至华北地区。这一地带森林稀少,零星分布于交通不便的山区,其他地方多为次生林。在平原农区有一定数量的农田防护林和四旁树。主要树种为栎类、油松、侧柏,人工栽培树种有椿、槐、榆、杨和柳等。

(四)北亚热带常绿阔叶林和落叶阔叶混交林带

位于秦岭和淮河以南、长江中游和汉江中上游地区。该区人为活动频繁,天然林分不多,常见的是马尾松次生林和人工杉木林。被称为活化石的银杏和水杉是在本地带发现的。竹类分布较广,有成片竹林。经济林木有油茶、油桐、漆树、核桃、板栗、乌桕、白蜡和杜仲等。

(五)中、南亚热带常绿阔叶林带

此带地域广阔,位于长江以南,南岭以北,西及云贵高原和西藏东部,东至闽浙山地。本带气候受东南季风影响较大,温暖湿润,雨量充沛,冬无严寒,利于常绿植物生长,形成常绿阔叶林。这里是我国马尾松林、松木林及常绿阔叶林的中心分布区,天然马尾松林占森林总面积的50%左右,杉木林占20%～30%,以常绿阔叶林为主的混交林占10%～20%。针叶树种主要为马尾松、云南松、杉木、华山松、黄山松、柳杉、柏木。阔叶树有栲、石栎、青冈、木荷、樟、楠、榆、枫香、黄檀、檫树等。

(六)南亚热带、热带季雨林和雨林带

本带是我国唯一分布热带森林的地区,地处我国最南部。包括赤道热带的南沙群岛,中热带的海南岛,边缘热带的台湾、广东的雷州半岛和云南的西双版纳等地,总面积有2 873万hm^2,约占全国总面积的3%。本带高等植物有7 000种以上。特有种多,海南岛就有500多种,西双版纳有300多种,不少是国家保护的珍稀物种。本带是我国发展热带用材林和经济林不可多得的地方,并且还是重要的生物基因库。

(七)青藏高原的高山针叶林区

主要包括喜马拉雅山脉、横断山脉和念青唐古拉山脉的高山峡谷地带。本区河谷深切,山高坡陡,相对高差可达2 km。受西南和东南季风的影响,雨量多,全年气温低,蒸发量小,云雾多,湿度大,适于常绿针叶树生长,形成以冷杉属和云杉属为优势的暗针叶林。亚高山暗针叶林集中连片,蓄积量大,超过1 000 m^3/hm^2的屡见不鲜。森林中针叶林占80%以上,阔叶林不足20%。本区冷杉林最多,占40%以上,其次是云南松林,占20%以上,云杉林占10%以上。其他树种有各种松、铁

杉、红豆杉、粗榧等。该区可划分为6～7个垂直分布带，自下至上有：河谷低山亚热带常绿阔叶林、常绿阔叶与落叶阔叶林、山地暖温带针阔混交林、山地寒带暗针叶林、亚高山寒带灌丛草甸、高山寒带疏草和极高山冰封带。

(八)蒙新山地针叶林区

地处我国西北，东起大兴安岭山地西麓，南至昆仑山和阿尼玛山，西北以国境线为界。区内森林主要分布在阿尔泰山、天山、祁连山、贺兰山和阴山等地。主要树种有新疆落叶松、新疆云杉、新疆冷杉、天山云杉、青海云杉、藏桧、刺槐、侧柏、杜松、山杨、桦、栎、椴、榆，还有胡杨、梭梭、沙棘、柽柳、柠条等。东区属典型的大陆性气候，少雨干燥、日照多、寒暑变化剧烈、气候条件恶劣，因而森林多分布于气温变化较缓、湿度较大的阴坡。

三、我国森林资源概况及动态

(一)我国森林资源概况

根据国家林业局公布的第八次全国森林资源清查（2010—2015年）结果，全国森林面积2.08亿hm^2，森林覆盖率21.63%，森林蓄积量151.37亿m^3。森林面积占世界5.15%，居俄罗斯、巴西、加拿大、美国之后，列第5位；森林蓄积量占世界的3.2%，列第6位；人均森林面积0.15 hm^2，相当于世界人均的25%。人工林面积居世界首位。森林资源呈现出数量持续增加、质量稳步提升、效能不断增强的良好态势。

一是森林总量持续增长。森林面积由2010年的1.95亿hm^2增加到2015年的2.08亿hm^2，净增1 223万hm^2；森林覆盖率由20.36%提高到21.63%，提高1.27个百分点；森林蓄积量由137.21亿m^3增加到151.37亿m^3，净增14.16亿m^3，其中天然林蓄积量增加量占63%，人工林蓄积量增加量占37%。

二是森林质量不断提高。森林每公顷蓄积量增加3.91 m^3，达到89.79 m^3；每公顷年均生长量增加0.28 m^3，达到4.23 m^3。每公顷株数增加30株，平均胸径增加0.1 cm，近成过熟林面积比例上升3个百分点，混交林面积比例提高2个百分点。随着森林总量增加、结构改善和质量提高，森林生态功能进一步增强。全国森林植被总生物量170.02亿t，总碳储量达84.27亿t；年涵养水源量5 807.09亿m^3，年固土量81.91亿t，年保肥量4.30亿t，年吸收污染物量0.38亿t，年滞尘量58.45亿t。

三是天然林稳步增加。天然林面积从原来的11 969万hm^2增加到12 184万hm^2，增加了215万hm^2；天然林蓄积量从原来的114.02亿m^3增加到122.96亿m^3，增加了 8.94 亿 m^3。其中,天保工程区天然林面积增加 189 万 hm^2,蓄积量增加 5.46 亿 m^3,对天然林增加的贡献较大。

四是人工林快速发展。人工林面积从原来的 6 169 万 hm^2 增加到 6 933 万 hm^2,增加了 764 万 hm^2;人工林蓄积量从原来的 19.61 亿 m^3 增加到 24.83 亿 m^3,增加了 5.22 亿 m^3。人工造林对增加森林总量的贡献明显。

五是森林采伐中人工林比重继续上升。森林年均采伐量 3.34 亿 m^3。其中,天然林年均采伐量 1.79 亿 m^3,减少 5%;人工林年均采伐量 1.55 亿 m^3,增加 26%;人工林采伐量占森林采伐量的 46%,上升了 7 个百分点。森林采伐继续向人工林转移。

(二)我国森林资源动态变化

新中国的森林资源变化大体经历了三个阶段。

第一阶段从 20 世纪 50 年代初到 70 年代末期,森林资源主要处在木材利用为中心的发展阶段。在这一时期,林业的首要任务是生产木材,森林资源的消耗量大于生长量。根据 1962 年主要林区资源调查的结果,全国森林覆盖率为 11.81%。1973—1976 年开展了第一次森林资源清查,全国森林覆盖率为 12.7%。1977—1981 年第二次全国森林资源清查,全国森林覆盖率为 12.0%。在林种结构中,用材林所占比重高达 70%,防护林所占比重不足 10%。

第二阶段从 20 世纪 70 年代末期到 90 年代后期,森林资源主要处在木材利用为主兼顾生态建设的发展阶段。在这一时期,坚持"以营林为基础,普遍护林,大力造林,采育结合,永续利用"的方针,提出了建设比较完备的林业生态体系和比较发达的林业产业体系的奋斗目标,全国开展了大规模的绿化造林工作,陆续启动了"三北"防护林体系建设等一大批生态建设工程。第三次到第五次森林资源清查结果显示,我国森林面积、蓄积量出现双增长的良好局面,森林覆盖率从 12.0% 增加到 16.55%。全国用材林所占比例保持在 60% 以上,防护林所占比重有所加大,但不足森林面积的 15%。

第三阶段从 20 世纪末至今,以六大林业重点工程的实施为标志,林业工作进入以生态建设为主的新时期,森林资源进入快速增长的新阶段。通过贯彻"生态建设,生态安全,生态文明"的战略思想,坚持"严格保护,积极发展,科学经营,持续利用"的战略方针,实施林业可持续发展战略,森林资源保护发展取得了显著成绩。

四、我国森林资源开发利用存在的问题

根据我国第八次森林资源清查结果显示,我国仍然是一个缺林少绿、生态脆弱

的国家，森林覆盖率远低于全球31%的平均水平，人均森林面积仅为世界人均水平的1/4，人均森林蓄积量只有世界人均水平的1/7，森林资源总量相对不足、质量不高、分布不均的状况仍未得到根本改变，林业发展还面临着巨大的压力和挑战。

(一)实现森林增长目标任务艰巨

从清查结果看，森林“双增”目标前一阶段完成良好，森林蓄积量增长目标已完成，森林面积增加目标已完成近六成。但清查结果反映森林面积增速开始放缓，森林面积增量只有上次清查的60%，现有未成林造林地面积比上次清查少396万hm^2，仅有650万hm^2。同时，现有宜林地质量好的仅占10%，质量差的多达54%，且2/3分布在西北、西南地区，立地条件差，造林难度越来越大、成本投入越来越高，见效也越来越慢，如期实现森林面积增长目标还要付出艰巨的努力。

(二)严守林业生态红线面临的压力巨大

5年间，各类建设违法违规占用林地面积年均超过13万hm^2，其中约一半是有林地。局部地区毁林开垦问题依然突出。随着城市化、工业化进程的加速，生态建设的空间将被进一步挤压，严守林业生态红线，维护国家生态安全底线的压力日益加大。

(三)加强森林经营的要求非常迫切

我国林地生产力低，森林每公顷蓄积量只有世界平均水平131 m^3的69%，人工林每公顷蓄积量只有52.76 m^3。林木平均胸径只有13.6 cm。龄组结构依然不合理，中幼龄林面积比例高达65%。林分过疏、过密的面积占乔木林的36%。林木蓄积年均枯损量增加18%，达到1.18亿m^3。进一步加大投入，加强森林经营，提高林地生产力、增加森林蓄积量、增强生态服务功能的潜力还很大。

(四)森林有效供给与日益增长的社会需求的矛盾依然突出

我国木材对外依存度接近50%，木材安全形势严峻；现有用材林中可采面积仅占13%，可采蓄积量仅占23%，可利用资源少，大径材林木和珍贵用材树种更少，木材供需的结构性矛盾十分突出。同时，森林生态系统功能脆弱的状况尚未得到根本改变，生态产品短缺的问题依然是制约我国可持续发展的突出问题。

总之，21世纪以来，中国森林资源发生极大的变化，森林面积、蓄积量不断增加，结构逐步改善，质量有所提高。森林面积和蓄积量均居世界前列，森林面积居世界第5位，森林蓄积量居世界第6位。但是森林资源的人均占有量相对不足，森林覆盖率居世界第130位，人均森林面积居世界第134位，人均森林蓄积量居世界第122位。森林资源地域分布极不均匀，占国土面积32.19%的西北五省区的森林覆盖率仅为 5.86%。中国仍然是一个森林资源匮乏、森林生态系统脆弱的国家。

五、我国森林资源开发利用对策

实现森林资源的可持续利用应作为开发与利用的经营原则和目标，以持续发挥森林的生态效益、经济效益和社会效益，并在提高森林生产力的基础上，扩大森林的利用量。

(一)经营好现有森林资源

建立森林经营规划制度，形成国家、省、县三级森林经营规划体系。完善森林经营补贴制度，加强森林抚育和低产低效林改造。重点推进国有林区和国有林场森林经营工作，带动全国森林经营科学有序推进。逐步停止东北内蒙古重点国有林区森林主伐，促进天然林资源的休养生息。大力发展速生丰产林、工业原料林以及珍贵大径材林，加快推进木材储备基地建设，不断增强木材和林产品的有效供给能力。现有森林是我国林业的主要阵地，保护和经营好现有森林资源是发展、扩大森林资源的基础。

加强森林防火和病虫害防治。从 1949—1980 年间，全国共发生森林火灾 430 万次以上，受灾林地面积 2 500 万 hm^2，大体相当于全国同期计划内森林采伐面积。因缺乏有效的防治措施，致使每年有大片林木停止生长，甚至死亡。因此，必须加强法制和宣传教育工作，健全护林防火组织，采用现代化设备装备森林防火队伍，及时发现火情，及时扑灭；在病虫害防治上遵循“预防为主、综合防治”的方针，贯彻治早、治小、治了的原则，采取综合防治措施，把防和治结合起来，把药物防治、生物防治和营林措施结合起来。

(二)加强植树造林，提高森林覆盖率

植树造林、提高森林覆盖率是林业生产的中心任务。进一步增加造林投入，扎实推进宜林地的造林绿化进程。加大科技支撑力度，有效提高造林成林率。加快推进生态功能区生态保护和修复，继续实施好林业生态建设工程，对重点生态脆弱区 25°以上坡耕地和严重沙化耕地继续开展退耕还林。积极推进平原绿化、通道绿化、村镇绿化和森林城市建设，充分挖掘森林资源增长潜力。严格落实领导干部保护发展森林资源任期目标责任制，建立健全省、市、县三级森林增长指标考核制度，实行年度考核评价。

采取多种形式、多种渠道，有效地扩大森林面积，依靠农民的力量，无论在政策上、体制上和经济上都要有利于发挥农民植树造林的积极性，使林业生产成为农民

生产致富的途径。大力营造速生丰产林和薪炭林是减轻现有林采伐的压力，调整林业布局的有效措施。另外，营造薪炭林还要解决农村燃料长期困乏之局面，从根本上扭转森林资源的过伐和布局不合理的局面。

(三)合理、综合利用森林资源

长期以来，我国森林资源利用很不合理，损失浪费十分严重。必须加强伐区管理、恢复制度，坚持合理采伐，因林、因地制宜地确定采伐方式，只允许在平缓地的单层林实行小面积皆伐作业。伐区之间，必须保留隔离带，防止小面积皆伐连片。要尽可能实行各种择伐方式，以保持森林环境，促进恢复森林，提高林木生长量。充分利用木材，提高原木出材率与木材品级率；调整木材加工企业的布局，加强剩余物的利用，充分利用这部分原料，对提高林业生产经济效益有重要意义。目前，我国东北地区的森林主要分布在边远地带，西南地区也是如此。而消费区则在东北、华北、西北及华东、西南等工农业比较发达、人口较多的地区。调整木材加工企业的布局，则可降低生产成本，缓和运输紧张的局面。

(四)强化森林资源管理

深化集体林权制度改革，进一步改革和创新集体林采伐管理、资源保护、生态补偿、税费管理等相关政策机制。积极稳妥地推进重点国有林区改革，健全国有林区经营管理体制。积极推进国有林场改革，按照公益事业单位管理要求，进一步明确国有林场生态公益功能定位，理顺管理体制，创新经营机制，完善政策体系。建立健全森林资源资产产权制度，加强对林权流转交易的监督管理。大力推行林业综合执法和行政审批改革，强化林业执法监管职能，规范审批行为。

强化森林资源管理体系，加强基层林业管理工作。森林资源管理体系正在逐步建立健全，有的方面已初步形成体系，有的方面还不健全。现在先要使各级林业主管部门及企业的森林资源管理职能机构、管理人员，有权有责，特别是主要林区和林业重点县，必须把森林资源管理机构和管理人员配备齐全，按国家林业局规定的森林资源管理工作任务开展工作，做到管理系统化、科学化。

第三节　森林资源的评价

一、森林资源评价的概念与意义

(一)森林资源评价的概念

森林资源评价(forest resources evaluation)是在科学分析的基础上对森林资

源的数量、质量、结构、生长、消耗、地理分布及特点等进行评估，以全面了解和正确认识其价值和效益，使森林经营者和决策者据此采取保护、培育、经营、开发利用措施，促进森林资源在综合发挥高效益前提下的持续发展。

森林资源评价可分为综合评价和专题评价：综合评价属于总体性评价，包括从不同角度对一个国家或一个区域的森林资源全貌进行的评价，适用于宏观调控。例如，虽然中国森林资源的面积和蓄积的总量较大，居于世界前列，但人均占有量远低于世界人均水平，所以中国属于少林国家，必须大力进行造林绿化。又如中国的现有森林集中在东北和西南边疆，影响森林综合效益在全国的发挥，应在全国广泛开展绿化祖国的运动，坚持不懈地进行造林、育林，大幅度地增加森林覆盖率。专题评价是根据有关指标对特定的问题进行评价。例如，森林生产力评价是根据林龄和单位面积蓄积量对林地的生产力发挥水平和潜力进行评价。森林防护功能评价也属于森林资源专题评价，以与该功能直接相关的参数为评价的依据。

(二)森林资源评价的意义

森林资源评价结果一方面反映了森林资源自身的结构和功能；另一方面也反映着人类和自然作用于森林资源上的效果。行政管理部门一般更关注前者，即森林资源是否满足人民对其日益变化的需要，以及它是否按照人们的意愿合理地发展。而生产单位更关心后者，即如何提高管理效率及合理巧妙地利用自然力，为人类提供更好的服务。因此，对森林资源准确、适当的评价是森林资源宏微观管理都不可缺少的工作。

为了确切地评价森林的作用，其经济效益评价除了直接产品外，还应包括各种间接效益，比如涵养水源、保持水土、调节气候等方面的生态效益。由于森林一般分布于广大山区，林区生长周期很长，对自然界的依赖性很强，而且具有林木蓄积(资本)和林木生长(利息)的不可分割性，以及森林的社会资本性质，因此，森林资源的评价与一般资产的鉴定评价不同，有一套特有的有关森林的评价计算科学。

二、森林资源评价的内容

(一)林地面积

林地面积是指林木郁闭度达到 0.2 以上的有林地面积(包括天然林和人工林)。林木郁闭度 0.1～0.2 的称疏林地，0.1 以下的称无林地。林地面积是衡量一个地区森林资源的首要指标。

林地面积除以上绝对数量指标外，还用相对数量指标，即森林覆盖率来表示：

$$森林覆盖率=\frac{森林面积}{土地总面积}\times 100\%$$

一个地区的森林覆盖率应在25%以上，否则不仅木材不能自给，生态环境也难以保持良性平衡。但各个地区的自然条件和社会经济条件不同，林业的地位也不一样，从而对各个地区森林覆盖率的要求也不同。《中华人民共和国森林法》规定，全国森林覆盖率应达30%（目前仅为21.5%），山区应达40%以上，丘陵区达20%，平原区达10%。这是评价各地区林地面积的基本要求。

框5-3 森林覆盖率

森林覆盖率(the forest coverage rate)指一个国家或地区森林面积占土地面积的百分比，反映一个国家或地区森林面积占有情况或森林资源丰富程度及实现绿化程度，是确定森林经营和开发利用方针的重要依据之一。

全世界平均森林覆盖率为32%，北美洲为34%，南美洲和欧洲均为30%，亚洲为15%，太平洋地区为10%，非洲仅6%。森林覆盖率最高的国家是南美的圭亚那，达到97.5%；森林覆盖率最低的国家是非洲的埃及，仅十万分之一。森林覆盖率增长最快的国家是法国，森林面积增长最快的是中国。

不同的国家森林覆盖率的计算采取不同的方法。我国森林覆盖率是以行政区域为单位，森林面积与土地总面积的百分比。森林面积包括郁闭度0.2以上的乔木林地面积和竹林地面积、国家特别规定的灌木林地面积、农田林网以及村旁、路旁、水旁、宅旁林木的覆盖面积。

（二）森林结构

森林结构是影响林分生长、生产力以及稳定性的重要因素，同时也影响着森林其他功能的发挥。森林结构主要从以下几方面来评价。

1. 树种结构

树种结构越单一，越便于造林，便于机械操作，越易于抚育、采伐，但也越易受自然灾害和病虫害的危害，稳定性较差。而混交林的优缺点正相反，若树种搭配得当，可以充分利用地上地下空间，比单纯林有更高的生产力，而且抗御自然灾害和病虫害的能力也较强，副产品也更多，可满足对森林的多方面要求。

2. 层次结构

从资源角度，一般的森林都可分为立木、下木、活地被层、层外植物等数层，其中最重要的是立木。森林的层次结构不仅改变着外界环境，并且使森林的小气候和土壤状况也发生垂直变化，也影响林分抗风力和对病虫害的抵抗力。此外，改善森林的层次结构还可加强林木的光合作用效率，促进土壤与乔木树种之间的新陈代谢和能量变换。

3. 树龄结构

大致可分为同龄林和异龄林。同龄林由于树干互相避荫，整枝良好，树干比较通直，所以造林技术容易，抚育、采伐便于进行，单位面积产出较大。异龄林的护土作用强，当把成熟树木采伐后，耐阴树种易于萌生和天然更新。异龄林对风害、雪害的抵抗力也较强。

4. 森林密度

森林密度即单位面积内的林木株数，是表示林分水平结构的一个指标。一般而言，森林的密度影响到林冠的郁闭状况、林木对土地资源和水热光条件的利用率，也影响环境条件的变化、林木质量和生长量，还影响到林分的稳定性。

(三)森林产品的数量和质量

森林产品的数量和质量依据不同林种而有不同的指标要求。对于用材林，主要是指森林蓄积量和木材品种及积材级别。森林蓄积量中首先是森林蓄积总量，其次是可利用蓄积量所占比重。对于特用经济林、竹林、果树林，主要考虑林副产品的种类、年产量、质量等方面。

(四)森林资源的分布和开发利用条件

森林分布有明显的地带性和非地带性分异特点，而且人为因素也影响森林的分布变化，从而形成不同的林区、林种、蓄积量和林副产品，森林的分布也决定其区位条件和其他开发利用条件。森林资源的开发利用条件包括：森林资源的集中程度，林区交通条件，林区附近工农业发展水平是否有利于提供必要的机械设备和粮食等生活、生产用品，林区动力保证程度以及林区的气候、地貌条件等。

三、森林资源评价的方法

(一)森林资源利用评价指标体系

建立森林合理利用及发展评价指标体系是一个非常复杂的课题，一方面要求其具有科学性、代表性和完整性；另一方面还必须考虑到它的可行性、适用性与权威性。我国林业由于长期的粗放经营,对于不同森林的功能结构、时空特征以及外界干扰因素等缺乏必要的研究和了解,所以目前只能在现有的管理和技术水平上对森林生态系统进行特定的监测和评价,在森林合理利用的基础上建立一套以森林资源为主体的我国林业合理利用评价指标体系。

1.森林资源的数量与质量

评价森林资源数量与质量的指标,主要有森林相对数量指标、森林(林地)生产力指标、森林消长比指标、森林各种功能结构指标等类型。具体可以用森林覆盖率、林业用地面积占土地总面积比例、林地利用率、森林单位面积蓄积量、森林单位面积年生长量、森林年生长率、森林年消长比、天然林与人工林面积比例、针叶林与阔叶林比例、人均林地面积、人均林木蓄积量、幼中龄林与近成过熟林面积比例、公益林与商品林比例等指标来衡量森林资源的数量与质量。

2.森林生态系统的稳定性与多样性

衡量森林生态系统的稳定性与多样性应包括以下几个指标:森林的水土保持能力、森林水源涵养能力、森林防风固沙能力、森林对磷循环的贡献能力、城市森林空气净化能力和城市森林降低噪声能力。具体可用发生土壤侵蚀的林地面积比重、单位面积森林平均年涵养水量、发生地力衰退的林地面积比重、森林年均病虫害发生率、森林年均火灾发生率、森林天然更新恢复能力、森林动物种类多样性、森林植物种类多样性等指标来衡量森林生态系统的稳定性与多样性。

3.森林对社会的贡献价值

包括森林旅憩能力、人均木材消耗量、森林产业经济收入比重、林业系统职工人均创造产值、林业部门提供就业机会年增长率等指标。

(二)我国森林资源利用评价的单项指标

1.森林覆盖率

该指标是反映一个国家或地区森林资源多少的重要标志之一,该数值大,说明该地森林资源的比重大,林业发展潜力也大。

2.林业用地占土地总面积的比例

林业用地是指现已有森林以及目前尚无森林,但适于发展森林的土地。林业用地占土地总面积的比例,表示可能用于发展林业的土地潜力。

3.林地利用率

该指标是指各林种森林面积占林业用地面积的比例,其数值大小能说明林业用地利用的程度,是反映一个地区或国家林业发展水平的重要标志之一。

4. 森林单位面积蓄积量

该指标是衡量森林资源生产力高低的一个主要指标。

5. 森林单位面积年生长量

该指标是衡量森林生产力高低的重要指标。

6. 森林年生长率

与森林单位面积年生长量一样,森林年生长率也是衡量森林生产力高低的一项重要指标。

7. 森林年消长比

森林资源消长变化是森林资源发展状况最直观的综合反映,是检验森林资源开发利用成效的重要标志。当森林面积、蓄积量的消耗大于生长时,森林资源呈减少、下降趋势,反之则呈增加、上升趋势。

8. 公益林与商品林面积比例

该指标是指偏于森林资源生态价值的各种防护林及特种用途林的面积与偏于森林资源经济价值的用材林、经济林及薪炭林的面积比。该数值大,说明一个地区森林资源的利用偏重于环境建设等方面,森林资源的生态价值可以得到较大的实现;反之,一个地区森林资源的利用则偏向于实现其潜在的商品价值。

9. 幼中龄林与近成过熟林面积比例

该指标是指一个地区或国家所有森林的幼龄林及中龄林面积与近熟林、成熟林和过熟林的面积比,其数值大小能反映出一个地区或国家森林的林龄结构是否合理。一般认为,合理的幼中龄林与近成过熟林面积比例应为 7∶3 或 6∶4,幼中龄林的面积小于近成过熟林的面积更好。

10. 天然林与人工林面积比例

该指标是指一个地区或国家所有天然林的面积与其人工林面积的比例,其数值大小能反映出一个地区或国家天然林资源的开发利用强度。一个地区或国家的天然林与人工林面积比例越大,生物多样性越高,水土保持能力越强,森林资源的质量也越好。

11. 疏林地与林业用地面积比例

该指标是指一个地区或国家所有疏林地的面积与其林业用地面积的比例。由于疏林地的生产力很低,一般不及正常林分生产力的 1/3,因而一个地区或国家的疏林地占林业用地面积比例越小,其森林资源的质量越好。

12. 人均林地面积

该指标是衡量一个地区或国家森林资源多少的一个主要指标。

13. 人均林木蓄积量

该指标是衡量一个地区或国家森林资源多少和质量好坏的主要指标。如一个地区或国家的人均林地面积小，而人均林木蓄积量大时，表明其森林资源的数量虽少但质量较好；反之，当两个指标均小时，其森林资源数量和质量均较差。

复习题

1. 什么是森林资源？对人类生存与发展有何现实意义？
2. 森林资源有何特点、功能和效益？
3. 简述我国森林资源分布特点。
4. 试述我国森林资源面临的主要问题。
5. 森林资源评价的概念、内容及主要指标体系有哪些？

讨论题

如何做到我国森林资源的可持续利用？

第六章　草地资源

重点提示

本章主要阐述草地资源的基本概念与功能属性，草地资源开发利用与农牧业发展的关系，学习和研究草地资源评价的内容与方法，了解和掌握我国草地资源利用现状及趋势、存在的问题与发展对策。

第一节　草地资源的属性与功能

草地是自然界中存在的、非人类创造的自然体，蕴藏着能满足人类生活和生产需要的能量与物质，是主要用作畜牧业生产资料的一种自然资源，有一定面积分布，有生产能力和多种功能，具有数量、质量、空间结构特征。

一、草地资源及其属性

(一)草地资源的内涵

草地(grassland)一般理解为生长草类的土地，凡有形成草层(或草被)的多年生草本植物生长着的地区均称为草地。1960 年第八届国际草地学会议提出：草地应包括各种类型的牧场，其特点是将禾本科、豆科牧草和其他植物结合在一起以供放牧之用。1996 年农业部《中国草地资源》的定义为：草地是一种土地类型，它是草本和木本饲用植物与其所着生的土地构成的具有多种功能的自然综合体。草地包含了可为人类利用的自然资源的内涵，与农地、荒地、湿地、沙地、滩地等一样，具有一种自然资源的属性。概括而言，草地是草与其着生的土地构成的综合自然体，土地是环境，草是构成草地的主体，也是人类经营利用的主要对象。

草地资源是生产资料和环境资源，是有数量、质量和分布地域的草地经营实体,使草地蕴藏的生产能力变为现实生产力。草地资源的内涵随着生产的发展,应该扩展为一切天然、人工、副产品饲草料资源的总体。

(二)草地资源的属性

草地是一类特定的生产生态系统,草地资源的属性是发展中的草地生态系统与发展中的社会经济行为两者在一定时空运行轨迹上的际遇,具有自然属性和经济属性。

1. 草地资源的自然属性

(1)数量的巨大性　草地的面积大、分布广、类型繁多,草地的植物量很大。全世界的植物生物量为 $1.17\times10^{11}\sim1.27\times10^{11}$ t/年,其中 36%～74%为森林植物量,36%～64%为草地植物量,两者的质量比较接近。

(2)质量的差异性　地球上不同的气候带形成许多地域性的草地。热带草地以稀树草原为主,亚热带草地以荒漠为主,温带草地以草原和草甸为主,寒带草地以冻原为主,高寒带草地以高寒草甸为主。草地的自然差异要求人们因地制宜地合理利用不同类型的草地资源,确定草地利用的合理结构与方式,以获取草地利用的最佳效益。

(3)位置的空间有序性　由于地球表面生态环境空间位置的有序固定性和时间变化的周期性,使草地资源及其类型在地球表面的分布也是有序固定的,这在一定程度上决定了草地资源的区位差异及使用上的经济价值差异。

(4)发展的阶段性和动态性　作为不断发展变化的草地资源,在一定的时间范围内,必然处于一定的发展阶段。当草地资源的能量和物质输入与产品输出大体相同时,草地资源处于平衡的稳定阶段。当草地的利用不足,能量与物质的输入大于输出时,草地资源就处于正向发展的聚集与富化状态;当能量与物质的输入小于输出时,草地资源就处于逆向发展的消耗与贫化状态,当草地资源贫化到丧失自我恢复能力时,就会发生质变,使草地资源彻底破坏,不复存在。

2. 草地资源的经济属性

(1)自然与人为可更新性　草地大多位于干旱、寒冷地区,生态系统比较脆弱,容易受外力影响而发生不同程度的草地退化。草地资源是容易退化的农业自然资源。草地也可以接受人为的能量与物质投入,如施肥、灌溉、改善植物群落结构等措施,这些措施可以使草地资源不断地恢复。草地资源的自然与人为可更新性是草地资源的首要经济特征。

(2)利用的适宜性与限制性　一定地段的草地对特定用途及其持续利用具有适宜程度。适宜程度的差异,取决于利用该地段所获效益与所需投资之间实际或预测的相互关系，可以采用产出-投入的数量分析方法来估算。草地资源利用的价值还必须考虑草地的生态效益和社会效益的衡量与货币化。

(3)资产性和增值性　草地资源与空气、光照、热量、降水等不可占据的资源不同，它可以和其他资产一样，在一定条件下，成为个人、法人或国家的固定资产，从而有租赁和出售的价值。由于草地资源的面积巨大，对它的占有可影响国计民生，所以草地资源的所有制形式，也就成为决定社会制度的基础之一。

二、草地资源功能

(一)生态功能

1.草地是环境的天然绿色生态屏障

草地植物贴地面生长，能很好地覆盖地面，草原上的许多植物根系较发达，根冠较大，具有强大的调节气候、防风固沙、净化空气、改良土壤、水土保持等生态功能。

(1)防风固沙的作用　草地植被可增加下垫面的粗糙程度，降低近地表风速，从而可减少风蚀的强度。当植被盖度为 30%～50%时，近地面风速可削弱 50%，地面输沙量仅相当于流沙地段的 1%。我国新疆库尔勒风蚀地区的荒地、耕地、草地等土地利用类型的土壤侵蚀模式的平均值分别为 $5\ 987.21\times10^3$ kg/(km^2·年)、$3\ 537.29\times10^3$ kg/(km^2·年)和 $3\ 173.33\times10^3$ kg/(km^2·年)。

(2)净化空气的作用　草原具有空气组分调节，净化环境的重要作用，被称为“城市之肺”。草地植物在通过光合作用进行物质循环的过程中，可吸收空气中的 CO_2 并放出 O_2。每平方米良好的草坪，每小时可吸收约 1.5 g CO_2，也就是说每 25 m^2 的草地就可吸收掉一个人呼出的 CO_2。同时，草原还是一个良好的大气过滤器，吸收和固定大气中的某些有毒有害气体。

(3)水土保持的作用　完好的天然草地不仅具有截留降水的功能，而且比空旷裸地有较高的渗透性和保水能力。根据黄土高原水土流失区的测定资料，农田比草地的水土流失量高 40～100 倍；种草的坡地与不种草的坡地相比，地表径流量可减少 47%，冲刷量减少 77%。

2.草地具有调节气候的作用

草地通过对温度、降水的影响，进而对气候产生调节作用。草原地上部分对太阳辐射具有吸收、反射和截留作用，草地植物在生长过程中，从土壤中吸收水分，通过叶面蒸腾，把水蒸气释放到大气中，能提高环境的湿度、云量和降水量，减缓地表温度的变幅，增强水循环的速度，从而影响太阳辐射和大气热交换，起到调节小气候的作用。由于草丛的遮光、降低风速和减少地面蒸发的作用，可使空气湿度增加并能维持一定的时间，在植被茂密的草原上空，很易形成降雨，改善环境，调节气候。

3.草地具有改良土壤理化性状的作用

草地在土壤形成和维持土壤功能上具有重要作用。草原植被在土壤表层下面具有稠密的根系并残留大量的有机质。草地土壤中还有数量极多、生物量很大的土壤微生物和土壤动物，可使土壤有机质不断积累，提高有机质含量。研究表明，土壤酶活性从强到弱，微生物含量从多到少依次为：阔叶林＞草地＞针叶林＞橘园＞裸地。

(二)经济功能

1.草地是维持人类生存的食物、医药、工农业生产的原料供给库

草地资源直接或间接地为人类的生存和发展提供必要的生产和生活资料，在社会、经济和科学发展中具有不可低估的重要作用。长期以来，草地为人类提供了大量植物性和动物性原材料，如饲料、燃料、医药、纤维、皮毛和其他工农业原料等，是地球生命系统的能量库、碳储库。草地贮存碳的能力为 4 120 亿～8 200 亿 t，略低于森林（4 879 亿～9 560 亿 t），但高于农田（260 亿～4 870 亿 t）。草地植被是草地生态系统能量流动的基础，是地球生命系统的物质库和能量库，与森林和农田共同构成地球三大重要的绿色光合物质来源。

2.草地是生物多样性的宝库，是发展现代农业的重要依托

草地上各种生命形式，包括所有植物、动物和微生物物种和它们所拥有的基因，不仅为人类提供了许多独特的生物材料和产品，更是培育许多动植物新品种、发展农业生物工程最宝贵的基因库。比如面对新的病虫危害和压力，挖掘野生草地植物中的优势基因转入农作物中，可以提高农作物的产量、品质和抗性等。美国将紫花苜蓿中的一种基因转入马铃薯中，使转基因马铃薯具有抗黄萎病能力。我国天然草地有野生植物 1.5 万种、野生动物 2 000 多种，其中包括 200 余种我国特有的牧草和饲用植物，以及数百种珍稀濒危植物，这是十分宝贵的种质资源和重要基因库，为培育植物新品种、发展现代农业提供重要依托。

(三)社会功能

1.草地是人类与环境和谐共处的纽带

草地还是人类进化的摇篮，为人类起源、文明发展、社会经济繁荣、人们道德情操陶冶与培育，乃至国家民族的兴衰、地球环境的保育等发挥重大作用。

2. 草地是少数民族发展经济的基本保证

我国草地资源的集中分布地区，也是我国少数民族集中居住的地区。长期以来，草地是我国一些少数民族赖以生存和发展的物质基础。草原资源状况直接影响到牧区少数民族的兴衰，关系到民族团结和边疆安宁，关系到牧区经济社会的发展和牧民收入的提高。

三、草地资源类型

草地类型是指在一定的时间和空间范围内，具有相同自然和经济特征的草地单元。基本草地类型包括草地、荒漠灌丛草地、热带稀树草原、森林草地和冻原。随着生产和科技的发展，尤其是“3S”[遥感技术(remote sensing, RS)、地理信息系统(geography information systems, GIS)和全球定位系统(global positioning systems, GPS)]技术的应用，人类对草地特征的认识逐步深入、丰富和系统。中国草地的分类方法采取草地植物生境分类方法，划分为18类。

框 6-1 草地类型及其分类方法

草地类型是在一定时空范围内，反映草地发生和演替规律，具有一定自然特征和经济特征的草地单元。草地类型的形成受草地植被环境条件和人类活动的综合影响。不同学者提出了不同的划分方法和系统。中国草地类型的划分多采用以下三种分类法：

植物群落学分类法及划分的草地类型 在吴征镒主编的《中国植被》(1980)中，将中国主要草地植被划分为草原(包括草甸草原、典型草原、荒漠草原、高寒草原)，稀树草原，草甸(包括典型草甸、高寒草甸、沼泽化草甸、盐生草甸)，草本沼泽，灌草丛(包括温性灌草丛、暖性灌草丛)，荒漠(包括灌木荒漠，半灌木、小半灌木荒漠，垫状小半灌木荒漠)等植被型。

气候-土地-植被综合顺序分类法及划分的草地类型 任继周等提出的以量化的气候指标——热量级和湿润度为依据，将具有同一地带性农业生物气候特征的草地划分为类。若干类依据湿润度归并为类组；类以下，以土壤、地形特征划分亚类；亚类以下，以植被特征划分为型，同一型表示其植被具有一致的饲用价值及经营管理措施。此分类法将中国草地划分为37个类，归并为10个类组。

植被-生境学分类法及划分的草地类型 贾慎修等把草地植被特征和生境因素(气候、地形、土壤等)相结合作为草地类型划分的标准，反映在《中国草地类型的划分标准和中国草地类型分类系统》(1988)中，以此为基础，并以类、组、型3级单位，把中国草地划分为18类。

(摘编自《中国资源科学百科全书》)

(一)温性草甸草原类

温性草甸草原类是中国温带半湿润地区地带性的天然草地类型，集中分布在草原向森林的过渡地区，即大兴安岭东麓的低山、丘陵，岭西的高平原、低山丘陵及东北平原。温性草甸草原干草产量为1 200～1 800 kg/hm²，是重要的天然放牧地和割草地，适于饲养牛、马、绵羊。我国温性草甸草原总面积1 452万hm²，约占我国草地总面积的3.7%。其中以内蒙古的面积最大，依次为新疆、黑龙江、吉林。

(二)温性草原类

温性草原类草地是在温带半干旱气候条件下发育形成的，以典型旱生的多年生丛生禾草占绝对优势地位的一类草地。内蒙古呼伦贝尔高平原西部至锡林郭勒高平原的大部分地区及相连的阴山北麓察哈尔丘陵，大兴安岭南部低山丘陵至西辽河平原是温性草原典型分布区。温性草原类可以划分为平原丘陵草原、山地草原、沙地草原3个亚类。不同地区和类型间差异较大，生产力水平不同。草层高度15～25 cm，盖度15%～30%，干草产量600～1 200 kg/hm²，通常作为家畜的放牧场利用。

(三)温性荒漠草原类

温性荒漠草原类草地发育于温带干旱地区，分布于内蒙古中西部、宁夏北部、甘肃中部、新疆全境山地以及西藏南部山地的部分地段，总面积1 892万hm²，占我国草地总面积的4.82%。温性荒漠草原是中温型草原中最干旱的一类。牧草具有粗蛋白质和粗灰分含量较高、水分含量低、营养价值较高的营养特点。草群干物质含量和蛋白质含量都高于草原和草甸草原，草质较好，最适羊、马放牧利用。

(四)高寒草甸草原类

高寒草甸草原类是高山(高原)亚寒带和寒带、半湿润、半干旱地区的地带性草地，主要分布在西藏、青海和甘肃境内。草地植物组成也较丰富，伴生种数量较多。起重要作用的是丛生禾草、根茎草和蒿草属的一些植物。草群普遍低矮稀疏，高度3～10cm，草群盖度30%～50%，干草产量220～600 kg/hm²，草质较粗糙。我国高寒草甸草原类草地面积有687万hm²，在我国草地类中所占比重不大，分布不广，占全国草地总面积的1.75%。

(五)高寒草原类

高寒草原类草地是在高山和青藏高原寒冷干旱的气候条件下，由抗旱耐寒的多年生草本植物或小半灌木为主所组成的高寒草地类型。集中分布在青藏高原的中西部，即羌塘高原、青南高原西部、藏南高原。草地植物组成简单，以抗旱耐寒的矮禾草如针茅属、茅属等植物为优势种。草地面积 4 162 万 hm^2，在高寒区草原草地类中数量最大、分布最广，占全国草地总面积的 10.6%。

（六）高寒荒漠草原类

高寒荒漠草原类草地是在高原(高山)亚寒带、寒带寒冷干旱的气候条件下，由超旱生多年生草本植物和小半灌木组成的，是高寒草原与高寒荒漠的过渡类型。集中分布于西藏、新疆和甘肃，草地植物低矮植被稀疏，组成极为简单，产草量低，平均产干草 195 kg/hm^2，草地面积 957 万 hm^2，占全国草地总面积的 2.44%。分布区生境严酷，缺乏人畜供水，大部分未开发利用。

（七）温性草原化荒漠类

温性草原化荒漠类草地是在温带干旱气候条件下，由旱生、超旱生的小灌木、小半灌木或灌木为优势种，并混生有一定数量的强旱生多年生草本植物和一年生草本植物而形成过渡性的草地类型。处于荒漠与草原的过渡地带，集中分布在内蒙古高原西部、鄂尔多斯高平原西北部、贺兰山以西至祁连山以北的河西走廊一带。草地面积 1 067 万 hm^2，占全国草地总面积的 2.72%，分布区是我国骆驼、绒山羊、裘皮羊的生产基地。草地上还分布有丰富的发菜和一些珍贵的药材，内蒙古西部和宁夏的草原化荒漠分布区是发菜盛产区。

（八）温性荒漠类

温性荒漠类草地是在极端干旱与严重缺水的生境条件下，由耐旱性甚强的超旱生半灌木、灌木和小乔木为主组成的一种草地类型。集中分布在西北部干旱地区，从内蒙古乌兰察布以西经宁夏和甘肃河西走廊与新疆大面积荒漠草地相连，是具有地带性较强的荒漠草地带。温性荒漠是中国草地的重要组成部分，具有草地面积 4 506 万 hm^2，占全国草地总面积的 11.47%，通常草质低劣，只有嫩枝可供牲畜采食，适宜放牧骆驼。

（九）高寒荒漠类

高寒荒漠类草地是在寒冷和极端干旱的高原或高山亚寒带气候条件下，由超旱生垫状半灌木、垫状或莲座状草本植物为主发育形成的草地类型，是世界上分布海拔最高，气候最干旱，草群极为稀疏、低矮的草地类型。分布于西藏、新疆与青海的交界处，海拔多在 4 000 m 以上，产草量很低，平均产干草 117 kg/hm^2，为全国产草量最低的草地类。草地面积 753 万 hm^2，占全国草地总面积的 1.92%，大部不能利用，主要是野生动物栖息之地，分布有藏羚羊、藏野驴等国家重点保护珍稀动物。

(十)暖性草丛类

暖性草丛类草地是在暖温带落叶阔叶林区域(或山地暖温带)湿润、半湿润的气候条件下,由于森林植被连续受到破坏,原来的植被在短时间内不能自然恢复,而以多年生草本植物为主形成的一种植被基本稳定的次生草地类型,是华北各地重要的草地资源,草地面积 666 万 hm^2,占全国草地总面积的 1.69%。集中分布的暖温带地区是我国的主要产粮区之一,种植业历史悠久,饲养业在农业经济中占有重要地位。

(十一)暖性灌草丛类

暖性灌草丛类草地是暖温带(或山地暖温带)湿润、半湿润气候条件下,森林灌丛植被破坏后,原有植物短期内不能自然恢复,而形成的以暖性中生或旱中生多年生草本植物为主,分布在暖温带地区东南部湿润或半湿润地带和亚热带山地、海拔 1 000~2 500 m 的垂直带。植物种类组成以喜温的种类为主,草地结构层次分明。干草产量 1 200~2 500 kg/hm^2,主要饲用种类为禾草,草质中等。草地面积 1 179 万 hm^2,占全国草地面积的 2.95%,是良好的割草场和放牧地,夏季可割制青干草,早春青草萌发到冬季牧草枯黄都可以进行放牧。

(十二)热性草丛类

热性草丛类草地是在我国亚热带和热带地区湿润的气候条件下,在森林植被连续受到烧荒、过度放牧和水土侵蚀的情况下,或者耕地多年撂荒后,形成的以多年生草本植物为主体,植被基本稳定的草地类型。在亚热带常绿或落叶阔叶林区和热带季雨林区都有分布。植物种类组成简单,草群盖度多在 70%~90%,干草产量 1 600~3 500 kg/hm^2,在生长前期植株鲜嫩,牛、羊均喜食。草地面积 1 424 万 hm^2,占全国草地总面积的 3.62%。目前利用率较低。

(十三)热性灌草丛类

热性灌草丛类草地是热带和亚热带地区湿润气候条件下,由于原来的森林植被受到反复的砍伐或烧荒破坏后,形成的一种以多年生草本植物为主体,散生有少量乔木和灌木(郁闭度在 0.4 以下),植被相对稳定的次生草地类型。在种类组成上较热性草丛类草地复杂、种类成分繁多而不一致。干草产量 1 400~3 000 kg/hm^2,主要用于放牧山羊。草地面积 1 738 万 hm^2,占全国草地总面积的 4.47%。是我国南方主要的草地资源之一,也是当地农用役畜的主要饲草来源。

(十四)干热稀树灌草丛类

干热稀树灌草丛类草地是在热带地区和具有热带干热气候的亚热带河谷底部

极端干热的气候条件下，由森林植被破坏后而次生形成的草地类型，群落结构近似热性灌草丛类，群落外貌近似稀树草原。分布在西南低纬度地区的干热河谷底部，如云南的元江、澜沧江、怒江，四川的金沙江、雅砻江等纵深切割的峡谷。干草产量 1 000～2 000 kg/hm^2，夏秋前牧草质量较好，宜于放牧山羊、黄牛。草地面积 86 万 hm^2，占全国草地总面积的 0.22%。

（十五）低地草甸类

低地草甸类草地是在土壤湿润或地下水丰富的生境条件下，由中生、湿中生多年生草本植物为主形成的一种隐域性草地类型。形成和发育一般不呈地带性分布，凡能形成地表径流汇集的低注地、水泛地、河漫滩、湖泊周围、滨海滩涂等地均有低地草甸的分布。低地草甸类草地的饲用植物比较丰富，种类繁多，生产能力高且比较稳定，年产干草 1 700 kg/hm^2。草地面积 2 522 万 hm^2，占全国草地面积的 6.40%。所产草的草质好，适口性强，各种家畜均喜食。低地草甸类草地是牛的优良放牧地。

（十六）山地草甸类

山地草甸类草地是在山地温带气候带，大气温度和降水充沛的条件下，由丰富的中生草本植物在山地垂直带上发育形成的一种草地类型。多处在温带和暖温带的东北、华北的中低山，西北各大型山地和青藏高原东部的中山及亚高山垂直带上。植物种类甚为丰富，干草产量为 1 648 kg/hm^2。草地面积 1 672 万 hm^2，占全国草地面积的 4.26%，此类草地多属优良等级的草地，生产能力较高，潜力较大，多数是我国重要草地畜牧业生产基地的组成部分。一般作为夏季或夏秋季放牧利用。

（十七）高寒草甸类

高寒草甸类草地是在高原（或高山）亚寒带和寒带寒冷而又湿润的气候条件下，以耐寒（喜寒、抗寒）性多年生、中生草本植物为主，形成的一类以矮草草群占优势的草地类型。主要分布在青藏高原东部和东南缘、帕米尔高原、祁连山、阿尔泰山、天山、昆仑山等高山带，海拔在 3 000 m 以上。牧草质量和适口性较好，耐牧性强，各类家畜均适合。草地面积 6 372 万 hm^2，占全国草地总面积的 15.93%，部分草地利用很不充分，开发利用的潜力较大。

（十八）沼泽类

沼泽类草地是在地表终年积水或季节性积水的条件下，由多年生湿生植物为主形成的一种隐域性草地类型。分布十分广泛，植物组成简单，主要由大禾草、大莎草及高大杂类草组成。草群生长茂密，盖度多在 80%～100%，高度多在 100 cm

以上。草地面积287万hm^2,占全国草地总面积的0.73%。此类草地由于地表长期或季节性积水,妨碍利用。

第二节 我国草地资源及利用情况

天然草地是最重要的可更新资源,它不仅是维持放牧畜牧业的物质基础,而且在区域生态平衡,孕育少数民族文化等方面起着重大的作用。但天然草地是比较脆弱的生态系统,受气候变化的影响,出现大范围的草地退化、沙化、盐碱化和荒漠化,生产力持续降低。因此,就必须寻求草畜协调发展的途径和措施,合理利用草地资源,维持草地资源的可持续性。

一、草地资源利用现状

中国拥有的各类天然草地39 283万hm^2,约占国土面积的41%(仅次于澳大利亚,居世界第二位),是耕地面积的3倍,林地面积的2倍多,其中可利用面积3.31亿hm^2,占草原总面积的84.3%。中国草原资源总量大,但人均占有量少,人均占有量0.33 hm^2,仅为世界平均水平的一半。且分布不均衡,西藏人均占有草原面积最多,高达30 hm^2以上;其次是青海,人均占有草地6.91 hm^2;再次是新疆和内蒙古,分别为2.93 hm^2和2.84 hm^2;其他各省份不足1.0 hm^2。

中国草原主要分布在东北的西部、内蒙古、西北荒漠地区的山地和青藏高原一带,横亘于北纬30°～50°、年降水量400 mm的干旱、半干旱地区。如果从东北到西南画一条斜线,即从完达山开始,越过长城,沿吕梁山,经延安,到青藏高原的东麓为止,可把中国分为两大区:东南部分是丘陵平原区,濒临海洋,气候温湿,大部为农业区;西北部分深居内陆,高山峻岭,远离海洋,气候干旱且多风沙,是主要的草原区。根据自然地理及行政区划,中国草原一般可划分为5个大区,即东北草原区、蒙宁甘草原区、新疆草原区、青藏高原草原区和南方草山草坡区。

(一)畜产品的生产基地

草地是人类最重要的畜产品生产基地。在长期的生产实践中,人类通过草食家畜把人们不能直接利用的草本植物,转化成人们可以直接利用的肉、奶、皮、毛等畜产品。草地在世界范围内的畜产品生产中都占重要地位。草地上饲养大量的不出栏的非生产性家畜,导致有些地区的草地超载过牧,草地资源严重退化,因此草地畜牧业必须保持合理的畜群结构,提高家畜的出栏率,使家畜更多地转化成畜产品。世界范围内，反刍家畜饲料需求的70%由草地供给，发展中国家甚至达到85%。野生反刍动物95%的饲料也来自草地。草地是反刍家畜和反刍野生动物的主要饲料来源，因此，草地面积大小和饲草料产量高低对发展草地畜牧业和野生动物狩猎业具有重要的意义。

（二）植物资源的开发

草地上的植物种质资源非常丰富，这对满足人类今后对特殊种质的需求非常重要。据统计，草地上有植物6 352种，29个亚种，303个变种，13个型，分属于246个科中的1 545个属。草地上所含植物超过100种的科有豆科、禾本科、菊科、莎草科、蔷薇科、藜科、百合科、蓼科和杨柳科。草地上的很多植物具有遗传研究潜力和经济开发价值，耐盐灌木灰毛滨藜对于培育产量高、抗旱、耐盐的牧草有极大的潜力。许多灌木正在向园林景观方向培育，如仙人掌属植物、龙舌兰属植物和马鞭草属植物等。灰白银胶菊是一种荒漠灌木，含有橡胶，可以用于制造轮胎和医务用品。许多草地植物具有药用价值，如一些灌木和沙漠上的双子叶植物可以抑制癌细胞的生长。高大的草本植物是造纸的原料之一，如芦苇、大叶樟、小叶樟、五节芒等。荒漠草原上的老鸹头是优良的蜜源植物，沙棘、西伯利亚杏等是饮料的重要原料。

（三）野生动物的栖息场所

草地几乎是所有陆栖野生动物最主要的栖息场所，天然草地还是草食野生动物的主要食物来源。这些野生动物多数具有很高的肉用价值、狩猎价值和美学上的观赏价值。美国西部得克萨斯州一些牧场出售狩猎物品的税收超过了家畜产品的税收。如肯尼亚等一些非洲国家，游客观赏野生动物的收入是国家非常重要的经济来源。野生动物的肉也是人类肉类消费的主要来源。

我国重要的草地经济兽类有狼、野兔、黄羊、狍子、旱獭、狐等。我国草地还分布一些珍贵的稀有动物，如蒙古野驴、藏野驴、野牦牛、藏羚羊、盘羊、北山羊等。这些野生动物只有在草地资源不退化，保持良好的生态系统稳定性，能给其提供充足的食物来源和栖息地时，才能存在、繁衍和生息。

（四）旅游观光的开发利用

随着人类文明的发展和人们休闲娱乐要求的提高，草地为人们提供了休闲度假场所。草地游憩主要包含观光旅游、科考探险特殊旅游和度假休闲旅游三大部分。在草原上进行的有目的的旅游与休闲，包括野营、野餐、观光、漫步、骑乘、驾车、观赏野生动物、狩猎、钓鱼、探险、考察和教育等。美国自20世纪40年代起，由于人口数量的增加，草地成为人们户外休闲的主要地方。虽然草地的开阔空间、景物和美学价值很难被量化，但是美国大部分州已颁布了法令限制野生草地自然保护区非观光性的人类活动，以免人为活动影响草地的自然生态景观。

框 6-2 中国著名草原

呼伦贝尔草原位于大兴安岭以西，一直延伸至松涛激荡的大兴安岭，因呼伦湖、贝尔湖而得名，总面积约 10 万 km^2，天然草场面积占 80%，3 000 多条河流纵横交错，500 多个湖泊星罗棋布。冬季寒冷干燥，夏季炎热多雨，大陆性气候，四季分明。年平均温度 0℃左右，无霜期 85～155 d，年降水量 250～350 mm。草原水草丰美、保存完好，有碱草、针茅、苜蓿等 120 多种营养丰富的牧草，也是一片没有任何污染的绿色净土，出产肉、奶、皮等畜产品。呼伦贝尔草原是个风光优美、景色宜人的地方，有一望无际的绿色，有延绵起伏的山岭，还有美丽富饶的呼伦湖和贝尔湖，被人们盛赞为北国碧玉、人间天堂。

伊犁草原位于新疆维吾尔自治区伊犁州新源县内，包括多个草原或牧场，具有超然绝美的气质，逶迤千里，卓尔不群。其中那拉提草原东南接那拉提高岭，势如屏障，西北沿巩乃斯河上游谷地断落，地势大面积倾斜，山泉密布，溪流纵横，总面积 800 km^2，是国家 5A 级旅游风景区。即使在隆冬时节，那拉提也别有一番情致，滑雪或乘坐马拉爬犁，可尽享北国草原风情的乐趣。巩乃斯草原分布在新源境内，地域广阔、水草丰美、地势跌宕、气象万千，有飞流急湍的河流和遮天蔽日的森林，还有中世纪遗留下来的亚欧面积最大的野生苹果林、野杏林、沙棘林，还有雪豹、银狐、雪鸡、马鹿等多种珍贵野生动物，四季景色俱佳，尤以春色为最。飞泻而成的恰合普瀑布，呼啸而下，为巩乃斯草原平添几分风采与活力。

锡林郭勒草原位于内蒙古自治区锡林浩特市境内，面积 1.1 万 km^2，其中的西乌珠穆沁草原最具代表性，是一片保存最好、最具民族特色的天堂草原。属中温带半干旱大陆性气候，寒冷、多风、干旱，年平均气温 1～2℃，无霜期 90～120 d，年降水量 150～400 mm。这里绿草如海，畜群如云，毡包如扣，河曲流银。具有集蒙古族衣食住行民俗文化为一体的"蒙古浩特"，也有再现古老草原游牧民族生活景观的"游牧部落"。1985 年经内蒙古自治区批准建立自然保护区，1987 年被联合国教科文组织接纳为"国际生物圈保护区"网络成员，1997 年晋升为国家级自然保护区，主要保护对象为草甸草原、典型草原、沙地疏林草原和河谷湿地生态系统。

那曲草原位于西藏自治区那曲市境内，唐古拉山脉、念青唐古拉山脉和冈底斯山脉之间，总面积 1.6 万 km^2（俗称羌塘）。属高原亚寒带气候，气温低、空气稀薄、辐射强、日温差大。年平均气温－1.5℃，气温平均日差 16.1℃，年平均霜日 103 d，年均降水量 420 mm。西边的达尔果雪山、东边的布吉雪山形似两头猛狮，守护着这块宝地。整个地形西高东低，平均海拔 4 500 m 以上。中西部地形辽阔平坦，多丘陵盆地，湖泊星罗棋布，河流纵横其间。东部属河谷地带，多高山峡谷，是藏北仅有的农作物产区，并有少量的森林资源和灌木草场，其海拔高度在 3 500～4 500 m，气候好于中西部。

(五)生态屏障

草地的生态屏障功能主要包括调节气候、涵养水分、防风固沙、保持水土、改良土壤、培肥地力以及净化空气和美化环境等方面。草地在陆地上的生态作用和效益,过去常常被人们所忽视,因此历史上多次出现由于盲目开垦草地造成的生态灾难,美国在20世纪30年代和苏联在20世纪60年代都发生过特大黑风暴。中国1998年长江的特大洪水也与长江上游的三江源地区超载过牧、不合理的开发利用有关。过度开发造成草地大面积退化,涵养水源的功能下降。21世纪初的几年,北方地区春季沙尘暴肆虐,持续时间长,覆盖面积大,几乎遍及北方的大部分省区,主要是由于北方草原盲目开垦、乱砍乱挖、超载过牧、草地退化严重、地表植被覆盖度低造成的。

二、草地资源利用存在的问题

(一)草地资源面积减少

草地作为一种自然资源,与耕地、森林有着相互转化的关系,受世界农业发展的影响。由于人口的增加,水热条件好、适宜开垦的草地均已变为农田,如美国中东部的高草草原区现在是美国最重要的农业生产区,欧亚大草原的欧洲部分已全部被开垦,中国东北的草原也局部被开垦。中国北方自东向西形成的一条农牧交错带,就是由于农耕文化的逐渐北移,原有的条件好的草地被开垦形成农田,而形成了该地区农牧交错分布的格局。

草地面积变化的另外一个原因是经济和社会价值的不断转变,如美国大平原中部的广大地区在过去的100年中,由于谷物和肉牛价格的波动,导致该地区土地利用形式一直在草地和农田之间转变。我国由于粮食价格的波动,东北平原、内蒙古高原草原的面积也经常变化。

(二)草地退化和荒漠化

草地退化包含草的退化,也包含土地的退化,不仅反映在构成草地生态系统的非生物因素上,也反映在生产者、消费者、分解者三个生物组分上,因而草地的退化是整个生态系统的退化。天然草地退化问题是世界面临的共同问题,当前世界退化草地面积已达62%,主要原因是过度放牧和采薪。气候变化也是造成草地退化的一个重要因素,在全球变暖的过程中,处于干旱、半干旱区的草地容易退化,草地荒漠化面积增加。

草地退化的另一种表现形式是草地荒漠化,即包括气候变异和人类活动在内的种种因素造成的干旱、半干旱和半湿润地区的土地退化,是在干旱和人为不适当干预下，草地、林地和耕地等土地资源的环境受到破坏，逐渐演变为荒漠的过程。目前世界各地区的草原都有不同程度的荒漠化，如畜牧业发达、草原管理先进的美国普列利草原有 200 万～266 万 hm^2 呈现退化，约占草原面积的 27%，北非、地中海沿岸和中东地区的萨旺纳热带稀树草原沙漠化程度更为严重。全世界以放牧为主的天然草原约 3 000 万 km^2，相当于陆地面积的 24%左右。在未来的发展中，可能导致数亿人口因草地退化而背井离乡。

(三)草地资源的利用率和商品率相对较低

我国草地面积虽然较大，但单位面积的产草量及质量较低，所能承载的牲畜数低于新西兰、澳大利亚等畜牧业发达的国家，相对应的单位面积草地畜产品产量也低。从单位面积的商品牛来看，美国在单位面积提供的商品牛是我国的 100 倍，因而草场生产畜产品还大有潜力可挖。

(四)草地载畜量过高，利用管理不当

畜牧业发展不平衡，有些地区牲畜量不断增加，没有根据适宜载畜量进行放牧，结果使草地单位面积上放牧强度过大，引起植被的退化。如著名的呼伦贝尔草原，20 世纪 60 年代草场退化面积占草场面积的 15%；80 年代达 49%，其单位面积的产草量由 60 年代每公顷 2 550 kg 减少到 80 年代每公顷 840 kg。因牲畜量增加，草地面积的减小，有的地区造成乱牧和抢牧现象。

(五)盲目开垦草地，引起草地生态系统的失衡

20 世纪 70 年代，我国草地开垦的现象极为普遍，而开垦的草地大部分是地势平坦、气候较暖、牧草优良和水源较近的冬春草场，使本来面积较小的冬春草场更加缩小，草地负担加重。盲目开垦的结果是草地生态系统失衡，农牧业两败俱伤，最后还得退耕还草，但要使这些撂荒地上的草本植被得到恢复，往往需花很长时间。

(六)基本草牧场建设投入不足，发展缓慢

基本草牧场是经过人工建设，实现高产、稳产的人工草场。建立人工草地，不仅可以提高牧草产量，解决冬季缺草问题，保持饲草的平衡供应，同时也为科学养畜创造良好的条件。但在草地的改良上，资金的投入不能与畜牧业的发展相适应，在牧区草地中，人工草地的比重仅占百分之几。畜牧业生产仍处于靠天养畜、手工操作的状况。

三、草地资源开发利用对策

(一)草地退化的防治

草地退化应采取综合防治措施,一方面进行改良培育和合理放牧利用;另一方面实行法制管理草地和采取相应的经营管理形式,只有这两方面科学地统一起来,才能有效地防治草地退化。

1.落实草牧场使用权,实行草牧场有偿承包使用制度

长期以来,在草地畜牧业生产经营中,人、草、畜三大要素一直处在彼此分离、互相脱节的状态,造成了牲畜吃"草场大锅饭",草地超载过牧、无度利用、严重退化,畜牧业发展受到严重制约。落实草牧场使用权,实行草牧场有偿承包使用是对过去旧的畜牧业生产经营体制的改革。这种经营体制是把草牧场的使用权和经营权,落实到从事畜牧业的单位和牧户,实行"承包到户,有偿使用"的制度。草牧场使用者按照草原法规定,既有承担保护、建设牧场的责任和缴纳草牧场使用费的义务也有自主经营和获取经济利益的权利,并受法律保护。这样就把草牧场的保护、建设、管理和使用同牧户的责、权、利统一起来了,有利于调动千家万户管好、用好、建设好草原的积极性,有效地制止过度利用草原和抢牧、滥牧、掠夺式的经营而造成草地退化,这是治理退化草地的先决条件和保障措施。

2.实行划区轮牧,合理利用草地

长期的科学研究和实践证明,合理放牧利用是保护草地、防止退化的草地资源保护最有效、最经济、最实用的措施。因此,可以说合理利用就是保护。国外一些畜牧业先进国家,在自然条件与我国相似的情况下,采用先进的放牧制度,草地利用几十年,甚至上百年而没有出现退化现象。如果我国现有的草地一旦发生退化,就要花比合理利用多几倍、十几倍的努力才能恢复,尤其在干旱草原和荒漠区要使退化草地完全恢复是十分困难的。例如,在自然条件较好的短花针茅荒漠化草原上,在封闭条件下,撂荒20年的弃耕地,植被尚未完全复原。退化草地的改良,也必须以合理利用为前提,否则一边治理,一边破坏不会取得好的结果。

3.控制牲畜头数,提高质量,加快周转速度

当前为了恢复和保持草地的生产力,使畜牧业实现稳定、优质、高产,就必须在适当控制牲畜数量发展的前提下提高牲畜的质量。特别在牲畜过多、载畜量过高的地区,应适当调整载畜量,注重牲畜质量,使养畜规模同草地生产力相适应,达到草畜平衡。事实已经证明,控制牲畜数量,提高质量的做法,可以达到事半功倍的

效果。既提高畜产品的数量和质量,又增加牧民的经济收入。在草地紧张的情况下,可以做到节约草料,减少草地的放牧压力,使草地生产力得到恢复。

畜牧业发达国家的经验已证明,实现家畜良种化可大幅度提高饲料报酬和畜产品商品周转率。如美国当年育肥羔的胴体重就可达 23 kg,18 月龄肥牛体重达 260 kg。我国虽然每年饲养为数不少的牲畜,但实际上每年向国家提供的畜产品数量是相当少的,这不但浪费草料和人力,经济上不合算,而且对保持草地生产力好处甚少。

4. 开展草原建设工作,培育退化草地

针对草地普遍退化的现状,退化草地的培育应放在十分重要的位置上。对轻度退化的草地要着眼于合理利用,防止继续退化。对重度退化的草地,除注意合理利用外,要采取适当措施提高草地的生产力。针对各地天然草地的具体情况和经验,可采取培育措施围建草库伦,封育草地,消灭毒害草和松土补播天然草种,有条件的地区可进行草地灌溉和施肥。

牧区要严禁开垦草地,但要利用地形、土质、水利等条件,小面积发展人工草地或种植高产优质饲料作物,增加草料产出,对调节补充天然草地冬春缺草,稳定畜牧业生产具有重要作用。对已封育的弃耕地可以改种多年生牧草,在半农半牧区,特别是沙化和水土流失严重地区,要大力压缩旱作农田,种植多年生牧草和高产饲料作物,或进行草田轮作,同时充分开发利用好农作物秸秆,提高草料加工、贮藏、运输,缓解部分缺草地区的畜草矛盾,以减轻对天然草地的放牧压力。在改良、建设草地方面采取多种改良技术和措施,提高草地的牧草产量和质量。主要技术和措施有围栏禁牧封育、建立人工和半人工割草地、灌溉、青贮、利用农作物秸秆等。

(二)以法制来强化草地资源的管理

在草地生产和建设大发展的同时,草地出现了大的退化和沙化,这是由于长时期片面追求牲畜头数,重畜不重草,未能建立科学有效的草地管理机制导致的。《中华人民共和国草原法》不仅规定了由集体或个人承包草原从事畜牧业生产,还规定了任何个人和单位不得侵犯。

为彻底解决“重畜轻草”等弊端,在“固定草牧场使用权”的基础上,推行将草地“承包到户,有偿使用”的有偿承包使用制。实行“承包到户,有偿使用”,促进畜牧业商品经济的发展,加强对草地的科学管理,推动以法治草的进程,从而加强双层经营中的集体统一经营和政府的宏观调控能力,最终使社会主义制度的优越性与牧区家庭经营的积极性有机地结合,推动草地资源的保护、利用、建设及草原可持续发展。

(三)逐步实现草地利用、放牧制度的科学化

目前,多数地区固定了草地使用权,大部分家庭牧场经营方式都是在固定的草地范围内从事放牧活动。要实现放牧可持续管理,就要认识、掌握、运用草地植被的自我更新特点及科学放牧制度,如植物个体的再生性及其规律,只有正确处理好放牧利用和牧草再生的关系,才能最大限度地利用好草地饲草资源,保持牧草的旺盛生命力。放牧管理者建立合理的放牧利用制度,做到草地利用不超过牧草的再生极限,使草地资源保持更新和再生活力,就可以周而复始地获得草地资源可持续利用。

(四)草地适应性管理

适应性管理强调参与式管理,通过充分学习和吸收多方的意见、建议,动态改变管理方式,增强生态系统适应性,以实现可持续发展目标。提高管理水平的系统过程就是要不断探索、认识区域生态系统本身的内在规律,以区域生态系统可持续发展为目标;适应不断变化的生物物理环境。

第三节 草地资源评价

一、草地资源评价的内容

(一)草地评价内容

草地不仅是畜牧业的生产资料,而且是具有多种功能的自然综合体。随着我国经济发展、生活水平和质量提高、对环境质量需求,草地的多功能(如草地特种经济植物开发草地旅游休闲、水土保持、涵养水源、生物多样性保护、景观美学等)凸显出草地的重要地位从而草地评价所涉及的内容更加全面,包括有草地环境功能的评价、生态服务价值评价、生产适宜性评价等。

1. 草地环境功能评价

草地以其景观和环境效应产生经济价值,称为环境生产层。草地环境生产这一层面包括风景、游憩、水源涵养、水土保持、自然保护区、草坪绿地、防风固沙等环境资源的开发和利用,对人类表现出重要的经济、生态和社会效益。评价内容包括草地牧草生长与气象条件关系评价,自然保护区、水源涵养区和水土保持区等草地环境区功能评价,草地旅游地功能评价和草坪绿地评价等。

2.草地基况评价

草地基况是指草地生长发育和发展演替的基本情况,即基本健康状况。取决于它的生态条件及所构成的生态系统,在一定限度与范围内维持相对的稳定性,这就是草地的健康。当草地受到过度影响时可能发生逆行演替,如草地退化、草地沙化、草地荒漠化、草地盐碱化、草地水土流失、草地旱化等。

3.草地生态服务价值评价

草地生态系统服务功能是指草地生态系统及其生态过程所形成及所维持的人类赖以生存的自然环境条件与效用,不仅提供了人类社会经济发展中所需的畜牧产品、植物资源,还对维持自然生态系统格局、功能有重要意义。服务功能可分为两大类,一是为人类提供食物、畜牧业、工业原材料、药材等可以直接利用、进行买卖的商品化的功能,表现为直接价值;二是支撑和维持人类赖以生存的环境,如保持水土、气候调节、废弃物同化等难以商品化的功能,表现为间接价值。

4.草地资源生产适宜性评价

按照草地资源适宜开发经营的不同要求,全面衡量草地资源本身的条件和特征,分析和鉴定不同自然和社会经济条件下,草地资源生产适宜性、适宜程度等。如对草地资源宜建人工草地类、天然宜牧草地类、天然宜割草地类、封育草地类四大利用单元的生产适宜性评价。

5.草地初级生产功能评价

草地初级生产是草地植物通过光合作用固定光能,吸收无机物质,合成有机物质,完成自身生长、发育和繁殖的过程,反映草地植物从日光能和无机物转化为植物产品的效率和状况。初级生产的质量和数量决定着次级生产的质量和数量,是草地生产最基础的生产力。如草地产草量、草地营养物质含量、草地等级。

6.产品质量评价

影响牧草品质的因素很多。产品品质是一种牧草产品对于获得较高的动物生产性能的潜力,在很大程度上将决定畜产品的产出。草地产品的主要类型有干草、草粉、草颗粒以及青贮产品。因各个国家和地区的科学技术发展水平、认识程度的差异,对其制定的评价标准和体系也存在差异。

7.草地次级生产功能评价

次级生产是除生产者外的其他有机体的生产,即消费者和分解者利用初级生产量进行同化作用,表现为动物和其他异养生物生长、繁殖和营养物质的贮存。草地动物(包括野生动物与家畜)是生态系统内生物因素中最活跃的组分之一,合理评价草地资源的动物生产也是草地生产中不可缺少的环节,包括草地家畜资源评价、草地载畜量评价、草畜平衡评价、草地畜产品评价、草地野生动物资源评价等。

8.草业经济系统评价

从草业、草业经济系统的概念出发,重点以能值分析理论为指导,对草业经济活动全过程及其结果,以及具体的评价技术方法进行分析。

(二)评价原则

1.目的性原则

依据不同的目的和用途,选择不同的评价指标和系统,制定合理的评价标准,实施草地评价,是草地评价的基本原则。草地的多功能、多用途决定了草地评价的具体目的。很显然,草地具有畜牧、旅游、景观、生态等多种功能,对草地条件均有不同的要求,例如放牧地、天然割草地不同的利用方式,对草群、地形、水源等条件要求不同,因此草地评价方案也就不同。

2.简单、易行、实用的原则

草地评价的方法、体系等应便于广大草原科技工作者和农牧民群众掌握和运用。强调指出的是,确定完善而正确的评价程序加上采用定性与定量相结合的评价方法,才能对草地做出科学的、全面的、符合草地经济生产实践的应用性评价。因此,应采用简单、易行、适用的评价标准和正确的评价程序以及采用定性与定量相结合的合理评价方法。

3.综合性原则

草地评价不仅要求在评价指标选择上更综合,而且要求在评价内容上更加综合,既要反映草地属性,又要进一步向生产适宜性与生产潜力评价、草地生态服务价值评价、草业经济系统评价等进行深化,分门别类地建立起更加适应于生产应用的草地综合评价体系。

二、草地资源评价的方法

(一)草地产草量评价法

草地产草量评价目的就是科学地计算和统计不同地区草地类型或行政区的单位面积与总面积产草数量与组成,为草地资源的开发利用提供依据。

1.确定评价指标

根据目的、要求和对草地资源调查研究程序相结合来确定评价指标，一是产草量时区指标的选择。一般作区划和规划选择平均年产草量，北方牧区选用季节(冷、暖季或四季)产草量，轮牧设计选择月份产草量。二是产草量组成结构指标的选择。通常科学研究草地生产能力时，选择地上生物量及各植物种组成比例，在生产实际中，选择草地可利用产量及各种经济类群的比例。

2.确定评价指标方法

(1)产草量计算的基本单元　该单元必须是草地分类的最低单位，以保证计算单元内的产量基本一致。首先需要确定用何时期或何生育期产量为计算草地产草量的基数，一般以草地型或亚型的产草量最高月为统一时期。如不是在最高时期调查测定的产草量，必须依据产量定位研究获得的各类型草地产量月动态系数，把临时调查取得的数据进行换算，统一换算到最高月产草量。

(2)平年产草量换算　根据调查年份内气象水热记录值和产量值，参考同类草地定位研究所得的丰、平、歉年动态系数，进行换算。

(3)暖季产草量和冷季产草量的确定　一般暖季产草量即是平年最高月产草量，冷季产草量为暖季产草量乘以冷季保存率。保存率是根据产草量定位研究获得的季节动态系数，供相同或相近草地类型换算。

(4)可利用产草量和经济类群比例确定　可利用产草量是地上生物量乘以利用率。草地利用率依据草群适口性、草群和放牧程度、合理利用强度、利用季节，按草地类型而定。

目前草地产草量多用单指标评价，如地上生物量、可食产量。先将调查区各行政单位草地类型体系划分出来，按评价指标和方法计算出草地类型的单元，通常为草地型或亚型的生物产量，然后按可利用面积加权统计出草地类型中级和高级单位生物产量与可利用产量，最后把调查区各行政单位按所含草地类型可利用面积加权统计出各行政单位草地牧草的生物产量和可利用产量，从而进行按类型和按行政区的比较和评价。

(二)草地营养物质产量评价法

草地营养物质产量评价法是指用草地生产的牧草中含有家畜生活和生产所需要的各种营养成分来评价草地的方法。主要的评价对象有两种：一是表明或比较不同草地类型或地区的单位草地面积营养物质或可消化营养物质生产能力的高低；二是表明和比较不同地区的放牧场与割草场的全年、季节的营养物质或可消化营养物质生产总量。

1. 确定评价指标

草地生产营养物质的质量指标有:①常规养分指标:粗蛋白质、粗脂肪、无氮浸出物、粗纤维、粗灰分、钙、磷、胡萝卜素的含量,这些指标国内外研究最普遍,数据也最丰富;②纯养分指标:各种氨基酸、矿物质、微量元素、维生素,以及木质素、酸性洗涤纤维与纤维素的含量;③常规可消化养分的含量;④总可消化养分(TDN);⑤各种能量指标:消化能(DE)、代谢能(ME)、净能(NE)。

2. 确定评价方法

草地单位面积生产营养物质数量的计算。

①按草群的混合样品分析资料计算。

$$A=PM \tag{6-1}$$

式中:A—单位面积草地某种营养物质产量,kg/hm^2;

P—单位面积草地产草量,kg/hm^2;

M—每千克草群中某种营养物质含量,%。

②按草群中各植物种分析资料计算。

$$A = \sum P_n \times M_n \tag{6-2}$$

式中:A—单位面积草地某种营养物质产量,kg/hm^2;

P_n—草群各种植物单位面积产草量,kg/hm^2;

M_n—草群各种植物某种营养物质含量,%。

3. 可消化营养物质量的计算

牧草能被消化的成分称为可消化营养成分,其求法是把草地营养成分乘以消化率即可得出。一般求牧草的消化率都是求粗蛋白质、粗脂肪、粗纤维、无氮浸出物的消化率,所以可消化营养成分分别为可消化粗蛋白质、可消化粗脂肪、可消化无氮浸出物、可消化粗纤维。消化率通过消化试验测得,也可用回归公式计算得出。

(三)草地营养物质生产评价法

1. 单指标评价

目前草地营养物质生产的评价多用单指标评价系统,为草地牧草的营养物质含量,见表 6-1。

表 6-1　草地牧草营养物质

项目	干物质含量/(g/kg)	可消化能量/(MJ/kg)	粗蛋白质/(g/kg)	可消化粗蛋白质/(g/kg)
饲料	200	200	200	200
合理放牧春场	74	67	71	64
合理放牧夏场	160	240	220	175
合理放牧秋场	110	207	180	124

(英)霍尔米斯 (W. Holmes)著，唐文青译，1986。

2. 多指标评价

草地营养物质多指标评价系统在国内外均不多用。其要点为：①草地营养类型。根据天然草地在营养期和花果期碳物质、氮物质和粗灰分的组合形式，从营养学角度出发，进行草地型的重新组合，目的是分析研究草地营养化学成分之间的组成特点，反映草地营养成分的总体特征。②草地营养类型划分。根据各草地型 7 月上旬至 8 月下旬草群的营养成分，采用 K Nehring 的营养比公式计算草地的营养比。如果没有草群的营养成分，可用草群建群种和优势种的营养成分及其在草群中的质量分数，计算出草群营养成分，再求得草地的营养比，根据草群营养比和粗灰分含量、划分草地营养型，其公式如下：

$$营养比=\frac{无氮浸出物含量+粗蛋白含量+粗脂肪含量\times 2.4}{粗蛋白}$$

(四)草地等级评价法

草地质与量等级评价方案的目的，是表明某地区内或地区间草地类型单位面积的牧草质量和产草量。在此基础上，进行草地类型间和各地区间单位草地生产力质量和数量的比较。

1. 主要评价指标

(1)适口性指标　采食时间：一年内不同的季节，植物的生育期不同，其适口性也随之变化。最好的植物不论是青草期还是枯草期都被采食，多数植物是三季或两季被采食，少数为一季或数天内被采食。采食家畜：各种家畜都喜食青嫩且富含营养的牧草，由于各种家畜的生理特性不同，因而对植物的适口性也不同。如羊喜食细小、干燥、含营养多的草类；牛喜食高大、偏酸性、富含碳水化合物的草类。采食状态：是家畜对饲用植物适口性最直观而又综合的表现，即某种饲用植物在一定时间内被一定家畜采食的状况，通常划分为五级：一级最喜食或嗜食；二级喜食或爱食；三级愿食或乐食；四级可食或不愿食；五级少食或有时可食。

(2)牧草营养成分指标　饲用植物营养价值的指标很多，宜于根据各项因素的作用选择几个最重要的作为指标。

(3)产草量指标　表示草地生产力“量”的多少，用单位面积可食牧草千克数为单位，并应以风干重为准。

2. 综合评价指标

通过上述选定的草地牧草质量和数量的评定指标，从多个因素选出多种评价指标，进一步把众多的指标综合在一起，形成一个相互联系的统一标准，就需要制定恰当的综合评价方法。可以根据实际情况选择合适的评价方法。

(1)草地生产力质量指标的标准制定　根据某地生产力质量各项指标的作用大小划定分值。一般多用百分制。

(2)草地数量“级”的评价标准制定　一般根据草群地上可食产草量的风干重来制定标准，《草场资源调查技术规程》将全国草地产草量划分为级，各级采用不等差级数制定标准，以每公顷产鲜草量计：一级为 12 000 kg 以上，二级为 12 000～9 000 kg，三级为 8 999～6 000 kg，四级为 5 999～4 500 kg，五级为 4 499～3 000 kg，六级为 2 999～1 500 kg，七级为 1 499～750 kg，八级为 750 kg 以下。

(3)草地等级评价标准的制定　草地等级评价标准的制定，首先对每一草地类型进行质量评价划分等(用罗马数字表示)，然后再根据其单位面积产草量的变幅划分级(用阿拉伯数字表示)。这样由等和级的排列组合，便产生一个 5 个等和 8 个级的等和级的排列组合系列，共含有 40 个不同等级。

(五)草地载畜量评价法

以草地类型为基本评价单元，根据不同类型可利用产草量或营养物质及能量计算其载畜量，用载畜量表示和比较草地的生产能力。

1. 载畜量指标

载畜量是以一定的草地面积，在适度利用原则下，能够使家畜正常生长、繁殖的放牧天数及头数。它有三种表示方式：家畜单位、时间单位和草地单位。

家畜单位是以家畜数目为变数，其含义是在一定时间内，单位面积的草地上可以放牧的家畜数量；时间单位是以放牧时间为变数，其含义是在单位面积的草地上，可供 1 头家畜放牧的天数或月数；草地单位是以草地面积为变数，其含义是在单位时间内，1 头家畜所需要的草地面积。

草地承载牲畜数量是评定草地载畜量的基本指标，统一牲畜数量指标，常采用家畜单位也叫家畜当量或家畜指数，是依据家畜对饲料需求量将各种家畜折合成一种标准家畜，便于描述家畜-草地系统生产能力。

2. 指标标准

载畜量最常用的表示方式为草地单位。若按牧草产草量计算，其计算公式为：

$$1\text{只绵羊所需要的草地面积}=\frac{\text{绵羊日食量(kg/d)}\times\text{某时期放牧天数(d)}}{\text{草地单位面积产草量(kg/hm}^2\text{)}\times\text{利用率(\%)}} \tag{6-3}$$

3. 草地载畜量评价

草地资源调查所用的单指标评价系统有两种方式：一种方式是以平年最高月产量为基础的年载畜量评价方式，国内多数省区用此种方式；另一种方式是以冷、暖季载畜为基础的年载畜量评价方式，国内少数省区采用此种方式。该方式载畜能力换算公式如下：

$$\begin{gathered}\text{暖季1个羊单位}\\ \text{需草地面积(hm}^2\text{)}\end{gathered}=\frac{\text{暖季放牧天数(d)}\times 1\text{个羊单位日食量(kg/d)}}{\text{暖季单位面积产草量(kg/hm}^2\text{)}\times\text{利用率(\%)}}$$

$$\begin{gathered}\text{冷季1个羊单位}\\ \text{需草地面积(hm}^2\text{)}\end{gathered}=\frac{\text{冷季放牧天数(d)}\times 1\text{个羊单位日食量(kg/d)}}{\text{冷季单位面积产草量(kg/hm}^2\text{)}\times\text{利用率(\%)}}$$

$$\begin{gathered}\text{全年1只羊单位}\\ \text{需草地面积(hm}^2\text{)}\end{gathered}=\text{暖季1只羊单位需草地面积}+\text{冷季1只羊单位需草地面积} \tag{6-4}$$

复习题

1. 我国草地资源的特点是什么？
2. 我国草地资源的特性包括哪些？
3. 我国草地分类系统中包括哪三级？
4. 简述我国草地各类的主要特征和特性。
5. 什么是草地评价？草地评价主要包括哪些内容？

讨论题

结合我国草地生态系统受损的现状，分析草地在环境保护中的重要作用。

第七章 海洋资源

重点提示

本章主要阐述海洋资源的基本概念与特征分布，海洋资源开发与社会发展的关系，学习和研究海洋资源利用途径和利用方法，了解我国海洋资源开发利用现状与趋势、海洋资源开发与保护的关系。

第一节 海洋资源及其分类

21 世纪是海洋世纪，人类的未来在海洋。随着经济社会的发展、科学技术的进步、人类对自然资源的认识和开发利用程度的逐渐加深，海洋资源越来越成为研究和开发利用的重点。烟波浩渺的大海不仅给人类提供了丰富的食物、能源、生产原料，还给我们提供了大量的就业机会。我国海洋生产总值达到 7.76 万亿元人民币，同比增长 6.9%，占国内生产总值的比例达到 9.4%；其中海洋产业增加值达到 4.82 万亿元，海洋相关产业增加值达到 2.94 万亿元。与此同时由于人类对海洋资源的过度开发以及海洋垃圾问题时时刻刻危害着海洋的健康，威胁着海洋经济的可持续发展。我国在大力发展海洋事业的同时，支持国际社会对海洋的绿色开发利用。坚持遵循天人合一、道法自然的理念，寻求海洋的可持续发展之路。

一、海洋资源及开发利用

(一)海洋资源

海洋资源(marine resources)是指在一定的技术经济条件下可以为人类利用的海洋，包括可以利用而尚未利用的海洋和已经开发利用的海洋的总称。

从狭义上来看，海洋资源是指传统的海洋生物资源、海水中的化学资源和淡水资源、海洋所蕴藏的能量资源、海底矿产资源等与海水水体有直接关系的海洋物质和能量；从广义上来看，海洋资源除了囊括以上所讲的海洋物质和能量外，还应将水体周围可被人们开发利用的环境包含在内，例如港湾、滨海湿地、海洋运输路线、海洋空间资源和海洋旅游景观等。综上所述，将海洋资源的概念定义为：在海洋内外地质营力作用下形成的，分布在海洋地理区域内的，可供人们开发利用并且能够产生经济价值的物质、能量和空间等。

(二)海洋资源的开发利用

海洋资源利用是人类为经济社会目的而进行的一系列生物和技术的活动，是对海洋进行长期或周期性的经营，是海洋在人类活动的干预下进行自然再生产和经济再生产的复杂生产过程。决定一个社会或地区的海洋资源利用方式和结构因素有四种：

1. 自然要素

主要是指海洋的各种自然属性，包括海洋的各个自然构成要素(如生物、水文、海岸、气候等)的性质，以及海洋的综合质量状况，如海洋的自然生产力、海洋自然条件适宜性等。

2. 经济因素

海洋资源利用是一项社会经济活动，海洋资源利用方式的选择必然受经济效益的影响，特别是在市场经济条件下，除了受投入产出比的影响外，还受到比较利用、经济区位等各种经济因素的制约。

3. 社会因素

包括社会发展水平、社会需求、人口状况、海洋政策等的影响。

4. 生态利益和可持续发展要求

无论哪一种海洋资源的利用方式，尽管满足海洋的自然条件约束，与此同时还能够达到较高的经济效益，也不能将其判定为一种合理的海洋资源利用方式。在此条件之上，还应当将是否符合生态环境优化和持续利用的原则考虑进去，这是当前对于海洋资源利用所做出决策时面对的一个严峻问题，这也是人类历史发展过程中对待环境问题上的失败经验总结。

随着经济社会的发展、科技的不断进步，人们对海洋资源的开发利用不断地延伸、扩展。海洋资源开发活动中既有海洋航运、海洋捕捞等传统产业，也有海洋石油天然气开采、海水养殖、海洋空间利用等新兴产业。就开发领域而言，对海洋的利用扩展到了资源、能源、空间三大方面。

二、海洋资源的分布与分类

(一)海洋资源的分类

海洋资源十分丰富，种类繁多。对海洋资源进行科学划分，有利于更好地理解和把握不同资源间的相互关系及同类海洋资源的共同特征，进一步解释海洋资源种类存在的自然规律，为更合理地开发和利用资源夯实基础。

从不同的角度，海洋资源有不同的分类体系。根据海洋资源与人类社会生活、经济活动关系，将海洋资源分为海洋生物资源、海洋化学资源、海洋矿产资源、海洋能源资源、海洋空间资源。从海洋资源的空同层次出发，海洋资源可以分为海上空间资源、海中空间资源、海底空间资源。从海洋资源自然属性出发，海洋资源可以分为海洋物质资源、海洋空间资源和海洋能源资源三大类，三大类再按照其他属性详细划分(表 7-1)。

表 7-1　海洋资源分类及其利用举例

分类				利用举例
海洋物质资源	海洋非生物资源	海洋水资源	海水本身资源	冷却用水；盐土农业灌溉；海水养殖；海水淡化利用
			海水中溶解物质资源	除传统的煮盐晒盐类外，现代技术在卤素、金属元素(钾、镁等)和核燃料铀、锂等方面取得了很大进步与发展
		海洋矿产资源	海底石油、天然气	当前海洋最重要的矿产资源，其产量已近世界油气总产量的 1/3，而储备量则是陆地的 40%
			滨海矿砂	金属和非金属矿砂，用于冶金、建材、化工、工艺等
			海底煤矿	弥补沿海陆地煤矿的日益不足
			大洋多金属组合和海底热液砂床	可开发利用其中的锰、镍、铜、钴、镉、锌、钒、金等多种陆地稀缺的金属资源

续表 7-1

分类				利用举例
海洋物质资源	海洋生物资源		海洋植物资源	种类繁多,常见的有海带、紫菜、裙带菜、鹿角菜、红树林等。用途广泛:食物、药物、化工原料、饲料、肥料、生态、服务功能等
			海洋无脊椎动物资源	种类繁多,包括贝类、甲壳类、头足类及海参、海蜇等。主要作为优质食物和饲料、饵料等
			海洋脊椎动物资源	种类繁多,主要是鱼类、海鸟和海兽等。鱼类是最主要的海洋食物。海鸟和海兽也有特殊的经济、科学、旅游和军事意义
海洋空间资源			海岸与海岛空间资源	包括港口、海滩、潮滩、湿地等,可用于运输、工农业、城镇、旅游、科教、海洋公园等许多方面
			海洋/海面空间资源	国际、国内海运通道;可建设海上人工岛、海上机场、工厂和城市;提供广阔的军事实验演习场所;海上旅游和体育运动等
			海洋水层空间资源	潜艇和其他民用水下交通工具运行空间;水层观光旅游和体育运动;人工渔场等
			海底空间资源	海底隧道、海底居住和观光;海底通信线缆;海底运输管道;海底倾废场所;海底列车;海底城市等
海洋能源资源			海洋潮汐能	蕴藏在海水中的这些形式的能量均可通过技术手段,转换为电能,为人类服务。理论估算世界海洋总的能量 4×10^{13} kW 以上,可开发利用的至少还有 4×10^{10} kW;海洋能量资源是不枯竭的无污染能源
			海洋波浪能	
			潮流/海流能	
			海水温差能	
			海水盐度能	

(二)海洋结构与形态

我们所处的地球表面积约为 5.11×10^{8} km²,海洋面积约为 3.61×10^{8} km²,占地表面积的 70.8%。从世界范围上海洋平均深度为 3 795 m,大概为地球半径的 1/1 600。海洋总体积为 13.7×10^{8} km^{3}，为地球总体积的 1/800。海水的总水量为 13.7×10^{17} t，约为地球总水量的 97.2%。北半球的海洋约为地球表面积的 60.7%，南半球的海洋约为地球表面积的 80.9%。

1. 海的结构

依据其形态以及水文特征，可以将海洋划分为洋和海两个部分，洋和海的连接处并没有非常清晰的界限，便统称为海洋。海和洋的主要区别有以下几个方面：

(1)面积　洋的面积更为辽阔且距离大陆较远，世界范围内的大洋由太平洋、大西洋、印度洋和北冰洋构成，占海洋总面积的 88.4%；海是处在大陆和大洋之间的海域，大概是海洋总面积的 11.6%。

(2)深度　洋的深度变化多样，水颜色较深，透明度低，其深度大约在 3 000～6 000 m，最深处达 11 034 m(位于西太平洋马里亚纳海沟)。而海的颜色较浅，透明度也较高，深度大约在 1 000～2 000 m。

(3)潮汐与洋流　洋具有其单独的潮汐系统和洋流系统，受大陆的影响很小，如黑潮、赤潮。洋流能够使海洋中的物质和能量以及生物体转移交换。海具备各自的海流体系，对于海潮来说没有单独的系统，多为洋传来的海潮，且起落的潮差比较大。

(4)物理化学特性　由于洋距离大陆相对较远，物理化学性质受陆地的影响不大，水温、盐度以及密度等年间变化小，且盐度较高(表面盐度平均值为 35)。海毗邻大陆，水温受陆地的影响较强，并且随季节变化而变化，海水盐浓度容易受到大陆河流的影响。

(5)沉积物　洋底的沉积物为特有的生物源钙质软泥、硅质软泥、红黏土等；海底的沉积物主要是陆地河流冲刷下来的泥、沙以及生物碎屑。海底与海岸的形态容易被侵蚀，变化较大。

海洋包括海、洋、海峡以及海湾等几部分，主体部分为洋，海、海峡以及海湾等可作为洋的附属部分。在海洋中，临近的海区与海区之间宽度较窄、深度较大的狭长条带称为海峡。海的一部分蔓延至大陆，并且其深度和宽度渐渐变小的水域被称作海湾，海湾的外界大多由入口处海角和海角之间的连线为界。海湾中的水质大多情况下与其毗邻海洋的海水性质较为接近，在海湾中经常性出现最大潮差，如我国杭州湾著名的钱塘江大潮，潮差大概为 6～8 m，最大时可达到 12 m。

2. 海底形态

从大陆沿岸至大洋，海底形态总体由大陆边缘、大洋盆地和大洋中脊等组成。

(1)大陆边缘　大陆边缘是指大陆与大洋盆地的边界地，按照大陆边缘的深度以及坡度，大陆边缘大致被划分为三个部分，即大陆架、大陆坡和大陆基。

大陆架：从海岸线至水深 200 m 的范围内，平均坡度较小，为 0°4′～0°7′，这部分被定义为大陆架。大陆架的面积大致为海洋表面积的 7.5%。它的宽度受到地区影响，在海岸山脉的外部，大陆架便会较窄，在沿岸平原外部却很辽阔。在大部分情况下，大陆架只是海岸平原的陆地部分在水下的延伸。

大陆坡：从大陆架向下，坡度走势会突然升高，坡度走势较高的部分便是大陆坡。平均坡度达到 4°17′，水深为 200～2 500 m。呈带状环绕在大洋底周边，宽度从十几千米到数百千米。

大陆基：在大陆坡底部常常伴随着大面积的、走势较为平缓的、由陆源物质通过浊流和滑塌作用堆积形成的裙状沉积体，被称作大陆基，平均深度在 3 700 m 上下。

(2)大洋盆地　海洋的主体是大洋盆地，位于大陆边缘和中洋脊之间，坡度较为平缓，地形更为平坦广阔，但还是具有多样海底形态，如海陵、海底山、深海谷、断裂带。深海平原平均深度在 4 877 m，底部沉积物以大洋性软泥为主，如硅藻，放射虫、有孔虫软泥等。

(3)大洋中脊　大洋底的山脉或隆起被称作大洋中脊。海底扩张的中心是中洋脊。中洋脊自北极海蜿蜒至太平洋、印度洋和大西洋的洋底，其长度达 7×10^4 km 左右，突出海底部分的高度约为 2 000～4 000 m，宽度在数千米以上，约为海洋总面积的 32.7%。

三、我国海洋国土

我国海域有渤海、黄海、东海、南海和台湾以东太平洋海域五个海区，它们内靠我国大陆，外接朝鲜、韩国、日本、菲律宾、印度尼西亚、马来西亚、文莱和越南等国家。北起渤海北岸，南到曾母暗沙，跨越 37 个纬度、南北长约 4 500 km；东西向横跨 20 多个纬度，宽约 2 000 km，包含温带、亚热带和热带。

我国不仅拥有 960×10^4 km^2 的陆地国土，还拥有约 470×10^4 km^2 海域面积（其中主张管辖海域 300×10^4 km^2）。大陆海岸线北起鸭绿江口，南至北仑河口，长约 1.8×10^4 km，岛屿岸线约 1.4×10^4 km。海岸类型多样，大于 10 km^2 的海湾 160 多个，大中河口 10 多个，自然深水岸线 400 km 左右。我国近海海域大部分位于北纬 20°～40°之间的中纬度海区。

第二节 海洋生物资源

一、海洋生物资源及类型

(一)海洋生物资源

海洋生物资源是能够自行繁殖和不断更新的一类海洋资源,它的最主要特点是经过生物种群的世代更迭使其种群数量能够源源不断地得到补充、更新,并且它可以利用一定的自我调节机制从而达到种群规模相对稳定的目的。海洋生物资源由群体资源、遗传资源和产物资源三部分构成,它是人类所需优质蛋白的重要供给者,是非常重要的食物来源。

(二)系统分类

海洋生境的生物门类和特有门类要远远多于陆地或淡水生境。海藻、珊瑚、螺、蟹、鱼等许多生物类群于热带地区的多样性比寒冷地区高得多,而海星、巨藻等类群在温寒带的东北太平洋沿岸水域内生活的物种最多。

1. 鱼类资源

海洋生物资源的主体部分为鱼类资源,它是人类动物蛋白质的重要来源之一。在全世界大约有 2.5 万~3 万种,海产鱼类超过 1.6 万种,达到海洋捕捞标准种类的大致为 200 种,其中 12 种年产量超过 100×10^4 t。世界著名的渔场主要分布在大西洋、印度洋和太平洋,能够划分为大西洋西北部、东北部、中东部、中西部、地中海、黑海,以及大西洋西南部和东南部;印度洋东部和西部;太平洋西北部、东北部、中东部、中西部、西南部、东南部。

太平洋的鱼类资源最为丰富,渔获量几乎占据了世界上近一半的总渔获量,最为著名的是太平洋秘鲁渔场、位于千岛群岛至日本海的西部渔场。大西洋和印度洋的渔业资源也非常丰富,大西洋的渔场主要包括挪威沿岸到北海的大西洋东部渔场、纽芬兰渔场等。印度洋的渔业资源以西部较为集中,而东部较少。此外,还有西北非洲、西南非洲渔场等鱼类资源丰富的渔场。2014 年,全球渔业产量达到 1.67×10^8 t,较 2013 年增长 2.6%。其中,捕捞产量达到 $9\ 340\times10^4$ t,增长 0.7%,养殖产量达到 $7\ 380\times10^4$ t,增长 4.9%。全球水产养殖产量的增速远远高于捕捞产量的增速。

从全球范围内渔业来看,2014 年是具有里程碑意义的一年。全球范围内供给人类食用的水产品中，养殖水产品供给量第一次高于野生捕捞水产品供给量。然而按照《2030年可持续发展议程》设定的目标，对于满足人类对食用水产品不断增长的迫切需求，水产品养殖还会是一项迫在眉睫的任务，也是一项艰巨挑战。

2.海洋无脊椎动物资源

海洋无脊椎动物门类数量多达16万种，人类所利用的约为130种，包括软体动物头足纲中的乌贼、章鱼、鱿鱼等，瓣鳃纲的贻贝、牡蛎、扇贝、蛤、蚶、砗磲等，腹足纲的鲍、红螺等，节肢动物的甲壳纲中的对虾、龙虾、蟹等，棘皮动物海参纲中的海参等，腔肠动物钵水母纲的海蜇等。

中国近海黄海、东海以日本枪乌贼、大枪乌贼为主，南方以曼氏无针乌贼为主，与大黄鱼、小黄鱼和带鱼统称为中国的渔业四大鱼种。在软体动物中，瓣鳃纲、腹足纲统称作贝类。在双壳类软体动物中，牡蛎、贻贝、扇贝的渔获量可以达到90%左右。人类蛋白质的重要来源之一是虾与蟹，捕虾业是经济价值非常高的一种渔业，世界上捕虾的国家可以达到七八十个，主要产虾的国家包括美国、印度、日本、墨西哥等。南美、中美、欧洲南部、中国、朝鲜和日本南部外海是世界虾场的主要分布海域。

腔肠动物门的海蜇以及棘皮动物门的海参也是海洋无脊椎动物资源中的门类。世界范围内的海参约有1 100种，其中能够供于食用的大约为40种。在中国海域范围内，海参的种类大概有100种，西沙群岛就囊括了其中的20多种。而且从渤海湾、辽东半岛至北部湾的涠洲岛、南沙群岛均盛产海参。水母类的海蜇，是一种透明膜质的腔肠动物，尽管水母种类较多，但从经济价值角度来看仅4种经济效益较高。

3.其他海洋脊椎动物资源

(1)海龟与海鸟　海龟是珍贵的海洋爬行动物，世界范围内海龟总共有7种，均栖息于热带海洋。海龟属于优质食品，其龟甲、龟掌、龟肉、龟血等都能加工成名贵中药和营养品。世界范围内海龟的捕捞量非常高，造成的结果便是海龟数量急剧减少，目前海龟已被列为重点保护动物。海鸟的种类大概有350种，包含150种左右的大洋性海鸟。

(2)海洋哺乳动物　海洋哺乳动物主要包括鲸目、鳍脚目、海牛目和食肉目中的海獭。鲸类的数量是海兽之中数量最大的，并且其经济价值也较高。世界范围内鲸大致为90种。

4.海藻资源

海藻是重要的海洋生物资源之一，营养价值非常高，全世界有70多种海藻可供人类食用，还广泛地被用作饲料与肥料，有些又是医药上疗效显著的药材，还有些是重要的工业原料。在约 4 500 种定生的海藻中，目前只有 50 种左右被人类利用。中国是利用海藻最早最广泛的国家之一，常见的且经济价值较大的种类有 20 多种。

（三）生态类群分类

海洋生物根据其生活习性能够分为浮游生物、游泳生物和底栖生物三大生态类群。

1. 浮游生物

浮游生物指栖息于海水中并且有效移动能力不足的漂流生物，包括浮游植物、浮游动物、水漂生物和漂浮生物。其中部分浮游生物具有游动能力，但其游动速度也会比它自身所在的洋流流速慢，所以并不能快速有效地在海水中游动。浮游生物的共同特点是不具备发达的运动器官，运动机能非常不足，只能随水流移动。通常情况下浮游生物的个体较小，大部分种类必须通过显微镜才能看清楚它们的身体构造。但浮游生物种类极其丰富、数量较多、分布范围广泛，世界范围内的海域均有浮游生物的存在。浮游生物是海洋生产力的基础，也是海洋生态系统能量流动与物质循环关键的一环。

2. 游泳生物

游泳生物也称自游生物，是运动器官比较发达、运动能力很强的一类大型海洋动物，包括海洋鱼类、哺乳类（鲸、海豚、海豹、海牛）、爬行类（海蛇、海龟）、海鸟以及某些软体动物（乌贼）与一些虾类等。从种类与数量角度上来看，鱼类是最主要的游泳生物，也是海洋渔业捕捞的主要对象。游泳生物主要是肉食性种类，草食性与碎食性的种类相对较少，大多数种类是海洋生态系统中的高级消费者。

3. 底栖生物

指生活在海洋或内陆水域底内或底表的生物，其种类繁多，是水生生物中的一个重要生态类型。底栖生物群落由多种生产者、消费者以及分解者三部分组成，包括底栖植物与底栖动物。一些大型藻类和单细胞藻类是底栖植物的主要组成部分，而底栖动物由各分类系统的代表所组成。依据生物和底质的关系，底栖生物可分为底上、底内和底游三种类型。

二、影响海洋生物资源的因素

（一）海洋初级生产力

1. 初级生产力

浮游植物、底栖植物以及自养细菌等生产者，通过光合作用或化学合成产生有机物和固定能量的能力，称作初级生产力。初级生产力包括总初级生产力和净初级生产力，前者是指植物所固定的能量或所制造的有机碳量，具体包括植物呼吸消耗在内的全部生产量；后者是指从总初级生产量中减去植物呼吸所消耗的能量。

2. 影响初级生产力的因素

光照、营养盐、铁、温度、垂直混合与临界深度、牧食作用等都能够影响初级生产力。在这些影响因素中，光照强弱是影响海洋初级生产力的重要因素之一，氮和磷的含量也是重要的影响因素。氮磷含量低时，浮游植物的种群数量与生产力较低。季节也是一个重要的影响因素，例如在夏季随着日照的增强，表层水温上升，密度降低，制约了下层水的混合，营养物质含量逐渐下降，浮游植物和初级产量就会显著减少。

（二）海洋生态系统的能流及次级生产力

1. 海洋食物链

在海洋生物群落中从植物、细菌或有机物开始，经过植食性动物乃至各级肉食性动物，逐渐构成摄食者与被食者的营养关系称作海洋食物链，也称作营养链。物质与能量通过海洋食物链与食物网的各个环节开展转换与流动，是海洋生态系中物质循环与能量流动的一个基本过程。

2. 营养级

食物链上按能量消费等级划分的各个环节称作营养级或营养层次。因此，绿色植物是第一营养级，草食性动物是第二营养级，第一级肉食动物为第三营养级，第二级肉食动物是第四营养级。能量在食物链上流动时，每经过一个营养级就有相当大部分的能量以呼吸作用损失。海洋生态系统的食物链平均能够达到 4～5 级，而陆生食物链平均仅 2～3 级。

3. 次级生产力

次级生产力也被称作海洋动物生产力，由海洋生物二级生产力、三级生产力、四级生产力以及顶级生产力组成。动物新陈代谢、生长、繁殖所有影响因素均与动物的产量有关，温度、食物与个体大小等也是影响动物种类产量的主要因素。食物的质量与动物的同化效率有密切关系，消费者个体大小与产量有关，初级产量、营养级数目和生态效率等食物网结构对次级生产力也有影响。

（三）人类活动的影响

人类捕捞被认为是人类活动影响海洋生物资源的主要因素之一。适当的捕捞使种群数量减少的部分，能够由种群补充部分得到补偿而达到平衡。此外，沿海城市都市化的发展不得不填海造陆而牺牲许多海洋生物资源的栖息地，工业化发展近海排污和居群生活倾废导致资源生物栖息地污染。另外，全球气候变化引起区域海洋环境异常，同时也制约和扰乱了生物种群的生物学节律。

框 7-1　海平面上升

全球气候变暖直接导致了两个严重后果，第一个是使得陆地冰川、永久积雪融化，不再维持固体状态；第二个是因为温度升高，导致海水水体膨胀，体积增大，从而造成海平面上升。近百年来全球海平面已上升了 10～20 cm，并且还要加速上升。即使全球温室气体排放稳定，气温不再增长，海平面依旧会上升几百年。海平面上升对沿海地区社会经济、自然环境及生态系统等有着重大影响。

海平面上升对人类的生存和经济发展是一种缓发性的自然灾害。也正因为它是缓发性的，因而往往不被人们重视，以为每年几个毫米的上升还构不成危险。其实，这种灾害是累积和渐进的。而且它已给沿海地区居民带来了危害。它使沿海地区灾害性的风暴潮发生更为频繁，洪涝灾害加剧，沿海低地和海岸受到侵蚀，海岸后退，滨海地区用水受到污染，农田盐碱化，潮差加大，波浪作用加强，减弱沿岸防护堤坝的能力，迫使设计者提高工程设计标准，增加工程项目经费投入，还将加剧河口的海水入侵，增加排污难度，破坏生态平衡。

在中国，受海平面上升影响严重的地区主要是渤海湾地区、长江三角洲地区和珠江三角洲地区。2017 年国家海洋局组织开展了海平面监测、分析预测，海平面变化影响调查、评估等工作。《2017 年中国海平面公报》结果显示，从 1980— 2017 年我国沿海海平面上升速率达到每年 3.3 mm，高于同期全球平均水平。高海平面加剧了中国沿海风暴潮、洪涝、海岸侵蚀、咸潮及海水入侵等灾害。

三、海洋生物资源的开发利用

(一)海洋渔业

海洋产业的重要内容之一便是海洋渔业，即从事海洋捕捞和海水养殖的生产事业；是通过捕捞、养殖海洋鱼类及其他海洋经济动植物进而获取水产品的生产活动。从生产海域来看，海洋渔业能够划分成沿岸渔业、浅海滩涂渔业、近海渔业、外海渔业和远洋渔业。

(二)海水养殖业

1.海水养殖的概念

海水养殖是利用沿海的浅海滩涂养殖海洋水生经济动植物的生产活动,包括浅海养殖、滩涂养殖、港湾养殖等。从养殖目的来看,又可分为观赏性、科学研究性和食用生产性养殖等。海水增殖是指用人工方法改善与促进海洋生物繁殖、育苗的条件,使之达到稳定和恢复其种群资源的目的。从海洋生物资源的开发角度讲,海水增殖的最大优点就是它可以增加资源总量和简化生产过程。

2.海水养殖业类型

海水养殖业的类型能够从多个角度进行划分:按养殖对象划分,海水养殖业能够分为鱼类养殖、甲壳类养殖、贝类养殖、藻类养殖、海珍品养殖等,其中贝类、藻类海水养殖发展较快,甲壳类、鱼类、海珍品养殖发展较慢。我国海水养殖业的发展主要得益于浅海贝类和藻类的养殖。

3.海水养殖生产存在的问题

海水养殖是一种具有群众性的海洋生物资源开发产业,并且海水养殖从业主要为个体经营,所以其经营管理水平相对不高,而且所运用海水养殖科学技术情况较差,因此海水养殖还停留在较为粗放的经营阶段。随着海水养殖业的发展,污染养殖环境的问题日渐突出,海洋生态灾害问题种类增多,主要包括赤潮、褐潮和绿潮等有害藻华,水藻泛滥和生物入侵等。此外,养殖造成水体污染、病害不能有效防治、种苗退化。由于许多地区的海域无偿使用,导致无序经营、养殖水域利用率低等问题。

(三)海洋药业

1.海洋生物的药用

海洋生物中能够作为药物和制药原料的达到千余种。覆盖范围很广泛,小至微生物,大到鲸类,最重要的有海洋微生物,各种藻类、腔肠动物、海绵动物、软体动物、棘皮动物、被囊动物以及各种鱼类等。其中一些食用价值低的生物类群反而药用价值较高。国际海洋药物产业的开发方向主要从以下几个方面入手:抗肿瘤药物;抗衰老和妇幼保健药物;抗风湿、类风湿方面的药物;增强机体免疫功能的药物;抗过敏药物;抗病毒类药物;防治肥胖和有益健美药物;抗心血管疾病的药物;身体机能紊乱调节药物(包括抗抑郁、内分泌失调、功能障碍等);补益类营养保健药。

2. 海洋生物活性物质的特点

由于海洋特殊的环境，使得海洋生物活性物质具有许多独特的性质。

(1)种类繁多、结构特异　因为大量生物存在于海洋之中，并且海水环境具有其特性，所以海洋生物中具有极其丰富的生物活性物质，这些活性物质由萜类、肽类、聚醚类、氨基酸类、脂类和脂肪酸类、生物碱、皂苷、有机酸、蛋白质等构成，每一种活性物质中又由多种结构不同的化合物构成，而且大多海洋生物活性物质的结构都非常独特，在陆生生物中并未被发现。

(2)活性强　如河豚毒素的毒性比合成战争毒气的毒性大上千倍，石房蛤毒素对神经的麻痹毒性比可卡因大 10 000 倍，西加毒素、沙海葵毒素和刺尾鱼毒素的毒性更强。

(3) 含量少　如西加毒素在鱼体内含量只有$(1\sim10)\times10^{-6}$ ppb(注：1 ppb=10^{-9})，1 000 kg 鱼肉中才能获得 1 mg。这一特征说明，直接利用海洋生物做原料开展分离提取大部分活性物质是很难满足人类需求的。

四、我国海洋生物资源利用情况

(一)我国海洋生物资源变化趋势

海洋生物资源是可再生资源，其种类组成、种群生态和数量变动在自然状态下主要取决于海洋生态环境条件的变化，而在人类活动影响的情况下则取决于人类活动影响的强度。20 世纪 70 年代以来，由于海洋渔业捕捞强度越来越大，海洋环境污染日益严重，沿海开发工程改变了海区原有的自然环境条件，我国海洋特别是沿岸近海的生物资源受到不同程度的损害或破坏而呈技术衰退趋势。原来的生物食物链受到破坏，在这种情况下为低食级鱼类的大量繁衍创造了好的生态环境、使水产资源向低质鱼转化，生命周期短、食性级低、生殖力强的低质鱼、虾类及头足类的资源量相应增加。

除鱼类资源严重衰退外，近海和沿岸的贝类资源也因采捕过度和围垦而快速衰退。红树林与珊瑚礁是我国热带及亚热带海的特有资源，该区域原是海岸带的主要生态系统，生产力较高。但是红树林经过长期盲目地反复砍伐和滩涂围垦，毁林严重，资源锐减，成片的红树林不断消失。

(二)我国海洋生物资源面临的主要问题

1. 渔业捕捞过度和海水养殖管理不善

由于对海洋鱼类资源的过度捕捞，导致我国海域的传统经济鱼类资源日渐枯竭，海洋鱼类组成和资源结构平衡遭受破坏，处于食物链较高层次的传统优质经济鱼类不断减少。随着沿岸、近海捕捞强度的不断增长，我国传统优质经济鱼类的幼鱼遭受了毁灭性的打击，衰退的经济鱼类资源恢复难度大，海洋鱼类资源未来发展前景堪忧。

中国作为世界上海水养殖发达的国家，近几年来海水养殖发展更为迅速。由于一些地区养殖管理不到位，使得海洋生态环境与生态平衡出现了问题，如养殖废水造成海水有机物污染、富营养化；大量采捕饵料生物，导致部分滩涂贝类大量减少，正常的食物链关系受到了破坏；大量地捕捞亲虾和幼鱼，鱼类资源日渐衰竭；养殖占用大片滩涂，改变了许多滩涂原来的生境，对滩涂原来生物资源产生有害影响。

2. 滩涂围垦和填海造陆占据海洋生境

近30多年来，我国沿海滩涂围垦，加上自然淤涨成陆和人工填海造陆，使大陆海岸线有所缩短，水产动物失去了赖以生存的栖息地、产卵地、育苗场、索饵场。可供维持生物多样性的滩涂和沼泽资源的大量减少导致物种种群减少，遗传多样性大量丧失，垦区附近广大水域的海洋生物资源遭受严重的破坏。由于海洋环境的恶化，我国南方海岸有“海岸卫士”之称的红树林目前只剩下2万 hm^2，而且已大规模退化，成为半红树林和次生树林。红树林原始生态环境遭到破坏，红树林面积大幅度减少，红树林生态系统逐渐瓦解。

3. 水利工程和海洋工程的不良影响

河流为海洋生态系统带来了大量的物质资源，随着沿海地区工农业的快速发展，使水资源污染越来越严重，兴修水利而在河流中筑坝建闸截流，导致入海水量减少，淡水资源日益紧缺。这种情况在北方地区尤为明显，这种现象不仅影响正常营养物质的入海量，同时使河口区及其附近海区盐度变化失常，进而影响到其他一系列海洋生态因子的正常变化，导致某些海洋生物的生存环境不断恶化，并对鱼类、虾类与蟹类等海洋动物的产卵和育幼造成不利的影响。此外，某些海洋工程改变了其所处海区的水动力条件，导致海区发生淤积等现象，浅海或滩涂面积减小、环境恶化，海洋生物资源不断衰退。

4. 海洋污染

我国滩涂、港湾和近岸水域是海洋环境污染最敏感的区域。随着城市化的发展和人口的增长，海洋的污染也日趋加重，并有继续扩展的趋势。入海流域周边的生活污水、工业废水、石油产品泄漏、海上石油开采、海水养殖的添加剂等造成海洋的严重污染，使得滩涂生物受到严重损害，海洋生物资源破坏严重，港湾渔场荒废，近岸生物资源衰退，溯河性鱼虾类资源受到损害，海洋生物多样性降低，海产食品质量下降。由于管理不力和捕杀过度等问题，导致众多海洋珍稀物种数量锐减，一些种类几乎绝迹。上述问题的存在已对人类生产和生活构成了严重威胁，因此，防治海洋环境污染迫在眉睫。

第三节　海洋水资源

一、海洋水资源及分类

(一)海洋水资源概述

海水总体积 13.7×10^8 km^3，占地球总水量的 97.2%，冰占地球总水量的 2.15%，淡水占地球总水量的 0.63%。海水中的水含量占 96.58%，大致为 13.2×10^8 km^3。海水中含有 80 多种元素，约有各种盐类 5×10^{16} t(其中氯化钠 4×10^{16} t，镁 1.8×10^{15} t，溴 9×10^{13} t，钾 5×10^{14} t，碘 8.2×10^{10} t，铷 1.64×10^{11} t，锂 2.38×10^{11} t，银 5×10^7 t，金 5×10^6 t，放射性元素铀 4.5×10^9 t)。海水中的放射性元素铀是陆地铀矿贮量的 1 000 倍。海水中还含有 200×10^{12} t 重水，氘和氚是核聚变的原料，是重要的能源之一。

虽然海水水量巨大，海水中元素丰富，但是海水要成为可开发利用的资源，还必须具备两个条件：一是海水中的化学元素要达到一定的含量，具备开发利用的价值；二是现在或未来拥有创造开发利用的技术条件。换言之，海水及水化学资源是指现代或未来的技术条件能够开发利用的海水和海水中所含的化学元素。

(二)海洋水资源分类

海水资源分为两大类，即海水中的水资源和海水中的化学元素资源。此外，还有一种特殊资源，即地下卤水资源，它是渗漏于地下储藏并经过浓缩的海水。

1. 海水水资源

包括直接海水资源和海水淡水资源。直接海水资源：指对海水不加任何处理，直接取海水为人类的生产生活所利用的海水资源。海水淡水资源：指对海水进行淡化处理后，从海水中获得的淡水资源。

2. 海水化学资源

包括海盐资源、常量元素资源和稀有元素资源。海盐资源是指从海水中含有的，而且较为容易地直接提取的盐类资源，如氯化钠等。常量元素资源是指海水中所含的各种常量元素资源，如镁、钾等。稀有元素资源是指海水中所含的各种稀有元素资源，如溴、铀、重水(氘)。稀有元素是指地球上，特别是地壳内丰度极低的元素。

3. 地下卤水资源

卤水是指盐度大于 3.5%(或大于 36 g/L)的天然水。按其盐度大小，又可以进一步分为淡卤水(盐度 3.5%～13.5%)、浓卤水(盐度 13.5%～26.5%)和饱和卤水(盐度>26.5%)。

二、海水利用与淡化

(一)海水直接利用

海水直接开发利用，尤其作为工业冷却水利用，其社会效益和经济效益已为人们普遍认知，而且沿海国家越来越重视海水直接利用。目前，许多沿海国家的工业用水中的 40%～50%是海水，主要用作工业冷却水，且其使用的规模和用途还在不断扩大。

1. 海水直接利用的领域

就目前的技术水平来看，海水直接利用主要有三个领域：作为工业冷却水利用、生活用水和海水直接灌溉。

(1)工业用水　热电厂的冷却水是海水工业利用的主要方式。在工业冷却、制冷方面总用量的 90%完全可以依赖海水。海水还可以直接在工业生产中用作溶剂、还原剂、溶盐、制碱、印染、水淬、海洋制药、加工海产品，以及洗涤、环境除尘、净化、冲渣、冲灰等。由于每年用于工业冷却的海水量巨大，因此，使用海水的方式已经从早期的直流冷却方式改进为循环冷却，不仅减少了取水量，也减轻了对环境的污染。工业利用海水的主要问题是取水量大，排污量大，海洋生物不易控制，需要使用较昂贵的防锈合金材料制造热交换器等，但投资问题事实上构不成海水直接利用的限制因素，海水直接利用所需设备的投资可以很快从节约淡水的效益中收回。

(2)生活用水　生活中的洗刷、卫生、消防和游泳池用水等，可称为大生活海水直接利用。香港已经通过法律，规定必须用海水冲洗厕所，且规定海水冲厕不收费。目前，防腐技术是海水直接利用的重要限制性因素。适合大生活直接利用海水的城市管道改造是一项大工程，直接影响大生活海水直接利用的推广和发展，需要依靠国家政策的倾斜来推进该项事业的实施。天津市已把一个淡水自来水厂改造为海水自来水厂，使大生活海水直接利用迈出了向深入发展的第一步。

(3)海水直接灌溉　无论在国内还是在国外，低盐度海水直接用于灌溉还处于实验阶段。据报道，沙特阿拉伯咸水技术公司在美国农业专家们的帮助下，在东部沿海地区进行一项用未经处理的海水灌溉一种咸水中生长的油料作物的试验。如果试验成功，将为地下水极为紧缺和开发费用昂贵的沿海不毛之地发展农业提供经验，此项试验受到海湾其他国家以及非洲贫穷的沿海国家的密切关注。沙特阿拉伯咸水技术公司还在东部沿海岸 2 000 m 的地区划出 300 hm^2 土地，试用海水灌溉适盐类植物盐角草属，该公司准备近年内把试验面积扩大。指导此项试验的美国农业科学家说，他们在墨西哥沿海地区试验已获得成功。

2.海水直接利用的难点

海水直接利用具有许多诱人的优点，但目前仍存在着一些影响扩大海水直接利用的主要问题。

(1)需要建立独立的供水系统　大规模直接利用海水必须要构建专门用于供应海水的海水厂和相关的配套供水管线。这样的情况下，城市将会建造淡水、海水两套独立的供水系统，然后再相互通过特定方式连接。这对于大多数城市来说，现有的市政供、排水系统要进行大范围的彻底翻新改造。

(2)海水的腐蚀和海洋生物的污损　直接使用海水时，海水的腐蚀性是一个无法回避的问题。使用海水的设备需要用较昂贵的防锈合金材料制造，如热交换器要用钛或钢镍合金制造。目前对海水进行直接利用的防腐技术和制造技术已基本过关，为海水直接利用排除了一个障碍。海洋生物的污损问题具有相对明显的地区性。克服生物污损问题，能够依靠专用的涂料、材料以及对水进行严格处理来解决。

(二)海水淡化利用

海水淡化亦称海水脱盐，指将海水脱去盐分，变为符合生产生活使用标准的淡水，也包括咸水淡化。海水与咸水二者含盐量虽不相同，但淡化原理和工艺设备基本相同，淡化目的也完全一致。从海水中取出淡水，或除去其中溶存的盐类，都能够达到海水淡化的目的。依照原理的不同，可以将现有的海水淡化方法区分为相变化法、膜分离法和化学平衡法。蒸馏法是相变化法中最重要的一种方法。

三、海盐及化学资源的开发

海水中的化学元素资源，人类既能以盐类矿产进行开发利用，也可以专门提取其中的有用化学元素。

(一)海盐资源

各类盐物质溶解于海水中，海盐中氯化钠的含量最高，大概为 70%～80%，总

量大致在 4×10^{16} t。氯化钠不仅是食盐的主要原材料，并且还是氯碱工业以及其他一系列化学工业和冶金工业的原料基础。

我国有宜盐土地和滩涂资源约 8 400 km^2，其中山东省 2 740 km^2，河北省 1 670 km^2，辽宁省 1 402 km^2，江苏省 1 170 km^2，福建省 1 050 km^2，天津市 390 km^2，广东省 130 km^2，广西壮族自治区 70 km^2，浙江省 160 km^2，海南省 80 km^2。依据海区划分，黄渤海沿海的宜盐土地和滩涂面积最多，约为 82%；东海沿海的宜盐土地和滩涂面积次之，约为 15%；南海的宜盐土地和滩涂面积最小，仅为 3%。从海盐生产条件的角度来看，北方沿海要比南方沿海更具优势。我国海盐产区可划分为南方盐区与北方盐区。南方海盐区具体包括上海市、浙江省、福建省、台湾地区、广东省、广西壮族自治区和海南省。北方海盐产区具体包括辽宁省、河北省、天津市、山东省和江苏省。按照传统划分，北方海盐产区又分属于辽宁、长芦、山东与江苏四大盐区。北方这四大盐区的盐田面积大概是全国海盐田面积的 79.6%，其产量和产值都超过全国的 80%。

(二)海水化学资源

海洋不但提供了丰富的水资源，还蕴藏着丰富的化学资源。地球上约有海水 13.7×10^8 km^3，在海水含有的 80 多种化学元素中，其中可溶性无机盐类占 3.42%，储量约 5×10^{16} t，是沿海省市发展化学工业的宝贵资源。每立方千米海水含有淡水 96 575 $\times10^4$ t、氧化钠 26 692 $\times10^4$ t、氧化镁 328 $\times10^4$ t、硫酸镁 210 $\times10^4$ t、氯化钾 72 $\times10^4$ t、溴化镁 8 $\times10^4$ t，还有硼、氟、锂等化学元素八十多种，其中国内外已经研究开发的有 15 种(表 7-2)。

表 7-2 海水化学资源状况

名称	化学式	浓度	资源总量	每立方千米海水资源量
淡水	H_2O	96.57%	132.30×10^{16} t	96 575 $\times10^4$ t
氯化钠	NaCl	2.69%	3.66×10^{16} t	2 669 $\times10^4$ t
氯化镁	$MgCl_2$	0.33%	4 493 $\times10^{12}$ t	328×10^4 t
硫酸镁	$MgSO_4$	0.21%	3 570 $\times10^{12}$ t	210×10^4 t
硫酸钙	$CaSO_4$	0.14%	1 891 $\times10^{12}$ t	138×10^4 t
氯化钾	KCl	0.07%	986×10^{12} t	72×10^4 t
溴化镁	$MgBr_2$	0.01%	109.60×10^{12} t	8×10^4 t
硼	B	4.6×10^{-6}	6.30×10^{12} t	4 600 t
氟	F	1.3×10^{-6}	1.78×10^{12} t	1 300 t
锂	Li	0.2×10^{-6}	2 329 $\times10^8$ t	170 t
铷	Rb	0.1×10^{-6}	1 561 $\times10^8$ t	120 t

续表 7-2

名称	化学式	浓度	资源总量	每立方千米海水资源量
碘	I	0.1×10^{-6}	822×10^{8} t	60 t
铀	U	0.003×10^{-6}	41×10^{8} t	0.3 t
银	Ag	$0.000\ 04\times10^{-6}$	$5\ 480\times10^{4}$ t	40 kg
金	Au	$0.000\ 004\times10^{-6}$	548×10^{4} t	4 kg

第四节　滨海旅游与滩涂资源开发利用

一、滨海旅游资源的开发利用

滨海旅游是指充分利用海岸带的优势自然景观条件，为游客们休闲度假提供娱乐放松的场所。滨海旅游既是最传统的、最主要的旅游形式，也是现代旅游增长最快的领域，在国内外均具有举足轻重的地位。中国拥有 32 000 km 的海岸线，其中大陆海岸线 18 000 km；岛屿 6 500 多个，自然资源非常丰富，人类活动集中于此。海岸带在我国经济增长和现代化过程中，拥有非常重要的作用。

(一)滨海旅游资源的分类

1. 滨海旅游资源特点划分

按滨海旅游资源的特点可分为自然风光资源、人文景观资源和社会旅游资源三大类型。

2. 滨海游憩活动

以游憩活动的角度来看，人类海洋旅游活动的对象主要是滨海旅游资源。海洋旅游资源主要为人类海洋旅游活动标的物或者吸引物。海洋空间资源的内容十分众多，依据人类海洋旅游活动所依托海洋空间环境的条件，海洋旅游活动大致由海岸带旅游、海岛旅游、远海旅游和深海旅游、海洋专题旅游四类活动形式构成。

(二)中国滨海旅游分区及其特点

1. 环渤海地区滨海旅游区

环渤海地区滨海旅游区包括辽宁、河北、天津与山东三省一市。海岸线北起鸭绿江口,南至山东与江苏两省交界处的绣针河口,大陆岸线为 5 656 km。区内包括岛屿约 660 个,总面积 355 km^2,总岛屿岸线长为 1 428 km。区内滩、海、景、特应有尽有,资源禀赋状况优良。此外,本区海陆交通发达,周围地区经济发展水平较高,特别是本区众多的自然景观资源和人文景观资源环绕渤海和渤海海峡分布,便于从陆路和海上组成大大小小的环形旅游线路。这一优势是其他海洋旅游区所没有的。目前,该区已形成了以丹东、大连、天津、秦皇岛、烟台、青岛为热点的环形旅游区。

2. 长江三角洲地区滨海旅游区

该区包括江苏省、上海市、浙江省二省一市。海岸线北起山东与江苏两省交界处的绣针河口,南至浙江省与福建省交界的虎头,大陆岸线全长为 2 966 km。区内有岛屿约为 1 950 个,总面积 2 822 km^2,岛屿岸线长约 4 638 km。在我国的滨海旅游业中占有重要地位。首先,该区域具有丰富的自然旅游资源和人文旅游资源。上海是国际旅游者的进出门户;杭州、绍兴、宁波的自然旅游资源和人文旅游资源丰富,都是历史文化名城;舟山地区的海岛环境优美,普陀山是我国四大佛教名山之一。其次,该区旅游区位优势明显。位于我国南北海运航线和长江内河航道的结合部,依托我国最大的经济中心城市和工商业城市——上海和经济发达的长江三角洲经济区。其区位优势决定了其在吸引国内外游客方面具有独特的优势。再次,该区经济发达,人口密集,大中城市集中,极有利于旅游业的发展。目前,该区已形成以上海、杭州为中心,以南通、连云港为左翼,以宁波、温州为右翼的旅游格局。

3. 闽江三角地区滨海旅游区

该区海岸线北起福建省与浙江省交界的虎头,南至诏安县闽粤交界线,大陆岸线全长 3 051 km。区内有岛屿约 1 200 个。发展滨海旅游业具有一定的优势。首先,该区为我国著名的侨乡,散居在世界各地的闽籍侨胞有数百万之多。其次,与我国的台湾地区隔海相望,对吸引台胞前来投资办厂、旅游观光具有一定的优势。再次,拥有较为丰富的自然旅游资源和人文旅游资源。如福州市的三山(屏山、于山、乌山)鼎力、两塔(白塔、乌塔)遥对,泉州是我国四大商港之一，厦门的鼓浪屿风景秀丽。目前，该区已形成以泉州、厦门和福州为热点的带状旅游基本布局。

4. 珠江三角洲地区滨海旅游区

该区包括广东省与广西壮族自治区。本区海岸线东起闽粤两省交界线，西至中越交界的北仑河口，大陆岸线全长 4 824 km。区内有岛屿约 1 540 个，岛屿岸线长 2 585 km。与东南亚国家或相邻或隔海相望，发展滨海旅游具有独特的区位优势。同时，依托经济发达的珠江三角洲，发展海洋旅游业具有一定的优势。目前，该区已形成以广州、深圳、珠海为中心，以汕头、惠州为右翼，以湛江、北海为左翼的海洋旅游布局。

5. 海南岛及南海海岛旅游区

该区包括海南岛以及南海岛屿，在行政区划上属于海南省管辖。海南岛东西长 240 km，南北宽 210 km，总面积 33 920 km^2，全岛海岸线长 1 618 km。海南岛及南海岛屿处于热带气候区，具有其他地区少有的热带风光和独具特色的旅游资源。海南岛还是少数民族集中居住地，各民族的风土人情对游客具有较大的吸引力。但海南岛地处祖国的边陲，内地到海南岛旅游，路途遥远、交通不便，空中交通费用较高。一定程度上限制了海南岛及其周围岛屿旅游业的发展。尚处在点状开发状态，主要集中在海口和三亚两市。

框 7-2 海洋酸化

海洋酸化是指海洋水体吸收空气中过量 CO_2，导致海水酸碱度降低的一种情况。在水循环系统中，海洋和大气在不断进行着物质交换，人类的活动所排放到大气中的所有成分都会和海洋进行融合。当空气中过量的 CO_2 进入海洋中时，海水的 pH 就会不断降低，呈酸化趋势。工业革命前，自然因素是大气碳含量变化的主要原因，全球气候的自然波动是因为自然变化，可以保持一种相对动态平衡。但工业革命开始进入工业时代，人类大量使用煤、石油和天然气等化石燃料，向大气中排放过量的碳，并砍伐了大量森林，使得大气中的碳含量水平逐年上升。

海洋酸化会导致海水化学的种种平衡有所变化，海洋上表层密度变小，从而减弱了表层与中深层海水的物质交换，并使海洋上部混合层变薄，不利于浮游植物的生长，使得依赖于化学环境稳定性的多种海洋生物乃至生态系统受到前所未有的严重威胁。

浮游植物的门类众多、生理结构多样，对海水中不同形式碳的利用能力也不同，海洋酸化会改变种间竞争的条件。在海水酸化较轻的地区，只有部分浮游植物受到影响，但在最为严重的地区，所有浮游植物的生存均遭受威胁。浮游植物构成了海洋食物网的基础和初级生产力，它们种类和数量的变化很可能导致从小鱼小虾到鲨鱼、巨鲸的众多海洋动物都面临冲击。此外，在pH较低的海水中，营养盐的饵料价值会有所下降，浮游植物吸收各种营养盐的能力也会发生变化。越来越酸的海水还在腐蚀着海洋生物的身体，藻类、珊瑚虫类、贝类、甲壳类和棘皮动物在酸化环境下钙化形成碳酸钙外壳，骨架效率明显下降。

目前，大气CO_2浓度的升高已经使海水pH比工业革命前下降了0.1，海水碳酸盐平衡体系随之变化，进而影响了珊瑚礁生态系统的健康。海洋酸化导致造礁石珊瑚幼体补充和群落恢复更加困难，造礁石珊瑚和其他造礁生物钙化率降低甚至溶解，乃至影响珊瑚礁鱼类的生命活动。虽然海洋酸化对造礁石珊瑚光合作用的影响不显著，但珊瑚虫-黄藻共生体系会受到一定影响。

二、滩涂资源的开发利用

(一)滩涂资源的定义

从广义上来看，沿海滩涂以及沼泽、江滩、河滩等在地域上远离海洋的土地类型都是被滩涂资源所囊括在内的。从开发利用的角度看，不仅指潮间带，还包括潮上带和潮下带可供开发利用的部分。狭义上的滩涂资源是从学术的角度看，指海岸带受海水周期性淹没的区域，即大潮高潮线与大潮低潮线之间涨潮时淹没，落潮时出露的地带，亦称潮间带。

(二)滩涂资源的分类

按滩涂的物质组成成分，可将其分为沙滩、岩滩和泥滩；按照潮位、宽度和坡度，可以将其分为高潮滩、中潮滩、低潮滩。因为岸的类型多样、河流的含沙量、水流的作用等因素的影响，一些岸受到水的冲刷作用，滩涂向陆地的方向后退；一些岸受到堆积作用的强烈影响，便会向有水的方向蔓延；还有一些岸则相对稳定，范围也不会经常性变化。

（三）潮间带的类型、面积与分布

潮间带是海岸带的一部分，是介于高潮位和低潮位之间、受潮汐作用的滩地。由于构成潮间带的物质不同，又可细分为基石岸滩、砾石滩和砂质海滩、粉砂淤泥质滩及生物滩等几种类型。

1. 基石岸滩

基石岸滩是由坚硬岩石组成的海蚀地貌。基石海岸的海岸线曲折，岬角与海湾相间分布，岬角向海突出，海湾深入陆地。在波浪和海流的作用下，岬角处侵蚀下来的物质和海底坡上的物质被带到海湾内堆积起来。由于不同岩石抵抗海蚀作用的能力千差万别，基岩岸滩又各自呈现不同的形态。

2. 砾石滩和砂质海滩

海滩是在波浪和波浪流的作用下形成的松散沉积物地貌体，根据物质组成可分为砾石滩和海砂质海滩两种。砾石滩是由卵石、砾石等粗颗粒沉积物构成的地貌体，其形成过程分为两个阶段：第一阶段是岩石风化、崩塌阶段；第二阶段是岩石碎块在水动力作用下搬运、磨圆、再堆积阶段。其分布一般与基岩岸滩关系密切。

砂质海滩是由河流携带入海和沿岸岩石风化的泥沙在横向运动和纵向运动共同作用下形成的堆积地貌。不同岸段的水动力环境有差异，海沙在海浪、海流、潮汐以及河流的作用下堆积成各种秀丽多姿的堆积地貌体，也形成了不同形态的砂质海滩。

3. 粉砂淤泥质滩

粉砂淤泥质滩是潮汐作用下形成的松散沉积物地貌体，其主要是由粉砂、黏土等细颗粒泥沙组成，有时也由砂和贝壳碎屑等组成。由于作用于粉砂淤泥质滩上的海洋动力条件较弱，构成物质较细，因而海岸坡度相当平缓。

4. 生物滩

生物滩是指由生物对海岸起建设性作用形成的堆积地貌体。

（四）我国滩涂资源分布

我国地势西高东低，沿海上千条入海河流每年携带大量泥沙进入大海，所以潮间带用于发育滩涂资源的物质基础十分优越。我国滩涂资源大体包括平原型滩涂资源、河口型滩涂资源和港湾型滩涂资源三类。以杭州湾为界，往北以平原海岸滩涂为主，往南以山地丘陵港湾海岸滩涂为主。全国滩涂资源面积分布如表 7-3 所示。

表 7-3 全国滩涂资源面积分布

岸段	滩涂资源			构成(占本岸段)/%		
	面积/(10^4 hm^2)	占总量/%	占本海区/%	海滩涂	滩涂沼泽	河口滩地
渤海沿岸	68.04	31.32	100.0	75.1	17.5	7.4
辽宁	24.18	11.13	35.5	70.7	29.3	—
河北	11.00	5.06	16.2	70.0	26.2	3.8
天津	5.87	2.70	8.6	63.7	23.5	12.8
山东北	26.99	12.43	39.7	83.7	1.9	14.4
黄海沿岸	58.20	26.80	100.0	79.3	20.4	0.3
山东东	6.88	3.16	11.8	92.1	5.9	2.0
江苏	51.32	23.64	88.2	77.6	22.4	—
东海沿岸	55.49	25.58	100.0	84.5	6.3	9.2
上海	6.15	2.84	11.1	72.7	27.3	—
浙江	28.86	13.30	52.0	79.7	5.0	15.3
福建	20.48	9.44	36.9	94.8	1.8	3.4
南海岸段	35.36	16.30	100.0	86.8	12.3	0.9
广东	20.42	9.41	57.8	89.8	9.6	0.6
海南	4.89	2.26	13.8	80.8	15.1	4.1
广西	10.05	4.63	28.4	93.7	16.3	—
总计	217.09	100		80.6	14.5	4.9

注：该数据未包括台湾地区。

(五)我国沿海滩涂资源开发利用方式

我国海洋滩涂资源丰富，总面积约为 2.17 万 km^2，是开发海洋、发展海洋产业的宝贵财富。靠海的泥质滩涂地形相对平缓，面积较为宽广，由于经常受到海水夹带的泥沙淤积，地表土质肥沃，非常具有农垦价值。从生态角度看，沿海滩涂湿地有很多稀有动植物，具有重要的生态保护价值；沙质沿岸风景优美，风光秀丽，是非常具有旅游开发价值的旅游度假场所。

1. 农业综合开发

对沿海滩涂进行合理围垦，我国沿海滩涂资源开发利用的主要方向是发展粮、棉、林、果、牧业生产。我国已经通过滩涂围垦的方式建成了一批发展前景良好的农、林、果、牧生产基地，农、林、果、牧产品单产和总产量大幅度提高，在很大程度上缓解了沿海地区的人地矛盾。

2. 水产养殖业

在我国沿岸水域，海水生物种类非常丰富，有鱼、虾、贝、藻等 1 500 余种，沿海滩涂和浅水海域面积广阔、饵料丰富，发展浅海滩涂水产捕捞和养殖条件优越。到现在为止，我国沿海滩涂能够进行养殖的面积大致为 130×10^4 hm^2，开发面积不足 20%，发展潜力巨大。

3. 原盐生产及盐化工业

我国原盐总产量的约 60%都是通过海盐生产的，大部分的日常食用盐也是通过海盐生产的。我国沿海滩涂围垦面积中有约 20%用于盐业生产，年产原盐 $2\ 000\times10^4$ t 以上，海盐生产量一直居世界首位。

4. 湿地动植物种群保护

沿海滩涂是湿地类型的一种，大量珍惜保护动植物栖息于此。滩涂地区不断被人类利用和开发，虽然经济效益有所提高，但是对湿地动植物形成了威胁。所以，我国为保护滩涂动植物，在沿海地区建立了野生动植物保护区，并且引种、驯养了一批世界濒危动植物。

总体上看，围海强度不断加大，单位围海规模也不断扩展。近年来的大量滩涂的开发利用，加快了围海工程技术的进展。然而，不合理的开发造成河流入海泥沙的大量减少，我国滩涂资源正在急剧减少，对于沿海生态环境的影响也会不断加深。

复习题

1. 海洋资源如何分类？不同类别海洋资源的分布是怎样的？

2. 影响海洋生物资源的因素有哪些？它们是如何影响的？

3. 哪些方面可以直接利用海水水资源？直接利用海水水资源存在哪些问题？

4. 滩涂资源的用途分为哪些？

讨论题

中国的海洋资源开发战略应该有何举措？

第八章 种植业资源

重点提示

本章主要阐述种植业资源的基本概念、结构功能，种植业资源利用与农业发展的关系，学习和研究不同区域种植业资源的主要内容和价值贡献，了解和掌握种植业资源开发利用现状与趋势、存在问题与发展对策。

第一节 种植业资源及其结构功能

种植业资源是指人为管理的、能为人类生活直接或间接提供原料、食品及其他效益的植物，是一种可再生的资源，也是生态系统的重要组成部分。农作物是种植业资源的主要类型，粮食产量的高低受到种植业资源和农田生态系统双重因素的制约，充分了解不同区域的地域特色，分析各区域种植业资源的结构特点，总结种植业资源利用过程存在的问题和提高的途径，是提高作物生产效率的基础，也是种植业可持续发展的重要保障。

一、种植业资源结构与布局

我国国土面积大，从南到北跨过热带、亚热带、暖温带、中温带、寒温带等多个气候带，植被群落形成了十分明显的纬向地带性；从东到西，依次分布森林、草原、荒漠等群落，形成了经向地带性分布；众多高耸的山脉又形成了植被群落垂直地带性分布。复杂的地形地貌和气候条件，使我国形成了极其丰富的种植业资源系统。种植业通常指粮、棉、油、糖、麻、丝、烟、茶、果、药、杂等作物的生产，是多种农作物生产组成的综合体，狭义的农业。

我国种植业系统由三大类作物构成：第一类是粮食作物，包括水稻、玉米、小麦、薯类及其他杂粮；第二类是经济作物，包括棉花、麻类、油料作物、糖料作物、烟草、茶、桑、水果等;第三类是其他作物,包括蔬菜、饲料、绿肥等。

(一)主要粮食作物结构与布局

我国粮食作物常年播种面积占全国农作物总播种面积的68%左右。水稻、玉米、小麦是我国最主要的粮食作物,近20年三者播种面积和产量分别占粮食作物总播种面积和总产量的80.62%、90.14%。

水稻是最重要口粮作物。2017年全国水稻种植面积3 017.6万 hm^2,单产首次突破6 900 kg/ hm^2,总产20 856.0万t,同比增加148.8万t。总体向优质化方向发展,以四川为例,截至2016年,全省优质稻覆盖率达到72%。玉米是我国集粮食、饲料、工业原料和生物质能源等用途于一体的优势作物。1985—2012年中国玉米种植面积增长97%,产量增加2.22倍。北方区生产规模指数不断上升,由27.63%上升至38.58%,其中黑龙江与内蒙古的上升趋势最明显(表8-1)。

表8-1 1985—2012年中国玉米主产区生产规模指数和生产集中度指数变化趋势

区域	生产规模指数/%			生产集中度指数/%		
	1985年	2012年	变化	1985年	2012年	变化
北方	27.63	38.58	10.95	28.01	42.19	14.18
黄淮海区	35.89	31.82	−4.07	39.57	31.48	−8.09
长江中下游区	7.97	6.40	−1.57	6.89	5.69	−1.21
西北区	9.17	9.05	−0.12	8.14	9.02	0.88
西南区	17.5	11.62	−5.87	15.42	9.73	−5.70
南方区	2.96	2.44	−0.52	1.57	1.81	0.24
青藏区	0.01	0.01	0	0.08	0.10	0.02
合计	100	100	—	100	100	—

小麦从1994—2013年总体呈下降趋势。东北区、西北区、西南区、青藏区一直呈下降趋势,播种面积合计减少428.94万 hm^2,占全国面积减少总量的90.7%,其中东北区减少幅度最大。蒙新区播种面积减少23.56万 hm^2,黄淮海麦区播种面积减少6.94万 hm^2;长江中游区受安徽小麦播种面积增长的带动,总体增长10.26万 hm^2(表8-2)。

表 8-2　不同区域小麦产量占全国总产量比重的变动特征　　%

地区	1994—1995 年	2004—2005 年	2012—2013 年
黄淮海区	48.86	56.91	56.33
东北区	3.49	1.06	0.47
东南沿海区	9.80	7.83	9.25
长江中游区	11.06	10.65	14.15
西南区	9.46	7.30	4.95
西北区	10.36	10.28	7.98
蒙新区	6.05	5.30	6.37
青藏区	0.92	0.68	0.49

小宗粮食作物谷子、糜子、高粱、荞麦、绿豆等是我国的传统粮食作物。它们具有耐旱、耐瘠、适应性强、生育期较短的特点，也是调剂群众日常生活和抗灾的重要口粮，种植面积近年来有所减少，其中 2016 年高粱产量 201.3 万 t，占世界产量的 3.2%。

(二)主要大田经济作物的结构与布局

大田经济作物具有种类繁多、分布面广、种植分散、技术性强、商品率高等特点。油料、麻类、蔬菜等播种面积显著增长，其中蔬菜 2016 年与上年相比增加了 32.8 万 hm^2。2016 年棉花种植面积 338 万 hm^2，产量 534 万 t，单产为 1 582.50 kg/hm^2，面积和产量有所下降，单产却有上升。棉花种植以新疆、黄河流域、长江流域为主，其中新疆年产量 359 万 t，占全国产量的 67.27%，且有继续上升趋势，该地区棉花基本形成规模化和机械化种植。长江流域、黄河流域分别占全国产量的 18.53%、13.24%，仍以小规模种植为主，未形成规模化种植和机械化生产，缺乏集棉花生产、加工、销售为一体的综合数据平台。

油料作物 2007 年播种面积、总产分别为 0.11 亿 hm^2、2 568.7 万 t，分别比 2005 年下降 16.1%、18.5%，成为 1999 年以来的最低点。2008 年以来全国主要油料生产呈现恢复性增长，到 2015 年油料总产达到 3 537.0 万 t，其中油菜和花生是主要作物，二者占油料作物面积的 86.58%、总产的 89.12%；向日葵面积 94.7 万 hm^2左右，占 6.79%，产量占 7.08%；芝麻和胡麻种植面积分别占 3.07%、2.22%，总产分别占 1.81%、1.12%；其余小宗油料(红花、苏子等)合计面积占 1.34%，产量占 0.87%。

主要的糖料作物为甘蔗和甜菜，基本形成了“南蔗北甜”的生产格局。甘蔗播种面积在 170 万 hm^2 左右，主要分布在 17 个省区，其中广西、云南、广东和海南 4 个省区为甘蔗主产区，种植面积占全国 90%。全国甜菜种植面积为 21.87 万 hm^2，总产量 9.3 万 t，主要分布于北方地区，其中黑龙江、新疆、内蒙古、河北、甘肃占总面积的 95%。

麻类包括有黄麻、红麻、苎麻、龙舌兰麻、青麻等。其中黄麻主要分布在淮河流域以南的温暖地区，红麻主要分布在黄河流域、长江流域及华南地区，苎麻主要分布在长江流域，纤维用麻集中在黑龙江、吉林等地，龙舌兰麻主要分布在广东、广西、福建等热带和南亚热带地区。

烟草是积累资金的重要来源之一，有烤烟、晒红烟、晒黄烟等。其中烤烟比重最大，2016 年种植面积达 120.6 万 hm^2，占烟草总面积的 94.7%。

(三)茶、桑、果树等多年生经济作物的结构与布局

多年生经济作物主要是茶、桑、果树和橡胶四大作物。近年来，茶园、果园种植面积一直呈上升趋势，2016 年分别达到 290 万 hm^2、1 298 万 hm^2。茶园主要分布在秦岭、淮河以南，浙江、湖南、安徽、四川为我国的四大茶叶主产区，福建、云南、湖北产量次之。蚕桑除青藏高原外的省区皆有分布，柞蚕生产集中于辽东半岛、山东半岛和豫西山地。果树种植，在北方以苹果、梨、桃、山楂为主，南方以柑橘和热带水果为主。橡胶等热带经济作物主要分布在东南沿海地区，海南省和云南南部边缘地区，包括橡胶、咖啡、胡椒、油棕、剑麻等。

二、种植业资源功能与意义

种植业是人类社会赖以生存的最基本的产业部门，是整个农业的基础。我国农业总产值构成中，种植业的比重最大，产值占农业总产值的 50%以上。只有绿色植物能从大气中吸收二氧化碳，从土壤中吸收无机盐和水分，通过光合作用将太阳能转化为有机能，使无机物转化为有机物。畜禽则主要以植物性产品为食料，将植物能转化为动物能，而不能将无机物合成为有机物。所以，除依靠天然牧草放牧外，畜牧业均以种植业为基础。另外，人们要生存，每天必须摄入一定数量的糖、脂肪、蛋白质、维生素等营养物质。自从人类社会从采集和狩猎经济过渡到农业以后，这些营养物质无论来自植物性食品，还是来自动物性食品，其最初的来源都是种植业，它的稳定发展，特别是其中粮食作物生产的发展对畜牧业、工业的发展和人民生活水平的提高，对中国国民经济的发展和人民生活的改善均有重要意义。正确处理种植业与其他各业的关系，正确确定种植业内部各类作物的种植比例是合理利用土地、加快农业发展的重要条件。

第二节 我国种植业资源的区域划分

一、东北区

(一)区域特点

东北区指东北三省(辽宁、吉林、黑龙江)与内蒙古东部的三盟一市(呼伦贝尔市、兴安盟、哲里木三盟和赤峰市)。本区东、西、北三面低山环绕,中部为开阔的平原,海拔高度一般在 500～1 200 m。中部的东北大平原包括松嫩平原、辽河平原和三江平原,海拔一般在 50～200 m,总面积超过 34 万 km^2。本区域属于温带大陆性气候,夏季温和湿润,冬季严寒漫长,≥10℃积温在 1 400～3 600℃,无霜期较短,为 100～200 d,由西北向东南逐渐增多。东北是我国纬度最高的地区,夏季日照时间长,故太阳总辐射资源丰富,年总辐射量为 4 100～5 400 MJ/m^2,年日照时数均在 2 200～3 000 h,日照百分率为 51%～67%,在分布上有自北向南、从东到西增大的总趋势。

东北区域最大的优势是具有广袤的耕地资源和肥沃的黑土土壤。本区耕地面积 2 145 万 hm^2,其中灌溉面积约 772.86 万 hm^2,占耕地面积的 36%。主要土壤类型有黑土、黑钙土、草甸土、褐土等,其中黑土土层深厚,腐殖质含量高,一般为 5%～6%,团粒结构好,非常适合植物生长。东北平原是世界仅有的三大黑土地带平原之一,其黑土带总面积约 1 100 万 hm^2,占东北土地总面积的 11.5%;黑土耕地面积约 815 万 hm^2,占全区耕地面积的 32.5%。值得注意的是,由于气候变化和人类的强烈干预,该区土地荒漠化日趋严重。黑土层厚度由开垦初期的 80～100 cm 减少到目前的 20～30 cm,黑土层年减少达 0.7～1.0 cm。

东北地区整体水资源并不丰富,水资源总量不多,全年降水不均,主要为雨养农业。从各区域来看,黑龙江多年平均水资源总量为 810.33 亿 m^3,其中地表水资源 686.08 亿 m^3。按 2017 年人口和耕地面积算,人均占有水资源量 2 161 m^3,接近全国平均水平。吉林省多年平均水资源总量为 399 亿 m^3,其中地表水资源为 344 亿 m^3,全省人均水资源量为 1 446 m^3。辽宁是严重缺水的省份之一,全省水资源总量为 342 亿 m^3,人均水资源量为 811m^3,仅为全国人均水量的 1/3,世界人均水量的 1/12,低于国际标准起码需求线。从年降水来看,黑龙江、吉林、辽宁年降水量分别为 532 mm、609 mm、775 mm,整个东北有从东向西逐渐减少的趋势,且夏季(6—8月)的降水量占全年的60%～70%,但正是这种雨热同期和长日照的特点奠定了东北地区粮食作物的高产。

(二)种植结构特征

东北是我国重要的粮食主产区,2016年粮食作物面积11 303.4万 hm^2,总产量达61 625.05万t,玉米、水稻、大豆、小麦是该区的四大粮食作物。自1980年以来,水稻和玉米的种植面积呈显著上升趋势,玉米种植比例由46.2%上升到58.2%,水稻由7.9%上升至24.1%;大豆由24.7%下降至16.4%,小麦则由21.2%降至1.2%。2016年该区域稻谷、玉米、大豆的种植面积分别占全国的15%、30.2%、44.6%,产量分别占全国的16.6%、33.8%、44.1%(表8-3)。主导种植结构由玉米、大豆组合型向玉米、大豆和水稻的组合型变化。在种植制度上,主要农作物基本实行连作方式。另外,辽东半岛有大量的丘陵漫岗是果树生产基地,是苹果生产集中区。辽宁省是日光温室的发源地,是我国设施蔬菜重点发展区域。

表8-3　2016年东北区四大粮食作物生产情况

作物	东北区		全国	
	面积/万 hm^2	产量/万t	面积/万 hm^2	产量/万t
粮食	11 303.45	61 625.05	2 005.78	11 876.34
水稻	3 017.82	20 707.51	454.65	3 393.99
小麦	2 418.68	12 884.5	8.58	31.32
玉米	3 676.77	21 955.15	1 113.32	7 426.04
大豆	720.23	1 293.75	321.64	571.66

(三)发展方向

《国家粮食安全中长期规划纲要(2008—2020年)》设定2020年粮食自给率为95%,其中谷物为100%。农作物种植结构变化与粮食供给能力密切相关,东北地区是中国主要的粮仓,该地区调整农业种植结构直接关系到国家的粮食安全问题。2016年中国农业部发布了《农业部关于“镰刀弯”地区玉米结构调整的指导意见》,东北地区西部是镰刀弯地区的玉米种植区,调整农业种植结构势在必行。东北大米本身品质好、品牌效益大,可以调减非优势区玉米的种植面积,减少单一玉米型,增加组合型,增大水稻、大豆作物组合,有利于东北地区的种植结构调整调和国家粮食安全。

二、黄淮区

(一)区域特点

黄淮区主要由黄河、淮河下游泥沙冲击而成,包括山东、河南、河北三省。其中山东省属于暖温带半湿润季风气候区,降水集中,雨热同季,春秋短暂,冬夏较长,气候温和,四季分明。全省年日照时数为 2 200~2 900 h,日照百分率为 50%~65%,较南邻的江苏和安徽高出 300~400 h,太阳总辐射量 4 810~5 400 MJ/m^2;年平均气温 11.2~14.4℃,由东北沿海向西南内陆递增,胶东半岛、黄河三角洲年均在 12℃以下,鲁西南在 14℃。≥10℃的年平均积温 3 800~4 600℃,全年无霜期由东北沿海向西南递增,鲁北和胶东一般在 180 d,鲁南地区可达 220 d。年平均降水量 550~950 mm,由东南向西北递减。鲁南、鲁东一般在 800 mm 以上;鲁西北和黄河三角洲则在 600 mm 以下,降水季节分布很不均衡,水资源严重缺乏。全年降水量有 60%~70%集中于 6—8 月,易形成涝灾。该地区水资源补给主要来自大气降水,人均水资源占有量仅 520 m^3,为全国人均占有量的 18.8%。

河南地区气温、雨量均由北向南递增,年均气温 12~15℃,年降水量 600~1 300 mm,淮河以南降水量 1 000 mm,许昌以南 700 mm,豫西北部不足 600 mm。0℃以上年积温 5 120~5 500℃;年日照时数在 1 960~2 500 h。其中 5—9 月大于 0℃积温、降水量、日照时数分别占全年总量的 70.3%、72.1%、48.0%。地表形态多样,其中平原占总面积的 50%以上。土壤类型多样,一、二、三级土壤占调查耕地面积的 69.94%。

河北省地处中纬度亚欧大陆东岸,濒临渤海湾,属于温带湿润半干旱大陆性季风气候,省内气候条件较好,适合多种农作物生长,太阳年辐射量为 4 981~5 966 MJ/m^2,其中年日照时数为 2 600~3 000 h,日照率为 50%~70%。四季分明,年无霜期 81~204 d;年平均降水量为 550 mm,水资源总量为 167.98 亿 m^3。主要分山地和平原,平原占全省总面积的 43.4%,利于农作物生产。但耕地利用不好,导致土地贫瘠,耕地面积逐年减小。

(二)种植结构特征

黄淮区是我国“北粮南运”的重要粮食生产基地,对保障我国粮食安全方面具有举足轻重的作用。近年来,该区域农作物种植面积和粮食作物种植面积一直呈上升趋势,而经济作物面积出现了下降趋势。截至 2016 年,粮食作物种植面积已占到该区农作物播种面积的 70%以上,占据绝对的优势地位(表 8-4)。

表 8-4　2010—2016 年黄淮区农作物种植结构变化趋势　　万 hm^2

年份	农作物面积	粮食作物面积	经济作物面积
2010	3 378.53	2 310.72	1 067.81
2011	3 389.77	2 329.18	1 060.59
2012	3 391.09	2 348.99	1 042.11
2013	3 404.91	2 369.23	1 035.68
2014	3 412.93	2 398.19	1 014.74
2015	3 419.13	2 415.17	1 003.96
2016	3 416.21	2 412.50	1 003.71

在粮食结构上，夏粮与秋粮基本平衡。小麦和玉米是主要的粮食作物，2016 年播种面积分别占粮食总面积的 48.1%、40.0%，产量分别达 7 243.84 万 t、5 564.51 万 t，分别占全国产量的 56.2%、25.3%。各地区玉米种植面积均呈上升趋势，单产保持稳定。该区域整体棉花种植面积呈萎缩趋势，2016 年，棉花总种植面积和产量分别占全国的 25.5%、17.8%。油料作物种植面积基本稳定，2016 年花生的种植面积占油料作物的 77%以上，产量达 960.46 万 t，占全国花生产量的 55.5%。该区也是我国温带水果的集中生产区，2016 年苹果、梨、葡萄面积分别占全国的 30%、26.8%、20.6%；该区也是我国设施农业发展较早的地区，设施蔬菜面积占全国 20%以上。

(三)发展方向

该区种植业生产应在保持粮食总产稳定增长的前提下，积极发展多种经营，重点平衡发展棉花、油料等经济作物。积极推广小苗精播高产栽技术、以“一选两增”(选用紧凑型玉米高产良种，增加种植密度和肥料投入)等高产技术，确保粮食生产基地地位。稳定烟台苹果、深州蜜桃、砀山酥梨、萧县葡萄等名优水果的发展。积极发展谷子等小宗作物，丰富区域内品种类型，发挥传统粮食作物的价值。

三、西北区

(一)区域特点

西北区由于其独特的地理位置和气候条件形成了两大农作物区：西北绿洲灌溉区和西北旱作农区。

绿洲主要分布在西北五省区，总面积 86 419 hm^2。绿洲面积仅占干旱区总面积的 4%～5%，但收益于独特的环境与资源条件，哺育了干旱区 90%以上的人口，形成了 95%以上的工农业产值，是干旱区社会经济发展的坚实支撑。西北内陆干旱绿洲区普遍少雨、光热丰富、耕地质量良好。大部分地区年降水小于 1 500 mm，年总太阳辐射量 5 020～7 770 MJ/m^2，平均日照时数 2 900～3 600 h，年均日照百分率 72%～74%；≥10℃活动年积温 80%的保证率大多为 2 600～4 000℃，可实行间作套种，南疆可以复种。该区县具有形成高产、优质农产品的独特自然条件和发展特色农作制的优势，区内灌溉耕地大多相对集中、地势平坦、质量良好，尚有可开垦后备耕地 160 多万 hm^2，具有发展规模化现代农作制的良好基础。

西北旱作区有三大特点，一是光热资源充足、日照时间长。全年太阳辐射总量为 5 020～8 260 MJ/m^2，光合有效辐射为 2 300～2 930 MJ/m^2，年均日照时数 2 500～3 000 h，日照百分率 55%～70%。二是土地面积广阔、但耕地面积占比小。西北旱作区有高原、平原、丘陵、山地、沟壑和沙漠，除了已开发利用的土地，还有难以利用的黄土沟壑和沙漠戈壁。已利用的土地有耕地、林地和草地，耕地仅占 19.6%。整个耕地中旱地面积占 94.5%，水田只占 4.5%。且耕地土壤肥力普遍较低，盐碱、沙化、水土流失严重，现有耕地中的中低产田高达 90%以上。三是水资源紧缺。年降水量仅有 300～500 mm，且季节分配差异大，主要集中在 7—8 月，多以暴雨形式出现。同时地表和地下水资源不足。地表水资源平均为 4 507.1 亿 m^3，平均年径流深 86 mm。地下水资源总量约为 2 551.1 亿 m^3，除去两者重复水量，多年平均水资源总量仅有 5 358.1 亿 m^3。

(二)种植结构特征

西北绿洲灌溉区形成了三种模式。一是以棉花、加工番茄、制种玉米、酿造葡萄等为主作物带动的规模化高效农作制模式；二是以设施蔬菜、花卉、食用菌等特色作物带动的高效节水型设施农作制模式；三是以果棉间作、粮粮间作和粮豆间作为主体带动的多熟制模式。粮食播种面积占总播种面积的 65%左右。小麦、玉米是主要作物。制种业是该区的优势支柱产业之一，其中甘肃省玉米制种面积和产量约占玉米播种面积的 1/3。设施蔬菜中，番茄、辣椒、西瓜、黄瓜、茄子等五种作物种植面积占总面积的 80%。水果中，葡萄种植基地发展到 3.3 万 hm^2。

近年来，烟草和苹果生产规模在不断扩大，但作物种类多，结构单一，主要表现为“三为主”：种植业以粮食作为为主、粮食作物以夏粮为主、夏粮以歇茬小麦为主。宁南旱作区种植业也以粮食作物为主，主要有小麦、玉米、谷子、糜子、马铃薯、豌豆等，还有胡麻、油葵、枸杞、苹果、大枣等经济作物。其中胡麻、马铃薯、豌豆、枸杞等属于当地名、优、特产品。

(三)发展方向

鉴于该地区的特点,要加强现代绿洲高效农作制建设,在土层深厚、光热充足、水源较稳定的地方应继续努力发展粮食生产,力求能自给自足。进一步加强省级商品粮基地建设,建设好内蒙古河套、宁夏平原、河西走廊、关中平原四片粮食生产基地。在经济作物上要稳定发展棉花生产,同时发力发展葡萄、枸杞等优、名、特产作物。在小麦单产逐步提高的前提下,适当压缩面积,协调好其与玉米、豆类及其他经济作物的种植结构。

四、长江中下游区

(一)区域特点

长江中下游地区包括湖北、湖南、江西、安徽、浙江、江苏、上海等六省一市。面积 91 万 km^2,2017 年总人口 45 083 万,总耕地面积 2 537.0 万 hm^2,分别占全国的 9.5%,28.1%和 19.5%。

该地区水资源充沛,年降雨量一般在 800～1 600 mm,其中生长季节(4—9月)占全年降雨量的 70%～80%,地表径流一般在 500～1 200 mm 以上。本区也是湖泊最多的地区,由于河川径流丰富,河网密集,开发利用条件好,才可引流到附近岗地和丘陵,扩大灌溉面积,解决易干旱土地缺水问题。该区的热量资源丰富,气候适宜。年平均气温 14～20℃,活动积温 4 500～6 500℃,1 月平均气温多在0℃以上,冬季没有河流封冻和土壤冻结现象,无霜期 210～350 d。北部热量能满足稻麦一年两熟,中部及南部可以种双季稻和越冬作物一年三熟,并适宜于多种亚热带果树生长。

该区耕地以水田为主,土壤肥沃、生产力高。水田面积占耕地总面积的 60%以上,区域内的湖南、浙江、江西是中国耕地年生产力水平最高的地区,年生产力分别较全国平均水平高出 90%、84%、76%。

(二)种植结构特征

2016 年全区粮食产量达 15 380.2 万 t,占全国粮食总产量的 24.96%,其中稻谷产量为 10 317.17 万 t,占全国稻谷产量的 49.82%。近 5 年来,经济作物的种植面积有降低趋势,粮食作物播种面积反而略有上升,2016 年比 2011 年扩大 45.3 万 hm^2。截至 2016 年,粮食播种面积为 2 648.6 万 hm^2,占农作物总播种面积的 64.07%;稻谷播种面积占总面积的 36.3%,产量达 10 317.17 万 t;小麦播种面积占总面积的 14.24%,产量达 2 979.6 万 t;油料作物播种面积占总面积的 11.94%,产量达 1 071.39 万 t(表 8-5)。

表 8-5 2016 年长江中下游区优势农作物播种面积、产量及其在全国的情况

作物	长江中下游地区		全国		全国占比/%	
	面积/万亩	产量/万 t	面积/万亩	产量/万 t	面积	产量
稻谷	22 509.9	10 317.2	45 267.4	20 707.5	49.73	49.82
小麦	8 828.6	2 979.7	36 280.3	12 884.5	24.33	23.13
油料	7 402.8	1 071.4	21 207.6	3 629.5	34.91	29.52
玉米	3 651.7	1 226.8	55 151.5	21 955.2	6.62	5.59
豆类	2 813.0	340.1	14 549.8	3 356.2	19.33	10.13
薯类	1 557.3	409.0	13 410.9	1 730.8	11.61	23.63

长江中下游区素有“鱼米之乡”的美称，优势作物除了稻谷，还有小麦、玉米、豆类、薯类及油料等经济作物。2016 年小麦播种面积和产量分别为 8 828.6 万亩、2 979.7 万 t，主要分布在江苏、安徽、湖北等地区；玉米播种面积和产量分别为 3 651.7万亩、1 226.8 万 t，主要分布在安徽、湖北、江苏、湖南等地区；豆类播种面积和产量分别为 2 813.0 万亩、340.1 万 t，安徽是主要种植区；薯类产量达 409.0 万 t，主要分布在湖北、湖南、浙江、安徽、江西。

该区也是油料与优质棉集中生产地。2016 年油料作物播种面积达 7 402.8 万亩，仅次于水稻和小麦，约占全国油料作物总播种面积的 1/3，产量达 1 071.4 万 t；棉花种植面积达 920.69 万亩，占全国的 18.3%。仅长江中下游平原区就分布着 141 个国家级商品粮生产基地、63 个国家级优质棉生产基地和 15 个国家级油料生产基地，分别占了中国国家级商品粮、优质棉和油料生产基地综述的 6.9%、26.3%和 34.9%。

茶叶、柑橘等水果在全国份额占比也较大，其中茶园面积占全国茶园总面积的 16%，主要分布在上海、湖南、浙江、江西等地；果园面积达 205 万 hm^2，主要分布在湖南、湖北、江西、浙江等地。蔬菜种植面积仅次于稻谷种植面积，达到 637 万 hm^2，占整个区域农作物播种面积的 15.4%。长江中下游地区也是中药的主产地。

(三)发展方向

长江中下游区应继续发挥各种作物产量较高、商品率高的优势，稳定稻麦面积，注意各种作物及两熟与三熟熟制的搭配，继续发挥全国商品粮基地的作用，稳定油菜面积，发展好花生种植业、芝麻种植业，建设好油料商品生产基地。另外，太湖平原地区地势低平，水土资源优越，河网密集，并有长江水可供调用，地处滨海、沿江开放地带，水陆交通方便，更有上海作为沟通海内外的枢纽。在现代农业快速

发展的新形势下，应加强海外合作，提高粮油加工率与商品率，加快外向型、现代化农业发展，带动整个长江中下游地区农业的可持续发展。

五、四川盆地区

（一）区域特点

该区地处我国二级阶地区，海拔 200～750 m，由丘陵、平原和低山组成。全区气候暖热，雨热同季，属中亚热带气候，年平均气温 15.0～18.0℃，≥0℃年积温 5 800～6 700℃，≥10℃年积温 5 000～6 000℃，无霜期 280～320 d；全年降水量 950～1 200 mm，但云量大，阴雨日多，光照少，年日照为 1 000～1 400 h，是全国日照低值区。全区气象灾害频繁发生而且严重，其中季节性干旱是制约该地区农业生产的主要灾害因子，其他气象灾害如暴雨、洪涝、低温等也时常发生。全区土壤以紫色土、黄壤为主，其中黄壤主要分布于深丘和低山地带。全区水土流失严重，有近 40%的土地面积遭受不同程度的水土流失危害，是我国长江上游水土流失较为严重的地区之一。

（二）种植结构特征

全区水田、旱地比例长期保持在 1∶1 左右，2013 年水田和旱地面积分别为 206.05 万 hm^2 和 191.85 万 hm^2。种植业以粮食作物为主，粮经饲作物协调发展。粮食生产以麦、稻、玉、薯为主，水稻主要分布在沱江、岷江、嘉陵江、渠江流域的浅丘及河谷地区，以中籼稻的品种为主，小麦以冬小麦为主。玉米作为丘陵区的主要作物之一，播种面积较大，随着养殖业对玉米的需求持续增加，玉米生产的效益较高，前景较好。薯类主要以甘薯为主，占 80%以上，马铃薯、山药、魔芋等种植面积较小。由于地形地貌和气候复杂多样，全区经济作物种类繁多，是农民主要收入来源之一，主要包括花生、油菜、棉花、甘蔗、烤烟、茶叶、水果、蔬菜等。

（三）发展方向

本区由于丘陵山地多，农业基础设施条件差，应加大该地区水利建设、增加旱地物力财力投入水平和创新种植模式，充分利用该地区的光热资源优势，继续优化熟制结构，实现周年高效生产。充分发掘当地的地理优势，因地制宜地发展粮食安全型多熟农作制、节本高效型抗逆轻简农作制、循环型农作制、设施型农作制、观光型农作制等。水稻和油菜生产由于播种和收获的机械化技术较为成熟，应得到加强；玉米、大豆作为创建多熟复合群体的重要粮食作物应该得到重视。冬闲田和冬水田的利用应根据当地实际，着重发展简单易行、省力高效的模式，提高耕地的复种指数。

六、华南区

(一)区域特点

华南区位于中国最南部,西北倚山,东南面海,沿海岛屿环布,陆域形状狭长,北界东起福建闽江口南岸,西至云南西部边陲,包括台湾、海南两省全部,福建东南部,广东中部及南部,以及广西和云南南部。本区大部分属于南亚热带和热带,热量资源十分丰富,雨水充沛,大部分地区常年气温较高,长夏无秋,秋春相连。南亚热带年平均气温 19～22℃,≥10℃的年积温 6 500～7 000℃,热带地区年均气温 22～23℃以上,≥10℃的年积温一般在 7 500℃以上,无霜期长。本区地形地貌差异大,山地多平地少,平原主要包括沿海台地、珠江平原、福建沿海平原等,但平原台地占全区总土地面积不到 30%。本区降雨量十分充沛,年降水量 1 200～2 500 mm,但时空分布不均,东部降水由西向东逐渐减少,西部滇西南降水则有南向北逐渐减少,地形地貌也影响降雨,山区多于平原,迎风坡多于背风坡,雨季常常出现台风。其余 70%的土地面积均属于丘陵山地,但丘陵山地内,河谷盆地和局部平原错落分布。该区由于降水丰富,江河水系众多,地表径流大,水资源极其丰富,是全国径流深度最大的地区之一。

(二)种植结构特征

丰富的热量资源和优越的气候条件使本区的农业生产具有特殊的优势条件,是我国适宜于热带作物的种植区。该区主要种植水稻、薯类等粮食作物,以花生为主的油料作物,甘蔗、烟叶等经济作物,以及蔬菜、水果等。粮食作物是面积最大的作物,多年来种植面积稳定,水稻又是种植面积最大的粮食作物。热带水稻一年可三熟,热带和南亚热带的南部甘薯可自然越冬,偏北地区可种植冬烟和冬季蔬菜,甘蔗可秋种和种植宿根蔗,桑叶生产期可比其他地区长 30～80 d,可多养 2～3 造蚕。饲料作物周年可生长发育,利于养殖业发展。高温高湿的气候条件,适宜于橡胶树的生长,成为我国主要的橡胶生产区。以广东省为例,多年来该省粮食作物播种面积稳定在 3 700 万亩左右,2016 年粮食作物播种面积 250 万 hm^2,其中水稻播种面积 190 万 hm^2,占粮食播种面积的 51.94%,以蔬菜为主的其他作物可作为反季节作物供应北方地区,经济效益高。经过长期的人工驯化,许多地方良种成为畅销国内外的农产品。如椪柑、香蕉、菠萝、荔枝、龙眼、茶叶等。

(三)发展方向

本区应充分利用自身自然资源优势和良好的区位条件,要将粮食生产置于十分重要的地位,稳定粮田面积,改善灌溉条件,增加复种,推行高产高效生产技术,提高粮食的综合生产能力。稳定双季稻面积,集成推广集中育秧、机插秧及抛秧等关键技术,提高生产组织化程度;选育推广优质籼稻,着力改善稻米品质,推进稻米加工转化,提高市场竞争能力。因地制宜发展再生稻。

继续发展天然橡胶的生产,巩固现有橡胶园,进一步扩大种植面积,努力提高单产,降低生产成本,提升橡胶的国内供应水平,减少对国际市场的依赖。加强"双高"蔗田基础设施建设,推动生产规模化、专业化、集约化,加快机械收获步伐,大力推广秋冬植蔗,深挖节本增效潜力,促进稳定发展。推进甘蔗生产机械化水平,减少生产用工成本,增加国内食糖生产,提升国内供给水平。

七、云贵高原区

(一)区域特点

云贵高原位于中国西南地区,是我国四大高原之一,包括云南省东部、贵州省全部、广西壮族自治区西北部以及四川省、湖南省、湖北省交界地区,是中国南北走向和东北—西南走向两组山脉的交汇点。云贵高原大部分地处亚热带季风气候区,复杂的地形地貌对热量的再分配产生较大的影响,气温和降雨量并未按照纬度出现地带性分布,气候和土壤水平分异,大致以威宁、水城、普安、兴仁分界,依行政区划分为贵州高原和云南高原两部分。

贵州高原平均海拔 1 000 m 左右,中部是长江和珠江流域的分水岭,地势由此向南、东、北倾斜。年降雨量在 1 000 mm 以上,平均雨日 160～200 d,且多小雨和夜雨,湿度大,日照少,是全国日照低值区。除了边缘区被河流切割,地形破碎外,大部分地区高原地貌保存完好。滇东地区的优势地貌是喀斯特地貌类型,被称为滇东喀斯特高原,形成了大量的岩洞、石林等景观。云南高原湖盆众多,分布于高原各个地区。云南高原则干湿季分明,湿季(雨季)为 5—10 月,集中了 85%的降水量;干季(旱季)为 11 月至翌年 4 月,降水量只占全年的 15%。而且该区立体气候特点显著,类型众多、年温差小、日温差大、干湿季节分明、气温随地势高低垂直变化异常明显,有"一山分四季,十里不同天"之说,景象别具特色。

(二)种植结构特征

云贵高原地形地貌十分复杂,形成了丰富多样的种植制度类型,具有明显的立体种植的特征。云南境内海拔 2 300～2 500 m 及以上的地区基本上为一年一熟制,主要种植马铃薯、青稞等耐寒杂粮作物;海拔 1 500～2 300 m 的半山区或坝区,一般为两年三熟或一年两熟制,山区主要以玉米、薯类、豆类为主,坝区以水稻、蚕豆、油菜、烟草为主;海拔 1 500 m 以下的河谷及盆地一般为以稻作为主体的一年两熟或一年三熟制。贵州省海拔在 2 000 m 以上为一年一熟制，1 500～2 000 m 为一年两熟套作种植区，800～1 500 m 一般可以实现水旱轮作两熟制，800 m 以下地区可以实现一年三熟制。

本区水稻和旱粮作物并重，油菜、烟草、茶叶、中药材等经济作物在全国占有重要的地位。云南烟叶色泽亮黄，鲜明匀净，香气香韵足，清香醇和，是我国重要的优质烟区。

(三)发展方向

全区应该充分利用多样性的立体气候条件，抓住自然地理优势，大力开展农田基本建设，进行中低产田改造，不断提高粮食作物的单产水平，大力推进种植业尤其是粮食作物的机械化水平，增加农业综合产能。稳定油菜生产能力，推进双低油菜生产，推进油菜生产机械化；稳定全区烟草生产面积，提高烟叶品质，保持全国优质烟叶基地的地位；扩大特用作物生产，发展中药材、油茶、橡胶、咖啡等种植业，提升经济作物种植业的经济效益。充分利用高原生态环境适宜的条件，大力发展生态农业，进行生态种植，提升产品附加值。

八、青藏高原区

(一)区域特点

青藏高原在我国境内西起帕米尔高原，东至横断山脉，横跨 31 个经度，东西长约 2 945 km，北至昆仑山—祁连山北侧，南至喜马拉雅山南缘，跨越 13 个纬度，南北跨度 1 532 km，范围北纬 26°00′12″～39°46′50″，东经 73°18′52″～104°46′59″，占我国陆地总面积的 26.8%，主要包括青海省、西藏自治区的全部及甘肃省的甘南藏族自治州、云南省的迪庆藏族自治州、四川省的甘孜藏族自治州和阿坝藏族羌族自治州等地区。该地区平均海拔 4 000 m 以上，年均气温低，是世界著名的高寒地域。青藏高原是我国长江、黄河、雅鲁藏布江等大江大河的发源地，被称为“中华水塔”，也是我国重要的生态屏障。

本区属于大陆型季风气候，冬半年受西风气流影响，夏半年受西南季风控制，自然资源状况总体表现为光照充足，干湿季节分明，热量不足，雨热同季，年均气温低。该区受季风影响，降水主要集中于夏、秋两季，约占全年的 80%～90%，冬、春两季降水稀少。光能资源丰富，年辐射总量约 5 800～8 300 MJ/m^2，光合有效辐射为 2 600～3 700 MJ/m^2，大大高于同纬度低海拔地区。由于海拔高，大部分地区热量不足，海拔 4 500 m 以上地区，最热月平均气温 6～10℃，东部和南部 4 000 m 以下地区，≥10℃ 的年积温仅 1 000～2 000℃，气温日较差大，平均日较差 14.8℃，最大可达 21.6℃。受地形地貌的影响，该区植被主要由适宜于高寒气候的高山植被、山地植被或部分高纬度的种类，植被带宽广，隆起的山地上又形成各具特色山地植被垂直带谱。

（二）种植结构特征

本区种植业结构具有明显的高寒地区的共性特征。区内地域间气候差异大，地域特征十分明显，种植业主要以小麦、青稞、豌豆、马铃薯、油菜等耐寒性强的作物为主。西部和北部常年温度低，降水少，地广人稀，不适合种植业发展，主要以畜牧业为主。西部南缘、中南部和东北部是农牧交错区，种植业以青稞为主，也适合豌豆、小麦和油菜生长。东南部海拔低，雨热资源丰富，属于农林交错带，种植业以冬小麦、玉米为主，并有水稻种植。

（三）发展方向

该地区应该充分利用光照资源丰富的优势，开展以青稞为主的优势粮食作物生产，走出一条粮食自给的道路，基本实现粮食自给。充分利用“一江两河”农业综合开发取得的重要成果与经验，建立良种繁殖基地、科技示范田、人工种草和草场等，大力发展优质牧草种植，发展畜牧业。与此同时，基于高原地区生态环境良好的自然基础，建立高原地区绿色食品的生产与高效生态农业、观光农业等多种农牧业发展模式，生产高质生态的农产品，满足国内对生态农产品的需求。

第三节　种植业资源开发利用

一、种植业资源利用现状

近 10 年来，我国种植业生产能力稳步提升，粮食生产实现历史性的“十一连增”，粮食产量连续八年超过 5 亿 t、连续四年超过 5.5 亿 t，连续两年超过 6 亿 t，粮食生产能力稳定在 5.5 亿 t 以上。2016 年全国粮食、棉花、油料和糖料产量分别是 61 625 万 t、529.9 万 t、3 629.5 万 t 和 12 339.2 万 t，人均占有量分别是 445.7 kg、3.83 kg、26.2 kg 和 89.2 kg。我国粮食综合生产能力居世界第 1 位，解决了 13 亿人口的吃饭问题，创造了在人多地少、农业资源紧缺的国情下实现粮食基本自给的奇迹。

果菜茶等园艺作物稳定发展，棉油糖等工业原料作物稳中略降。已建成一批粮、棉、油、糖等重要农产品生产基地，“米袋子”“菜篮子”的生产基础不断夯实。我国棉花产量连续多年居世界第1位，食用植物油自给率达40%以上，糖料产需基本平衡，蔬菜、水果、茶叶、蚕茧、中草药、花卉等种植业产品单产水平不断提高，总产量稳步增加，进一步提高了种植业保障主要农产品有效供给和促进农民持续增收的能力。

全面推进种植业结构优化调整和优势农产品区域布局规划的实施，小麦以黄淮海为重点，水稻以东北和长江流域为重点，玉米以东北和黄淮海为重点，棉花以新疆为重点，油菜以长江流域为重点，形成了一批特色鲜明、布局集中的农产品优势产业带，种植业生产发展的协调性不断增强，主要农产品供给基本实现总量平衡、结构平衡和质量提升，种植业功能从单一保障供给逐步向多样性拓展。生产集约程度不断提高，承包耕地流转面积达到4.03亿亩，占家庭承包经营耕地面积的30.4%；农民专业合作社128.88万家，入社农户占全国农户总数的36%左右。

农业水土资源利用效率不断提高。农田灌溉水用量占总用水比重由2002年的61.4%下降到2013年的55%，有效利用系数由0.44提高到2013年的0.52，粮食亩产由293 kg提高到2014年的359 kg。在地少水缺的条件下，资源利用水平的提高，为保证粮食等主要农产品有效供给做出了重要贡献。

二、种植业资源利用存在的问题

（一）主要粮食作物的单产水平还有待提高

近年来，我国主要粮食作物水稻、小麦、玉米、薯类等的平均单产水平取得了很大的成就，水稻和小麦单产水平已经达到较高的水平，但玉米、马铃薯和大豆与发达国家单产水平相比还有较大差距，玉米单产水平仅为以色列的25.8%、美国的54%，马铃薯平均单产水平仅为美国的34.8%、德国的38.4%，大豆平均单产水平仅为意大利的48%、美国的51.5%（表8-6）。主要原因是我国中低产田的比重仍然较大，农业基础设施还不完善，农业技术成果转化率仍然不高。因此，如果能加大投入，对全国主要农业产区的中低产田进行改造，建设高标准农田，完善农业生产路网建设，加强农田水利设施更新升级，加大力度进行农业技术成果转化应用，则我国主要粮食作物单产水平将得到快速提升。如我国西南地区、华南地区由于地形地貌制约，中低产田占比超过70%，农业基础设施和农业机械化水平低下，如果加大力度改造中低产田，加强农田路网和水利设施建设，大力研发和推广适宜于丘陵山地的中小型农机具，该地区丰富的光、温资源将得到更加充分的利用，单位面积生产水平将得到大幅提高。

表 8-6 2016 年中国和世界主要国家或地区粮食作物单产比较 kg/hm²

国家或地区	水稻	小麦	玉米	马铃薯	大豆
中国	6 937.3	5 409.1	5 947.6	17 042.5	1 801.9
美国	8 112.1	3 539.0	10 960.4	**49 020.3**	**3 500.6**
加拿大	—	3 291.7	9 371.9	12 628.5	2 660.2
法国	4 749.9	5 304.1	8 158.0	39 005.2	2 484.9
德国	—	**7 640.9**	9 651.2	44 421.0	2 733.3
俄罗斯	5 303.1	2 683.5	5 513.0	15 317.6	1 478.8
意大利	6 779.7	4 203.0	10 351.5	28 437.4	3 753.9
日本	7 438.8	3 688.4	2 634.0	31 195.1	1 586.7
西班牙	7 827.7	3 096.0	11 559.2	32 722.9	2 981.5
澳大利亚	**10 288.9**	1 974.3	7 508.0	40 409.6	2 142.2
以色列	—	3 844.4	**22 998.3**	33 986.0	—
巴西	5 464.3	3 155.1	4 288.0	29 662.2	2 904.6
印度	3 695.0	3 093.0	2 574.5	20 549.3	1 218.1
菲律宾	3 869.0	—	2 905.6	15 081.2	1 100.2
泰国	2 911.8	997.2	4 228.7	16 382.3	1 617.1

注:数据来源于 FAO 统计。

(二)主要粮食作物品质不优

长期以来,我国在粮食生产上是以温饱战略为主,导致作物品质性状提升较慢。随着人们生活水平的不断提升,人们对高品质的粮食需求进一步增加,我国粮食市场上出现了优质粮食供不应求、普通粮食供大于求、劣质粮食过剩积压的局面。如我国小麦品种以硬麦居多,软麦很少,小麦蛋白质含量平均为 14%左右,但面筋强度很弱,大部分品种适合用于家庭制作中国传统主食产品,不适合制作面包和蛋糕,也无法满足工业化生产优质面条、饺子的需要,小麦粉的色泽特性也较差,生面团易发生褐变。我国水稻品种食用品质处于中下水平,优质品种不多,尤其是籼稻品种,大多数品种还存在整精米率低、垩白度高等现象,影响了外观品质和市场价值。如 2008—2017 年长江经济带 11 省区育成的 437 个国审水稻品种中,国标二级及以上的水稻品种仅占 17.62%。我国玉米品质也存在品质不佳的问题,就普通玉米而言，主产区的多数品种的商品品质差，表现为马齿型，果皮厚，收获时籽粒含水量高，脱水慢，成熟度差，容重低，加工品质较差，大多在2～3级范围，达到国际一级的较少。我国马铃薯生产品种也存在生产用种用途单一，抗病、抗逆性能差，育种工作主要以鲜食品种为目标，偏向于高产，而用于加工薯片、薯条和高质量淀粉的专用品种较少，专用型商品薯的供应远远不能满足需求。因此，在供给侧结构改革背景下，粮食作物品质不优已经成为制约我国粮食产业发展的主要问题。

（三）部分地区农田生态平衡被破坏，农业可持续发展受威胁

部分地区农田生态系统生态平衡遭到破坏，过度施用化肥导致耕地土壤酸化、结构变差、养分流失，形成面源污染。农药的过度施用导致农产品农药残留量增加，害虫天敌减少，农田生态系统生物多样性变小。部分地区农、林、牧比例不协调，种植业和养殖业不能形成协同的关系，导致饲料、肥料间的矛盾十分尖锐；一些地方用地和养地不协调，耕地重用地轻养地，长期进行连作种植，未构建高效的轮作制度，忽视绿肥的种植或土地休耕，导致作物对土壤养分的不能互补利用，也不能进行培肥，土壤肥力逐年下降，地力逐渐衰退；一些地区耕地尤其是坡耕地未做好农田水土保持，忽视保护性耕作措施的应用，导致农田土壤作物覆盖度长期较低，土壤保水能力下降，地表径流变大，造成水土流失。这些因素，对种植业带来严重威胁，可持续发展能力较差。

（四）种植业抵御自然灾害能力低，受灾损失大

种植业在我国农业中占有十分重要的地位，总产值占农林牧渔总产值的52.89%。我国农作物总播种面积为16 665万 hm^2，耕地灌溉面积仅为6 714万 hm^2，耕地灌溉面积仅占总播种面积的40.29%，一半以上农作物都无良好灌溉条件，耕作方式粗放，生产水平低下，严重阻碍种植业的发展。然而，由于我国季风气候显著，各地区地形地貌差异大，水灾、旱灾、风灾、雹灾、虫灾、病灾等自然灾害十分频繁，造成的种植业经济损失惨重。多年以来，我国自然灾害导致的成灾面积、受灾面积占农作物总播种面积的比例一直居高不下，2016年我国农作物自然灾害面积达到2 912.29万 hm^2，占总播种面积的17.48%，导致的经济损失高达5 032.9亿元。农业自然灾害的发生会造成粮食产量的大幅度减少，给粮食综合生产能力造成很大的负面影响。据估计，我国每年因气象灾害导致的粮食减产超过5 000万 t，其中旱灾损失最大，约占总损失量的60%。

三、种植业资源开发利用的对策

(一)改善种植业生产条件,促进资源高效利用

良好的生产条件是种植业高效发展和资源高效利用的重要保障。针对我国种植业生产条件实际,主要从以下几个方面着手:

(1)加快高标准基本农田建设　要以永久基本农田保护区、粮食主产区和重要农产品生产保护区为重点,通过田块调整、田块平整形成平整规模化的耕地,通过秸秆还田、绿肥翻压、科学施肥、配方施肥、坡改梯等方式实现土壤培肥,建设水源工程和田间灌排渠系,规划建设田间机耕道和生产便道,构建农田防护林网,进而形成土地平整、集中连片、设施完善、农电配套、土壤肥沃、生态良好、抗灾能力强,与现代农业生产和经营方式相适应的旱涝保收、高产稳产的高标准农田生态系统。

(2)科学合理施肥　长期不平衡的过量施肥不仅对农田生态系统会造成较大损害,还会随着肥料投入增加呈现边际收益减小的现象。因此,要改善施肥结构,倡导平衡施肥,按照区域大配方进行肥料配方施用,加大有机肥投入比例,加强新型肥料如包膜尿素、PASP 尿素等高效缓控释肥的应用,将实现肥料优化利用,减少种植业污染,提升生产效益。

(3)利用新技术　开发低毒高效农药,发展生物降解农膜。

(二)加快种植业区域化生产布局,实现专业化生产

区域化布局、专业化生产、产业化经营是世界各国农业发展的必然规律,也是农业现代化的重要标志之一。充分发挥地域资源优势,形成相对集中的农产品区域化生产布局,可以较好地指导种植业结构调整,促进结构优化和地区经济社会发展。我国应该抓住供给侧改革的契机,着力保证口粮、谷物生产水平,稳定棉花、食用植物油和食糖自给水平,促进蔬菜生产与需求协调发展、饲草生产与畜牧养殖协调发展。要综合考虑资源承载能力、环境容量、生态类型和发展基础等因素,确定不同区域的发展方向和重点,分类施策、梯次推进,构建科学合理、专业化的生产格局。要提升主产区,重点是发展东北平原、黄淮海地区、长江中下游平原等粮油优势产区,新疆内陆棉区,桂滇粤甘蔗优势区,发展南菜北运基地和北方设施蔬菜,加强基础设施建设,稳步提升产能。要建立功能区,优先将水土资源匹配较好、相对

集中连片的小麦、水稻田划定为粮食生产功能区，特别是将非主产区的杭嘉湖平原、关中平原、河西走廊、河套灌区、西南多熟区等区域划定为粮食生产功能区。要建立保护区，加快将资源优势突出、区域特色明显的重要农产品优先列入保护区，重点发展东北大豆、长江流域“双低”油菜、新疆棉花、广西“双高”甘蔗等重要产品保护区。

(三)加快优质品种资源培育，促进供给侧结构改革

我国农业供给侧结构性改革的重要内容之一就是要适应农业由量到质转变的大趋势，切实转变片面追求高产的品种技术导向，加快培育优质专用、营养健康的新品种，大力推进优势特色农产品的品种改良。然而目前我国主要粮食作物长期存在品质不优的问题，导致日益不能满足人们生活的需求，也很难参与国际竞争的局面。因此，针对我国主要粮食作物品种来说，要加快水稻优质稻丰产品种的培育，重点增加国标二级及以上水稻品种的选育，增加食味品质好口感佳的品种培育，增加功能性水稻品种的选育；要加强优质强筋弱筋小麦品种的选育，满足人们对于高品质的优质强筋弱筋小麦需求增加，这类小麦国内供给不足的矛盾正在凸显；加强专用马铃薯品种的培育，解决加工专用薯种缺乏，原料质量参差不齐的困境。

(四)加大科技成果推广应用，提升科学种植水平

应用现代科技改造传统农业，这是提高农业现代化水平的必然要求。虽然我国农业科技研究能力逐年提高，但对农业发展的贡献率不足。目前，我国农业科技成果的转化率只有30%～40%，仅为欧美发达国家的一半。我国众多的农业高等院校、农业科研机构和农业企业进行了大量的农业科技创新，形成了大量的新品种、新技术、新模式和新产品，大量专利获得授权，但是科技成果的应用效果还远远不能达到高质量推动农业发展的要求。构建适合我国国情的、以国家农业推广机构为主导、多方广泛参与的“一主多元”农业推广体系对提高科学种植有着非常重要的意义，即由中央、省、市、县、乡(镇)五级农业技术推广机构为依托，农业院校、科研机构、农民专业合作社、专业技术协会和涉农企业等多元化主体广泛参与农业推广，政府推广机构主要进行项目推广和示范辐射、技术与信息服务、科技产品经营与跟踪服务、技术承包等为主的推广方式，农业院校与科研机构主要采取多所高校或科研单位联合、与涉农企业合作、与农业组织合作等方式进行推广，涉农企业与农业科技中介机构主要为农户提供优质农技服务及指导农户实

际生产，农村合作组织则可组织农户学习先进技术，引导农户参与接纳最新科技成果。

（五）加强一二三产业互动融合，实现种植业转型发展

农村一二三产业融合发展是农村经济转型升级的必然要求，有助于推进城乡一体化发展、农业供给侧结构性改革、农民持续增收和新型农业经营体系构建。推动一二三产业融合发展，能够延长农业产业链，扩充价值链，实现农业增产、增值、增效、增收有机结合，有利于拓展农业多种功能，提高种植业综合效益。各地区应当依托当地特色优势资源禀赋打造主导产业，塑造优质品牌，引导经营主体集聚集群发展，形成主导产业与新型经营主体相互倚重、相互促进、产业融合的协同发展格局，大力发展名优特新农产品。发挥地域文化资源特色，建设一批具有历史、地域、民族特点的特色旅游村镇，积极开发特色的乡村旅游休闲产品和建设电商平台，打造特色农业和农产品品牌。通过以上途径，种植业可实现产区变景区、田园变公园、产品变礼品，大大提升种植业附加值，实现农民增收，农业增效。

（六）培育农业新型经营主体，提升生产经营水平

培育新型经营主体，健全服务体系，加快发展多种形式的适度规模经营。将发展多种形式的适度规模经营作为转变农业发展方式的核心和主线，引导土地流转，引领农业现代化。通过培育新型经营主体，引导和支持种养大户、家庭农场、农民合作社、龙头企业不断发展壮大。着力完善农业社会化服务体系，搞好公益性服务，加快培育农业经营性服务组织，探索政府购买公益性服务等多种形式，调动各方面资源参与，通过规模化社会化服务降低种植业成本提高竞争力。如四川省崇州市通过“土地股份合作社＋职业经理人＋社会化服务体系”农业共营制模式，培育了一批新型农业经营主体和农业职业经理人，大大推动了种植业生产的规模化，实现了农民增收、农业增效的效果。

复习题

1. 简述我国主要经济作物的种植结构特征。
2. 简述我国长江中下游地区地域特征及种植业区域特征。
3. 简述我国东北区特征及种植业区域特征。

4. 简述我国种植业资源利用存在的问题。

5. 简述我国种植业资源开发利用对策。

讨论题

农业资源区划如何服务于种植业资源的高效利用?

第九章　驯化动物资源

重点提示

本章主要阐述驯化动物资源的基本概念与功能属性、资源组成与利用价值及其与农业发展的关系，学习和研究动物驯化方法过程与开发利用，了解和掌握我国驯化动物资源开发利用现状与趋势、存在的问题与发展对策。

第一节　驯化动物资源的属性及功能

动物在人类诞生之前都是野生的。由于狩猎随机性很大，收获不稳定，往往不能满足人类的需要。随着人类的出现和生产力的提高，有些动物因为具有人类生产、生活所需要的性状，而且与人类关系密切，逐渐被人类所驯养。如大约公元前1200年，中国已经驯养家蚕，利用蚕丝织成丝绸。在人类社会早期，对野生动物的驯养出于本能，没有科学的理论来指导，驯养的野生动物种类是非常有限的。但是驯化过程中，人们认识到，开展野生动物驯养则有可能满足人们生产和生活的需要，同时野生动物驯养繁殖也是扩大野生动物资源、满足国民经济发展需求的重要手段。

一、驯化动物资源及其属性

(一)自然属性

1. 有限性

驯化动物资源属于生物资源之一，种类多样，生存环境不同，生长速度、繁殖周期、繁殖方式、繁殖能力等皆不相同，自我更新能力有一定限度，并不能无限制地增长下去，在自然界中生物种群增长是有限的。生物物种、种群的持续生存，不仅需要有保护良好的栖息地，而且要有足够的数量达到最低种群密度，过低的数量因近亲繁殖而使种群的繁殖能力和生活力衰退。资源生物本身具有有限性，因此人类利用资源生物的强度上要受到限制，否则过度利用必将导致物种的绝灭。

2. 再生性

驯化动物资源属于可更新资源，可以自然更新和繁殖扩大，可以持续利用，其蕴藏量是一个变数。但由于驯化动物资源的再生和繁殖有一定的周期，因此要掌握驯化动物资源的变化规律，研究它们，合理引种驯养，才能达到有效利用的目的。

3. 地域性

由于地球表面所处的纬度和海陆位置的差异，地球形成了各种各样的环境条件，使资源生物在区域分布上形成了明显的地域性，不同的地区具有不同的资源生物。驯化动物起源于不同的祖先，它们野生的远祖也分布在世界上不同的区域。如西亚和地中海东部是一个主要的驯化中心。4 种主要的哺乳类畜种——绵羊、山羊、牛和猪——都是在这一地区首次被驯化的。其他驯化中心包括东南亚（猪、鸡、沼泽型水牛），印度河流域（鸡和河流型水牛），北非（牛和驴）和南美的安第斯山脉（美洲驼、羊驼和豚鼠）。驯养动物从这些中心区城逐渐扩散开来，从一个地区到相邻地区，或者是随着它们的饲养者迁移到新的地方。

由于人类文化发展历史和生活需要的差异，人类对于各种动物的驯化年代也有所不同。根据现有的考古资料可证明或推断的动物驯化年代与地区见表 9-1。

表 9-1 动物的驯化年代与地区、食性及体型

畜种	驯化年代	驯化地区	食性	体型
狗	约 12 000 年前	西南亚	食肉	小
绵羊	约 11 000 年前	西南亚	食草	中
山羊	约 11 000 年前	西南亚	食草	中
猪	约 8 000 年前	中国	杂食	大
普通牛	约 8 000 年前	西亚和中国	食草	大
马	约 6 000 年前	中亚、中国	食草	大
火鸡	约 6 000 年前	中南美	杂食	小
鸡	约 5 000 年前	东南亚、中国	杂食	小
水牛	约 4 000 年前	印度、西南亚	食草	大
鸵鸟	19 世纪末	南非、澳大利亚	食草	中

引自张沅(2001)。

亚洲文化发源最早，驯化的动物也最多；文化发展较晚的美洲、澳洲，驯化动物最少。家畜驯化的顺序大致是狗最早，羊、猪次之，水牛、马较晚。值得一提的是，非洲是许多物种的起源地，但却不是驯化地，这主要由于驯化动物的时间与人类社会发展的历史阶段相适应。

驯化是一个复杂和渐进的过程，这个过程改变了祖先动物的行为和形态学特点。激发动物驯化的条件和压力仍然未知，可能因地理区域和物种的不同而异。资源的地域差异可视为资源的宏观空间差异。掌握资源的地域性，是人类因地制宜开发利用当地资源生物的重要依据。

框 9-1　古人最早驯化的动物

1986 年 5 月在河北省徐水县南庄头遗址出土的距今 1 万年左右的狗，是迄今为止发现的中国最早的家养动物。证据是狗的左下颌，齿列长度为 79.40 mm，比狼要小许多，狼的齿列长度大致在 90 mm。

在徐水县向南几百公里外，是河南省舞阳县贾湖遗址，距今大约 9 000 年。在那个遗址发现 11 条狗，被分别埋葬在居住地和墓地里。说明当时人对狗已经采取了一种有意识的处理，显示出当时的人和狗有一种特殊的关系。贾湖遗址狗下颌的齿列长度要小于南庄头遗址的狗。可见在人的饲养过程中，狗的齿列长度随着年代的更新而逐步变短。由于南庄头遗址出土的狗的齿列长度已经缩短了，与狼相比发生了明显的变化，由此可知，在中国，狗的家养历史，不应该停留在南庄头遗址这个时间段里，还可以向前追溯。

世界各个文明起源地区的考古发现都证实，狗是人类驯化的第一种动物。那么人为什么要驯化狗呢？答案不仅仅是由于人类的需要，狗可以看护家园、猎取动物，还可能因为狗与人类容易沟通，狗的忠诚不二。不管怎么说，狗从 1 万年前进入人类的生活后，人在自然界再不是孤单地前进了，人们有了一位忠诚的伙伴。

(二)社会属性

1. 对驯化动物资源的认识、评价、利用有社会性

人类和科学技术水平是自然环境转化为自然资源的桥梁。随着科学技术发展，人类利用驯化动物资源的范围和深度不断扩大。如特种经济动物和药用动物的驯化和驯养，不仅为人类提供重要的药物资源也为人类带来不菲的经济价值。

2.野生动物资源的驯化过程中,有人类的附加劳动

人类对自然资源的附加劳动是"合并到土地中"了,与自然资源浑然一体了。在动物驯化的历程中,驯化和扩散增加了每个畜种的变异性,当家畜适应了新的环境,并经受不同的选择压力之后,拥有新性状的群体就会壮大起来。即使是在早期,选择也不仅仅是只靠自然的演变,它同样受到了人文因素的影响。这些过程带来了许多地方品种的发展。对于像用来运输和骑乘的马和骆驼这样的动物,战争和贸易是它们扩散的重要原动力。衡量军事实力的一个至关重要的元素就是优良马匹的供应,而这个畜种还曾经统治了遗传资源贸易长达数个世纪。

3.驯化动物资源和劳动一起构成国民财富的源泉

驯化动物资源是生产力的组成部分。家养动物的起源与驯化一直是国际动物考古学界高度关注的问题。家养动物的出现从根本上改变了人类与动物之间的关系,保证了人类可以有计划、稳定地获取肉食及其副产品,为人类提供了运输、犁地、出行等工具,促进了私有财产的产生,推动了社会的发展。

二、驯化动物资源功能

人类对动物的驯化大约发生于距今 17 000—15 000 年前,动植物的驯化促使人类从以狩猎为生的游动生活模式向以放牧或耕种为主的稳定生活模式转变,极大地促进了人类文明。人类驯化动物的目的就是对它们加以利用。在中国古代,人们先后驯化了许多动物,有猪、狗、羊、马、牛、兔、鸡、鸭、鹅、鸽子、蜜蜂等。

(一)提供产品功能

首先动物为人类提供食物。人类通过驯化动物和培育植物,从狩猎生活转变为定居耕作时,人类食物来源更加稳定,这就为人类文化的深入发展奠定了基础,人类文明也由此而诞生。

家养动物是人类社会由散居、渔猎型向群居、农业型转变的重要基础和必然产物。家养动物为人类社会的发展做出了重要贡献,不仅为人类提供了稳定的动物蛋白来源,帮助人类更加容易获得除肉食以外的动物附属产品,包括肉、蛋、奶、蜜、皮、骨(角、壳)、毛(羽)、脂肪、筋、丝,用于制作服饰、住所、寝具、器具、燃料、药物等,可以说"物尽其用"(表 9-2)。人类得益于驯化动物数倍于野生同类的畜产品生产能力,逐步走上了从采集、狩猎向农牧业生产的进化之路。

表 9-2　动物提供的非食用产品及其他用途

分类	用途	主要动物
畜力	粮食生产	牛、水牛、牦牛、骆驼、马、驴、骡子
	货物运输	牛、水牛、牦牛、骆驼、马、驴、骡子、驯鹿
	驮运	骆驼、牦牛、马、骡子、驴、驯鹿、美洲驼、绵羊、山羊
	放牧	马、驴、骡子、骆驼
	取水灌溉	水牛、牛、骆驼、驴
	谷物脱粒	牛、马、驴
	运输	马、驴、骡子、水牛、骆驼、驯鹿
	人类休闲	所有役用家畜
财富储存	资金储存	所有家畜
	食物储存	水牛、牛、绵羊、猪、鸡
环境保护	放牧	所有草食家畜
	种子散播	所有草食家畜
	农作物轮作期肥沃土壤	大多数放牧动物
生态功能	生态保护	大多数动物
	生态恢复	大多数动物
有害动植物的控制	减少农田中的野草	家养反刍动物、鸭、鹅
	减少农田中的昆虫	鸡、鸭、鹅
	清理灌溉河道	水牛、鸭、鹅
文化用途	展览与竞技	马、牛、山羊、绵羊、猪、水牛、鸡、狗、猫
	聘礼	牛、山羊、绵羊、骆驼
	宗教祭祀	牛、山羊、绵羊、家禽、水牛、猪
	搏斗	鸡、牛、水牛、绵羊、狗、骆驼
	宠物	所有动物
	赛跑	马、牛、水牛、狗、骆驼
	身份象征	马、牛、水牛、骆驼、猪、斗鸡，在一定程度上大多数动物具有这种功能

续表 9-2

分类	用途	主要动物
收入	保险	牛、水牛、山羊、绵羊、猪、所有家禽
	流动资金	所有动物
	减少种植业风险	所有动物
不适于耕种的土地	收入	牛、骆驼、山羊、绵羊
	肥沃农田	牛、水牛、山羊、绵羊
研究	生物医学和很多其他领域	所有家畜与家禽
纤维	毛、绒、羽毛	绵羊、骆驼、美洲驼、羊驼、牦牛、马、山羊和其他哺乳动物、所有家禽
皮	皮革、毛皮	几乎所有动物
废弃物	肥料、燃料、沼气、建筑用料、饲料(循环利用)	几乎所有动物
不适于食用的产品	脂肪、角、蹄、骨头、肉骨粉、提取的分泌物	所有动物

(二)提供生产工具功能

作为人类生产生活的助手,人们在日常生活中役使动物,借助动物的力量达到某种目的,如利用狗看家狩猎,用牛拉磨犁田,用马驾车和骑乘,以及使用牛马骆驼等充当交通运输工具等,使得大量日用品可能进行长距离的陆路运输,从而促进了世界人口的增长和人类文明的进步。不同动物有着不同的能力,这些能力包括牵引、驮载、运输、防卫、警示、传递信息。大型动物,包括牛、马、驴、骆驼等,人们主要是利用它们的力量,来牵引、驮载、作战等;中小型动物,则主要利用它们的技能,如用狗进行警示、防卫,用鸡掌握时间,用鸽子传递信息,让蜜蜂酿蜜,让蚕吐丝等。

(三)提供重要的生物基因资源功能

驯化一般使得家养动植物的某些性状水平(如繁殖能力、生长速度、温顺程度)大大超过它们的野生祖先,为人类提供了稳定、安全、便于移动和重新分配的资源。在动物的驯化过程中,一些性状由于自然选择压力的释放而有机会产生更大的多样性。在人类有意识的选择性保留繁殖过程中,部分对人类有利的性状被不断选择，逐渐使得驯化群体与野生群体产生明显的区分。这些明显的性状差异出现时间短，改变幅度大，使得驯化动物成为研究表型差异的遗传机制的良好材料。

驯化动物是进化研究中对于自然选择和人工选择机制研究的理想材料。对于动物驯化过程和动物对新环境的适应过程的研究，可以解释动物对变化环境的适应机制，还可以帮助人们了解如何使野生动物更好地在非自然的栖息地环境中生存和繁衍，以便人类的进一步开发利用。

(四)提供重要的药用价值的动物资源功能

药用动物的种类很多，如兽类中虎骨、熊胆、鹿茸、麝香等都是珍贵的药材；爬行类中的很多蛇都有多种疗效，可制成蛇酒、蛇胆、蛇毒等药剂；鸟类、两栖类和水生动物中的许多种类都有一定药用价值。由于过量捕杀，许多野生药用动物已处于稀少濒危状态，野生药用动物的引种与驯化可以提供更多的药用动物资源。

此外，还有医药上应用的“实验动物”、军事工业和交通工业上应用的“仿生动物”、地震监测和环境保护上应用的“指示动物”等，都可以列入特种经济动物，它们都是价格昂贵的特需动物。

(五)保持生物多样性和生态平衡

驯化动物资源是物种协同进化的结果，因而生态系统是一个相互依存和平衡的体系，生态系统有高度复杂性，物种特别是关键种的灭绝将带来不良的后果。长期定向驯养将培育出新品种，如将鸿雁培育成了不同品种的家鹅。在长期驯养中，动物的形态解剖、生理功能、行为和遗传特征等发生了深刻的变化，这就使动物难以顺利返回大自然。不能把所有的野生动物种群进行驯养，并且在一定时候要让一部分驯养动物重返自然，维持、增加野生动物种群数量，保持自然界的生物多样性和生态平衡。

为了人类的长远利益，必须采取措施，把在科研、教学、文化、经济等方面具有重要价值的环境和物种资源保存下来，积极开展野生动物资源调查、科学研究和驯养繁殖事业。

三、驯化动物主要物种

对野生动物的驯化是人类开发利用自然资源的一种特殊手段，人类已使一些原来野生的动物丧失了其惧人天性。从狗开始，人类已成功地驯化了约 60 种动物。动物的驯养家化是人类长期辛勤劳动培育的成果，大约在旧石器时代晚期人们开始驯养、驯化某些动物，这一过程大体上是与农作物的栽培同步的。

(一)主要家畜的起源与驯化

1. 牛的起源与驯化

凡是属于牛科的现有家畜和野生牛属动物,都有共同的古生物学起源。它们最早的祖先也和马属动物一样是小型五趾的古动物,在进化史上与鹿科动物较为接近,最终演化成为偶蹄类,而马属动物早就与它们分支,进化成奇蹄类。因此,牛类的进化历程晚于马,但驯化成家畜却以牛居先。现代牛类家畜的直系祖先主要起源于亚洲东部和中亚草原地区。

现今牛的祖先是原产印度的原牛。其驯化最初发生在公元前6 000—前4 000年的印度、近东和埃及,之后散布于欧亚两洲北纬60°以南的大部分地区以及北非。由于分布范围广大,产生许多共有地域性的品种。原牛体躯巨大,公牛高175～200 cm,母牛高150～170 cm,恺撒曾描绘“其如大象”。原牛在包括英国与瑞典南部在内的欧洲大陆若干地区尚有少量存留,其最初为食用,驯化后逐渐役用。

新石器时代,原牛自近东随移民进入欧洲南部。公元5世纪时,被盎格鲁-撒克逊人侵入并自欧洲大陆带入原牛前,赛尔特短角牛为当地唯一被驯化的,其面略似盆状,躯体较原牛略小,也有以赛尔特短角牛与原牛同为欧洲普通牛祖先的说法。现今的欧洲普通牛极有可能为这两种牛经不同程度的杂交所产生的后代。

牛的驯化过程被前人很好地记录下来。有可靠的证据表明3个独特的野牛属有3个独特的驯化事件:新月沃土、非洲大陆东北部和巴基斯坦的印度河流域为驯化中心。最近有学者提出东南亚是第四个驯化中心,但它是独立发生的、还是本地野生牛基因渗入到近东产地牛中尚不清楚。

根据出土的牛颅骨化石和古代遗留的壁画等资料,可以证明普通牛起源于原牛,在新石器时代开始驯化。多数学者认为,普通牛最初驯化的地点在中亚,以后扩展到欧洲、中国和亚洲。考古学家在出土于近东和欧洲东南部墓葬的陶罐内找到了人类7 000年前已饮用牛奶的证据。

2. 羊的起源与驯化

在伊朗和伊拉克交界的扎格罗斯山脉,发现了距今9 000年前的山羊遗骸,依据其年龄组合中年轻羊的比例较高判断,其应是人类驯养的羊的骨骼。也有人认为在距今10 000年左右的伊朗高原的阿萨巴出现了最早的驯化的羊。西亚和中亚地区的草原上非常适合于羊的生长和繁殖,大体上可以认为西亚和中亚地区是羊的最早驯化地区,时间大约为距今1万年前。

据考古发现,河南省新郑市裴李岗遗址中发现了一些动物形塑品,其中有一件陶羊头,角长而粗,造型简单。陕西省临潼姜寨遗址也出土过一件陶器,器纽呈羊头状。西安半坡、临潼姜寨也出土过羊的骨骼、牙齿。浙江余姚河姆渡遗址中，也出土了陶制的羊模型，塑造得十分逼真，其形态属于家羊。由这些遗存可以确定，至少在距今 7 000 年前，中国境内已经饲养家羊。到了新石器时代晚期，各地的遗址发现羊骨骼也较多，说明这一时期已经普遍养羊。

关于中国的驯化羊的起源，到底是受西亚地区的驯化羊的传播影响而出现的，还是在我国北方地区独立驯化成功的，目前学术界还存在着不同的看法，还需要从考古和古生物学方面进行更加深入的研究才可能得出结论。

3. 猪的起源与驯化

家猪是中国新石器时代出现最早的家畜之一。家猪作为重要的家养动物，长期以来为人们提供了重要的蛋白来源，从古至今都是中国大部分地区居民的一种主要肉食资源，在宗教活动中也发挥了较大的作用，如在中国古代祭祀活动中的“太牢”“少牢”中均使用猪作为祭品。我国最早家猪是河南舞阳贾湖遗址的家猪，距今约 8 500 年以前。在新石器时代早期，甘肃秦安大地湾遗址发现的猪下颌骨，距今已有 7 500 年的历史；甘肃天水西山坪遗址的大地湾文化层的年代为距今 8 000—7 400 年，这是甘青地区最早的家猪的证据。同期的陕西华县老官台、元君庙、宝鸡北首岭和西乡李家村遗址，也发现有猪骨。在浙江余姚河姆渡遗址和江西万年仙人洞遗址发现的家猪遗骨和陶猪模型，距今已有 7 000 年历史。在各地新石器时代遗址出土的家畜骨骼和模型中，以猪的数量最多，而且在新石器时代晚期的墓葬中经常以猪作为随葬品，说明猪已成为财富的象征，可见猪在我国原始家畜饲养中已占据最重要的地位。

猪是从野猪驯化而来的，是人类最早驯养的家畜之一，是仅次于狗的最早被驯养的动物。过去考古学家们认为，各地的现代家猪是中东地区最早驯化的野猪的后裔。但在最新研究认为野猪的驯养并非开始于一个中心，而是在距今约 8 000～10 000 年前开始由居住在世界不同地区的不同民族于不同时期以不同程度单独进行的，其起源和驯化是多元的。近东、东南欧及中国被认为是家猪起源较早的 3 个中心。

我国家猪驯化可能是在不同地区同时进行的。华北地区的猪与华北野猪相似，而华南地区的猪与华南野猪相似。从父系遗传的角度看，中国现有家猪品种来自多个祖先，至少存在差异的南北 2 个起源中心。内蒙古赤峰兴隆洼遗址和浙江萧山跨湖桥遗址的证据说明中国东北和东南可能是独立的驯化猪的地区，时间都在距今 8 200 年左右。

4. 马的起源与驯化

马在古代曾是农业生产、交通运输和军事等活动的主要动力。迄今为止考古学资料中发现的最早的驯化马的资料主要是在中亚地区。如乌克兰草原第聂伯河西岸的德累夫卡发为马的最早驯化地是在中亚草原。一般都认为马的驯化开始于新石器时代，约公元前 6 000 年，世界上不同地区的人开始不约而同地控制和利用马。

对于我国马的出现，主要有中亚传入说和本地起源说两种观点。有人主张中国家马是从中亚草原传入的，更多人认为野马是家马赖以产生的必要条件，现今世界上唯一存在的蒙古野马就生活在中国西部的高原上，从野马的分布等论证认为我国家马的祖先是生活在华北和内蒙古草原地区的蒙古野马，最早驯养马的也应该是这一地区的先民。

5. 驴的起源与驯化

驴的主要祖先为努比亚野驴。早在马被引入埃及和巴比伦之前，驴已经在这些地方得到广泛使用。驴最初的驯化是在埃及或非洲或阿拉伯南部波斯湾或周围的东海岸，其最近的野生亲属被发现位于非洲和小亚细亚。其他马科，如斑马和野驴，人们普遍认为其尚未被驯化。非洲很可能是其原产地，埃及的考古学证据也支持非洲是驴的驯化中心，并表明驯化时间在 6 000—6 500 年以前。

我国何时始养驴，不得而知。司马相如《上林赋》中有云：驮騠驴蠃。按《本草纲目》兽部骡下云：骡，古文作蠃。又云：母驴交马而生者骡也，母马交驴而生者为駃騠。贾思勰《齐民要术》：陶朱公曰，子欲速当，当畜五。下注：牛、马、猪、羊、驴，五畜。陶朱公系春秋时人，所以我国可能在春秋时已开始饲养驴。驴为农家主要役畜，华北各省农作区中，甚为普遍。我国各地所产的驴，体型大小不一，成年时体高自 90～137 cm 不等，分为大、中、小三大形体。

(二)主要家禽的起源与驯化

1. 鸡的起源与驯化

鸡是人类较早驯养的动物之一，家鸡由原鸡驯化而来，原鸡是从雉科鸟逐渐演化的。鸡的驯化形成了单起源说和多起源说两种观点。但都认为红色原鸡在鸡的起源中占主要作用，因为其在形态外貌上的多数性状都与家鸡最接近，原鸡的体型与家鸡十分相似，只是稍小些，内部结构及鸣声等也与家鸡极为相似。此外，红色原鸡分布很广，不但易于繁殖驯化，而且与家鸡杂交可以产生具有繁殖力的后代，而其他几种原鸡与家鸡的相似性则较远，分布范围较小，仅限于栖息在斯里兰卡和爪哇岛上。

中国鸡种起源于迄今还栖息在中国境内的红色原鸡的两个亚种，即云南省西南部与怒江一带的滇南原鸡和在云南省东南部、广雷州半岛、广西壮族自治区与海南省的海南原鸡。中国家鸡驯化时间比印度的家鸡驯化时间更早，印度河流域的鸡驯化发生在 5 000 年以前，而在中国东部的鸡驯化发生在 7 500—8 000 年以前。

2. 鸭的起源与驯化

家鸭在动物分类学上属于雁形目鸭科河鸭属，分别在中国和欧洲独立驯化而育成。我国驯养家鸭的时期较欧洲早。欧洲在公元 1 世纪才有繁育鸭的记载，而我国在公元前 11 世纪开始的西周时代的古籍中即有这方面的记载，大群养鸭则最早出现于吴（公元前 514—前 495 年）。关于家鸭的起源与演化模式在学术界历来也存在两种看法，一种是"一元论"，即家鸭是由野生绿头鸭长期驯养而来；另一种是"二元论"，即家鸭是由绿头鸭和斑嘴鸭在我国不同地区单独养，或绿头鸭与斑嘴鸭自然杂交的杂种后代驯养而来，两种观点都具有一定的立论依据。虽然对家鸭的起源与演化存在不同看法，但一般认为，野鸭的驯化是在北半球的不同地区不同时期独立进行的。

3. 鹅的起源与驯化

家鹅的起源在世界上不只限于一个地方一个时间，家鹅也不是由一个雁种驯化而成的。根据雁属鸟类的地理分布以及家鹅在形态、生理和杂交试验的比较，多数学者认为家鹅起源于两种不同的野生雁种，欧洲鹅种起源于灰雁，而以中国鹅为代表的亚洲鹅种起源于鸿雁。非洲鹅与鸿雁及中国白鹅的染色体形态一致，因而也将其列入鸿雁起源家鹅的范围之内。至于鹅的驯化时间目前尚不确定，但它在基督教时代的几百年里由古代的罗马人养殖，并有鹅将罗马从入侵者手中救出来的传奇故事。

从我国有关鹅的文字记载看，中国鹅是由鸿雁驯化而来的唯一品种。据近期的考古资料记载，中国鹅的驯养历史可追溯到距今约 6 000 年前的新石器时代，伊犁鹅是我国唯一起源于灰雁的家鹅品种，已有 2 000 余年的驯化历史。

(三)其他家养动物的起源与驯化

1. 狗的起源与驯化

狗是唯一在新旧石器时代均被发现的驯化动物，因而是最早被驯养的动物。迦勒底和埃及的古迹显示，公元前 3400 年，狗的形象就已出现于埃及的石刻中。迄今已知的世界上最早的狗头盖骨化石距今 3.17 万年。

分子遗传学证明了狗是最早被驯化的家养动物，约 16 000 年前狼首先在亚洲东南部被驯化。对野生动植物的驯化是人类从渔猎社会转入农耕社会的关键。因此，对狗起源的研究不仅具有其自身的意义，而且对了解人类文明的发展也十分重要。一般认为狗起源于东亚，很可能起源于中国长江以南地区，因为这里分布有最多的狗单倍型类群并且以这一地区为中心，狗的单倍型类群的数量随距离的增加而减少。

2. 猫的起源与驯化

对猫进行人为的有意驯化应该比较晚。在早期农业文明形成后，人们有了固定的农田、畜群、粮仓和草房，因此土著的老鼠得以躲开它们的天敌，适应优越的室内寄生生活。可以推测，猫在此之后成为农田和村庄的清道夫，猫与人类的关系刚开始不稳定，但后来由于其控制鼠害而被人们逐渐接受，更有学者推测猫的驯化是人类为了限制老鼠带来的传染病。猫的驯化也是从幼小动物的圈养开始的，温顺的留下，较野的逃跑，这个过程也持续了很长一段时期。

世界上家猫的祖先是一种近东野猫，是至少 5 个母系在新月沃土被家化的。包括家猫和几种野猫的遗传系的起源时间比过去普遍认定得要早。其中一个进化支包括家猫和近东野猫，意味着该支包括了所有家猫种群的古代创始者种群。

3. 骆驼的起源与驯化

骆驼的驯化比其他家畜稍晚，是在公元前 3000—前 4000 年。一个原因是野驼大多分布在荒漠和半荒漠地区，人类对这一地区的开发利用比其他地区晚；另一个原因是它的驯化难度也较大。单峰驼可能在 5 000 年以前的阿拉伯半岛的东南部被驯化，其野生祖先已经灭绝。双峰驼的驯化可能发生在现在的伊朗及土库曼斯坦等地，或向东的哈萨克斯坦南部，蒙古西北部和中国北部地区，最早的有关家养双峰驼的证据来自伊朗伊斯兰共和国中部地区，在这个地区发现的双峰驼的骨骼、粪便和毛纤维可追测到大约公元前 2600 年，我国也是较早驯化双峰驼的国家之一。近几十年，先后在北京、山西、河南等地的鲜新世地层中，发现了“类驼化石”，又在内蒙古黄河流域的鲜新世晚期地层中，出土了名为“诺氏驼”的化石，形状与现代骆驼很相似。据考证，这很可能就是现代双峰驼的野祖。

野驼经人工驯化成为家畜后，由于人工选育以及生存环境的变化，体型外貌和生产性能等方面都发生了变异。例如，以野驼和家驼相比可发现，野驼具有头较小、颈较长、前膝无角质垫、两峰较小、四肢较长、毛较短而稀等特点。

4. 象的起源与驯化

象在古代的迦太基(今非洲突尼斯附近，为金尼斯人所建立，公元前 146 年被罗马人毁灭)被驯化，可能比印度开始使用象还早。公元前 331 年亚历山大大帝在美索不达米亚与波斯王大流士三世的战争中也使用了象。我国《汉武帝纪》中有云：元狩二年，南越献驯象。驯者，教能拜起周章，从人意也。元狩二年，为公元前 121 年，说明亚洲在公元前 121 年前就能驯象。

象原产于印度、缅甸、马来西亚、苏门答腊、斯里兰卡的丛林，以及撒哈拉沙漠以南的非洲大陆。亚洲象因分布广泛，故彼此间多因地区不同，而略有变异，但性情易驯，可供劳役。但是亚洲象在驯养后，生殖不理想，故常将幼年野象捕获后，再予调教，以供役用。非洲象较难被驯养。仅在古代战争中用之。

5. 驯鹿的起源与驯化

驯鹿产于亚、欧、北美三洲和北极地区。北欧驯鹿为野生驯鹿，由拉比人驯化之后，传入阿拉斯加与加拿大的北极圈内。驯鹿被驯化后可以拉橇，载重 114 kg 的橇，驯鹿拉着能每小时行 5 km，且能持续 12 h。驯鹿体躯的大小，随产地不同而异，栖息地越往北者，体型也越大。最大的母驯鹿，可高达 1.3 m 左右，重约 181 kg。野生驯鹿可能是驯化最晚的大型哺乳动物。在西伯利亚的阿勒泰山脉发现了驯鹿驯化的迄今最古老而权威的证据，可能追溯到 2 500 年以前，表明当时盛行乘骑驯鹿。没有有关驯鹿驯化是怎样到达欧洲的可靠信息，有可能是在斯堪的纳维亚地区独立驯化的，也有可能是与其他北部欧亚草原社区接触的萨玛尼人实施的驯化。

第二节　动物驯化进程

人类生存在地球上已逾百万年，其中大部分时段采集，小部分时段才开始狩猎，乃至定居下来依靠农牧，已经是很晚的事情了。驯化动物的历史大约开始于公元前 8000 年。起初，早期人类对羊、对狗进行驯化，直到公元前 2500 年对骆驼的驯化止，一万多年的时光里，人类对 148 种包括非洲象在内的陆生动物进行过驯化尝试，虽然候补者众多，但通过驯化的大型兽类仅仅不到 20 种，全部加起来也就 60 种左右的动物被驯化，其他一多半野生动物注定野生，桀骜不驯。

一、早期驯化动物

驯化动物是指圈养繁育的物种，通过遗传修饰其野生祖先的特性，使其适应人类控制它们的繁殖(育种)，对它们进行饲养管理(畜舍和保护它们不受食肉动物伤害的措施)和饲料供应。驯化步骤包括封闭饲养；封闭饲养下的封闭育种；选择性育种和品种改良。

动物驯化的起源与狩猎者在聚集区试图驯服和管理野生动物的普遍趋势相关。在更新世末期动物驯化的过程实际上就开始了。那时气候的变化更加不可预料，一些地区气候变暖和季节性更加明显，导致人口的地方化扩展。这些发展促进了作物耕作，并影响了狩猎野生动物作为食品的分布和密度。在这种情况下，动物驯化的主要动力可能是满足“喜爱食品”的需求，其中一些被驯化的物种具有作为役畜进行田间耕作的潜力（例如用牛耕地），或后来发展成为驮载动物和骑乘动物（驼羊、单峰驼、双峰驼、马、牛）。

距今 9 000 年左右，所有的五种驯化动物都已经为人类所获得，它们以不同的组合形式出现，直到 8 000 年前才最终一起出现。

目前，人们认为至少在世界 12 个区域发生家畜驯化，并非所有的驯化中心都与作物原产地密切相关（图 9-1）。在新月沃土（亦称为肥腴月湾，现在中东两河流域及其附近一连串肥沃的土地。包括当今以色列西岸，黎巴嫩、约旦部分地区，叙利亚、伊拉克和土耳其的东南部），作物和家畜的驯化中心是相互混杂的，而在另一些地区（如非洲大陆）作物和家畜的驯化大多独立发生。还有一些物种的驯化中心目前尚不确定，在这种情况下人们普遍认为重要作物的原产地中心，也是家畜物种的驯化和多样性中心，这些地区包括南美洲安第斯山脉链（美洲驼、羊驼、豚鼠）、中美洲（火鸡、番鸭）、非洲东北部（牛、驴）、西南亚（牛、绵羊、山羊、猪）、印度河流域地区（牛、山羊、鸡、河流型水牛）、东南亚（鸡、巴厘牛）、中国东部（猪、鸡、沼泽型水牛）、喜马拉雅高原（牦牛）、北亚（驯鹿）。此外，阿拉伯半岛南部地区是单峰驼的原产地，而双峰驼的原产地可能是伊朗，马的原产地可能是欧亚干旱草原。

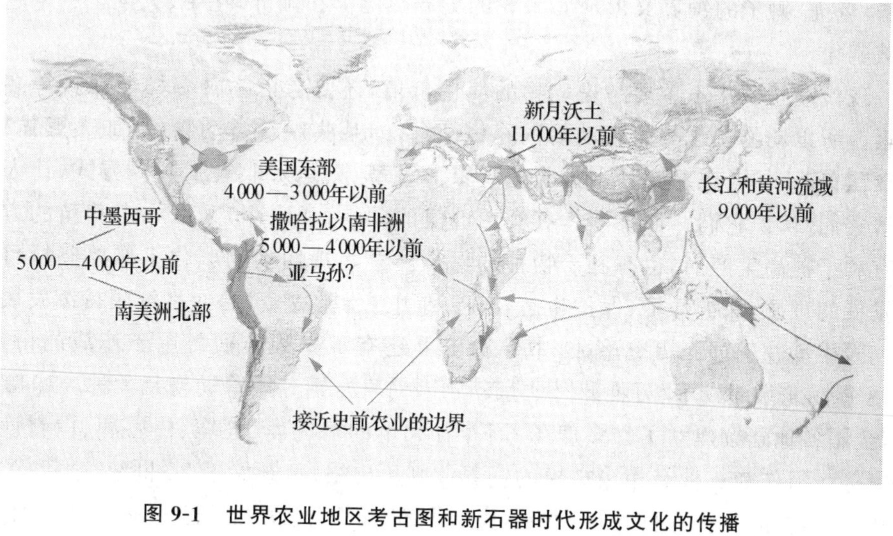

图 9-1　世界农业地区考古图和新石器时代形成文化的传播

家养动物驯化可能在几个地区同时发生,也可能在不同地区不同时期发生,但要证明驯化事件发生的确切日期具有挑战性。这主要是由于驯化初期阶段家养动物在形态上与它们的野生祖先没有明显差别,所以根据形态学标记得出驯化事件发生的日期必将低估其实际驯化时间。而根据独立于形态学变化的碳十四测年法信息进行估算所获得的日期具有典型的特点,误差很大且常常依赖于不确切的碳化点。

二、现代驯化动物

我国面积很大,经纬度跨度大,地形、地貌复杂,动物物种丰富,有许多特产经济动物。在这些动物中,有的是重要的药用动物、毛皮动物。这些动物的利用方式越来越多样化,引种驯养工作也取得了显著的成绩,如四大淡水鱼和珍稀动物的保护驯养。许多世界珍稀动物,如大熊猫、金丝猴、扬子鳄等,对珍稀动物的保护措施之一就是引种驯养,在原地建立研究保护机构,如卧龙自然保护区;动物园和饲养场是迁地保护的主要场所,如北京动物园保护的大熊猫。

随着我国经济的飞速发展,人民生活水平不断提高,我国在积极开展国内野生动物引种驯养的同时,引进了一些国外重要动物进行驯养,如牛蛙等。尤其是最近几十年,全国各地陆续建立了许多鹿场,饲养了大量的梅花鹿、马鹿、白唇鹿、白臀鹿和水鹿等;其他被饲养的兽类还有水貂、狐、貉、海狸鼠、麝鼠、紫貂、果子狸等;近年来,老虎、狮子的饲养又形成新一轮的饲养热潮。在国外,牦牛、大象也越来越多地被驯化。

现代动物驯化不单要考虑动物的使用价值,还要考虑物种多样性保护等多个因素。所以动物驯化与野生动物饲养相结合,即某些观赏类动物(比如大熊猫)或猛禽猛兽(比如老虎、狗熊)不必驯化成家禽家畜,只是采取人工饲养方式,让人们了解它们、认识它们。而某些具有实用价值的动物(如水貂)采取人工养殖的方式更有利于提高生产力,也有利于物种的保护。总之现代动物驯化工作要坚持可持续发展的理念,保护环境、保护生态,有序利用野生动物资源,使之健康持续发展。

野生动物的饲养历史悠久,中外历史上还有不少驯养猛兽用于作战的记录。1908 年在北京建成了“万牲园”(北京动物园前身),饲养展览动物几十种。1949 年后,全国各地陆续建立了许多鹿场,饲养着大量的梅花鹿、马鹿、白唇鹿、白臀鹿和水鹿等。但作为一种有相当规模的饲养业则历史很短,开始于 20 世纪 50 年代,如水貂饲养在 60 年代得到发展,70 年代后期和 80 年代发展迅速。发展的原因,一是由于野生动物资源日益枯竭,猎取野生动物日益困难;另一个更重要的原因是人类对这些动物产品的需求不断增长，超出了自然界所能供应的量。更重要的是今天人们对野生动物保护意识的不断增强，国家对野生动物保护的立法。这些都促使人们重新思考，怎样在保护野生动物物种的同时，能够合法地取得野生动物产品资源加以利用。而经过人类的驯养、育种等措施大量繁殖饲养，则是目前能够合法取得和利用野生动物产品的最佳途径。

经过 40 多年的大量科学研究和驯养繁育实践，野生动物养殖品种得以不断丰富。据国家林业局公布，目前已经有 50 多种珍禽类、野兽类、爬行类、两栖类等野生动物，驯养繁殖技术较为成熟，可以规模化推广养殖。实际上，野生动物养殖已经在全国农村产生了巨大的经济效益。目前大多数饲养者其野生动物种源已经是人工繁育引种而来的，只有极少数是从自然界捕获的野生动物作为饲养对象，但后者饲养成活率很低。

野生动物饲养业按产品可归为下列几类：一是观赏类动物，其中禽类包括绿孔雀、蓝孔雀、锦鸡、鸳鸯、天鹅、鹦鹉；动物类包括黑熊、棕熊、大熊猫、东北虎、华南虎、灵猫等；水族类包括海豚、海豹、鲨鱼以及小型观赏狮子鱼、小丑鱼、蝴蝶鱼、海马等。二是毛皮利用动物，主要包括美洲水貂、银黑狐、北极狐、紫貂、貉、毛丝鼠和河狸鼠等。其中美洲水貂和狐在世界裘皮供应中占重要地位，既有规模很大的企业化饲养场，也有较小规模的家庭饲养。有些国家还设有有关的科学研究机构。三是药用动物，饲养目的是从动物身上取得某些产品，以制造药物。饲养对象包括梅花鹿、马鹿、麝、黑熊，以及野生爬行类的蛇、蛤蚧，节肢动物蝎子也已有饲养。四是食用动物，其中野兽类包括野兔、野猪、竹鼠；珍禽类包括蓝孔雀、珍珠鸡、环颈雉、鹧鸪、野鸭、大雁；爬行类包括蛇、鳄鱼等。

当然饲养或繁殖野生动物需经过有关管理部门的许可，获得《野生动物驯养繁殖许可证》，如果需要对野生动物进行屠宰、经营加工和利用，还需取得《野生动物经营加工许可证》。

第三节 驯化动物的开发利用

一、驯化动物资源利用的现状

(一)开发为人类的生活必需品和生产资料

人类的文明进化与家禽家畜的饲养驯化如影随形，蓝孔雀被印度人视为国鸟；

火鸡初被拿到英国时误认为来自土耳其，由此得名 turkey。驯养了 4 000 多年的鸽子使鸿雁传书的浪漫成为实际；蜂的驯化则让人类尝到了天赐的甜蜜；海狸、水貂、狐狸等毛皮兽的饲养为妇人提供了华丽的裘皮；驯鹿，顾名思义，这是一种被驯化了的鹿，也是鹿科动物中唯一真正被驯化了的鹿，黇鹿只能徒劳无功地甘居其后，毕竟黇鹿没有驯鹿拉车驮物拉雪橇的人类劳作助手之作用。

驯化动物的初衷并不仅仅是为了获取肉食，而是将经过千万年观察而熟知的动物变成活的工具。不同的驯化动物为不同的工作提供了大量可再生的资源。例如追踪猎物、消灭老鼠、保护族人与货物，提供毛皮取暖，远距离运输，以及为人类的婴儿提供奶制品。把野生禽兽进行饲养，驯化成家禽家畜，使它们大量繁殖起来，为人类的经济生活提供更多更好的物资，是人类利用动物资源的一个光辉成就。这样所形成的畜牧业，是人类历史上最早的生产事业之一。现代的家禽家畜，都是由过去的野生禽兽驯化而来的。

(二)野生动物驯化繁殖产业的兴起

将野生动物进行驯化繁殖到各种环境条件相似的地区进行养殖，可以获得一定的经济效益，同传统的育种工作相比要经济得多，而且也要迅速得多。如我国从国外引进的尼罗罗非鱼、虹鳟、七彩山鸡(环颈雉)等品种都获得了可观的经济效益。

从事野生动物驯化繁殖必须严格按照国家野生动物保护法等法规开展，国家在这方面设定了严格的要求，每个从事相关产业的从业者必须获得相应的批准，否则即为非法经营。“在保护中开发，在开发中保护”是开展野生动物驯化繁殖产业的一大原则。野生动物驯养繁殖业的产生是出于国家和政府对野生动物物种的保护研究、公众百姓对野生动物产品的合理需求，以及促进野生动物和人类良性相处的出发点而产生的，最终的目的还是保护。

允许进行驯化繁殖的野生动物包括部分国家一级、二级、省重点、省非重点野生动物。在用途方面，既包括公众了解的药用、食用动物，还包括观赏用、科研用动物等。

(三)驯化动物的药用动物资源开发

国家中医药管理局公布的 140 种紧缺中药材中，动物药材占 60%。由此可见，动物药材的紧缺是制约中医药发展的重要因素。动物药材仅靠野生无法满足中医药事业的大量需求，加强药用动物的人工养殖就显得尤为重要。人工养殖可以从根本上逐步解决动物药材的供求矛盾，并能够把濒危的珍贵药用动物物种有效地保存下来。

药用动物最后大多要取自人工饲养,这是人类利用和保护动物资源的途径。近年来,我国药用动物人工养殖技术发展很快,在药用动物驯化、养殖方面,不少药用动物已由野生变为人工养殖,如鹿、麝等草食兽类及熊的人工驯养;蛤蚧、金钱白花蛇、蝎、地鳖的人工养殖,使动物药产量明显提高。目前,我国已建立了鹿、林蛙、钳蝎、蜈蚣、龟、鳖、麝和熊等许多人工驯养繁殖场,这些动物药部分满足了中医药市场的需求。

此外,在药用动物的驯化技术、饲料生产技术、繁育技术以及动物药工程化生产等方面也都取得了重大发展。特别是动物药工程化生产工艺的发展,可以大幅提高产量,如从珍珠、僵蚕、冬虫夏草的人工培养到蝎、蜈蚣、蛇类的电刺激采毒;从鹿的控光增茸到麝的激素增香,使鹿茸、麝香的产量成倍增长;特别是活麝取香和活熊取胆汁,以熊胆粉代替药材熊胆,以及人工培植牛黄、羊黄等工艺的发展使产量提高了许多倍。鹿茸细胞和麝香腺细胞的组织培养都已取得成功,使动物药生产进入了生物工程时期。

(四)取代原有品种,填补生态位空缺

可能由于历史的原因,一些具有显著经济价值的种类没有分布于引种区,而分布了一些经济价值不高的生态等值物种。为了提高该地的经济效益,可以引入具有显著经济价值的种类进行异地驯养驯化,通过竞争取代原有物种,占据原有物种的生态位空间。例如,黄河上游的外流湖泊,水质良好,只是水温偏低,只有生长缓慢,肉质一般的裂肤鱼和条鳅生活其中,如能引进虹鳟、白鲑属代替它们,经济效益可大大提高,虹鳟曾成功地移植于海拔 3 812 m 的南美的可可湖。青海省的龙羊峡水库,海拔高度不过 2 600 m,它的鱼类区系组成是高原鱼类和平原鱼类的混合,但平原鱼类受水温限制,不能很好地生长,如果能够移植偏冷水性的鱼类,可望获得较好的经济效益。

由于环境的变化使得一些生物不能够适应变化了的生存空间而从系统中消失,就出现了所谓的生态位空缺,使系统的平衡和稳定受到威胁。所以应适当引入能够适应该环境条件的物种,填补出现的生态位空缺,以维持生态系统的平衡,还可取得一定的经济效益。如内蒙古自治区的黄旗海,是一个内陆湖,面积 0.8 万～0.9 万 hm^2,由于周围用水不合理,面积逐年缩小,水质逐年浓缩,本来鲤鱼、鲢、鳙、草鱼等生长良好,后来这些鱼都不能生存了,只好以耐碱性的雅罗鱼、青海湖裸鲤代替。再如我国利用波尔山羊杂交,成功地改良了本地山羊,既提高了杂种后代的初生重,又加快了生长,还使屠宰率提高,尤其是在粗放条件下仍表现出了良好

的生长性能及抗逆性能。

(五)保存动物遗传资源,维持生态平衡

由于环境污染、栖息环境破坏等因素,使得原有的栖息地不再适合某一物种的生存,就可以将动物引入其他气候、环境要素较适宜的地区进行驯养驯化,以防止物种的灭绝。

保护野生资源,维护生态平衡,已成为全人类共同关注的问题。过去,由于环境污染和乱捕滥猎,使许多野生动物数量急剧下降,甚至灭绝,如再继续下去,前景十分令人担忧,尤其是那些原来就稀少的野生动物。因而将野生动物引种驯化,人工饲养,扩展繁殖,本身就起到保护、保存活体基因库的作用,还可避免对野生种群的猎捕,在一定程度上减缓野生种群的灭绝速度,同时创造了持续性利用资源的条件。

任何一个物种都不可能永远存活,都要遵循物竞天择这一自然规律。例如,最初我们的祖先如果没有将原鸡驯化成家鸡,也许这一物种就不会存在。有重点地挑选某些野生动物进行深入的驯化选育研究逐渐变野生为家养,将一些濒危的野生动物驯化成家畜有利于物种的延续与更新。由于科学技术水平的提高,今天开展某些野生动物的驯化选育已成为可能。事实表明,人类饲育的家养动物种类正在增加。

二、驯化动物资源利用存在的问题

如今,人类无论从生理到心理,几乎样样离不开动物,但地球上的野生动物却完全可以不需要人类的照应而栖息。人类驯化引种野生动物,给人们带来的好处是多方面的,意义也是深远的。但对生态系统的平衡和经济效益也可能产生负面的影响,因此不能盲目引种驯化野生动物,而要根据实际情况认真调查,并经过缜密的科学论证,制订出科学合理的计划方可实施。

(一)疾病的传播

人类历史上最厉害的几次传染病的流行,基本上都是从动物传给人的,而且其中相当多是从人工驯养的动物传播而来的。原因是农耕文明使得人与动物生活在一起,当时又没有现代社会的公共卫生系统,细菌和寄生虫得到肥沃的营养,容易滋生,病毒更是可以直接传播到人体。

地球上所有的物种都是在过去的 35 亿年间产生、繁衍和进化的,其中一些物种之间在进化过程中相互作用。也正是这些相互作用,使我们今天看到的自然界

不仅有一个个彼此独立的物种，而且呈现植物间的相生相克，动物间的食物链关系，一种生命依附于另一种生命等诸多行为和现象。可以说，要想真正了解一个物种，研究该物种与其周围物种间的相互作用与研究这一物种自身的生命史同等重要。病原体也是一样。在漫长的进化过程中，它们曾经试探了各种各样的宿主。如果对方的抗性太强，它们便无法依附；如果对方的抗性太弱，便会被斩尽杀绝，导致宿主物种的消逝。就是在这漫长而又不断的磨合过程中，物种之间形成了相对稳定的协同进化关系，生态系统也平衡下来。然而，一旦一个新的、原本没有任何抵抗力的物种接触到新病原体，因为没有抵抗力而无法控制病原体的大量繁衍，流行病便会暴发。

由此可见，野生动物的驯化是一把双刃剑，能造福也能带来灾祸，需要慎重从事。而且其中还有更深层次的伦理问题：人类已经驯化了相当多种类的野生动物为自己所用，是否真的有必要驯化更多？

（二）过度引种驯化　打破生态平衡

历史上的驯化本身就是出于满足人类的需要，这也许与当前的动物保护人士的观点有很大的矛盾。当前人类的驯化行为需要遵守的底线是，不以损害自然环境下野生物种的栖息条件和种群繁殖为前提。如果仅仅因为经济价值，需要经常从野外捕捉野生动物，则会对野生种群造成极大的伤害，不利于生态保护。

20 世纪 50 年代，云南星云湖的大头鲤渔获量约占总渔获量的 50%，但自移入鳙和鲢后，大头鲤在渔获量中的比例在 60 年代降至 20%，70 年代初降至 10%，1980 年仅占 1%，资源遭到极其严重的破坏。大头鲤和鳙都是主食浮游动物的鱼类，但是大头鲤摄食器官的结构与功能，远不及鳙完善。当鳙移到大头鲤生活的水域后，大头鲤成了生存竞争的失败者，生境逐渐被鳙所取代。类似情况在别处也有发生。其中许多种动物还未经充分研究，它们对生态系统或人类的生存可能有重要的作用，它们的灭绝对人类的损失目前尚无法估计。

由此可见，引种前应该对引种对象的食性、栖息习性、繁殖习性、生态条件、小生境和病虫害等进行全面考察，尤其应该了解引种对象与本地自然资源的相互作用关系。如果引种对象本身对于引入水域的生物是一种竞争生物或敌害生物，更应该持慎重态度。

（三）驯化药用动物资源研究滞后

随着动物药临床应用的不断扩大，目前药用动物资源应用与研究中也面临严重的问题。野生药用动物资源,尤其某些珍稀药用动物已濒于绝迹。国际社会对我国使用动物药的高度关注,严重制约了动物药类的出口。药用动物资源基础研究薄弱,种质资源保护工作进展缓慢,药用动物资源研究人才匮乏,特别是交叉、复合型人才缺乏。药用动物的养殖有待进一步规范。生产技术水平有待进一步提高,药用动物药材的质量标准有待进一步完善。药用动物的资源、化学、药理、临床研究资料系统整理不及时,特别是现代信息技术资源库建设滞后等。

三、驯化动物资源开发利用的对策

人类大量开发使用野生资源和生态环境受到严重破坏,濒危生物资源危机日益严重,因此保护与可持续利用生物资源,已成为全球关注和亟待解决的问题,也引起我国政府的高度重视。要求人类必须遵循客观规律,在开发利用生物资源时,按照生物资源的特性,既要珍惜有限的生物资源,使其能够得到充分利用,创造出最大的经济效益,又要认识生物资源耗竭的条件,掌握其负荷极限,正确处理好人类与生物资源之间的"予取关系",使生物资源能够持续地为人类造福。

驯化动物资源保护和持续开发利用与区域的自然环境、物种特征有关,与各国的经济发展水平、生态资源开发程度以及民众科技知识水平有关。

(一)开展有效保护和合理利用药用动物资源

动物资源是中药的主要来源之一,是中药产业发展的物质基础,面对产业发展与动物濒危的现状,开展有效保护与合理利用,实施可持续发展战略是十分重要的。驯化养殖是保护、发展及合理利用药用动物资源的一条有效途径,是防止野生动物药资源减少的一个重要方面。开展人工繁殖种群,既可防止或延缓有关物种的灭绝,又可满足人们的生产、生活需要,人类疾病防治需要,减少对野生种群的猎捕压力。近年来,这方面的主要成就包括:鹿等食草动物驯养成功,使鹿茸产量成倍增长;克服乌骨鸡的就巢性,提高了成活率和产蛋量;温室放养龟鳖、钳蝎形成人工食物链,夺取动物药双丰收,形成系列化饲养;移植多层笼养鸡、网箱养鱼等高密度机械化生产技术,促使药用鱼类和鸟类大幅度提高产量等。为了更好地实现驯化驯养,必须重视和加强野生濒危药用动物的生物学特性,包括生活习性、生态环境、繁殖条件、生理特征、疾病防治及遗传特性等方面的研究,以提高繁殖率为关键,为人工引种驯养创造条件。

(二)克服引种驯化的盲目性

我国动物资源相当丰富,是引种驯化工作中不可忽视的重要方面,所以应充分发掘国内动物资源,充分利用国内的优良品种。当然,作为养殖对象的补充以及改良品种的育种材料,适当引进一些国外(或境外)的优良品种也是十分必要的。引种要有明确的目的性,不能盲目引进驯化。引种驯化要根据当地环境条件,生态系统的特点,饵料资源利用状况以及实际需要,避免造成不必要的损失和浪费。由于盲目引种而造成的生态危机屡见不鲜,典型的是澳大利亚草兔危机。1829 年,一个名叫托马斯的英国绅士将 20 只野兔带入澳大利亚,放养于自己的庄园中作为狩猎对象。由于澳大利亚缺乏草兔的天敌,使之成为食草动物的有力竞争者,到 20 世纪 20 年代草兔开始大量繁殖,广布于澳洲草原并以每年 50 km 的速度扩大分布区,对澳大利亚草原畜牧业造成很大威胁。澳大利亚政府不得不发动群众大规模地猎杀草兔,但仍难以控制草兔的泛滥。后来利用一种口腔唾液腺病毒才控制了草兔的危害,但又使存活个体产生了有效的免疫力,为此澳大利亚付出了很大的代价。

(三)引种时必须做好检疫工作

引种时应尽量避免将原水域的病原体和寄生虫带入新的水域。例如苏联曾经从黑龙江引入欧洲部分地区的野鲤带去了指环虫病,给当地鲤鱼造成很大危害。有证据表明,草鱼的细菌性肠炎和九江槽头绦虫病,原来都是些区域性病虫害,由于引种时缺乏检疫已发展成为全国性疾病。对引种对象所在水域进行病虫害调查和检疫,尽可能从无病虫害的水域引种。对引种对象、池塘和生产工具等进行严格消毒,并在原产地隔离观察,证明无病虫害者方可引种。运输途中要严防病虫害污染。另外,按国家规定动植物品种引进后要进行封闭性养殖试验,确实证明健康无疑再转入大面积养殖。

(四)加强保种复壮工作,防止种质退化

引种是否成功的标志除了引种对象能否在新的地域正常地生长发育和繁衍后代外,更重要的是能否在其世代中保持原有的经济性状。为此,引种后要采取相应的措施防止品种的混杂与退化,做好品种的提纯与复壮。一些引种工作者缺乏种质保存意识,移植时引入的有效群体不够大,引种成功后又缺乏原种保护意识,致使原种或良种混杂或退化。如罗非鱼类的一些物种引进我国后,在自然状态下互相混杂,彼此杂交,加上人们用杂交方法繁殖了大量子代,这些子代又混进自然群

体,同原种交配,结果罗非鱼种质严重不纯。我国尼罗罗非鱼和奥利亚罗非鱼养殖群体的遗传渐渗现象十分严重,江苏省某罗非鱼良种场内的尼罗罗非鱼群体中有20%的尼奥杂交鱼。我国现有的鲤种群、品种之间,由于不加节制的杂交,杂交后代混入天然水域,造成了我国鲤种质的混杂,在长江、珠江和黄河流域已很难找到不受遗传污染的鲤鱼原种。隔离繁殖是防止混杂的主要方法。为此,建议建立若干个国家级的引种基地或原种场,建立科学的繁育体系,以确保引进品种的种质。为了防止品种退化,应避免近亲繁殖,扩大随机交配群体,选用壮年鱼繁殖后代,定期更换亲本,使保种和选育工作有机结合。

(五)建立健全的引种管理体制

引种既有大量的技术工作,也有大量的行政和组织工作,有的政策性还很强。因此,必须建立健全引种管理机构来统筹安排。1991 年成立了在农业部领导下的主管水产原良种审定的权威机构:全国水产原良种审定委员会。它的任务之一就是审定适合于全国、流域、区域水产养(增)殖的原良种(包括引进种)。审定不合格和未经审定的水产原良种不得繁殖推广。为了保证引种工作的正常进行,不仅要有专门的管理机构,还要有一套完整的管理制度和政策,例如对良种或新品种的引进做出规定。另外,还需要建立全面的技术档案以及良种繁育推广中的检验制度等。

(六)大力进行珍稀、濒危、市场需求量大的药用动物的驯化和养殖

早在 3 000 多年前,中国就开始了对蜜蜂的利用。不少药用动物已变野生为人工养殖。如人工养麝,鹿的驯化和鹿茸的生产;蛤蚧、金钱白花蛇、全蝎、地鳖虫的人工养殖;河蚌的人工育珠;以及人工养熊等都已取得成功,并已形成商品药材供应市场。这一切均为我们大力开展珍稀、濒危、市场需求量大的药用动物的驯化、养殖提供了非常成功的经验。同时对现有大规模养殖的药用动物基地,应按《中药材生产质量管理规范》(GAP)的要求加快改造,并对其生产的药材商品给予政策扶持和保护,以利于行业健康发展。

复习题

1. 驯化与驯养的区别是什么?

2. 我国驯化的物种主要有哪些?

3. 我国驯化动物资源的利用中有哪些问题?如何解决这些问题?

4. 动物驯化中有哪些技术和方法？

讨论题

驯化动物是人类文明的重要一步，驯化动物意味着更多的食物和更多的生产力。为什么有些动物没有被驯化？驯化动物都要哪些因素？

第十章 野生动植物资源

重点提示

本章主要阐述野生动植物资源的基本概念与属性特征，学习和研究野生动植物资源的潜在价值和开发潜力及其与其他自然资源的关系，了解我国动植物资源开发利用现状与趋势、存在的问题与发展对策。

第一节 野生动物资源的特点与价值

一、野生动物资源及其属性

(一)野生动物资源的定义

野生动物资源是指能为我们人类生活直接或者间接提供原料、食品和其他效益或服务功能的，非人为饲养的动物。应当注意到“能为”不一定只是现在正在提供这些服务功能，如野猪可以为我们提供肉类，还表示有能力提供某些我们人类目前未获取的服务，如野猪的遗传资源，它可以提升家猪的抗病性或者肉类品质。

(二)野生动物资源的属性

野生动物资源作为一种有生命的、可以移动的有机体，具有生物资源所具有的属性。

1. 可再生性

野生动物资源具有生物普遍具有的可再生性，即可以生长繁殖实现机体的循环再生。因此，野生动物资源也可以看作一种可再生资源。适量的捕杀不会导致物种的灭绝，经过一定时间仍然可以恢复其种群数量。但是如果捕获量或利用程度超过了其种群的自我更新繁殖能力，物种就会走向灭绝。

2. 遗传多样性

遗传多样性主要是指种内不同群体之间或一个群体内不同个体的遗传变异的总和。遗传信息储存在染色体和细胞器基因组的 DNA 序列中，但繁殖过程中，由于 DNA 片段的倒位、易位、缺失或转座而引起多个碱基对的变化，从而导致不同程度的遗传变异。随着遗传变异的不断积累遗传多样性的内容也就不断地得到丰富，形成不同的物种或者亚种品种等。野生动物群体内蕴藏着丰富的遗传变异，特别是大量的蛋白多态性，是物种进化的重要原料储备。不同野生动物及其亚种携带的遗传或者基因多样性，是家养动物的宝贵资源。

3. 周期性

周期性是指野生动物的生命、生物量、干物质成分、种群密度等指标存在随着时间的周期性变化，如日变化、年变化等。野生动物都会经历从出生到死亡的过程，每个物种都有自己的生命周期，如甲虫的寿命一般 1 年，大象一般 80 年等。整个动物种群的种群密度也会出现周期性的波动，如猞猁和雪兔呈现 9～10 年的波动规律。

4. 地域性

不同地域的野生动物类群往往不同。在生物进化和迁移过程中，各个地方独特的气候自然环境条件，塑造了不同的生物类群。如我国青藏高原区，因为高山寒冷的特性，往往具有独特的、与其他地方不同的动物类群，如雪豹、藏羚羊等。

5. 相关性

生活在同一地域的不同物种之间，或者同一物种不同个体之间由于捕食和竞争等生态学关系，形成了相互关联的特性。如竞争导致一个猴群往往只有一只雄性，长大的雄性幼猴需要离开出生地，另觅领地。

除了上述生物资源共有的特征外，野生动物资源还具有自己独特迁移性和群体性的属性。

许多动物类群都存在迁移的特性，也就是动物物种在其生命周期内并不会一直生活在某个地方，而是在两个或者多个地方间有规律地周期性的迁移，以获取食物、适宜的生存繁殖环境等。如马哈鱼周期性地洄游到内陆溪流产卵，非洲食草动物也会随着雨季变化引起的草场变化出现迁移。许多动物类群不是单独生活的，大都是以群体的形式生活在自然界的。群体生活可以提供相互的保护，有助于繁殖和抵御捕食。如南极企鹅聚集在一起繁殖后代，可以抵御极地的严寒。有的动物的群体性生活还具有社会性特征，如蜜蜂有蜂王、雄蜂和工蜂之分。

二、野生动物资源特征

(一)种类多样，资源丰富

我国幅员辽阔，横跨寒温带、温带、暖温带和亚热带，是世界上动物资源最丰富的国家之一。估计中国昆虫有 15 万种以上，约占世界种数的 1/10，其中已定名的昆虫已超过 3 万种。脊椎动物有 6 300 种，约占世界脊椎动物种类的 10%，其中哺乳类 607 种，占世界哺乳类总数的 14%；鸟类 1 294 种，占世界鸟类总数的 13.26%；爬行类 412 种，占世界爬行类总数的 6.5%；两栖类 295 种，占世界两栖类总数的 7%；鱼类约有 3 400 种，占世界鱼类总数的 12.1%。

如此丰富的多样性和我国的地理环境和自然历史密切相关。我国森林、竹林、灌丛与灌草丛、荒漠、高山高原等陆域自然生态系统大致有 539 种，水域与湿地自然生态系统有 165 种。青藏高原是世界独特的高地(高山与高原)生态系统，形成了的大规模高寒湿地，以及长江、黄河等完整的内陆河流生态系统；青藏高原特殊的热力与动力作用还造就了我国独特的季风气候，形成了极具特色的以亚热带山地为基带的、以常绿阔叶林为基底的生态系统，并形成了北温带荒漠。丰富的生态系统多样性为物种多样性打下了坚实的基础。同时，由于中国具有独特的自然历史条件，特别是自第三纪后期以来，大部分地区没有受到第四冰川期的影响，保留了许多在北半球其他地区早已灭绝的古老孑遗和残遗的珍稀物种。

(二)兼具南北两大区系的特点

在生物地理学上，我国南方热带和亚热带地区和东南亚国家，同属于东洋界。而北方半干旱地区属于古北界西伯利亚区系，西北干旱地区及青藏高原又属于古北界中亚区系。我国的野生动物兼具多个区系的特点，种类更加丰富多样。

(三)古老种和特有种多

我国所约有的 476 种特有陆栖脊椎动物，占我国陆栖脊椎动物种类数的 19.42%。其中，特有的哺乳类动物有 73 种；特有鸟类有 69 种；特有爬行类有 26 种；特有两栖类有 30 种；特有鱼类有 440 种。大熊猫、金丝猴、朱鹮、华南虎、羚牛、藏羚羊、褐马鸡、绿尾虹雉、白鳍豚、扬子鳄等均为我国特有的珍稀野生动物。

(四)濒危种多

我国也是生物多样性遭受破坏最严重的国家之一。涉及灭绝等级的陆栖脊椎野生动物36种，濒危级动物835种，受威胁级动物407种，需关注级动物387种，约占评估动物总数的62.1%。在《濒危野生动植物种国际贸易公约》中列出的640个世界性濒危物种中，我国约占总数的1/4，其中134种哺乳动物、156种鸟类、33种爬行类、2种两栖类、15种鱼类、343种无脊椎动物。我国现有300多种陆生脊椎动物处于濒危状态。极度濒危的脊椎动物有大熊猫、虎、金丝猴、藏羚羊、亚洲象、长臂猿、麝、普氏原羚、白鹤、丹顶鹤等。

三、野生动物资源利用价值

人类利用野生动物果腹御寒，利用的是野生动物的直接价值。随栽培养殖业的发展，人们的食物和衣料越来越多来自作物和家养动物。虽然野生动物的直接价值在下降，但是野生动物的间接价值，如生态价值、文化价值却在上升。它们的经济价值具体体现在以下几个方面。

（一）食用价值

在原始社会，野生动物是重要的蛋白质来源，是人类食物的重要组成部分。进入农业文明后到现在，野生动物被取食的比例大为减少，少量野生动物作为名贵的山珍海味或滋补食品。如扬子鳄体长达2 m，产于江苏、浙江、安徽和江西局部地区，其肉视作珍品。有63种个体较大并视为野味上等佳肴的资源鸟禽，如鹌鹑肉嫩味美，国内现多饲养繁殖并大量供应市场。鱼类和甲壳类大都具有一定的食用价值。昆虫中，蜜蜂产蜂蜜和蜂乳的营养价值较高；有些昆虫也成为一道食材，如蚕蛹、蚂蚱等等。

框10-1 主要野生水产品种

鱼类中有许多经济价值很高并有一定的捕捞量者，中华鲟、施氏鲟、鳇鱼、鲥鱼、大黄鱼、蓝点马鲛和带鱼均是中国最重要的鱼类资源。其中两种鲟鱼经济价值甚高，其鳔俗称鳇鱼肚，富有上等胶质，其卵可制鱼子酱视为佳品。鳇鱼分布于黑龙江和黄渤海；鲥鱼为东南沿海地区名贵食用鱼。江苏松江以出产松江鲈而著名，此鱼秋季产卵前味最鲜美。银鲳见于中国沿海、日本以及南洋群岛等区域，也是一种名贵的食用鱼。鳜鱼又名桂花鱼，自松花江至福建都有分布，是一种优质的淡水食用鱼类。

腹足类中鲍鱼为名贵海味，中国圆田螺和中华圆田螺也是著名食品。瓣鳃类有三角帆蚌、珠母珍珠蚌、中国淡水蛏、河蚬、中华牡蛎、食用牡蛎、缢蛏和毛蚶等。牡蛎为高级海味，它和缢蛏均已人工养殖。头足类主要有金乌贼、曼氏无针乌贼和鱿鱼。甲壳类主要有虾蟹，如对虾、九虾、红虾、中华管鞭虾、中国红虾、脊尾白虾和锦绣龙虾等，其中对虾最名贵。南海主产对虾，也大量进行人工养殖。中国东海海域主要有哈氏仿对虾和鹰爪虾等，国内捕捞最多的淡水虾类是日本沼虾。蟹类主要有青蟹、三疣梭子蟹、远游梭子蟹、三星梭子蟹和中华绒螯蟹。其中梭子蟹、青蟹，中华绒螯蟹可生活于淡水或咸淡水，经济价值最高。海参类主要有梅花参、刺参及乌皱辐肛参，价值以梅花参居首位。

（二）工业价值

工业价值又可分为毛皮、羽绒、香料、化工原料等。毛皮兽如石貂、水獭和小爪水獭的毛皮被视为裘皮之冠。爬行动物类如扬子鳄，鳄皮为极高级的皮革原料，经济价值甚高，现已在安徽省进行人工饲养繁殖成功。鸿雁、豆雁、白额雁和灰雁均是羽绒用的资源水禽。大灵猫和小灵猫的腺体分泌物灵猫香膏含有灵猫酮，既可药用又是高贵的香料。三角帆蚌和皱纹冠蚌出产的珍珠质量最佳、珠母珍珠蚌是制作珍珠核的原料。昆虫如家蚕，是纺织业中蚕丝的来源。五倍子蚜、白蜡虫和紫胶虫分别出产五倍子、白蜡和紫胶，故均为重要昆虫资源。五倍子为制造染料、墨水皮革等的重要化工原料。白蜡为医药纺织等工业的重要原料。紫胶可用于涂料、电器、印刷、钟表、食品、造纸、橡胶等工业部门，具有绝缘、黏着、防潮、防腐、防锈等性能。

（三）药用价值

野生动物作为中成药应用在我国历史悠久，陆栖脊椎动物有330多种可以入药，无脊椎动物也有200多种可以入药。可以根据物种的类群，大致分类如下。

（1）哺乳类药　许多兽类的各种器官和组织都是中药或中成药的原料，如熊胆、獭肝、豹骨、猴骨、鹿茸，中华穿山甲的鳞甲可入药。某些动物的排泄物也可入药，如夜明砂（某些蝙蝠的粪）、望月砂（野兔粪）等。

（2）爬行动物药　如龟板、鳖甲、蛇胆、蛇毒都是许多中成药的重要原料，入药的蜥蜴也有10种，大壁虎的干制品即著名的中药材“蛤蚧”。

（3）两栖动物药　如蟾酥，可以从10多种蟾蜍中取得。

（4）水生动物药　如海马。

(5)鸟类　如小鸦鹃，俗称小毛鸡，做成毛鸡酒，为妇科良药。

(6)节肢动物药　很多个体本身可以直接入药，如蝎子。

(7)其他类群　如地龙(蚯蚓)等。

框 10-2　东北三宝

东北三宝指东北三种土特产，一说是人参、貂皮与鹿茸角；一说是人参、貂皮与靰鞡草。

人参属五加科多年生草本植物，为驰名中外的珍贵药材，被称为“百草之王”。生长年限越长价值越高。由于人参根部肥大，形若纺锤，常有分叉，全貌颇似人型，故而得名。早在战国时代，良医扁鹊对人参药性和疗效已有了解；秦汉时代的《神农本草经》将其列为药中上品；汉代名医张仲景的《伤寒论》中共有 113 方，用人参者即多达 21 方。人参喜阴凉、湿润的气候，多生长于昼夜温差小的海拔 500～1 100 m 山地缓坡或斜坡地的针阔混交林或杂木林中。人参中含有人参皂苷、人参单宁、挥发油、人参酸、甾醇等多种成分和许多有机物、无机物及维生素等，能补血养气、固津生液、调节神经、开心明目、益智安神、降压健胃等，尤其对于治疗久病衰弱者非常有效。有其他药品所不能比拟的特殊药用价值和疗效。

紫貂属中小型兽类，躯体细长，四肢较短，是一种特产于亚洲北部的貂属动物。紫貂的皮毛称为貂皮，因体毛柔软、无斑纹，保暖性好，品质高贵而受到广泛青睐。在中国产于东北地区，还广泛分布于乌拉尔山、西伯利亚、蒙古及日本北海道等地。现在已经成功进行人工养殖，但对环境条件要求较高。

梅花鹿全身都是宝，最珍贵的是鹿茸。鹿茸就是雄鹿未骨化的角，是一种真皮衍生物，含有丰富的复合蛋白质和激素，以及磷酸钙、胶质软骨素，是一种高级补品和名贵药材，能温肾壮阳，生精益血，强筋补髓。

靰鞡草(乌拉草)属于莎草目莎草科苔草属，主要分布于中国东北地区。根状茎紧密丛生，叶细长柔软，纤维坚韧，不易折断，为草鞋、草褥、人造棉、纤维板等的良好材料，也是草编工艺品、造纸的主要原料。将原植物茎叶锤打后放入毡靴中，能御寒，能保证脚不被冻坏，故被百姓称为“关东三宝”之一。旧时东北人用皮革缝制、内絮捶软的乌拉草作防寒鞋，是东北人冬天穿的一种土皮鞋。

(四)农业有益种

农业相关的野生动物可提供的生态系统服务功能，主要有害虫生物控制、自然授粉等。这些功能是由自然中的天敌和传粉者实现的，而非人工授粉或者农药。在欧洲中部的每公顷农田大约有10万株作物同时具有几百只捕食性天敌如步甲、蜘蛛等，如果排除这些天敌，会发现蚜虫等害虫的数量和密度会极度的提升。猛禽等鸟类，或捕食大量害鼠或嗜食大量害虫，不仅维持了生态平衡，也给农林牧业生产带来了经济效益。世界蜜蜂有15 000多种，中国蜜蜂已知有近千种。蜜蜂可为果树瓜菜和粮食作物授粉，改善全球124种作物70%的产量，影响全球35%的食物供给。在美国，传粉每年单独产生的价值就高达160亿美元。

(五)旅游观光

千姿百态的野生动植物世界是天然的文化宝库，给人以无限愉快和美的享受，是美术、文学、诗歌、音乐、舞蹈等艺术创作的源泉，丰富了人类的精神生活。如鸳鸯，生活在许多湖泊溪流等水域，是著名的观赏禽，也是纯洁爱情的象征。大型兽类，老虎、狮子等也是动物园中备受青睐的展览动物。中国有1 339种蝴蝶，其中凤蝶和绢蝶都有很高的观赏价值。许多野生动物生活的草原、森林等自然公园也是人们旅游观光的热门景点。同时大型野生动物还具有狩猎价值，例如，盘羊在国际上每捕1只需付2万美元，其狩猎价值远大于食用价值。

(六)遗传资源

野生动物物种多样性强，基因资源十分丰富，是进一步培育、扩大种质资源，保障国民经济发展的重要物质基础。如果野生动物绝灭了，现有的养殖动物可能因品种退化、疫情袭击等影响而导致毁灭。家养动物祖型或其野生近缘种遗传多样性可改善品种的遗传特性，防止遗传侵蚀并增加遗传变异。例如人工繁殖对鱼类的遗传多样性会带来不利的影响，导致鱼类适应性生长性能和繁殖能力的降低。从天然水体引入原种作为亲鱼可以改善和保护人工繁殖亲鱼的遗传结构，增加适应力和繁殖力。

(七)科学研究价值

野生动物可以作为实验动物。凡是从事医学、药理学、毒理学、神经科学、免疫学、生理学等几乎都需要实验动物，如大小鼠、兔、狗、猫、猴子、鸡等。随着科学技术的发展，对实验动物的要求也越来越高，而且所需种类较多。因此，我国丰富的野生动物资源为不断开发出实验动物的新品种、新品系提供了条件。例如，树鼩是近些年来新发展的一种小型实验动物，在医学和生物学中已被广泛采用。

第二节 野生动物资源开发利用

一、野生动物资源利用现状

野生动物资源利用必须具备资源数量较多、分布范围广和利用价值大等三个条件。我国可以利用的野生动物很多。野生动物的利用主要有以下三个方面。

(一)野生动物资源的人工繁育

某些高度濒危种可能是具有重要意义、经济价值高的资源动物,因而屡遭滥杀。为此可以通过人工饲养野生动物的方式,实现资源产业化利用并保护野生动物。如大鲵俗名娃娃鱼,是濒危保护动物,但其肉具有较高的营养价值,通过人工繁育,一来挽救了该野生物种,同时又满足的人们的口舌之需。繁育还能够为动物药的利用提供来源,通过长期的发展与实践,包括梅花鹿、麝属、棕熊属内的许多物种的人工饲养已经能够完全满足市场需求。例如,雄麝所产的麝香,中国年产已达 1 780 kg。繁育还能够提供更为优质的动物产品。例如,东北等地区发展的养貂,生产的貂皮用在服装业,产生了显著的经济价值。蝎子养殖也形成相当的规模,即可用药,亦可食用,经济价值高。昆虫的养殖方面,中国养蚕历史悠久,蚕茧年产量占世界总产量的 60%以上。养殖蜜蜂获取蜂蜜,也是利用野生动物资源的一项案例。同时,有的地方为了增加授粉,也开始养殖蜜蜂,如某些瓜菜大棚。为了控制农田虫害,赤眼蜂、瓢虫等的养殖也占有一席之地。更有许多地方养殖蚯蚓,可降解厨余垃圾、改善土壤质量等,也形成了一项重要产业。海产养殖也是特别重要的一项产业,例如中国东海远近海域的哈氏仿对虾和鹰爪虾等养殖,年产量 10 万 t 以上。

繁育除了经济价值,还可以保护与保存濒危物种。将濒危物种就地或者迁移到合适的环境中,在人为参与下,通过繁育扩大种群数量,并为濒危物种野外放归提供可能。以中国麋鹿为代表的野生动物繁育是成功保护与野外放归的典范。自 1956 年开始,经过对麋鹿长时间的繁育实践,其数量已经达到了 1 500 多头,基本实现了麋鹿种群的恢复。繁育能够增加产品的合法供应,高的繁殖率会增加产品供应量从而降低产品单价,从而抑制非法来源产品的市场价格,压缩偷猎者利润,减少非法偷猎。

(二)野生动物及其自然保护区的旅游观光

食用野生动物资源的价值往往有限,而且对野生动物类群产生不利的影响。把野生动物当作一种观光旅游和狩猎资源往往能带来更大的经济价值和环境价值。如加拿大哥伦比亚河盆地,伐木工业的产值只占该地产值的11.5%,而娱乐性狩猎与垂钓占19.3%,露营和远足旅游占8%。中国的野生动物种类多,且特有种类多,相关的旅游资源开发还存在明显不足。例如,1881年,环颈雉从上海引入美国后,已经形成每年开放狩猎的种类。而在我国,由于数量稀少,环颈雉是严禁猎捕的濒危动物。目前,我国对野生动物的利用,包括野生动物战利品狩猎,是保护前提下的有限的利用。我国绝大多数野生动物处于濒危状态,我国的野生动物利用模式主要是非消耗性的,如观鸟、生态旅游等。当前,随着我国人民收入的提高,人民有更多的需求和支付意愿,相关产业亟待开发。

(三)野生动物基因库的保存和开发

利用家养动物祖型或其野生近缘种来提升家养动物的品质和质量、抗病能力或培育出新的品种。例如,公野猪与本地优质母猪杂交,形成的“放山猪”,这样的品种既保留野猪的野味,增添猪肉的口感,比市场的普通猪肉贵一倍多。野生动物基因库的利用价值是人类可持续利用野生动物资源的根本。

野生动物资源在利用初期,人类为获得生活资料而狩猎。在利用过渡期中,野生动物栖息地大部被开垦,以养活众多的人口。由于生境的流失和破碎化,种群之间不能进行基因交流,出现局部灭绝现象。在保护恢复期,国家开始用行政手段禁猎濒危、珍稀动物,民间的环境保护意识也增强。通过建立自然保护区等保护野生动物种群及其生境。我国现在正处在保护恢复期,出台了很多的野生动物保护法律法规,建立很多自然保护区,进行生态环境植被恢复,取得了很多成绩。目前全国共建立各种类型、不同级别的自然保护区2 740处,陆域保护区总面积1.47亿hm^2,覆盖了国土面积的14.8%。目前已建成的濒危野生动物繁育中心已达到14个,其中大熊猫、野生扬子鳄、东北虎、金丝猴等多种珍稀野生动物的繁育工作也都取得了较大的成绩,基本都已建立了人工繁育种群。湿地保护工作也已见到成效,已建成湿地类自然保护区达473处,达到国际重要湿地标准的多达36处。

二、野生动物资源利用存在的问题

工业革命以来,人口激增、自然资源的过度消耗及环境污染等,特别是大规模砍伐热带雨林,加速了生物物种的灭绝。1850年以来,人类已使75种鸟类和哺乳动物灭绝,目前有1 000多种脊椎动物濒临灭绝的危险。野生动物面临的最大问题就是如何控制数量的减少，防止物种灭绝。

（一）过度开发

过度开发是许多物种濒危或绝灭的重要原因，特别是商业目的的贸易活动使大量野生动物遭捕杀。野生动物被利用强度超出了物种自身的再生速度，从而出现种群数量的减少并逐渐灭绝。目前，地球上24%的哺乳类和12%的鸟类处于绝灭的危险中，其中34%的哺乳类和37%的鸟类面临的主要威胁是过度开发利用。中国淡水鱼类资源，由于不断加大捕捞强度以及渔具的不合理使用，产量大量下滑。例如长江的天然捕捞量由1954年的54万t，变为了近年来的10万t，其中长江刀鱼1973年的产量为3 750 t，1983年为370 t左右，2002年的产量已不足百吨。

（二）驯养不足

野生动物的驯养、驯化和繁殖管理方面存在着不足。目前对于野生动植物的经营管理及利用过程中存在着方式、方法老旧，效率普遍不高的情况，远不能满足市场的需求量，从而导致野生动物被大量捕杀。据调查，共有16种兽类、21种鸟类和16种两栖爬行类在21个城市的餐馆、副食商场和集贸市场中出现，其中26.4%是国家重点保护物种。从来源看，除梅花鹿、果子狸、鸵鸟、蓝孔雀、环颈雉、鹌鹑、虎纹蛙7种来自人工繁殖外，其余（占物种总数的86.6%）均来源于野外。目前获得国家林业局认可的驯养繁殖技术成熟的野生动物仅54种，远远低于市场的需求。

（三）栖息地丧失与破碎化

栖息地丧失与破碎化是造成全球野生动物濒危和灭绝的主要原因。许多物种被隔离在生境斑块中，迁移扩散受阻，近亲繁殖增加，进一步加快物种濒危和灭绝的速度。由于我国人口增加和经济高速发展，城市建设、工农业发展、村镇建设等导致大面积森林被砍伐，土地开垦剧增，草场退化严重，沙漠化不断扩大，最终导致野生动物栖息地面积日益减少。中国的原始森林面积在2017年仅为1 576.68万hm^2，占中国森林面积的7.59%。又如中国南海的珊瑚礁作为石灰原料而遭滥采，使珊瑚礁鱼类失去了生存环境和营养供应地，因而生存受到严重的威胁。

（四）环境污染

环境污染物能引起人类或动物产生多种多样的毒性，如神经毒性、肝脏毒性、生殖毒性等，导致生长受阻、内分泌失调、繁殖受影响等，严重的则会导致死亡。有些污染物会通过食物链放大，最终影响整个生态系统的健康。东北第二松花江本是著名的渔业区，由于被污染，草鱼、鲢鱼、鳙鱼、鲤鱼、鲫鱼和鲶鱼等已成为稀有种，而青鱼、鲂鱼、狗鱼和乌苏里蛙鱼已基本绝迹。

（五）外来种入侵

外来种入侵已被公认为是导致生物多样性丧失的重要因素。外来入侵种侵占了本属于当地生物的生态位，造成生态系统出现单一化的趋势，导致当地物种的灭绝。我国也是遭受生物入侵最严重的国家之一，比如美国牛蛙入侵云南、四川、浙江等地区的生态系统，导致当地两栖类减少。

三、野生动物资源开发利用的对策

（一）加强自然保护区建设

在自然保护区建设上，我国取得了较大的进步，但还是存在一些问题，有待加强改善。首先，促进生态环境改善，积极发展各种规模的自然保护区，扩大保护范围。以国家级、省级自然保护区为中心，将周边保护价值较高、生态状况较好的区域划入保护区。急需建立一批抢救性保护物种的生态关键区域的自然保护区。其次，对现有的自然保护区进行科学整合，从系统和网络的角度建立自然保护区间相互联系的生境廊道，或按山系、流域整合现有自然保护区，建立跨行政区域的自然保护区网络，从而优化自然保护区布局和发挥网络效应。

（二）加强野生动物的保护和利用研究

设立各种濒危野生动物的研究机构，通过对濒危动物的深入研究，可以找出科学合理的拯救方案，使基因资源得到保护。加强野生动物基因资源库的建设。加大野生动物资源调查与评估的投入，及时了解野生动物资源的资源状况，为资源保护和合理利用提供理论依据。进行重要野生动物种资源学、生物学、生态学、保护学等基础理论研究和利用技术研究，为实现可持续利用提供理论依据和技术支持。

野生动物生境大多地处边远地区，野生动物及其生境资源既是生态资源，也是当地群众赖以发展的物质资源。因此要根据各地自身优势，依法利用自然保护区的土地、景观、水和非重点保护野生动植物等资源，结合保护区当地民俗风情，引导和帮助群众合理利用自然资源，积极发展生态型产业，扩大就业，增加收入，促进社区经济发展，实现资源保护和经济发展双赢。

（三）加强野生动物资源驯化和繁育

针对部分社会需求量大的野生动物资源选择适建区，形成规模化、集约化的养殖相关产业带，促进野生动物资源培育和可持续利用。积极鼓励野生动物繁育，可以提供动物产品，满足市场需求，同时维护该物种种群数量，防止珍贵濒危动物灭绝，实现资源可持续利用。选择适宜繁育的物种，大力发展繁育技术，并且通过对野生动物繁育行业的规范化管理，充分促进对繁育物种的保护与利用。加强科研部门与生产单位的配合，通过共同研究，使其科研工作直接与生产实践相结合。由于一些动物繁育对野外种群的持续依赖，部分消费者对野生动物持有偏爱，以及在合法掩盖下的非法贸易问题仍需慎重对待。同时需要通过结合保护宣传与严格的法律法规控制，更好地起到野生动物保护和利用的作用。

（四）加大立法执法力度

首先应当健全相关的法律法规。对于滥捕滥杀野生动植物的现象，尽快出台与之相关的法律法规细则，从源头上减少针对野生动植物的犯罪活动。其次，加强依据《森林法》《野生动物保护法》《自然保护区条例》《国务院办公厅关于加强湿地保护工作的通知》等的执法力度，严格履行对自然保护区的森林、林木、林地、湿地和野生动物的保护管理，制止乱捕滥猎和侵占自然保护区土地的行为，恢复破碎化与丧失的野生物种的栖息地和种群。

（五）加强国际合作

积极开展国际交流与合作，引进先进技术与管理利用经验，与国外建立合作关系，实现跨境自然保护区联动。例如作为《生物多样性公约》缔约方，我国积极参与相关活动，制定施行实施了多项生物多样性研究和保护行动，包括森林、草原、荒漠、湿地、海洋等自然生态系统保护；物种资源调查、编目、数据库建设以及珍稀濒危物种保护；外来入侵种防治与转基因生物生态风险评估等。这些国际合作交流，有利于促进了我国的野生动物保护和利用工作。

第三节　野生植物资源的特点与价值

一、野生植物资源及其属性

（一）野生植物资源的定义

野生植物即指野外生存的植物，包括生存在野外的所有植物个体和以野外为种源培植的依然保持野外生存特性的植物。野生植物不同于作物，作物是指经人类长期驯化及人工合成而形成的具有经济价值的栽培植物，或指对人类有价值并有目的栽培并收获利用的植物。野生植物的概念包括作物野生近缘植物。作物野生近缘植物是指与作物有一定的亲缘关系，或者通过一般育种技术能向作物转移基因的野生植物，如野生稻、野生大豆、野生茶树、野生苎麻、野生苹果、野生莲等等。

(二)野生植物资源的属性

野生植物资源和野生动物资源类似，也具有可再生性、遗传多样性、周期性、相关性和地域性。但是不同于动物资源的迁移性和群体性，野生植物资源具有光转化性、被动扩散性等属性。

1. 光转化性

地球上的所有生物，已知只有植物能把太阳能转换为糖类，以存储能量。绿色植物是有机物质的第一生产者，利用光能和水分直接或间接为异养生物提供物质和能量，满足自然界物质能量循环的需要。野生植物和作物都具有这项属性，也是和动物资源最大的不同。

2. 被动扩散性

不同于野生动物的主动迁移，植物植株是固定生长的，但是植株产生的种子，很多都可以随风、水迁移，或者粘连在其他移动物身体上而被动扩散。最常见的例子就是蒲公英的种子，成熟过后能随着风飘散。再如鬼针草，可以粘连在动物的毛上，随着动物的移动而扩大自己的种群范围。有些果实被鸟类等动物取食后，核心的种子可以被排出，从而远离原来生长的地方。

3. 相关性

野生植物虽然不具有动物之间的捕食关系，但是竞争和互惠共生仍然是普遍存在的。最直接的竞争就是对于光和土壤养分的竞争。比较极端的例子是，某些植物可以分泌某些化学物质(化感作用)或者其他策略，阻止周边其他植物或者某种植物的生长，独占或多占阳光和养分，如桉树分泌的酚胺类化合物，抑制了其他树种及其下灌木草本的生长。反之，某些分泌的物质成分也可以促进另一种植物的生长，如禾本科植物和豆科植物的间作，玉米根系分泌物黄酮类物质——染料木素可以强化豆科作物结瘤固氮作用，促进两种作物的共同生长。

4. 群体性与群落性

营养繁殖、近距离扩散等作用往往导致某一种植物在某个地方单一繁殖，从而形成单一的群体，如竹林。但是这种群体性主要存在于通过营养繁殖的植物物种中。另有一部分植物由于竞争扩散的关系，往往呈现随机分布、均匀分布等属性，如大型乔木树种。相对于某一个物种的群体性，不同植物物种之间会形成植被群落，即生活在一起相互作用的所有植物的组合。它们占据不同生态位，形成如常绿阔叶林、羊草草原等各种植物群落类型。

二、野生植物资源特征

我国野生植物和野生动物资源具有某些类似特征，野生植物资源也兼具东洋界和古北界两大区特点，也具有如种类多样性、古老种特有种多、濒危种多等特征。

（一）物种多样、资源丰富

我国已知约有 36 530 种植物，物种多样性十分丰富，仅次于世界植物种类最丰富的马来西亚和巴西。其中苔藓植物 106 科 2 800 多种，占世界科数的 70%和种数的 12%；蕨类植物 52 科 2 600 种，分别占世界科数的 80%和种数的 26%；木本植物 8 000 种，其中乔木约 2 000 种；全世界裸子植物共 12 科 71 属 750 种，我国就有 11 科 34 属 240 多种；针叶树的总种数占世界同类植物的 37.8%；我国有被子植物约 2.5 万种，分别隶属于 291 科和 3 050 属，占世界总科、属的 54%和 24%。

（二）种质遗传资源丰富

中国是作物种质资源大国，在长期自然选择和人工选择的作用下，为适应各种不同的自然条件和栽培制度以及生产利用的需要，形成了丰富多彩的作物类型和品种，表现出丰富的遗传多样性。据不完全统计，世界上主要栽培的植物共 1 200～1 500 种，经常栽培的 600 余种植物中，约有一半起源于我国或已在我国种植 2 000 年以上。中国不仅作物种类多，而且很多作物都有其野生近缘植物种。全国与农业有关的野生植物多达 1 万种，野生近缘植物物种 3 308 个。目前国家作物种质资源库和种质资源圃已保存作物野生近缘植物种质资源 3 万多份以上，其中粮食作物的 1.72 万份，经济作物的约 1 万份，果树作物的 0.13 万份，饲用及绿肥作物的 0.3 万份。

框 10-3　野生资源的丰富性

中国南方野生稻资源极其丰富，已发现的野生稻有普通野生稻（*Oryza sativa* f. *spontanea*）、疣粒野生稻（*O. meyeriana*）和药用野生稻（*O. officinalis*）。云南、广东是中国野生稻主要分布地区。在广西农科院主持下的全区野生稻考察中搜集野生稻种子共有 183 份，其中普通野生稻 138 份，药用野生稻 45 份。按其特征可分为四类：普通型、白芒匍匐型、细叶型、半野生型，此外还发现一种具有三个颖壳的特别野生稻。广西普通野生稻的另一个重要特点表现在丰富的抗性多样性上。来源不同栖生地或同一栖生地不同类型的普通野生稻对稻瘟病和白叶枯病抗性差异比较大，这一多样性为选择抗病育种的抗原材料提供了机会和可能性。

中国是茶树的原产地，同时遗传资源也十分丰富。茶树是异花授粉植物，长期的天然杂交致使目前的茶树群体（野生或栽培）形成极端复杂的遗传多样性。按树形茶树可分为乔木型、小乔木型和灌木型，若按叶形又可分为大叶型和小叶型等不同类型的茶树。茶树除在外部形态上表现出多样性外，在细胞染色体的数目和行为上也表现出相当丰富的多样性。茶树的染色体数目虽然相当稳定，但在某些茶树，如唐茶或其他的中国大叶茶变种（*Camellia sinensis* var. *macrophilla*）中，也存在三倍体的茶树。即使同样是二倍体的茶树在花粉母细胞的减数分裂中也有少数材料表现出不正常的染色体行为，产生不同比例的不孕花粉粒。在对中国野生大茶树的研究中，还发现茶叶化学成分的多样性如某些氨基酸的含量差异非常明显。这些丰富的多样性资源是培育新型茶树品种的基础。

（三）古老种、特有种、濒危种多

我国的古老孑遗种类和特有种约有 200 属。在 3 万多种植物中，约有 17 300 种为我国所特有，如水杉、银杉、珙桐、台湾杉、银杏、百山祖冷杉、香果树、杏黄兜兰等都是我国特有的知名种类。同时很多特有种、古老种往往也是濒危种。虽然有些树种，如银杏已经通过人工繁殖成为常见的城市绿化行道树种，但是很多野生的植物物种仍然处于濒危的边缘。

中国涉及绝灭等级的植物有 52 种，受威胁植物有 3 767 种，需要重点关注和保护的高等植物达 10 102 种，约占评估植物总数的 39.3%；约 29%野生植物种群处于不稳定状态，许多药用植物濒临危险甚至已经灭绝。虫草、甘草、黄连、黄芩、川贝、天麻、云木香、厚朴、杜仲、降香、沉香、檀香、光果甘草、羌活、单叶蔓荆、黄皮树、肉苁蓉、银柴胡、紫草等 100 多种中药材的资源量普遍下降；八角莲、杜仲、见血封喉、黑节草、小勾儿茶、凹叶厚朴等 30 多种药材的野生资源量稀少，已经处于濒临灭绝的边缘。

三、野生植物资源利用价值

野生植物既是重要的自然资源，也是重要的生态资源。野生植物具有很高的观赏、药用、食用和原材料利用价值，是食品、药品、纺织、建材、化工、花卉等产业的重要原料和社会赖以发展的基础。保护和合理开发利用野生植物资源还能够防止水土流失、保证饮用水的质量、调节区域气候，为人类幸福生存提供良好的环境，对于维持生态平衡，提高人类科技进步具有十分重要的作用。更重要的是，可为良种选育提供取之不尽、用之不竭的基因资源。野生植物资源基本上都分布在广大的偏远山区和农村地区，对农民收入、发展新兴产业等方面均可发挥重要作用。因此，野生植物是人类赖以生存和发展的重要物质基础，是保障农业可持续发展的战略资源。

（一）食用价值

植物一直是人类的主要食物来源。人类大约使用了 5 000 种植物做食物，主要包括以下几类用途或价值。

1. 淀粉与糖料资源

我国野生淀粉植物资源有 278 种，如橡子、薯蓣、魔芋、百合等淀粉植物。有些产淀粉性能超过马铃薯及玉米淀粉，如蕨菜根中含淀粉 40%以上。甜味剂植物资源逾 30 种，如罗汉果、槟榔、白苏等。其中甘草中的甘草甜素和甜叶菊中的甜菊苷等，其甜度是蔗糖的百倍以上，且不参加体内糖的代谢，特别适宜于糖尿病患者食用。

2. 蛋白质和油脂资源

主要集中在豆科植物和禾本科植物中，如四棱豆、派克豆，还有作为饲料的直立黄芪、苜蓿、冰草、羊草等，还有部分藻类如小球藻等。我国含油量在 10%以上植物有 800 多种，其中含油率在 50%以上的有 60 多种。常见的有油瓜、光皮树、野生油茶、文冠果、株木和黑莎草等。

3. 水果、果汁资源

各种果树有 1 000 多种，其中较重要的果树种类就有 300 多种，绝大多数为野生果树，著名的有刺梨、余甘子、沙棘、蓝靛果忍冬、越橘、笃斯越橘、山杏、山葡萄等等。同时，可从野生植物中开发天然果汁，如沙棘汁，酸枣汁等，其中含有丰富的维生素资源，如余甘子每 100 g 鲜果含 400 mg 维生素 C。

4. 茶类资源

从野生植物也可获取茶类资源，如野生白茶、菊花茶、金银花茶等，而且有的珍贵茶树原生植株，如猴魁、大红袍等，都生长在野生环境中。有的含有更多茶多酚等多种营养保健物质，且味道清香，口感好，其价格、价值比人工栽培的往往更高。

5. 食用色素与香料资源

天然色素尤其是植物性色素具有营养价值高、无毒副作用的优点。如含有大量花色苷红色素的越橘、蓝靛果忍冬、紫草等，含 β-胡萝卜素的万寿菊及含黄色素的大金鸡菊等。桂皮、香叶等可以增加食物香味口感，为餐饮业提供品味支持。

6. 野菜资源

野菜植物达 1 800 多种，因营养价值非常高、口感好而备受青睐，如香椿、香葱、马齿苋、蕨菜等。有的还是地方著名特产，如“南京八野”中的蒌蒿、马兰尖、菊花脑等。

(二)药用价值

药用植物资源指在一定社会和经济条件下被人们认识和利用的植物资源中对人体疾患具有医疗或保健作用，并对家养动物病害具有治疗作用，以及具有杀虫、杀菌、除草等功效的各类植物的总称。我国有药用植物 11 146 种，其中 80%以上源于野生植物或半野生植物，野生植物资源是我国中医药产业发展的基础与支柱。药用植物的种类包括：

1. 中草药资源

我国野生植物中常见的中草药植物就有 300 多种，如人参、三七、天麻、板蓝根、鱼腥草等。它们具有不同的功效成分，如清热解毒的蛇苔、地钱等；含有黄酮类，可用以治疗心血管病的暖地大叶藓等等。

2. 化学药品原料

从野生植物中提取化学药品的原料，如从青蒿开发出的青蒿素对于治疗疟疾效果显著，如薯蓣科植物所含的皂素已成为“医药黄金”。

3. 农药资源

野生农药植物有 400 多种。野生植物所产生一些次生代谢产物可以从嗅觉上驱逐攻击者，或从味觉上防止取食，也可呈现毒杀作用。因此，可利用野生植物次生代谢产物作为杀虫剂，如冲天子、苦皮藤、鱼藤等土农药植物，以及绵马鳞毛蕨中提取绵马素作驱虫药等等。

4. 兽用药类

民间兽药大部分都来自野生植物，如双黄连等可用于口蹄疫的治疗。

(三)工业用野生植物资源

工业原料的野生植物种类从传统的树脂、树胶、鞣料资源植物、木栓植物发展到药物合成的中间体、皂素植物、食品添加剂和植物胶等。主要有以下几类：

1. 鞣料资源

我国鞣料类野生植物资源有 300 多种，其中利用价值大、分布广、蕴藏量高的约有 20 种，如凤尾蕨、落叶松、栓皮栎、蒙古栎等。从中提取的拷胶主要用作制革工业的助剂等，从拷胶中研制出单宁作工程防渗加固的化学灌浆材料及新型的铸造辅料等。

2. 树脂、树胶资源

我国的树脂、树胶植物资源也比较丰富，开发的主要产品有松脂、生漆等。松脂主要从马尾松上割取，加工成松香和松节油在轻工业上发挥着重要的作用，而生漆是一种高性价比的涂料，其具有耐水性、耐油性、耐热性等优点。还有诸多野生的橡胶植物，比如杜仲、橡胶草等。

3. 芳香油资源

我国芳香植物多达 600 余种，其中绝大多数为野生植物，如樟树、依兰香、安息香、香茅等。可从芳香植物提取桂油、柏木油、黄体油、依兰香油等各种精油。

4. 工业油脂资源

一些植物，如乌桕、青桐等都可提取工业用油脂，如霍霍巴可提取飞机和航天用的高级润滑油，油桐中提取的桐油是制造油漆、油墨的主要原料等。

5. 纤维资源

我国野生纤维植物资源有 468 种，如构树皮、青檀、牛角瓜、龙须草、芦苇都是工业和民间常用的纤维资源。

6. 能源植物

种植能源植物制造乙醇等生物燃料，也是当前的野生植物利用的一大价值。国内外进行了能源植物及其栽培技术的大量研究，筛选出多种专门的能源植物，如芒草、木薯等。

(四)观赏旅游价值

我国观赏植物种类达 7 000 种以上，如世界 200 余种蔷薇原产我国 82 种，全球 900 余种杜鹃花原产我国 530 种，我国百合种质资源占全球一半以上。我国许多野生植物种类可作园林观赏，如乔木类的水杉、柏树、悬铃木等；灌木类的小叶女贞、贴梗海棠等；藤本类的紫藤、凌霄、金银花等。现在提倡在园艺园林景观设计中利用当地野生的植物物种，即乡土植物。比起外来引进的观赏植物，乡土植物往往能更好地适宜当地环境和动植物群落，不会导致生物入侵等问题。此外，野生植物资源形成的自然景观是人们旅游的重要目的地。

(五)提供生态服务功能价值

野生植物资源的价值包括比较容易觉察和衡量的直接价值(如前面提到的食

用、药用价值)和难以直接用货币形式表现的间接价值(如维持生态平衡和稳定环境的非消费使用价值)。生态系统服务价值主要有防风固沙、固氮增肥、改良土壤水质以及监测环境。如沙打旺、胡杨、梭梭等都是沙地常用的植物物种,根系深广,抗旱能力强,固沙效果好。苜蓿、紫云英等都具有很好的固氮能力。香根草、蜈蚣草等可富集土壤中的重金属。水水植物,如芦苇、香蒲、灯芯草、菖蒲吸收河流中过多的养分,净化水质。唐菖蒲可以监测空气中的氟化氢含量,地衣对二氧化硫浓度很敏感。

(六)植物种质和遗传资源

作物遗传资源包括作物的品种、品系、遗传材料和作物的野生近缘植物的变种、变型。野生植物具有一些作物没有的有益基因,如抗病虫基因、抗逆基因、优质基因、高产基因等,这些优良基因可转育到栽培品种中,从而提高栽培品种的产量和品质。同时,应用的作物品种类型越丰富,越能抵御变化莫测的自然灾害。可见,野生植物遗传资源是中国乃至世界粮食安全的战略资源。丰富的野生植物遗传资源在果树、茶树等方面都有重要的价值。1977 年河南西峡林科所等单位选出10 株果型大品质好的野生猕猴桃单株,其中最优的一株最大果重高达 130 g。

第四节　野生植物资源开发利用

一、野生植物资源利用现状

野生植物培植业已经成为许多山区农村发展的优势产业,如云南的松茸可持续利用项目,陕西山阳县的黄连、金银花等药材基地建设等。野生植物的引种驯化是通过人工栽培、自然选择和人工选择,使野生植物适应本地自然环境和栽培条件,成为满足生产需要的本地植物。

(一) 药用植物资源

野生植物的某些生物活性物质和特殊营养成分是常规农作物所缺乏的,是药类或者保健品的有效物质,如紫苏籽油含亚麻酸,葛根含有淀粉和黄酮等。我国有药用植物 1 万多种,野生药材总蕴藏量为 850 万 t,其中有 1 200 多种药用资源进入流通领域。在收购的 1 200 多个品种里,野生的达到 400 多种,占到常用药材的70%。我国已经建立 600 多个中药材生产基地,种植面积近 40 万 hm^2,但是药用野生植物仍然在整个中医药产业中占有主体地位。

由于化学合成药的发展，大部分的天然植物药被取代，但是其中仍有相当一部分，由于难以化学合成而仍采用天然化合物。例如从三尖杉、粗榧中分离出三尖杉醋碱和高三尖杉醋碱，对治疗淋巴系统恶性肿瘤有较好的疗效；从洋金花植物中分离出的有效成分东莨菪碱是M型胆碱受体的阻滞剂，以洋金花为主药的中药麻醉的研究成功，促进了神经药理学的发展。我国大约有200种新药是由药用植物开发而成的，其中90%源于野生植物资源，如青蒿素、地奥心血康。

世界卫生组织正式确定的药用植物20 000种，其中做过详尽研究的不过10%，多数药用植物处于野生和尚未利用状态，还有多数野生植物资源的药用价值没有被人们发现。目前许多人类疾患如癌症、艾滋病等还没有有效的治疗药物。从野生植物中去寻找高效、低毒和价廉的植物药，以攻克对人类健康和生命危害严重的疾病是当前新药研发的主要方向之一。

（二）野菜植物资源

野生蔬菜简称野菜，指野外自然生长，未经人工栽培，其根、茎、叶或花、果实等器官可供作蔬菜食用的野生或半野生植物。我国的菜种类繁多、数量大，且大多数有较高的营养价值和保健功能。我国共有野菜213科1 822种，其中草本植物约110种，藤本植物12种，木本植物70种，真菌地衣类500种。常被采食的野菜达100多种，如大叶芹、刺龙牙、小根蒜、紫花地丁、东风菜、沙参等。

随着人们保健意识的增强，对野菜的需求与日俱增。针对野菜已开展了引种、驯化和人工栽培，并采取腌制、真空包装、速干和真空压缩等多种方法延长食用山野菜的保存时间，实现远距离运输和反季节上市。我国已建成几个野菜出口加工基地，如吉林省长白县山珍食品厂以刺五加、桔梗等原料加工出的十余种野菜罐头。但我国对野菜的深加工利用量仅占蕴藏量的5%，还有大量的食用植物资源处于野生或尚未开发状态。

（三）野果植物资源

果用植物因其富含各种维生素、氨基酸及多种矿物质，也是加工制作饮料、果酒、果酱等绿色食品的纯天然原料，兼具食用、医疗和保健的三重功效，野生浆果的产品越来越受到人们的青睐。比如黑龙江的黑加仑果汁、河南的山楂系列食品和酸枣食品、陕西的沙棘汁和沙棘汽酒等产品。山葡萄、山楂等野生状态下的植物，在探明其含有特殊营养成分和独特的食疗效果之后，开展了良种选育、人工培植、食疗效果及工业化生产加工一系列研究，初步形成了产业化，有效地带动了地区的经济发展。

越来越多的野生果树种类被开发利用，不仅为食品工业提供了新原料，也增加了新的栽培果树种类。但是部分食用野生植物资源在开发和利用过程中,并没有做到合理开发利用,容易导致资源匮乏。还有一些野果如山梨、狗枣猕猴桃、笃斯越橘、红豆等野果研究较少,一些保健和药用价值还未得到开发,有必要继续加大研究和开发力度。

(四)芳香植物资源

芳香植物资源多数来自野生植物,绝大多数都具有挥发性,以萜烯类化合物为主。目前发现的具有较大开发价值的芳香植物有:薄荷、藿香、杜香、玫瑰、黄花蒿、樟、艾蒿、甘松、缬草、灵香草等。大多数芳香植物经水蒸气蒸馏或有机溶剂萃取后合成为价值更高的天然精油产品,可直接用于调配香精,用于食品调配、饮料调配以及作为化妆品工业的基础原料。经过提纯后获得的高品位精油,其价值更为可观。

我国有开发利用价值的芳香植物种类 60 多科 400 余种,进行批量生产的天然精油品种近 200 种,如占世界总量 80%的八角茴香油、占世界总量 90%的肉桂油。我国天然精油年出口量已达 12 万 t 以上,初具规模体系,但仍满足不了产品配套的需要,每年还需进口一些原料及半成品。因此,还需进一步挖掘我国的野生芳香植物资源。

(五)植物遗传资源

植物遗传资源的利用主要用于发掘新基因和创造符合育种目标的亲本材料,用于培育新品种,为粮食安全提供保障。自 1950 年以来,中国主要作物品种已更换 4～6 次,良种覆盖率达到 85%以上。每次品种更新换代都使产量增加 10%左右,抗性与品质也显著提高,其中优异遗传资源在植物育种及种子产业中的贡献率达 50%以上。例如,袁隆平利用一株花粉败育的雄性不孕野生稻,经过与栽培稻多次杂交,育成了一系列野败型的雄性不孕系品种(杂交稻)。1976—2013 年,中国杂交水稻累计推广 5.3 亿 hm^2,单产从 1976 年的 280 kg 增加到 2017 年的最高亩产 1 100 kg,为我国的粮食安全做出巨大贡献。但从总体上讲中国遗传多样性的研究、保护和利用均是低水平的,仍有许多作物遗传资源待开发利用和保护。

二、野生植物资源利用存在的问题

尽管我国在野生食用植物资源的开发利用方面取得了一些成果,仍还存在不少问题。

(一)产业化利用不足

现在开发利用的产品大部分还处于村民野外采集、商贩收购、直接利用的初级阶段。缺乏科学化管理，生产效率低下，资源存在浪费；开发利用率低；精深加工及综合利用不够，很多植物的有效成分不清楚。即使产业化较为成熟的产品也存在诸多问题，如药材生产中存在部分品种单产低、病虫害严重、品种退化，药材加工中浪费严重，综合利用率低，只注重单一活性，而忽视了复方及多成分的相互作用等。

（二）生境破坏

大量的砍伐森林导致原始森林面积锐减，过度放牧致使土地板结、土壤裸露、草量下降、草地退化、水土流失、面积锐减和沙漠化。水生环境的污染也导致水质恶化，不利于水生植物的存活繁衍。所有这些因素都导致了野生植物生境的减少，许多植物物种灭绝或局地灭绝，直接减少野生植物资源的多样性。

（三）过度开发

对野生资源的保护不够，破坏严重，一些资源由于过度开发，已面临资源匮乏的问题。人口增加对山区土地与生物资源依赖程度增加，周边群众乱挖滥采，非法盗采药材、珍稀花卉、根雕材料及其他不合理的开发利用致使一些需求量大的野生植物种资源下降到濒危程度，温郁金、人参、当归、天麻、罗汉果、三七、杜仲等的野生种已处于绝灭境地。

（四）其他问题

野生植物开发和利用还存在一个重要的问题就是利用和保护的矛盾。针对野生植物资源，是否应当鼓励利用，是否应当走野生植物的产业化发展的道路，有着比较大的分歧。事实也证明，单纯地保护野生植物并不能达到令人满意的效果。例如银杏、杜仲、厚朴、人参、蝴蝶兰等，已经有成熟的人工培育技术和物种培植技术，很大程度上解除了它们受威胁的状态。并且，这些野生植物的繁育、栽培和生产开发已形成产业，具有一定的经济效益。

三、野生植物资源开发利用的对策

（一）加强重点植物的保护

在做好就地保护工作的同时，对于那些生境被破坏、濒临灭绝的物种，则应采取迁地保护、基因保存的手段加以保护。建立有发展前景的本地珍贵、稀有和受威胁植物的苗木繁育基地、种质库、种质圃等。目前已保存在国家种质库和种质圃中的农业野生植物达 3 万多份，但只占我国野生植物资源的一小部分，因此，还需加大力度。

(二)加强立法和管理工作

野生植物保护要建立健全立法体系,如自然保护法、野生植物保护区法、濒危物种保护法等,减少人为破坏和盲目开发利用,使野生植物资源的保护、繁育、开发、经营等走依法建设的道路。同时加强野生植物保护的执法和普法工作,严格执法、违法必究,提高全社会的法律意识和自觉性。加强保护资源的科技宣传,强化市场管理尤其是市场准入管理,在一定程度上控制整个野生植物资源的经营利用。

(三)合理开发,充分利用

既要充分合理利用野生资源来满足社会生产的需要,又要注意保护植物的再生能力,不破坏其形成的生态环境。主要措施和内容包括:重视野生植物资源基地的建设,实行"商业化栽培";实现全面利用和多用途利用;搞好提取、深加工、精制等工业措施,增强产品的竞争力。

(四)加强科学技术研究

深入了解野生植物资源的生物生态学特性、群落学特点和演绎规律,以及潜在利用价值等内容;加速研究促进人工繁育和栽培,使之形成一定规模,以满足人类利用的需求;进行野生植物开发利用技术的研究,重点研究逆流提取技术、分子蒸馏技术和植物有效成分分离重组技术;重点研发植物生物活性物质的提取及应用、药品及保健食品的开发利用、植物胶资源的规模利用、生物农药的开发、天然香辛料的工业化生产等。

复习题

1. 什么是野生动物资源? 具有哪些属性?
2. 野生动物资源的利用价值有哪些?
3. 野生动物资源的利用存在哪些问题?
4. 什么是野生植物资源? 具有哪些属性?
5. 野生植物资源在育种中有何价值?

讨论题

野生动植物资源的直接价值比间接价值大,如何协调利用好这两种价值?

第十一章 农业微生物资源

重点提示

本章主要阐述农业微生物资源的基本概念与特征，学习和研究农业微生物资源利用的发展历程与理论方法；了解和掌握我国农业微生物资源开发利用现状与趋势、存在的问题与发展对策。

第一节 微生物资源的概念与特征

一、微生物资源的概念

（一）微生物

微生物（microorganism）是地球上最早出现的生命形式，其生物多样性在维持生物圈和为人类提供广泛的、大量的未开发资源方面起着重要的作用。微生物是生物中一群重要的分解代谢类群，没有微生物的活动，地球上的生命就不可能存在。但它们中的一些成员又是人类和其他生物的敌人，如历史上数次流行并杀死了数以万计生命的鼠疫、伤寒、霍乱以及 20 世纪下半叶开始威胁人类的艾滋病等，就是微生物惹的祸。由于微生物的微观性，对于它们的生物多样性研究远没有宏观生物那样受到重视。

（二）微生物资源

微生物资源（microbial resources）指微生物本身的资源，如真菌、细菌、放线菌等能发酵产生生理活性物质，包括真菌多糖、维生素、氨基酸、抗生素等菌体或代谢产物。它是一类现实和潜在用途很大的可再生生物资源，不仅在维持生态平衡方面发挥了巨大的作用，而且广泛应用于农业、工业、医药、食品及环保等各个领域。

生物资源(biological resources)指对人类具有实际或潜在用途或价值的遗传资源、生物体或其部分、生物群体或生态系统中任何其他生物组成部分,是人类社会赖以生存的基本物质来源,包括动物资源、植物资源和微生物资源。微生物生产已与动植物生产并列成为生物产业三大支柱之一。全世界目前微生物产业的年产值达 2 000 亿美元,每年由微生物向全球药业市场提供的原材料就达 500 亿美元。

二、微生物资源的特征

微生物资源主要有以下特征:

(一)生长繁殖速度快,代谢类型多

在最合适条件下,有的细菌 20 min 就能繁殖下一代。细菌在生态系统中的能量利用和物质循环上具有多种代谢类型。在能源的利用方式上,既能利用太阳能又能利用化学能;代谢中产生的电子受体可以是有机物也可以是无机物;代谢的环境可以有氧也可以无氧。在动植物不可能生长的地方都有微生物分布。它既可能提供极为多样化的产品,又适于大规模工业化生产。而且微生物的培养完全可以在人工控制的条件下进行,不受天气等因素的影响。

(二)物种丰富,未知者众多

动物和植物有珍稀、濒危之说,国家对珍稀濒危动物、植物已有一些保护措施及相关法规。而微生物并没有珍稀濒危之说,目前也很难用多少属、多少种、"蕴藏量"来估价微生物的资源量。目前所知道的细菌约 6 000 种,实际可能有 150 万种;已知放线菌 4 000 多种,实际可能有 5 万～8 万种;已知真菌约 7 万种,实际可能有 150 万种。迄今为止仍然有 90%～99%的微生物没有被认识。所以微生物是一类种类繁多的可再生资源,是最丰富的遗传基因库。对微生物资源的开发利用不存在"过度"问题,也不会因开发造成原产地环境的恶化。

(三)生活方式多样化,变异性大

微生物同其他生物间的关系也因种群而异,它们可通过代谢活动为其他生物提供营养,也可以对其他生物的生命活动有所抑制甚至致死。微生物对其他生物的依赖关系可分为腐生、互生、共生和寄生。另外微生物可产生多种生物活性物质,如各种抗生素、细菌素及短肽,而对其他菌群抑制,这叫作拮抗作用。相比较动、植物而言,微生物的变异性要大得多。这就为人们改造它们提供了更大的可能性。例如,最初从微生物中找到青霉素时,其产率不到万分之一,但经过人们的改造,今天其产率达到 8%以上,产率提高上千倍。经验告诉我们,要在短期内将微生物的生产能力提高 10 倍并不困难。近些年建立的许多微生物的遗传操作系统

可以进行理性设计，通过基因操作，产生非天然的天然产物，大幅度增加化合物的多样性。

(四)生态系统多样化，群落变化大

高等生物能够通过功能转化和分化的细胞或器官适应逆境，而微生物使用的是适应不同的单细胞群体，因而形成了具有耐受或适应广泛特殊环境的生物种群。它们能够耐烧烤、冰冻、酸、碱、高盐、无氧、营养极限等使其他生物束手无策的极端环境。即使是同一地点、同一环境，在不同的季节，微生物的数量、种类、活性、生物链成员的组成也会明显不同。自然界中的微生物受环境因素的影响，温度、湿度、酸度、营养、空气都会极大地影响微生物的生存。空气、雨水、动植物、人、机械等都可以传播微生物，在人类活动频繁的场所，微生物群落的变化比较大。

三、微生物资源的利用

在人类还未曾看到或未曾觉察到微生物存在之前就已经开始利用微生物了。早在 4 000 多年之前，我们的祖先就掌握了酿酒技术，即已经在利用微生物资源了。

1856 年法国人路易斯·巴斯德(Louis Pasteur，1822—1895)开始研究乙醇发酵微生物，这是人类自觉研究利用微生物资源的先声。他的巨著《乙醇发酵》和《乳酸发酵》是微生物资源利用的具有历史意义的光辉文献。人类最早大规模利用微生物的工业要算是酿酒业和面包业，大规模开发及发酵工业的真正兴起大约在 20 世纪早期，1950—1960 年代进入辉煌期。

1928 年苏格兰生物化学家亚历山大·弗莱明(Alexander Fleming，1881—1955)发现了青霉菌的抗菌作用，1939 年英国的霍华德·弗洛里(Howard W Florey，1898—1968)和德国的钱恩(Chain，1906—1979)成功分离了青霉素。1941 年第一次用它治疗葡萄球菌感染的患者，获得了成功，预示了医药史上抗生素时代的来临。1945 年，Fleming、Florey 和 Chain 因发现青霉素的重大贡献获得诺贝尔生理学或医学奖。青霉素、链霉素的发现和应用是现代微生物资源开发利用的第一批重大成果，它展示了微生物发酵工业的光辉前景和强大的生命力。

1949 年，日本人用发酵法生产细菌 α-淀粉酶，继而开发出霉菌的酸性蛋白酶，微生物生产的氨基酸开始进入市场，微生物酶制剂生产进入了工业化时代。20 世纪 60 年代初，Kinoshita 等首次报道用微生物发酵法生产谷氨酸，荷兰生产出加碱性蛋白酶的洗涤剂。陆续地，微生物资源的开发利用涉及食品、农业、环保、化工、矿冶等各个生产部门，产生了巨大的社会效益和经济效益。

框 11-1 酒曲造酒

中国是最早掌握酿酒技术的国家之一。公元前 4000 年仰韶文化时期是谷物酿酒的萌芽期，晋《酒诰》中说：有饭不尽，委于空桑，郁结成味，久蓄气芳，本出于此，不由奇方。说的就是粮食酿造黄酒的起源。而且在酿酒技术上的一项重要发明，就是酒曲造酒。

酒曲是多种微生物的复合，是酿酒发酵的原动力。制曲是扩大培养酿酒微生物的过程，一般先用谷物为原料来富集微生物制成曲，再用曲促使更多的谷物发酵酿成酒，曲的好坏直接影响着酒的质量和产量，因而要出好酒必须用好曲。酒曲里含有使淀粉糖化的丝状菌（霉菌）及促成酒化的酵母菌。中国先人从自发地利用微生物到人为地控制微生物，利用自然条件制造酒曲。使淀粉质原料的糖化和酒化两个步骤结合起来，对造酒技术是一个很大的推进，也是对世界酿酒界的一大贡献。

到了西周，农业的发展为酿造黄酒提供了完备的原料，在总结前人"秫稻必齐，曲药必时"的基础上，酿造工艺有了进一步的发展。《汉书·食货志》记载了用稻米曲药酿造黄酒的配方：一酿用粗米二斛，得成酒六斛六斗。《水经注》记载：鄢县有鄢湖，湖中有洲，洲上民居，彼人资以给酿，酒甚醇美，谓之鄢酒。表明那时人们已有了品牌意识——喝黄酒必首推鄢酒，鄢酒誉满天下。南北朝时，制酒曲的技术已达到很高水平。《齐民要术》记述了 12 种制酒曲的方法。唐、宋时期，中国发明了红曲并以此酿成赤如丹的红酒。《酒经》记载了 13 种酒曲制法，比《齐民要术》记述又有明显的改进。

中国古代制曲酿酒技术的一些基本原理和方法一直沿用至今，并且这种独特的制曲方式、酿造技术被推广到日本、朝鲜及东南亚一带。

有机肥料就是人类利用最早、历史最悠久、至今还要大力发展的微生物肥料。公元前 1 世纪的《氾胜之书》记载瓜与小豆间作，即利用豆类植物根瘤菌的共生固氮作用来改善植物营养条件，提高土壤肥力。公元 5 世纪的《齐民要术》反复强调小豆茬的后作物产量比其他茬口要高，"凡谷者，绿豆小豆底为上，麻、黍、胡麻次之，芜菁大豆为下"；"凡黍穄田，新开荒为上，大豆底次之，谷底为下"。其实就是根瘤菌在起作用。

微生物肥料的研究应用起始于豆科植物应用根瘤菌接种剂。1888 年荷兰学者别依林克(M W Beijerlinck)第一次获得了根瘤菌的纯培养;1889年波兰学者柏拉兹莫夫斯基(Prazmowaki)用根瘤菌纯培养物接种豆科植物形成了根瘤;1895年法国学者诺拜耳(Noble)研制出根瘤菌制剂Nitragin专利产品,标志着微生物肥料工业的开始。20世纪30年代,根瘤菌剂的生产在美国得到迅速发展,产品取名根瘤菌剂(Nitragin)。此后,各种微生物肥料产品遍及世界许多国家。

四、发展农业微生物产业的意义

农业微生物产业把开发利用动物、植物资源的二维结构传统农业转变为动物、植物、微生物资源并重的三维结构新型农业,对有效缓解我国粮食压力、资源短缺、环境污染等问题具有重要的意义。

(一)解决人畜共粮问题,支撑粮食安全战略

我国利用微生物发酵工艺处理秸秆粗饲料技术和秸秆养畜技术已取得重要进展。2010年,我国用于养畜的秸秆已达到3.85亿t,占秸秆总量的55%。其中,青贮秸秆2.5亿t(鲜重),氨化及微贮秸秆1.2亿t,节约饲料用粮总量1.26亿t,比2000年新增节粮6 200多万t。可见,农业微生物产业将在我国粮食战略中发挥重要作用。

(二)缓解资源短缺局面,促进农业可持续发展

农业微生物产业是节省耕地的工厂化生产模式,一座占地不多的年产10万t单细胞蛋白质的微生物工厂,可生产出相当于12万hm^2耕地生产的大豆蛋白质,或2 000万hm^2草原饲养牛羊生产的动物蛋白质。因此,发展农业微生物产业可缓解我国耕地资源紧张的趋势。我国平均每年有6.5亿t作物秸秆、人畜禽粪便3.2亿t、城市有机垃圾1.2亿t、城市污水416亿t。这些废弃物可提供纯氮(N)470万~550万t、磷(P_2O_5)280万~310万t、钾(K_2O)560万~590万t,有机物质7亿~8亿t,以及大量中、微量元素。目前,我国在利用作物秸秆、各种废渣等转化为菌体蛋白饲料等领域已进入中试或工厂化生产。发展农业微生物产业对提高我国资源利用率及可持续发展具有重要作用。

(三)提高食品安全性能,提升我国农产品的国际竞争力

农业生产中大量使用化肥和农药,使农产品中有毒有害物质残留量超标;抗生素和兽药添加剂及激素的大量使用也同样带来了耐药性和畜产品中有害物质残留问题,对人类的健康和生命安全构成了威胁,也极大地削弱了我国该类产品在国际市场的竞争力,成为我国农产品出口的重要限制因素。农业微生物产业中的微生物农药、微生物肥料、微生物饲料和微生物环境保护剂,对实现绿色食品生产和生

态安全具有重要作用。我国微生物农药、微生物肥料和微生物饲料添加剂产业正进入起步和发展期，对我国食品和生态安全发挥着日益重要的作用。

（四）推动经济健康、持续、快速发展

农业微生物产业以生物工程为基础，是高科技生物技术产业。生物技术是21世纪关系到国家命运的关键技术和作为创新产业的经济发展增长点。未来，农业微生物产业领域必将在生物农业、微生物肥料、微生态制剂、生物医药、微生物能源、微生物食品以及微生物新材料等方面涌现出更多的高技术、高效益生物技术企业，推动我国国民经济的发展。

五、农业微生物产业发展前景

农业微生物产业是农业发展的新兴产业，也是拓展农业产业的重要领域。在农作物种质资源严重丧失、土地资源逐步消耗、生态环境不断恶化等不利形势下，发展农业微生物产业是国家的一个长期战略。

（一）加强微生物资源的开发与利用

微生物菌种资源与动、植物一样，是国家重要的战略性生物资源，是农业微生物产业的基础和前提。要积极引进国外优良菌种资源，加强菌种资源特别是极端环境特殊微生物资源的搜集和保护，充分发挥现有资源的应用潜力。建立国家级农业微生物资源中心，开展农业微生物菌种资源的搜集、保存、鉴定与评价，满足农业微生物产业可持续发展的微生物菌种资源和特种基因资源需求。

（二）加强农业微生物产业的技术基础研究

积极开展生物功能资源和生物先导活性产物的研究，利用基因组学、蛋白质组学和代谢组学，开展具有生物功能基因资源和生物源先导活性产物的研究，获得具有全新功能基因生物资源和全新结构的先导活性产物，促进原创性、引领性自主知识产权的生物新资源和新品种发展，构建我国农业生物药物研发与产业化技术创新体系，实现企业技术升级和大规模生产，产品达到国际同类先进水平。

（三）努力打造具有国际竞争实力的高科技产业

农业微生物产业的发展，需要国家投入大量的资金，建造一批能够诱导产业发展的产业基础设施和中试熟化基地，而且要支持企业努力开发农业微生物产业新产品，打造一批国际知名的科技型企业，抢占国际市场。国家要完善科技产业政策，营造推进农业微生物产业发展的良好环境和产业氛围；要把农业微生物产业技术发展纳入国家中长期发展规划，设立国家专项基金，以扶持处于国际领先领域的农业微

生物产业技术继续发展，并带动农业微生物产业其他领域产业化水平的提高。

第二节 微生物资源在农业生产中的应用

一、微生物食品

微生物广泛用于食品生产中，根据其作用的不同，可以分为两个方面，一方面是利用微生物制造发酵食品，另一方面是防止有害微生物污染食品，保证食品安全。

微生物发酵就是利用微生物在适宜的条件下，将原料经过特定的代谢途径转化为人类所需要的产物。微生物发酵的应用历史悠久，酒在古代就已经是生活中不可或缺的，受到社会各个阶层的喜爱。现代发酵工程更是把微生物发酵运用到各个方面。

(一)发酵乳制品

发酵乳制品是指良好的原料乳经过杀菌后接种特定的微生物进行发酵作用，产生具有特殊风味的食品。它们通常具有良好的风味、较高的营养价值、还具有一定的保健作用，深受消费者的欢迎。常用发酵乳制品有酸奶、奶酪、饮料、干酪、马奶酒等。

(二)各种酒类

酿酒具有悠久的历史，产品种类繁多，如白酒、果酒、啤酒、黄酒等品种。有些品种形成了各种类型的名酒，如绍兴黄酒、贵州茅台酒、青岛啤酒等。酒的品种不同，酿酒所用的酵母以及酿造工艺也不同，而且同一类型的酒各地也有自己独特的工艺。

(三)面包

面包是许多国家民众的主食，几乎世界各国都有生产。它是以面粉为主要原料，以酵母菌、糖、油脂和鸡蛋为辅料生产的发酵食品，其营养丰富，组织蓬松，易于消化吸收，食用方便，深受消费者喜爱。酵母是生产面包必不可少的生物松软剂。面包酵母是一种单细胞生物，属真菌类，学名为啤酒酵母。酵母为兼性厌氧性微生物，在有氧及无氧条件下都可以进行发酵。

(四)食品添加剂

柠檬酸为白色颗粒状或白色结晶粉末，具有令人愉快的强烈的酸味。易溶于水、酒精，不溶于醚、酯、氯仿等有机溶剂。柠檬酸天然存在于果实中，其中以柑橘、菠萝、柠檬、无花果等含量较高。柠檬酸是生物体主要代谢产物之一。早期的柠檬酸生产由柠檬、柑橘等天然果实为原料加工而成。我国 1968 年用薯干为原料采用深层发酵法生产柠檬酸成功，由于工艺简单、原料丰富、发酵水平高，各地陆续办厂投产。至20世纪70年代中期，柠檬酸工业已初步形成了生产体系。

(五)调味剂

食醋是我国劳动人民在长期的生产实践中制造出来的一种酸性调味品。它能增进食欲，帮助消化，也有一定的医疗保健用途，在人们饮食生活中不可缺少。食醋按加工方法分为合成醋、酿造醋、再制醋三大类。其中产量最大的酿造醋，是用粮食等淀粉质为原料，经微生物制曲、糖化、酒精发酵、醋酸发酵等阶段酿制而成。其主要成分除醋酸(3%～5%)外，还含有各种氨基酸、有机酸、糖类、维生素、醇和酯等营养成分及风味成分，具有独特的色、香、味。它不仅是调味佳品，长期食用对身体健康也十分有益。

(六)其他发酵食品

酱油是一种常用的食品调味料，营养丰富，味道鲜美，在我国已有2 000多年的历史。它是用蛋白质原料(如豆饼、豆粕等)和淀粉质原料(如麸皮、面粉、小麦等)，利用曲霉及其他微生物的共同发酵作用酿制而成的。面酱、豆瓣酱也是由一些粮食和油料作物为主要原料，利用米曲霉等微生物经发酵酿制的。酱类发酵制品营养丰富，易于消化吸收，深受大众欢迎。

框 11-2　食品微生物

食品微生物(food microorganism)就是与食品有关的微生物，可分为3类，一是生产各种饮料、酒、醋、酱油和面包等各种食品的微生物，二是引起食品变质败坏的微生物，三是能引起人们食物中毒和使人、动植物感染而发生传染病的病原微生物。早在公元前16—前11世纪，中国就利用微生物酿酒。古书载有“仪狄作酒，禹饮而甘之”“若作酒醴，尔维曲，若作禾羹，尔维盐媒”。“曲”是用谷物培养霉菌等微生物制成的，是发芽的谷物，如作啤酒的麦芽，“媒”是含有乳酸菌之类的菜卤。到16世纪，荷兰人列文虎克首次制成了放大200～300倍的显微镜后，才看到微生物。1857年，微生物学家巴斯德证实酒精的发酵过程由酵母引起，并经长期研究，奠定了微生物学的基础，解决了当时法国由于酒的变质给酿造业带来的重大损失问题，开创了巴斯德灭菌法(现称巴氏灭菌法)。这种方法至今仍应用于酒、醋、酱油、牛奶、果汁等食品。20世纪以来，由于电子显微镜的发明，生物化学和化学分析技术等学科的发展，促进了微生物学从细胞水平、亚细胞水平进入分子水平。尤其是70年代遗传工程科学的发展，有力地推动了食品微生物学的发展。通过诱变、细胞融合等技术，选育出高产的发酵食品微生物优良菌株，可提高产量，改变食品工业的面貌。

二、微生物饲料

（一）微生物饲料的定义及种类

1.微生物饲料的含义

微生物饲料（microbial feed）是指利用有益微生物的生长代谢过程把秸秆等有机废弃物加工而成的营养丰富、适合性好的含有微生物菌体和代谢产物的饲料。微生物饲料添加剂也属于微生物饲料类，主要有酶制剂、真菌添加剂等。利用微生物对秸秆类物质进行分解和转化改造，使秸秆中的纤维素类物质更容易被牲畜消化吸收利用；通过增加微生物蛋白质提高饲料的营养价值如蛋白质的含量等。微生物饲料的开发利用扩大了饲料资源的种类，对现代养殖业有重要意义。

2.微生物饲料的种类

（1）固态发酵饲料　固态发酵饲料是利用各种有益微生物的发酵作用，把粗饲料加工成营养成分高、适口性好的饲料，以增加适口性和提高养分利用率或解毒脱毒。发酵微生物有霉菌、酵母菌及细菌的一些类群，常见的固态发酵饲料包括青贮、微贮、粗饲料等纤维素酶解饲料与担子菌发酵、畜禽粪与动物下脚料发酵、饼粕类发酵脱毒饲料以及固态发酵菌体蛋白饲料。

（2）单细胞蛋白和菌体蛋白饲料　单细胞微生物的蛋白提取物，利用微生物在液态基质中大量生长繁殖的菌体以生产单细胞蛋白，如常见的酵母饲料、细菌饲料、藻体饲料等，菌体蛋白包括食用菌菌丝体、光合细菌、微型藻饲料等。单细胞蛋白和菌体蛋白由于蛋白质含量丰富，而且还含有维生素和微量元素，因此是一种具有较高营养价值的微生物饲料。单细胞蛋白和菌体蛋白饲料原料来源广泛，如淀粉、废酒糟水等均可作原料，同时生产过程易控制，因此可工业化生产。

（3）氨基酸、酶制剂以及抗生素、维生素等代谢产物　利用现代化的微生物工程，发酵积累微生物有用的中间代谢产物或特殊代谢产物，以此生产饲用氨基酸、酶制剂以及抗生素、维生素。细菌、霉菌发酵生产的淀粉酶、纤维素酶和蛋白酶，这些酶可以提高生物体内反应的速度，促进饲料养分的吸收。微生物生产畜禽的限制性氨基酸赖氨酸，饲料中添加赖氨酸可提高畜禽的增重。

（4）微生态制剂和益生素　微生态制剂和益生素直接用于畜禽饲料中，参与维持动物肠内微生态平衡，具有直接通过增强动物对肠内有害微生物的抑制作用，或者通过增强非特异性免疫功能来预防疾病，而间接起到促进动物生长作用和提高饲料转化率。

(二)微生物饲料的作用

微生物饲料的作用主要体现在两个方面,一是利用廉价的农业和轻工副产物生产高质量的饲料蛋白原料,二是获得高活性的有益微生物。还有一些活菌剂可以用于治疗动物疾病,例如治疗由于大肠杆菌引起的腹泻,可以用对大肠杆菌有抑制作用的芽孢杆菌活菌制剂进行治疗。在畜禽养殖中推广应用微生物发酵饲料,可以减少抗生素的使用,有利于生产安全食品,提高产品出口的竞争力。

1.补充有益菌,调节动物的微生态平衡

健康畜禽肠道内生长着各种各样的微生物群落,各种微生物群落之间相互依存、相互制约,构成畜禽肠道内微生态系统的平衡,建立一个正常且平衡良好的肠道微生物区系对抵御病原性微生物感染具有十分重要的意义。由于微生物之间存在着相互作用,某一生态系统中现存的微生物会阻止新的有机体在这一部位的入侵,有益菌通过竞争性抑制作用阻止有害微生物在肠黏膜的附着与繁殖。因此对那些菌群形成迟缓或有障碍的幼小动物服用微生物饲料有着十分重要的意义。乳酸杆菌等可抑制埃希氏大肠杆菌和沙门氏菌等其他致病菌附着到肠细胞上,与病原菌发生竞争性拮抗作用,将其驱出定植地点。

2.产生有益代谢物,抑制和杀死有害菌

许多乳酸菌和链球菌可以产生细菌素,如乳酸链球菌素等,这些多肽类物质对革兰氏阳性细菌有抑制作用。有些乳酸菌如嗜酸乳杆菌和保加利亚乳杆菌,可以产生少量的过氧化氢,过氧化氢可以抑制许多细菌的生长,尤其是革兰氏阴性病原菌。另外有些有益微生物可以产生酶类,如双歧杆菌和乳酸杆菌产生的胞外糖苷酶可以阻止细菌毒素在上皮细胞的黏附和侵入。

3.具有营养作用,促进动物生长

直接饲用微生物饲料中的有益菌在肠道内代谢可产生多种有助于动物营养消化的有益因子,从而促进畜禽的生长发育和增重。如芽孢杆菌能分泌多种消化酶(蛋白酶、淀粉酶、脂肪酶等)促进营养物质的消化与吸收;酵母菌可产生氨基酸、维生素(维生素 K、维生素 C、维生素 B_1、维生素 B_2、泛酸、烟酸、生物素、肌醇和叶酸等),酵母菌还可以促进植酸酶的产生,提高单胃动物对磷的利用率。

4.提高机体免疫功能

微生物发酵饲料中的有益微生物可以作为一种非特异免疫调节因子,通过细菌本身或细胞壁成分刺激并激活宿主免疫细胞,促进吞噬细胞活力或作为佐剂发挥作用。有益微生物还可以发挥特异性免疫功能,增强动物体内 B 细胞产生抗体的能力。直接饲用微生物通过促使机体发生体液免疫和细胞免疫，提高畜禽抗体水平，增强免疫功能，及时杀灭侵入机体内的致病菌，从而防止疾病的发生。实验发现乳酸杆菌能够增强机体的免疫能力，一些益生菌能够影响动物体免疫系统的应答能力，其影响能力随菌体的不同而变化。

三、微生物肥料

(一)微生物肥料的定义及分类

1.微生物肥料的含义

微生物肥料(microbial fertilizer)是以土壤有益微生物包括氮、磷、钾和刺激作物生长的菌种为核心的活性肥源，和有机、无机物质及微量元素为基质载体组成的复合生物活性有机肥料，也叫生物肥料、菌肥、细菌肥料、接种剂。

微生物能把自然界中的气态氮变成氨态氮，一部分供自己利用，另一部分供植物利用，进一步合成有机氮。微生物的降解作用可将生物残体变成植物可以利用的氮和其他养料，实现了广泛意义上的生态平衡。微生物能参与地球化学过程，促进土壤的形成和熟化，改善土壤耕作性能，促进无机元素释放为植物提供各种矿物营养。因此，微生物是天然的农业肥料。

2.微生物肥料的种类

根据微生物种类，微生物肥料可分为细菌肥料(如根瘤菌、固氮菌)、真菌类肥料(如菌根真菌)及放线菌肥料(如抗生菌类)。按照作用机理又分为根瘤菌剂、固氮菌剂、解磷菌剂、解钾菌剂、生防菌剂和根圈促生菌。按肥料组成还可分为单一微生物肥料和复合微生物肥料。

(二)微生物肥料的作用

微生物肥料与化学肥料、有机肥料及绿肥成分、性质不同，它是通过微生物生命活动及代谢产物改善和作为养分供应，提高土壤肥力，达到促进作物生长、提高产量和品质的目的。

1.提高土壤肥力

各种自生、联合或共生固氮肥料，可以增加土壤中的氮素；溶磷、解钾微生物，使土壤矿物中难溶的磷钾溶解，转变为作物能吸收利用的磷钾化合物，如无机磷细菌、有机磷细菌及硅酸盐细菌。根瘤菌制剂是一类重要的微生物肥料，其中的根瘤菌可以侵染豆科植物根部，在根上形成根瘤；生活在根瘤里的根瘤菌类菌体利用豆科植物宿主提供的能量将空中的氮转变为氨，进而转化成谷氨酸和谷氨酰胺类等植物能吸收利用的优质氮素，供给豆科植物一生中氮素的主要需求(50%～60%)。豆科植物固定的氮素与化学氮肥相比具有无可比拟的优越性，不存在氮肥利用率低及环境污染等问题。

2.促进作物吸收营养

AM 真菌是一种土壤真菌，它与多种植物共生，其菌丝可以吸收更多的营养供给植物吸收利用，其中以对磷的吸收最为显著。研究发现，AM 真菌对在土壤中有活动性、移动缓慢的元素如磷、锌、铜、钙等元素也有加强吸收的作用。虽然内生菌根的纯培养问题尚未突破，但国内外已将菌根培养物作为 AM 真菌接种剂用于名贵花卉、药材，获得了良好的经济效益。外生菌根的纯培养已经解决，大量生产的外生菌根接种剂用于林业取得了明显的效果。

3.刺激作物生长，增强作物抗逆性

微生物肥料中有些菌种能分泌植物刺激素、维生素等，例如，固氮菌能产生生长素、肌醇、烟酸、泛酸、吡哆醇、硫胺素等，刺激作物生长，改善作物营养状况。植物根圈促生细菌也有刺激作物生长、提高抗逆性的功能。

4.减少化学肥料的用量，对环境无污染

使用微生物肥料后可以不同程度地减少化肥使用量。例如，根瘤菌剂、固氮菌能增加土壤氮素，磷细菌及硅酸盐细菌可以活化土壤中的磷钾等元素，为作物提供部分氮磷钾元素，减少氮磷钾化肥用量。

四、微生物农药

(一)微生物农药的定义及种类

1.微生物农药的含义

微生物农药(microbial pesticide)是生物农药的一类，包括由细菌、真菌、病毒和原生动物或基因修饰的微生物等自然产生的防治农作物病、虫、草、鼠等有害生物的农药。人们把用于农作物抗御病虫草鼠害或调解农作物生长的微生物及其代谢物统称为微生物农药。微生物农药是非化学合成、具有杀虫防病作用的微生物制剂，如微生物杀虫剂、杀菌剂、农用抗生素，是公认的无公害农药，防治对象不易产生抗药性，不伤害天敌；繁殖快，能利用农副产品甚至工业废水广泛生产，是综合防治农林病虫害的重要手段。

2.微生物农药的种类

根据用途和防治对象的不同，微生物农药分为：微生物杀菌剂、微生物除草剂、微生物杀虫剂等。微生物杀菌剂是一类控制植物病原菌的制剂，主要有农用抗生素、细菌杀菌剂、真菌杀菌剂和病毒杀菌剂等类型。微生物杀菌剂主要抑制病原菌能量产生、干扰生物合成和破坏细胞结构。内吸性强、毒性低，有的兼有刺激植物生长的作用。活体微生物除草剂是由杂草病原菌的繁殖体和适宜的助剂组成的微生物制剂。活体微生物除草剂的作用方式是孢子、菌丝等直接穿透寄主表皮，进入寄主组织、产生毒素，使杂草发病并逐步蔓延，影响杂草植株正常的生理状况，导致杂草死亡，从而控制杂草的种群量；微生物杀虫剂又分为细菌杀虫剂、真菌杀虫剂、病毒杀虫剂以及微孢子杀虫剂。

（二）微生物农药发展趋势

1.重视基础研究，鼓励新产品开发

有些微生物农药药效不佳，药效范围过窄，使其在生产中应用受到限制；另外还有一些微生物农药出现了抗性问题，因此要重视新产品的开发。同时，应用生物学技术、细胞工程和基因工程对微生物农药来源生物进行遗传特性改良，特别是毒力选择性和安全性评估等也是十分重要的工作。增加防治谱和微生物农药的作用效果，使其在实际应用中更方便，有助于微生物农药推广和发展。

2.完善制度，加速微生物农药产业化进程

真正实现产业化并用于生产实践的微生物农药还很少，现相当一部分还处于试验阶段。目前存在的主要问题是受技术和生产条件限制，不能大规模生产或成本过高等。因此应多联系生产实际，加大科研扶持力度，加强知识产权保护以及产业化标准等制度法规，引导市场，优化所选的品种，加速产业化，并应用到实际生产中，真正给农业、林业等带来实效。

3.加强对微生物农药剂型的开发，提高产品质量稳定性

许多微生物农药的有效成分为活体生物。由于其产品制剂化技术要求高，加上我国生物制剂的剂型及其工艺水平相对落后，因此，活体微生物农药的制剂化成为微生物农药成功开发的一个“瓶颈”，许多微生物像白僵菌、绿僵菌和线虫等已有20多年的开发历史，但至今仍未能真正实现商品化。为此，应从微生物的生理机制、作用机制以及助剂等多方面出发，以提高微生物农药的稳定性为目标，筛选出适合农业生产的微生物农药剂型。

4.加大宣传力度，加快推广速度

农民对微生物农药知识淡薄，对化学农药形成了依赖性，再加上宣传不力，使微生物农药难以有效地推广和应用。因此加大宣传力度，加强和重视对农民的宣

传和培训是开发微生物农药必不可少的环节。在微生物农药的推广期间，应针对不同地区的不同品种选择不同的微生物农药，并由技术人员指导使用。

总之，微生物农药对人畜安全无毒，不污染环境，不破坏生态平衡，具有显著的社会效益和生态效益。

第三节　微生物在农业环境中的应用

一、土壤净化

(一)土壤净化的含义

土壤净化(soil purification)是指通过物理、化学以及生物的作用达到降低或消除土壤中的污染物质和毒素的措施和过程，是土壤本身通过吸附、分解、迁移、转化，而使土壤污染浓度降低或消失的过程。

(二)微生物在土壤净化中的作用

1. 对重金属污染的转化

环境中的重金属主要来源于有色金属矿业废弃地以及工业"三废"。一些土壤微生物通过自身生长过程中的氧化、还原、甲基化和脱甲基化等作用，对重金属进行生物转化，减少其毒性。例如，一些假单胞细菌和大肠杆菌能吸收甲基汞、乙基汞等水溶性汞，将其还原成单质汞。枯草芽孢杆菌的细胞壁可结合大量的重金属，降低植物对金属离子的吸收。在污水处理中，活性污泥中的许多种细菌产生的胞外聚合糖对镉、镍、铜、铀有很强的亲和力，通过絮凝聚物的沉淀将其从废水中除去。

2. 对有机物的降解

有些土壤微生物可以降解甲基叔丁基醚(MTBE)、石油长链组分、三氯乙烯(TCE)等难降解的有机物。白腐真菌对许多有机污染物都有很好的降解作用。常见的能降解石油的微生物有假单胞菌属、有色杆菌属、节杆菌属、微球菌属、诺卡氏菌属、不动杆菌属、棒杆菌属、黄杆菌属等。

3. 对农药的降解

对除草剂、杀虫剂、杀菌剂、灭鼠剂等农药有降解作用的微生物，主要有假单胞菌属、芽孢杆菌属、气杆菌属、黄杆菌属、节杆菌属、诺卡氏菌属、曲霉、木霉等。对许多农药降解需要多种微生物的协同作用来完成。例如,以 DDT 为唯一碳源和能源生长的微生物的共同作用可以将 DDT 转变为氯苯乙酸,后者可被其他微生物降解。

二、污水处理

(一)微生物处理污水原理

通过微生物的新陈代谢活动,将污水中的有机物分解,从而达到净化污水的目的。微生物能从污水中摄取糖、蛋白质、脂肪、淀粉及其他低分子化合物。净化方法分为好氧净化和厌氧净化。

1. 好氧净化

氧存在条件下,许多好氧微生物通过分解代谢、合成代谢和物质矿物化,在把有机物氧化分解成 CO_2 和 H_2O 等过程中,获寻 C 源、N 源、P 源、S 和能量。污水的微生物好氧净化就是模拟上述原理,把微生物置于一定的构筑物内通气培养,高效率净化污水。

2. 厌氧净化

污水的生物厌氧净化是根据污水经厌氧发酵后得到净化,又获得了生物能源 CH_4 的原理进行的。微生物细胞能量转移的电子受体,由好氧条件下分子氧改变为厌氧条件下的有机物。在厌氧件下,不溶于水而难分解的大分子有机污物,被微生物的胞外酶降解为可溶性物质,再由产甲烷厌氧细菌和产氢细菌降解成低分子有机酸类和醇类,并放出 H_2 和 CO_2;有机酸类和醇类经产甲烷菌降解成 H_2、CO_2 和 CH_4。

(二)水污染物的类型及处理

1. 生活废水

(1)活性污泥法　又称曝气法,是利用含有好氧微生物的活性污泥,在通气条件下,使污水净化的生物学方法。由菌胶团形成菌、原生动物、有机和无机胶体及悬浮物组成的絮状体,在污水处理过程中,具有很强的吸附、氧化分解有机物或毒物的能力,而在静止状态时,又具有良好沉降性能。

(2)生物膜法　利用附着生长于某些固体物表面的微生物(即生物膜)进行有机污水处理的方法。生物膜是由高度密集的好氧菌、厌氧菌、兼性菌、真菌、原生动物以及藻类等组成的生态系统,其附着的固体介质称为滤料或载体。

2. 工业废水

(1)生物吸附法　生物吸附是利用生物量(如发酵工业的剩余菌体)通过物理化学机制,将金属吸附或通过细胞吸收并浓缩环境中的重金属离子。由于重金属具有毒性,如果浓度太高,活的微生物细胞就会被杀死。所以,必须控制被处理水的重金属浓度。

(2)硫酸盐还原菌净化法　脱硫弧菌属硫酸盐还原菌是厌氧化能细菌,就是在无自由氧的条件下,在有机质存在时通过还原硫酸根变成硫化氢,从中获得生长能量而大量繁殖;它繁殖的结果是使溶解度很大的硫酸盐变成极难溶解的硫化物或硫化氢。该细菌的作用可将废水中的硫酸根变成硫化氢,使废水中浓度较高的重金属 Cu、Pb、Zn 等转变为硫化物而沉淀,从而使废水中的重金属离子得以去除。

(3)利用微生物的转化作用去除重金属　微生物可以通过氧化作用、还原作用、甲基化作用和去烷基化作用对重金属和重金属类化合物进行转化。细菌胞外的荚膜或黏膜层可产生多种胞外多聚体,胞外多聚体能够吸附自然条件下或废水处理设施中的重金属。真菌的细胞壁内含几丁质,是一种有效的金属与放射性核素结合的生物吸附剂。经过氢氧化物处理的各类真菌暴露出来的几丁质、脱乙酰壳多糖和其他金属结合的配位体,形成菌丝层,可以有效去除废水中的重金属。

3. 农业废水

(1)降解农药的微生物类群　土壤中的一些微生物,包括细菌、真菌、放线菌和藻类等,具有农药降解功能。细菌由于其生化上的多种适应能力和容易诱发突变菌株,从而在农药降解中占有主要地位。在土壤、污水及高温堆肥体系中,对农药分解起主要作用的是细菌类,这与农药类型、微生物降解农药的能力和环境条件等有关。如在高温堆肥体系当中,由于高温阶段体系内部温度较高(大于50℃),存活的主要是耐高温细菌,而此阶段也是农药降解最快的时期。通过微生物的作用,把环境中的有机污染物转化为无毒无害的 CO_2 和 H_2O 等或毒性较小的其他物质。

(2)微生物降解农药的机理　细菌降解农药的本质是酶促反应,即化合物通过一定的方式进入细菌体内,然后在各种酶的作用下,经过一系列的生理生化反应,最终将农药完全降解或分解成分子量较小的无毒或毒性较小的化合物的过程。微生物所产生的酶系,有的是组成酶系,如门多萨假单胞菌 DR－8 对甲单脒农药的降解代谢,产生的酶主要分布于细胞壁和细胞膜组分;有的是诱导酶系,如有机磷农药广谱活性降解菌所产生的降解酶等。

三、环境监测

微生物监测(microbiological monitoring)是利用微生物资源对环境污染或变化所发生的反应,阐明环境污染状况,从生物学角度为环境质量的监测和评价提供依据。

(一)大肠菌群与环境监测

水体中的致病菌有可能引起各种传染病。但是致病菌在水中存在的数量较少,直接监测比较困难,因此常选用间接指标即粪便污染的指示菌——大肠菌群作为代表。大肠菌群指需氧及兼厌氧性的革兰氏阴性无芽孢杆菌。大肠菌群的测定采用多管发酵法或滤膜法。

在水质监测中,我国以一升水中含有的大肠菌群数作为是否卫生的标准,称为大肠菌群指数。也可以使用大肠菌群值这一定义,即指水样中可检出一个大肠菌群细菌的最小水样容积(mL),此值越大表示水中大肠菌群数越少,水质越好。大肠菌群值=1 000/大肠菌群指数。我国生活饮用水中规定的水质标准为每升水中总大肠菌群指数不得超过 3 个,即大肠菌群值不得小于 333。

(二)发光细菌在环境监测中的应用

发光菌是一类能运动的革兰氏阴性兼性厌氧杆菌,含有荧光素、荧光酶等发光要素,在有氧条件下通过细胞内 ATP 生化反应而产生微弱荧光。发光细菌在毒物作用下,细胞活性下降,导致发光强度降低。发光细菌法是利用灵敏的光电测量系统测定毒物对发光细菌发光强度的影响,根据发光细菌发光强度的变化判断毒物毒性的大小。

混合废水含有多种污染物,单独分析某个污染物毒性实际意义不大。由于污染物之间的加和及拮抗作用,各个污染物的毒性之和并不代表这种废水的综合毒性。但是可以用发光细菌法测定其综合毒性。随着技术的发展,发光细菌法将与电子技术、光电技术、生物传感器技术、细胞固定化技术以及计算机技术紧密结合,逐步发展为在线监测系统,为水质分析提供更加快速有效的测试手段。

(三)污染物致突变的微生物监测

随着工业的发展,人工合成的化学物质迅速增加,一些物质能直接损伤生物体的 DNA 而使基因和染色体发生改变,这类物质称为遗传毒物。为防止遗传毒物诱发新的突变而增加新的遗传病,人们采用了突变性监测技术,遗传毒性监测方法主要有 Ames 试验和彗星试验。

(四)藻类与水质污染监测

藻类监测就是用水生藻类判定水体污染程度。水污染引起水体各种物理、化学条件的改变,这种改变直接影响水中的藻类,因此分析水生藻类的种类和数量组成,或研究它们的生理、生化反应和对毒物的积累特点,可以相当准确地估定水体的污染性质和程度。

藻类等原生动物是动物界最原始、最低等的动物,是一个能够独立生活的有机体。虽然原生动物的种类多,生态位较宽,但是每个种类在不同污染水体中的最适生长范围还是比较窄的,因此可以利用其作为水质污染的指示生物。

复习题

1. 什么是微生物资源?有哪些特征?
2. 微生物资源的利用进展情况是怎样的?
3. 微生物资源在农业生产中有哪些作用?
4. 微生物资源在农业环境中有哪些应用?

讨论题

如何提高微生物资源在我国现代农业发展中的利用效率?

第十二章 农业废弃物资源

重点提示

本章主要阐述农业废弃物资源的基本概念及特征、来源与分类，学习和研究农业废弃物农用资源化的方法途径，了解和掌握我国主要农业废弃物的利用现状与发展趋势。

第一节 农业废弃物资源及主要特性

一、农业废弃物概念

农业废弃物(agricultural residue)是指在整个农业生产过程中被丢弃的物质，包括作物生产过程中的植物废弃物、渔牧业生产过程中产生的动物废弃物、农业加工过程中产生的加工类废弃物和农村乡镇生活垃圾等。广义上讲，农业废弃物包含了农业生产废弃物和农村生活垃圾，狭义的农业废弃物特指作物秸秆和畜禽粪便。农业废弃物是某种物质和能量的载体，是一种特殊形态的农业资源。

二、农业废弃物主要特性

农业废弃物是农业生产和农村居民生活活动的产物。要使农业废弃物转化为资源，对农业废弃物进行科学的开发、利用和管理，就必须了解农业废弃物的特性。

(一)客观性

农业废弃物与农业生产和农村居民生活密切关联，因此具有客观存在性。为解决废弃物不断产生并对环境造成严重危害的问题，人类必须重视与研究自然界对这些农业废弃物的吸收、分解、消化容纳能力，以及如何在生产生活与废弃物之间建立一种再生产、再消费的循环关系,使农业废弃物通过一定的技术处理,得到更新并加以开发利用,促进资源的良性循环。

(二)资源性

资源性是指农业废弃物具有可转化为有用资源的特性。农业废弃物资源性的大小和程度与人类科学技术水平有着直接的关系。随着科学技术的不断发展,过去许多无法开发利用的废弃物,现在可在不花钱或少花钱的条件下,使其转化为二次资源。任何一种废弃物转化为资源后都有多种用途,为了满足某种使用需求,可以给同一种废弃物资源选择最佳用途或最佳利用方式。

(三)污染性

在自然条件影响下,农业废弃物中的一些有害成分会转入大气、水体和土壤中,参与生态系统的物质循环。若农业废弃物中的有害成分浓度和总量超过了生态系统自动调节能力,就会破坏生态平衡,产生危害。

(四)再生性

农业废弃物,特别是来源于种植业或养殖业的废弃物,由于其特殊的成分组成和物理性状,尤其是植物秸秆等废弃物,它们本身就是农作物生长过程中形成的生物质,多数都具有可利用价值。再生性是农业废弃物共有的基本特性,也是农业废弃物可以转化为资源的重要依据。

(五)整体性

农业废弃物之间是互相联系、互相制约的统一整体,如果其中某种因素改变就会引起其他组成因素的相应变化。人在环境中生存,不断地从环境中摄取物质和能量维持其正常生活,同时在生产和生活活动中不断将废弃物排泄于环境,于是物质和能量在人与环境之间不断地流动。农业废弃物资源的整体性决定了其开发利用和管理必须是综合性的。

框 12-1　中国禁止"洋垃圾"

洋垃圾通常指进口固体废物,又特指以走私、夹带等方式进口国家禁止进口的固体废物或未经许可擅自进口属于限制进口的固体废物。世界上大部分再生资源来自发达国家和地区,进口再生废弃物的国家则主要是发展中国家,中国是世界上最大的废弃物进口国。2016 年中国处理了全球至少一半的废金属、废塑料和废纸张,绝大部分来自欧洲、美国、日本等发达国家和地区。

20 世纪 80 年代，制造业的发展使得中国对塑料、金属等工业原材料的需求大幅度增加；另一方面，受环境标准高、人力成本高等因素影响，发达国家为了避免高昂的处理费用及环境污染，迫切希望把“洋垃圾”“卖”到发展中国家以转嫁危机。而中国当时拥有大量廉价的劳动力，这使得分类回收废金属、废塑料、废纸张等比重新制造这类原材料的成本要低。因此，中国逐渐成为发达国家废料的主要出口市场。然而，洋垃圾携带的病毒细菌等有毒有害物质可能直接感染从业人员，加工利用过程中产生的环境污染间接损害人民群众身体健康。

2017 年 7 月，中国政府宣布，为了解决国内的污染问题，2018 年起开始禁止从国外进口 24 种“洋垃圾”。2018 年 3 月，生态环境部召开第一次常务会议，审议并通过《关于全面落实〈禁止洋垃圾入境推进固体废物进口管理制度改革实施方案〉2018—2020 年行动方案》《进口固体废物加工利用企业环境违法问题专项督查行动方案(2018 年)》和《垃圾焚烧发电行业达标排放专项整治行动方案》。

三、农业废弃物主要来源

(一)种植生产废弃物

种植生产废弃物是种植业、林业生产过程中或收获活动结束后，除果实外的其他被生产者抛弃或丢弃的物质或能量，如粮食作物或油料作物的秸秆、根茬，瓜果或蔬菜作物的残叶、藤蔓、落果落叶或果壳等。其中作物秸秆是种植废弃物中最主要的部分，包括水稻、小麦、玉米、豆类、油料、棉花的秸秆、残叶、残果，及上述农产品加工过程中产生的剩余物或废弃物。此类农业废弃物自古就已开展废弃物的资源化利用。通过薪柴燃烧，或者直接粉碎还田，或者过腹还田。也可利用麦秸、稻秆作建筑材料，或者编织手工艺品。

(二)养殖生产废弃物

饲养的猪、牛、鸡、鸭等畜禽所产生的畜禽粪便、废渣、废水或病死畜禽尸体，以及水产养殖户在水产养殖过程中产生的含有饲料残渣、农药残余的养殖塘泥等废弃物质或能量，是所有农业废弃物中比重最大的废弃物，也是环境危害性最大的废弃物。农区个人小规模圈养的畜禽，其粪便多被用作农家肥；牧区牛羊的粪便，除作为天然有机肥还于草原外，多被牧民收集用作取暖、烧饭的燃料；南方个别少数民族，也有用猪粪晾干后用作燃料的。目前，规模化养殖场畜禽粪便，一般被采用工厂化生产工艺，集中进行沼气生产，或经过发酵生产菌肥。

（三）农业生产资料废弃物

农业生产资料废弃物是指农业生产过程中投入并散落于农业生产场所内的辅助生产资料的残余物，包括花卉和苗木培养或种植中使用的一次性塑料盆钵、化肥和农药的包装物（特别是塑料包装物及玻璃纤维包装物）等。目前上述农业生产资料使用量相对较少，其数量上不能与作物秸秆或畜禽粪便相比，多将其抛弃在田间，形成"废弃物"。此类废弃物的化学成分复杂，尽管数量不多，但如不妥善回收、处理，势必对农业生态环境造成严重危害。

（四）农产品初加工废弃物

农产品初加工废弃物是指农、林产品和渔产品在初级加工过程中所废弃的物质，包括稻谷、小麦、玉米等粮食产品加工后产生的谷糠、麦麸、玉米芯，粮食作物酿酒过程中产生的酒糟，油料作物榨油过程中产生的饼粕，林业木材加工后剩余的边角废料或锯末，水果加工后剩余的果皮、果渣，以及鱼类产品加工后剩余的内脏。多为有机物，具有一定的饲用、制肥、燃料等再利用价值，有些还可以利用现代生物产品加工技术，进行深度开发。但是，如果处置不当，其废渣、废水进入外界水体、农田等，并富集一定浓度后，将可能对外部环境构成污染。

（五）农村生活废弃物

农村生活废弃物是在农村居民日常生活中或者为农村日常生活提供服务的活动中产生的，不再为生活所用的废弃物质，包括厨余垃圾、日常生活用品包装物、小型废旧家具和破旧衣物等。这类废弃物随着农村居民物质生活水平不断提高，对环境危害程度会发生持续的增长与变化。近30年来，农村生活废弃物逐渐由以厨余垃圾占主要成分的有机废弃物，向以一次性塑料生活用品、日常生活用品、塑料包装物、废电池等难以降解或对地下水有污染威胁的化学废弃物为主转变。这类废弃物的持续增加成为影响农村生态环境的重要因素。

四、农业废弃物的分类

（一）农业废弃物的来源分类

按照农业废弃物的产生途径，可以将农业废弃物做如下分类。

1. 种植生产废弃物

是指粮食、蔬菜、瓜果、油料、糖料等植物性农产品生产及收获过程中产生的废弃物，此类废弃物主要包括各类粮食、油料作物的秸秆、根茬，蔬菜作物的残叶或茎秆，瓜果作物的藤蔓、落叶、落果，以及其他不被用作食物的部分等。

2.畜禽及水产养殖废弃物

是指畜禽水产等动物性农产品生产过程中产生的废弃物，此类废弃物主要包括畜禽粪便及脱落的毛羽、畜禽圈舍的垫料、畜禽饲料的残渣，以及含有饲料残渣、农药残余的水产养殖塘泥等，有时还包括被遗弃的病死畜禽尸体和塘泥中水产养殖物残骸。

3.农业生产资料废弃物

是指农业生产过程中所投入的辅助生产资料的残余物，包括农用塑料残膜（主要是残留于土壤中尚未分解的农用地膜），花卉和苗木培养或种植中使用的一次性塑料盆钵、化肥和农药的包装物（特别是塑料包装物及玻璃纤维包装物）。

4.农产品初加工废弃物

是指植物性农产品在初级加工过程中产生的，如粮食作物经脱粒、碾磨后形成的谷糠、麦麸、玉米芯等，油料作物在榨油过程中产生的饼粕，粮食或水果在酿酒、制作罐头过程中形成的酒糟、果渣和残果，糖料作物在榨糖过程中产生的渣粕等，植物纤维在土法造纸时产生的废渣、废液等。此外，还包括畜禽产品在屠宰过程中产生的粪便和血水等。

5.农村生活垃圾

是指农村居民在日常生活中产生的垃圾物，主要包括厨余垃圾、日常生活用品包装物、小型废旧家具和破旧衣物等（本书讨论的农村生活垃圾，不包括农村居民拆盖房屋形成的建筑垃圾）。

（二）农业废弃物的特性分类

按照农业废弃物的自身特性，可以将农业废弃物做如下分类。

1.一般农业废弃物

指对环境不具有明显危害性，可以自然降解，不需要采取特殊措施进行处理的农业废弃物。如前述作物秸秆、果渣、畜禽粪便、厨余垃圾、饼粕、果渣等类型废弃物。

2.危险农业废弃物

指对环境可能具有一定危害性，难以自然降解，必须采取特殊措施进行处理才能消除或预防其危害的农业废弃物。如农用塑料残膜、化肥农药包装物、废旧家用电器和电池、生活用品塑料包装物等类型废弃物。

(三)农业废弃物的成分分类

按照农业废弃物的物质成分,可以将农业废弃物做如下分类。

1. 有机农业废弃物

主要指农业生产或产品初级加工过程中产生的植物性产品废弃物以及养殖业废弃物,包括作物秸秆、果渣、畜禽粪便、厨余垃圾等可以自然降解,并不需要采取特殊措施进行处理的,全部由有机成分构成的农业废弃物。

2. 无机农业废弃物

主要指农业生产过程中投入的辅助生产资料的残余物或废弃物,以及农村居民生活中丢弃的废弃物,包括农用塑料残膜、化肥农药包装物、废旧家用电器和电池等无法自然降解,需要采取特殊措施进行处理的,由无机成分构成的农业废弃物。

第二节　废弃物农用资源化

一、废弃物农用资源化的基本含义

废弃物农用资源化(agricultural reutilization of waste),又称为废弃物资源的农业利用,指将具有农用价值的生产性废弃物和生活性废弃物作为一种农用资源开发利用,投入到农业生产体系中的过程。针对农业废弃物这种特定的废弃物种类,通过回收、加工、循环利用、交换等方式,对其进行多重利用的活动,既包括对农产品生产、加工过程中产生的废渣、废水(液)、废气、余热、余压等进行回收和合理利用,也包括对农业生产和消费过程中产生的各种废旧物资进行回收和再生利用。

二、废弃物农用资源化主要途径

(一)广度利用与深度利用

废弃物农用资源化利用的途径有多种多样,按其利用程度的不同,一般把它分为两种,即农业废弃物资源化的广度利用和深度利用。

1. 农业废弃物资源化的广度利用

指资源化利用形式的多样化,主要是通过将农业废弃物作肥料、饲料、燃料或其他工副业产品的生产原料,来参与农业再生产过程的循环,从而达到培育土壤肥力,防止污染环境的目的。

(1)调整用肥结构,实行废弃物还田　农家肥是培肥地力的重要元素,而作物秸秆或牲畜粪便是农家肥的主要成分,需要调整用肥结构,实行农业废弃物(即秸秆、粪便)还田,做到农地的用养结合。农业废弃物还田有多种渠道,一是直接还田,如秸秆覆盖还田、翻耕还田等形式;二是发酵还田,如各种堆肥、沤肥及沼气肥等都属于这种方式;三是生产有机复合肥料,即把人畜粪尿、农产品加工废料进行三级处理,杀毒去臭,加工成便于运输和保管的颗粒有机复合肥。

(2)实行废弃物转化,秸秆过腹还田　用农业废弃物秸秆进行加工处理,如青贮或氨化后与一定比例的精饲料配合作为规模化养殖的畜禽饲料,既可增加肉、蛋、奶、皮和毛等畜产品产出,同时秸秆经过过腹还田,又能提供优质有机肥,可提高生物质能的转化率及资源利用率。

(3)沼气发酵及其残余物的综合利用　通过沼气发酵利用农业废弃物,不仅能解决部分农村的生活用能,而且长期施用沼气发酵后的优质肥料,有利于土壤微生物活动,促进土壤中有机无机复合体的形成,改善土壤理化性状。因此,施用沼肥是培肥地力、改良土壤、保护生态环境、实现用养相结合的重要措施。

2. 农业废弃物资源化的深度利用

指对废弃物的多级利用,或细分化的利用,如作物秸秆(包括糠麸、糟渣)、杂草等第一性生产废弃物作工业原料,进行造纸、制造纤维板、生物质炭等。肉食加工后的废弃物,可产生骨粉、动物胶和某些药剂,玉米秸、麦秸等编织成的工艺品也属于农业废弃物资源化深度利用的范畴。农业废弃物资源化的深度利用是农业废弃物利用的一种有效途径,但是从促进生物质循环及其再生的角度上看,深度利用这种方式只是实现了物理意义上的一种利用,利用范围有限。要从根本上实现废弃物资源化,必须在广度利用的基础上,辅之以深度利用。

(二)一次性利用与综合利用

1. 一次性利用

指农业废弃物通过某一种方式或途径被再利用,从而实现了农业废弃物的资源化。如秸秆直接还田、压制板材等就属于一次性利用;还有秸秆、畜粪作为农村烧饭、取暖的能源,或者将秸秆气化用作能源等。秸秆气化技术是以秸秆为燃料,以专用的秸秆气化炉为核心形成的供热系统。秸秆直接燃烧供热技术可以在秸秆主产区为中小型乡镇企业、乡镇政府机关、中小学校和相对集中的乡镇居民区提供生产、生活热水和冬季采暖用能,可以有效地消耗农村大量剩余秸秆,而且可以将废弃秸秆转化成商品燃料,成为农民新的经济来源。

2. 综合利用

农业废弃物资源化的综合利用，是指农业废弃物通过回收、加工、循环利用、交换等多层次、多方式或多途径的重复利用，从而实现并提高农业废弃物的资源化效率。例如，秸秆可以通过能源化利用获取能量；通过肥料化获取液体肥料、有机生物肥和有机复合肥；通过饲料化可以制造氨化饲料、青贮饲料、生化蛋白饲料、糖化饲料和碱化饲料等；通过原料化可以生产轻型建材、可降解的包装材料、食品防腐剂和空气清新剂、培养基、药物以及制作生物滤床滤料等。

(三)直接利用

1. 能源化利用

生物质能是地球上仅次于煤炭、石油、天然气的第 4 大能源，占世界能源总量 14%，而农业废弃物作为生物质的一个部分，具有巨大利用潜力。

(1)农业废弃物制沼气　农作物秸秆、蔬菜瓜果的废弃物和畜禽粪便都是制沼气最好的原料。每千克秸秆可制气 2.2 m^3，每吨秸秆可替代 0.7 t 煤炭，每利用 10 000 t 秸秆可减少二氧化硫排放量 140 t，减少烟尘排放量 100 t。

(2)农业废弃物气化　利用生物质热能气化原理，由气化反应器将可燃烧物质经过干燥热解气化和还原等过程，变成可燃气体，最终输送到每个用户。固体废弃物经气化可产生高效清洁方便的可燃气，为农村供气、供热、供电。

(3)农业废弃物液化　将能量密度较低的农业废弃物转化成密度高、品位高的液体燃料是合理利用生物质能的有效途径，也是最有发展潜力的技术之一。由生物质制成的液体燃料叫生物燃料。生物燃料主要包括生物酒精、生物甲醇、生物柴油和生物油。

(4)农业废弃物固化　秸秆、稻壳、锯末、木屑等有机废弃物，用机械加压、加热等原理，将原来松散、无定型、低发热量的生物质原料压制成具有一定形状、密度较高(1.1～1.4 t/m^3)的固体成型燃料(热值 14～20 MJ/kg)，其功效相当于中质煤，但没有煤所固有的含硫量大、灰分高、污染环境等缺点。

2. 肥料化利用

在一定温度、湿度、pH 条件下，利用微生物使畜禽粪便和秸秆发生生物化学降解，形成一种类似腐殖质土壤的物质，可作肥料和改良土壤，这种方法称为肥料化。包括生产堆肥、液体肥料、有机生物肥、有机复合肥。如秸秆和畜禽粪便都可以通过堆肥成为农业肥料；农业废弃物(废渣、杂草、废菜叶、瓜果皮等)做成堆肥后，其液体经安全处理后可制成液体肥料；堆肥处理后，沼气池中的固体残渣经处理后可制成有机肥；农业废弃物的肥料化也包括秸秆还田。

在实践中，农作物秸秆的不同利用方式之间大多是相互结合，互为循环的，最终实现能量的高效梯级利用。例如，农作物生产环节的产出（农作物秸秆）成为养殖生产环节的投入，养殖环节产出（畜禽粪便）成为农村能源（沼气）的投入，生产沼气的产出（沼渣、沼液）又复成为种植业的投入（肥料）。利用秸秆生产食用菌后，还可将基料加工成饲料或直接作为肥料还田重复利用。通过机械粉碎和翻压，使秸秆进入土壤中，在土壤微生物的作用下分解生成有机肥，这样既可以为植物所用，同时也能改良土壤。以畜禽粪便的肥料化技术为例，畜禽粪便的肥料化技术还分为堆肥化技术和制复合肥技术。

框 12-2　肥料资源的开发利用

肥料资源包括有机肥料资源、化学肥料资源和微生物肥料资源。在农业增产的诸多因素中，化肥所起的作用占50%左右。但化肥的不合理使用会对环境和农产品品质造成潜在危害，如硝酸盐和磷酸盐对水体的非点源污染及氧化亚氮气体对大气的污染。有机肥料一直是我国农业生产不可或缺的肥料资源。有机肥料是一种完全肥料，肥效发挥缓慢而持久，除能供给农作物所需的各种营养元素外，还含有丰富的有机物质，对改良土壤，增加土壤有机质积累均有良好的作用。当然，有机肥料的过量施用及不合理利用也会造成潜在的环境问题。总之，有机肥和化肥各有优势和不足，根据当地农业气候条件、土壤肥力和作物的营养状况进行有机肥和化肥配合施用，可以发挥各自的优势，使农业生产实现高产、优质、高效、生态、安全的目的。微生物肥料是含有活微生物的特定制品，应用于农业生产中，能够获得特定的肥料效应，在这种效应的产生中，制品中的活微生物起关键作用。如根瘤菌肥料。

3. 饲料化利用

将农作物秸秆转化为饲料可通过秸秆氨化、秸秆青贮、秸秆微贮以及干贮等方法，改变秸秆的长度、粗度、硬度、成分等，提高秸秆饲料的消化利用率。秸秆的化学处理就是利用化学物质来处理秸秆，在打破秸秆营养物质障碍的同时，提高畜禽对秸秆的利用率。根据所用化学物质的不同，又将其分为碱化处理、氨化处理、青贮技术、微贮与生物秸秆饲料加工技术、压块加工饲料技术、揉搓技术和秸秆热喷处理。

畜禽粪便可通过再处理作饲料，如鸡粪的有效能为7 524 kJ/kg，含粗蛋白质

27%左右，无氮浸出物 20%以上，还含有丰富的钙、磷和微量元素，通过干燥、氨化、发酵等方法处理后可作为禽兽饲料，每吨干鸡粪可替代 0.35 t 饲料粮。

4. 材料化利用

秸秆作为材料，主要用于生产板材、造纸、建材、编织、化工等领域；将秸秆转化为基础料，主要用于栽培食用菌基料、育苗基料、花木基料、草坪基料。

利用秸秆等农业废弃物可生产纸板、人造纤维板、轻质建材板等包装和建筑装饰复合材料。如以硅酸盐水泥为基体材料，玉米秆、麦秆等农业废弃物经表面处理剂处理后作为增强材料，再加入粉煤灰等填充料后可制成植物纤维水泥复合板，产品成本低，保温、隔音性能好；以石膏为基体材料，农业植物纤维性废弃物为增强材料，可生产出植物纤维增强石膏板，产品具有吸声、隔热、透气等特性，是一种较好的装饰材料。此外，将木糖、糠醛废渣晒干后加入适量黏结剂，经热压后制成新型复合板材，可用作房屋的隔板、装饰板材、家具板材等。若制成草板可用于各种临时性房屋建筑，经粉饰后还可直接用于加工各种家具、日用品等。目前我国利用稻草、麦草、甘蔗渣等农作物秸秆为原料造纸，占新制纸浆总产量的 80%以上，使用秸秆的量约占农作物秸秆总量的 2.3%。

第三节　主要废弃物及其农业利用

一、作物秸秆利用

我国是农业大国，也是秸秆资源最为丰富的国家之一，目前仅重要秸秆就有近 20 种，以稻秸、玉米秸、麦秸为主。2015 年全国主要农作物秸秆理论资源量为 1.04×10^9 t，可收集资源量为 9.0×10^8 t，利用量为 7.2×10^8 t，秸秆综合利用率为 80.0%。

秸秆中有机质平均含量为 15%，含碳 44.22%、氮 0.62%、磷 0.25%、钾 1.44%，还含有铁、钙、硫及其他重要的微量元素，这些都是农作物生长所必需的营养元素。秸秆中含有的碳水化合物、蛋白质、脂肪、木质素等，大都可被微生物分解利用，经过处理后可以加工成饲料供动物食用。

秸秆利用的方式很多，主要有秸秆肥料化、饲料化、能源化、原料化和基料化利用五种。

(一)秸秆肥料化利用

秸秆肥料化利用的主要形式是秸秆还田,也是我国秸秆资源化利用中最原始的技术。秸秆还田的方法分为秸秆直接还田、间接还田和利用生化快速腐熟技术制造有机肥。

1.秸秆直接还田

包括整株还田和粉碎还田方式。经过对秸秆还田技术和配套操作规程等研究,秸秆直接还田在我国有了较大面积的推广和应用。秸秆直接还田增产因素是多方面的,概括起来主要是养分效应、改良土壤效应和农田环境优化效应三个方面。实践证明,秸秆直接还田后,土壤中氮、磷、钾养分都有所增加,尤其是速效钾的增加最明显,土壤活性有机质也有一定的增加,对改善土壤结构有重要作用。秸秆覆盖和翻压对土壤有良好的保墒作用并可抑制杂草生长。

2.秸秆间接还田

包括传统堆沤腐解还田、烧灰还田、过腹还田、菇渣还田、沼渣还田等方式。实践证明秸秆间接还田能有效增加土壤的有机质含量,改良土壤,培肥地力,特别是对解决我国氮、磷、钾比例失调的矛盾,补充磷、钾化肥不足有十分重要的意义。

3.利用生化快速腐熟还田

利用生化快速腐熟技术制造有机肥,是一种应用于20世纪90年代的国际先进生物技术,在国外已实现产业化,其特点是:采用先进技术培养能分解粗纤维的优良微生物菌种,生产出可加快秸秆腐熟的化学制剂,并采用现代化设备控制温度、湿度、数量、质量和时间,经机械翻抛、高温堆肥、发酵等过程,将农业废弃物转换成优质有机肥。它具有自动化程度高(生产设备1人即可操纵)、腐熟周期短(4～6周)、产量高(一台设备可年产生物肥料2万～3万t)、无污染、肥效高等特点。

(二)秸秆饲料化利用

随着生产的发展、人民生活水平的提高,人们要求有更多的动物食品,而畜牧业的发展又受饲料的制约。我国必须扩大饲料来源,开发新的饲料资源,提高饲料质量和饲料使用效率。一些植物残体(纤维性废弃物)往往因其营养价值低,或可消化性差,不能直接用作饲料。但如果将它们进行适当处理,即可大大提高其营养价值和可消化性。秸秆饲料利用方式主要包括秸秆青贮、氨化、微贮、碱化-发酵双重处理、膨化饲料、热喷及生产单细胞蛋白等加工技术,从而使农作物秸秆中的纤维素、半纤维素、木质素等转化为含有丰富菌体蛋白、微生物等成分的生物蛋白饲料。

秸秆饲料的加工调制可分为物理处理、化学处理和生物处理三种。这些处理方法各有其优缺点。如膨化、蒸煮、粉碎、制粒等物理处理方法虽操作简单,容易推广,但一般情况不能增加饲料的营养价值。化学处理法可以提高秸秆的采食量和体外消化率,但也容易造成化学物质过量,且使用范围窄,推广费用较高。生物处理法可以提高秸秆的生物学价值,但要求技术较高,处理不好,容易造成腐烂变质。各地应根据当地的实际情况,采取不同的处理方法,加大秸秆的开发利用。

(三)秸秆能源化利用

秸秆能源化利用技术主要有秸秆直燃发电、秸秆气化、秸秆发酵制沼气、秸秆成型燃料及秸秆炭化技术等。

(四)秸秆原料化利用

秸秆较多地应用于造纸、编织行业等,近年又兴起了秸秆制炭、纸质地膜、纤维密度板等技术。利用农作物秸秆等纤维素废料为原料,采取生物技术的手段发酵生产乙醇、糠醛、苯酚、燃料油气、单细胞蛋白、工业酶制剂、纤维素酶制剂等。

以生物质炭为核心的生物质炭基有机无机复合肥、炭基尿素、土壤改良剂等系列产品,构建了秸秆收集、造粒、炭化、土壤改良的全产业模式与全链式技术服务体系。秸秆炭化还田技术采用农作物秸秆为原料,经过热解炭化分离可获得可燃气25%～30%、生物质炭30%～37%、木醋液10%～15%。

农作物秸秆炭化还田-土壤改良技术,实现了农作物秸秆的资源化、高值化、规模化利用。采用这一技术路线,一方面解决秸秆直接还田难以腐化、影响农业生产的问题;另一方面可有效化解秸秆焚烧带来的大气污染问题,同时以生物质炭肥形式还田,可以最大限度地实现秸秆中的氮磷钾、微量元素以及生物质有机质的循环利用,减少化肥用量,提升农作物产量和品质,改良土壤环境,增加农民收入。

框 12-3　生物质炭

生物质炭是指由富含碳的生物质通过裂解或者不完全燃烧生成的一种生物质。它是一种多功能材料,含有大量的碳和植物营养物质,可用作土壤改良剂,提高土壤肥力,提高农作物产量。此外,生物质炭具有较大的比表面积,且表面含有较多的含氧活性基团,可以吸附土壤或污水中的重金属及有机污染物等,因成本较低,被许多人认为是未来活性炭的替代品。生物质炭是经热解形成的,其制备原料对碳、氮具有较好的固定作用,施加于土壤中,可以减少CO_2、N_2O、CH_4等温室气体的排放,减缓全球变暖,它被认为是一种在农业和环境中有广阔应用前景的材料。

用生物质炭为基质，生产缓释肥和土壤改良剂进行还田。生物质炭具有极好的吸附缓冲能力和保肥保水性能，可有效改良土壤结构、提高肥力、解决土壤退化问题，从而实现农业生产良性循环。施用生物质炭后土质疏松，有机质含量增加，促进农作物增产，还可以间接地减少化肥、农药等化学品的施用量。

（五）秸秆基料化利用

当前，秸秆基料化利用主要途径是培养食用菌。秸秆营养丰富，来源广泛，成本低廉，非常适合用作食用菌的培养基料。利用植物残体生产食用菌，将许多农业废弃物或农产品加工过程中产生的废弃物作为食用菌生产的原料。

（六）作物秸秆利用模式

秸秆资源循环利用模式主要包括以沼气为纽带或以有机肥生产为纽带的两大模式体系，作物秸秆的多级利用模式见图 12-1。

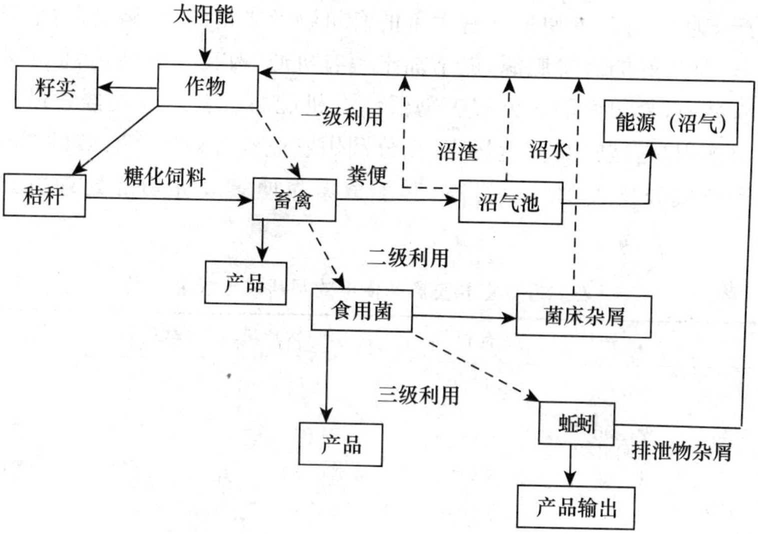

图 12-1　作物秸秆的多级利用模式

（马世骏等，1987）

1. 以沼气为纽带的秸秆资源循环利用模式

以沼气生产为纽带秸秆资源循环利用模式主要包括“秸秆养畜有机肥—沼气、沼渣、沼液还田”模式、“秸秆食用菌—菌糠还田或菌糠生产沼气—沼渣沼液还田”

模式等。通过秸秆资源循环利用模式，经过系列的资源循环利用，提高了物质循环利用率。例如，秸秆培养食用菌后，可利用菌糠直接还田，或者使用菌糠生产沼气进行还田重复利用。秸秆富含食用菌所必需的碳源、氮源、矿物质、维生素等营养物质。目前，有85%秸秆都可作为食用菌基料利用，而且产量高、品质优、效益好。

2. 以有机肥生产为纽带的秸秆资源循环利用模式

以有机肥生产为纽带的秸秆资源循环利用模式主要包括秸秆过腹还田、秸秆快速腐熟还田等。秸秆过腹还田是较为经济、科学的一种秸秆还田方式。通过利用秸秆饲喂牛羊骡马，让牲畜过腹变为肉奶和有机肥料，使肥料还田、肉奶增加养殖收入。

二、畜禽粪便综合利用

（一）畜禽粪便肥料化利用

畜禽粪便用作肥料是我国劳动人民在长期的生产实践中总结出来的，促进了农业的增产丰收。畜禽粪便中含有大量的有机物及丰富的氮、磷、钾等农作物所需的营养成分，是良好的有机肥源，能增加土壤有机质，改良土壤结构，促进农作物的增产和改善品质，是很好的无公害生物活性有机肥料。畜禽粪便经发酵后就地还田作为肥料施用，是减轻其环境污染、充分利用农业资源最经济有效的措施。畜禽粪便中的肥料成分见表12-1。目前，对于畜禽粪便等废弃物的处理方式主要有两种：

表12-1 主要畜禽粪便中的肥料成分含量 %

种类	水分	有机物	氮(N)	磷(P_2O_5)	钾(K_2O)
猪粪	82.00	16.00	0.60	0.50	0.40
猪尿	94.00	2.50	0.40	0.05	1.00
牛粪	80.60	18.00	0.31	0.21	0.12
牛尿	92.60	3.10	1.10	0.10	1.50
鸡粪	50.00	25.50	1.63	0.54	0.85

（朱建国等，2015）

1. 传统施肥

经传统方法采用填土、垫圈的方法或堆肥方式，将畜禽粪便简单堆沤制成农家肥或者直接施用于农田。该方法操作简便，易于被农民接受和使用。

2. 生产商品有机肥

随着养殖业生产的集约化，在好氧条件下，经生物技术发酵处理，利用畜禽粪便生产成商品有机肥后予以利用。商品有机肥的生产是由专门的肥料生产企业，经过选用适宜的发酵微生物对畜禽粪便进行高温发酵和无害化处理后而生产的精制有机肥料产品。

（二）畜禽粪便饲料化利用

畜禽粪便中含有大量未消化的营养成分，如粗蛋白质、粗脂肪、B族维生素、矿物质元素和一定数量的碳水化合物，营养成分见表12-2。畜禽粪便中氨基酸品种比较齐全，含量丰富，成为备受关注的一种非常规饲料资源。鸡粪作为饲料喂奶牛，能增加奶牛体重并提高奶牛乳产量。用烘干鸡粪作饲料不仅可节约大量饲料用量，而且经济效益也比较显著。禽畜粪便中存在的病原微生物、杀虫剂、有毒金属等不利影响，是有害物潜在来源，畜禽粪便要经过无害化处理后才可作为饲料使用。

表12-2　畜禽粪便的营养成分

项目	童子鸡	产蛋鸡	肉牛	奶牛	猪
粗蛋白质/%	31.3	28	20.3	2.7	23.5
真蛋白质/%	16.7	11.3		12.5	15.6
可消化蛋白质/%	23.3	14.4	4.7	3.2	
粗纤维/%	16.8	12.7			14.8
其他浸出物/%	3.3	2		2.5	8
可消化能(反刍动物)/(kJ/kg)	10 212.6	7 885.4		123.5	160.3
可代谢能(反刍动物)/(kJ/kg)	9 128.6				
灰分/%	15.0	28	11.5	16.1	15.3
总消化氮(反刍动物)/%	59.8	52.3	48	45	
钙/%	2.4	8.8	0.87		2.72
磷/%	1.8	2.5	1.60		2.13
铜/(mg/kg)	98	150	31		63

（卞有生，2005；张硕，2007）

畜禽粪便的营养成分除表12-2所列之外，还存在大量维生素B_{12}，干猪粪中维生素B_{12}含量高达17.6 mg/kg。粪中的常量和微量元素含量与日粮呈正相关。鸡粪中的非蛋白氮十分丰富，占干重总氮的47%～64%，这种氮不能被单胃动物吸收利用。总之，畜禽粪便的营养最适合于反刍动物。

1.直接利用

用化学药剂进行杀菌处理后进行饲喂，方法最简单实用，主要适用于鸡粪。由于鸡的肠道短，所食饲料中70%左右的营养物质未被消化吸收而排出体外，在排泄的鸡粪中，按干物质计算，粗蛋白质含量为20%～30%，其中氨基酸含量不低于玉米等谷物饲料，可利用鸡粪代替部分精料来养牛喂猪。

2.青贮法

粪便中碳水化合物的含量低，同禾本科青饲料一起青贮，调整好饲料与粪的比例并掌握好含水量，防止粪便中粗蛋白质损失过多。青贮法可将畜禽粪便中部分非蛋白氮转化为蛋白质，同时可杀死粪便中病原微生物、寄生虫等，饲料具有酸香味，提高了适口性。

3.干燥法

干燥法包括自然干燥、高温快速干燥、烘干法等。自然干燥法适用于小规模鸡场，鸡粪掺入少量的谷糠和木屑，用小型搅拌机拌匀后在空地上晒干或风干，对杀灭病菌和寄生虫卵及除臭效果不理想。高温快速干燥法采用机械热烘干，通过高温、高压、热化、灭菌、脱臭等处理过程，将鲜鸡粪制成干粉状饲料添加剂，可充分保留畜禽粪便中的养分，同时可达到除臭、灭菌、去杂草的作用。烘干法是将鸡粪倒入烘干箱内，经70℃烘2 h、140℃烘1 h或180℃烘30 min，达到干燥、灭菌、耐贮藏的效果。

4.分解法

分解法是利用蝇、蚯蚓和蜗牛等低等动物分解畜禽粪便，达到处理畜禽粪便和提供动物蛋白质的目的。蝇蛆和蚯蚓均是很好的动物性蛋白质饲料，品质也较高，鲜蚯蚓含10%～14%的蛋白质，可作鸡鸭猪的饲料或水产养殖的活饵料，蚓粪可作肥料，这种方法比较经济，生态效益显著。

(三)畜禽粪便能源化利用

包括直接燃烧、厌氧消化、发电等三种方式。直接燃烧仅用于草原上的牛、马等动物的粪便。由于存在污染、不卫生等问题，逐渐被其他燃料代替。厌氧消化技术以其低成本、低能耗等优点，得到推广应用。它不但提供高品位的清洁能源(沼气)，还能消除臭气、杀死致病菌和致病虫卵，解决了大型畜牧养殖场的畜禽粪便污染问题。

(四)综合利用

农村建立沼气池,能够使畜禽废弃物得到处理,获得清洁能源产品沼气,用于照明做饭、温室保温、烘烤农产品等,沼渣和沼液又是很好的有机饲料和肥料。这样既减少了污染,又提高了废弃物利用的经济效益。

鸡粪含营养成分较高,含水量较低,大中型养鸡场、养鸡户的鸡粪一般供给农民作为肥料,得到充分的利用。牛粪和猪粪含水量较高,运输不方便,还田利用率较低。图 12-2 为种养结合的模式流程,首先对畜禽粪便进行固液分离,将固体粪便进行堆肥发酵,转化为生物有机肥。将液体进行多级沉淀或厌氧发酵产沼,沼气供生活、生产和发电利用,沼渣进入堆肥系统,沼液进入氧化塘储存或污水处理设备处理后,用于农田、林地中。

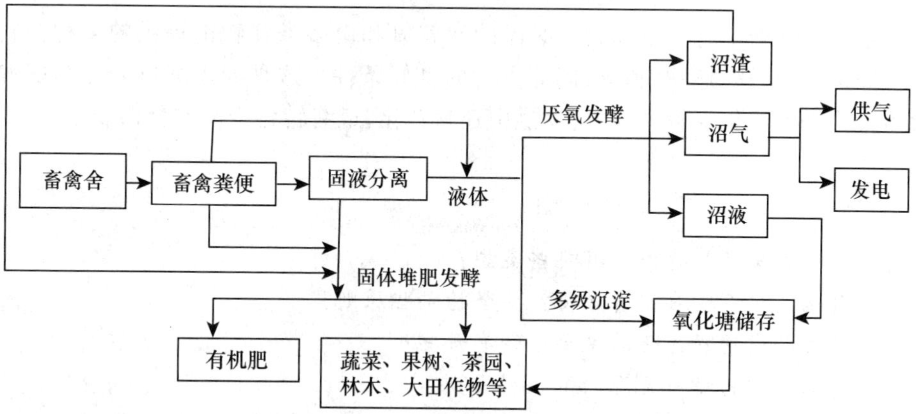

图 12-2 种养结合模式流程

(全国畜牧总站,2016)

三、废水利用

以农副产品为原料的加工企业如果在生产过程中没有加入可能有害的化学物质,其所排废水属于有机废水,可以开发成肥料、饲料及其他产品。全国城市每天有 2 500 多万 t 的城市生活污水,经过污水处理厂的处理,分解成腥臭的污泥和清洁的中水。

(一)废水农灌

指经过二级处理后的城市生活污水或城市各类工业废水来灌溉牧草、森林、饲料作物或农田。以利用废水中的水、肥资源为目的,关键在于正确控制废水水质,使之符合作物正常生长，确保符合农田土壤与地下水源的要求。可参考农灌水水质标准(GB 5084—2005)。

(二)废水养殖

废水养殖是将有机废水贮存于天然的或经过一定人工整修的池塘中，通过培养动、植物等对废水加以净化利用。

1. 放养水生植物

放养植物对污染物的净化作用，主要是通过两条途径完成的：一是吸收—存贮—富集—积累—沉淀；二是它们发达的根系上形成了大量的生物膜，植株通过根端向生物膜输氧，使微生物参与对废弃物的净化。

2. 养殖鱼类和家禽

生态系统塘中有水生动物所必需的溶解氧和由多条食物链提供的多种饲料，具备养殖鱼类、螺、虾、蚌和鸭、鹅等家禽的良好条件。这种养殖塘以阳光为能源，对污染物进行同化降解，并在食物链中迁移转化，最终转化为动物蛋白。

复习题

1. 什么是废弃物资源？有哪些类型？
2. 什么是废弃物农用资源化？要坚持哪些原则？
3. 废弃物农用资源化的主要途径有哪些？
4. 什么是作物秸秆资源的综合利用？
5. 什么是畜禽粪便的综合利用？

讨论题

分析农业废弃物处理在美丽乡村建设过程中的作用。

第十三章 农用矿物资源

重点提示

本章主要阐述农用矿物资源的基本概念与性质特征，学习和研究农用矿物资源利用的主要途径和方法，了解和掌握农用矿物资源在农业领域的应用和发展趋势。

第一节 农用矿物资源及特点

一、农用矿物资源的概念

(一)矿物的概念

人类居住的地球是一个旋转椭球体，由外向内依次划分为地壳、地幔和地核。其中最外层的地壳主要由各种坚硬的岩石构成，而矿物就是组成岩石的基本物质，多由两种或两种以上的元素化合而成，也有少量的元素单质。因此，矿物就是在地壳中天然形成的、具有一定的化学结构和物理稳定性的元素、单质或化合物，矿物资源是在地壳中天然形成的元素、单质或化合物的总称。

自然界中已经发现的矿物有 3 000 多种，绝大多数矿物为结晶质固态无机物，而液态、气态的有机矿物总共只有几十种。中国是矿产资源大国，也是矿业大国，已发现矿产 172 种，探明资源储量的 162 种，品种较为齐全，勘查开发体系完整，主要矿产品产量和消费量居世界前列。

(二)农用矿物资源的概念

农用矿物资源(agricultural minerals resources)是指直接或者经过简单加工

后可以用于农业领域的矿物资源的总称。应用于农业领域的矿物岩石已经超过150种。农用矿物的应用领域非常广泛，常见的有肥料、饲料、污染处理、环境保护、土壤修复等。

二、农用矿物资源的性质和特点

(一)农用矿物的形态

矿物千姿百态，有的用肉眼或用一般的放大镜可见(显晶质)，有的需借助光学显微镜或电子显微镜辨认(隐晶质)；有的晶体完好，呈规则的几何多面体形态，有的呈不规则的颗粒存在于岩石或土壤中。矿物的不同形态形成特性，一般称为结晶习性。按照矿物的结晶习性，可以将矿物分成一向延长型、二向延长型和三向延长型。

矿物集合体也有显晶质和隐晶质之分。显晶质是用肉眼或放大镜可以分辨出各个矿物界限的矿物集合体。常见的形态有纤维状、片状鳞片状、粒状集合体等。隐晶质或胶体状的矿物集合体常具有各种特殊的形态，如结核状(磷灰石结核)、钟乳状体、树枝状(树枝状自然铜)、晶腺状(玛瑙)、土状(高岭石)和皮壳状等。

(二)农用矿物的物理性质

1.颜色及条痕

(1)自色　矿物自身固有的颜色，与矿物的化学成分及内部构造有关。由矿物中含有的色素离子引起，主要是过渡性元素，如Fe、Co、Ni、Mn等。自色较为稳定，在矿物肉眼鉴定上意义重大。

(2)他色　矿物因外来的带色杂质、气泡等包裹体而引起的颜色。由于引起他色的原因多变，故对矿物肉眼鉴定意义不大。

(3)假色　由某些物理因素引起的呈色现象。一般是由于矿物表面盖上氧化薄膜、矿物内部解理、裂缝间夹有气泡等原因而引起对光线干涉作用的结果。主要包括晕色(如白云母、冰洲石等有如同水面上油膜所呈现的彩色)、彩色(如斑铜矿、黄铜矿等由于表面氧化薄膜所呈现的不同于新鲜断面颜色的彩色)、变彩(如拉长石在一定角度范围内可以看到美丽的蓝绿、金黄、红紫等连续改变的变彩)等。

(4)条痕　条痕是矿物粉末的颜色，指矿物在条痕板(无釉瓷板)上擦划后留下的痕迹的颜色。条痕可以有效地清除假色带来的影响，使得矿物呈现出本来的颜色，因此条痕对有色矿物的鉴定意义重大。

2. 光泽

指矿物表面反射可见光的能力。根据平滑表面反光的强弱分为金刚光泽、金属光泽、玻璃光泽、珍珠光泽、油脂光泽、丝绢光泽等。光泽一般是指矿物的晶面或解理面反射可见光，由于表面不平、有细缝或者小孔，就会使得一部分反射光发生散射或者互相干扰，造成一些特殊的光泽。

3. 透明度

指矿物透过可见光的程度。根据透明的程度，将矿物分为：透明矿物（如石英）、半透明矿物（如辰砂）和不透明矿物（如磁铁矿）。影响矿物透明度的外在因素有厚度、含有包裹体、表面不平滑等。因此，许多平常看起来并不透明的矿物，实际上都属于透明矿物。

4. 解理与断口

在外力（如敲打、挤压等）作用下，矿物严格沿着一定结晶方向裂成光滑平面的能力称为解理，裂开的平面称为解理面。根据解理面的完整性和光滑程度将解理分为极完全解理（如云母）、完全解理（如方解石）、中等解理（如普通辉石）、不完全解理（如磷灰石）和极不完全解理（如石英）。

矿物受外力作用后不依一定的结晶方向裂成平面，而是沿任意方向破裂，呈现出各种凹凸不平的表面，称为断口。按形状分为贝壳状、锯齿状、纤维状、参差状等。实际上，不完全解理和极不完全解理可合并为一级，它们均是很难出现解理面的，一般情况下看到的均为断口。

5. 硬度

矿物抵抗外力作用（如刻划、压入、研磨）的能力称为硬度。常用摩氏硬度计来衡量矿物的硬度，分为 10 个级别，用 10 种标准矿物来代表，依次是：①滑石；②石膏；③方解石；④萤石；⑤磷灰石；⑥正长石；⑦石英；⑧黄玉；⑨刚玉；⑩金刚石。摩氏硬度只能说明硬度的相对大小，不表示其绝对值的高低，不能简单地认为金刚石的硬度是滑石的 10 倍。

在矿物野外鉴定中，为了方便起见，常用一些简单的工具来确定未知矿物的硬度，如指甲（2～2.5 级）、小钢刀（5～5.5 级）、玻璃（5.5 级）、钢锉（6～7 级）等。

框 13-1　铁矿石

铁矿石是含有铁的元素或铁化合物能够被经济利用的矿物集合体，天然矿石（铁矿石）经过破碎、磨碎、磁选、浮选、重选等程序后逐渐选出铁，是钢铁生产企业的重要原材料。

铁都是以化合物的状态存在于自然界中的，尤其是以氧化铁的状态存在的量特别多。用于炼铁的主要有磁铁矿、赤铁矿和菱铁矿等。磁铁矿是一种氧化铁的矿石，主要成分为 Fe_3O_4，是 Fe_2O_3 和 FeO 的复合物，呈黑灰色，相对密度大约 5.15 左右，含 Fe 72.4%，O 27.6%，具有磁性。在选矿时可利用磁选法，处理非常方便；但是由于其结构细密，故被还原性较差，经过长期风化作用后即变成赤铁矿。赤铁矿也是一种氧化铁的矿石，主要成分为 Fe_2O_3，呈暗红色，相对密度大约为 5.26，含 Fe 70%，O 30%，是最主要的铁矿石。由本身结构状况的不同又可分成赤色赤铁矿、镜铁矿、云母铁矿、黏土质赤铁等。菱铁矿是含有碳酸亚铁的矿石，主要成分为 $FeCO_3$，呈青灰色，相对密度在 3.8 左右，多半含有相当多数量的钙盐和镁盐。由于碳酸根在高温 800～900℃时会吸收大量的热而放出二氧化碳，所以我们多半先把这一类矿石加以焙烧之后再加入鼓风炉。

铁矿石是国际大宗商品，战略物资，属于经济命脉一类的物资。世界铁矿资源集中在澳大利亚、巴西、俄罗斯、乌克兰、哈萨克斯坦、印度、美国、加拿大、南非等国。中国作为世界上最大的铁矿石需求国，自身的铁矿石储量虽然不算少，但品位比较低，从工业经济的角度来讲，倒不如从盛产富铁矿的澳大利亚、巴西等国进口。

中国铁矿分布主要集中在辽宁、四川、河北、北京、山西、内蒙古、山东、河南、湖北、云南、安徽、福建、江西、海南、贵州、陕西、甘肃、青海和新疆等省（自治区、直辖市）。一是贫矿多，贫矿资源储量占总量的 80%；二是多元素共生的复合矿石较多。东北地区铁矿主要是鞍山矿区，大型矿体主要分布在辽宁省的鞍山、本溪，部分矿床分布在吉林省通化附近。鞍山矿区是鞍钢、本钢的主要原料基地。

（三）农用矿物资源的特点

农用矿物资源作为矿物资源的一个分支，除了具有矿物资源的一般特点之外，还具有一些独特的属性和特点。

1. 不可再生性和耗竭性

矿物资源是典型的不可再生资源，地球经过数万年的地质活动和物理化学反应才形成了今天的矿物资源。矿产资源一旦被开采利用，即开始逐渐减少，直到完全耗尽为止，资源的实物形态将会永远消失。矿物资源只能通过人们发现才能利用，不用人为创造。

2. 隐蔽性

矿物资源一般都分布在人迹罕至的自然环境中，具有较强的隐蔽性。这就要求勘测工作细致认真，并且能够及时发现稀有矿产。

3. 不均衡性

矿物资源的分布非常不均衡，存在明显的区域性特点。由于地壳运动的不平衡性，地球上各种岩石分布也是不均匀的，因而造成了各种矿产资源在地理分布上的不均衡状态。许多矿产存在于局部高度富集区。

4. 稀缺性

在一定的时空范围内能够被人们利用的矿产资源是有限的，而人们对矿产资源的需求的欲望是无限的，两者之间构成供求矛盾。

5. 有限性

矿物资源的有限性主要是基于人类认知的有限性。矿产资源是受地质、技术和经济等多种条件的制约。现阶段发现的矿产和探明的储量只能反映人类对自然现阶段的认识，随着地质工作的不断深入和科学技术的不断进步，人类对矿产资源开发利用的广度和深度会不断扩展。一些之前认为没有用的矿物资源会重新被定义，变成可以供人类利用的有效资源。

6. 共生性

矿物资源很多时候是多种矿物同时共生存在的，而不是单一的某种矿产。这就为开发利用提出了更高的要求。一方面是开采过程中，应该综合考虑多种矿产的利用价值，不能厚此薄彼；另一方面需要综合开发和利用的技术研发，保证矿物资源得到充分有效利用。

7. 安全性

农用矿物资源区别于其他矿物资源的特点是其应用领域的特殊要求。众所周知，农用矿物资源的主要利用对象是肥料、饲料和农药化利用，这些物质都是要施用到生物体并且通过物质循环运输到体内长期存在。生产出来的产品主要供人类作为食物利用，这就要求农用矿物资源本身不能具有毒性和可能引起生物体产生毒性的物质，这一特点是农用矿物所独有的特性。

框 13-2　稀土

稀土元素(rare earth)氧化物是指元素周期表中原子序数为57～71镧系元素,以及与镧系元素化学性质相似的钪(Sc)和钇(Y)共17种元素的氧化物。稀土元素在石油、化工、冶金、纺织、陶瓷、玻璃、永磁材料等领域都得到了广泛的应用,有“工业维生素”的美称。随着科学技术的进步和应用技术的不断突破,稀土氧化物的价值将越来越大,如今已成为极其重要的战略资源。

由于稀土具有优良的光电磁等物理特性,能与其他材料组成性能各异、品种繁多的新型材料,最显著的功能就是大幅度提高其他产品的质量和性能。比如大幅度提高用于制造坦克、飞机、导弹的钢材、铝合金的战术性能。稀土同样是电子、激光、核工业、超导等诸多高科技的润滑剂。稀土科技用于军事,必然带来军事科技的跃升。稀土金属加入钢中,能起到精炼、脱硫、中和低熔点有害杂质的作用,改善钢的加工性能;稀土金属添加至镁、铝、铜、锌、镍等有色合金中,可以改善合金的物理化学性能,并提高合金室温及高温机械性能。用稀土制成的分子筛催化剂,具有活性高、选择性好、抗重金属中毒能力强的优点,因而取代了硅酸铝催化剂用于石油催化裂化过程等。

稀土氧化物或经过加工处理的稀土精矿,可作为抛光粉广泛用于眼镜片、显像管、示波管、平板玻璃、塑料及金属餐具的抛光;在熔制玻璃过程中,可利用二氧化铈对铁有很强的氧化作用,降低玻璃中的铁含量,以达到脱除玻璃中绿色的目的;添加稀土氧化物可以制得不同用途的光学玻璃和特种玻璃,其中包括能通过红外线、吸收紫外线的玻璃,耐酸及耐热的玻璃,防X-射线的玻璃等;在陶釉和瓷釉中添加稀土,可以减轻釉的碎裂性,并能使制品呈现不同的颜色和光泽,被广泛用于陶瓷工业。

稀土元素可以提高植物的叶绿素含量,增强光合作用,促进根系发育,增加根系对养分吸收。稀土元素还能促进种子萌发,提高种子发芽率,促进幼苗生长。除了以上主要作用外,还具有使某些作物增强抗病、抗寒、抗旱的能力。使用适当浓度稀土元素能促进植物对养分的吸收、转化和利用。玉米用稀土拌种,出苗、拔节比对照早1～2 d,株高增加0.2 m,早熟3～5 d,而且籽粒饱满,增产14%。大豆用稀土拌种,出苗提早1 d,单株结荚数增加14.8～26.6个,3粒荚数增多,增产14.5%～20.0%。喷施稀土可使苹果和柑橘果实的维生素C含量、总糖含量、糖酸比均有所提高,促进果实着色和早熟。并可抑制贮藏过程中呼吸强度,降低腐烂率。

三、农用矿物的主要代表物质

1. 自然硫 S

俗称硫黄，为自然非金属元素矿物。黄色，通常呈致密块状、土状，有硫臭味，晶面为金刚光泽，断口为油脂光泽。性脆，透明至半透明，硬度 1～2，密度 2.05～2.08 g/cm^3。

自然硫主要产于岩浆岩、沉积岩和硫化物矿床风化带，可以作为农业中肥料和农药的制作原料。

2. 正长石 $K[AlSi_3O_8]$

单斜晶系，属架状硅酸盐。因具有两组正交解理而得名，多为肉红色，有少量为淡黄色或灰白色，玻璃光泽，硬度 5.5～6，密度 2.56～2.59 g/cm^3。

正长石是地球上分布最广泛的矿物，风化后可变为高岭石，农业上主要用于制造钾肥和土壤改良。

3. 石膏 $CaSO_4 \cdot H_2O$

石膏的形状多为条状、板状或纤维状，通常呈白色或无色，有时因含杂质而呈灰、浅黄、浅褐等色，条痕白色，透明或半透明，无色透明晶体成为透石膏。玻璃光泽，解理面珍珠光泽，纤维状集合体呈丝绢光泽，性脆，硬度 1.5～2，密度 2.3 g/cm^3 左右。

农业上常用作土壤改良剂，改良土壤结构，中和土壤酸性并调节土壤养分状况。

4. 钾盐 KCl

晶体呈立方体或八面体，集合体常为致密粒状、块状，有时具层状构造。纯钾盐无色透明，但由于杂质可以呈红色、玫瑰色、黄色、乳白色，玻璃光泽，硬度 1.5～2，性脆，密度 1.97～1.99 g/cm^3，极完全解理，味苦咸且涩，易溶于水，具吸湿性，灼烧时火焰呈紫色。

钾盐矿主要用于制造钾肥、生产氯化钾，是农业中不可缺少的三大肥料之一。

5. 磷灰石 $Ca_5[PO_4]_3(F, Cl, OH)$

纯净者无色透明，含杂质常呈浅绿、黄绿、褐红、浅紫色，沉积成因的磷灰石因含有机物质被染成深灰至黑色。玻璃光泽，断口为油脂光泽，极不完全解理，性脆，断口不平坦，硬度为 5，密度 3.18～3.21 g/cm^3。将磷灰石矿粉放在石棉板上加热，可产生磷光。

磷灰石为提取磷的原料矿物，主要用于制造磷肥和有机磷农药。

6. 芒硝 $Na_2SO_4 \cdot 10H_2O$

棱柱状、长方形或不规则块状及粒状，无色或白色，玻璃光泽，具完全的板状解理，硬度 1.5～2，质脆易碎，密度 1.48 g/cm^3，味清凉略苦咸，极易潮解，在干燥的空气中逐渐失去水分而转变为白色粉末状的无水芒硝。

芒硝主要用以制取硫酸铵、硫酸钠、硫酸及硫化钠等化工原料。农业上主要用于肥料和饲料添加剂。

7. 胆矾 $CuSO_4 \cdot 5H_2O$

晶体为板状或短柱状，通常为致密块状、钟乳状等，有时具纤维状。颜色为天蓝、蓝色，有时微带浅绿，条痕无色或带浅蓝，玻璃光泽，半透明至透明，贝壳状断口，硬度 2.5，密度 2.1～2.3 g/cm^3，性极脆，无臭，味涩，可用于催吐。

胆矾性酸、辛、寒、有毒，中医临床上用来催吐、祛腐、解毒。农业上可用于农药和饲料添加剂。

8. 蒙脱石 $(Al, Mg)[Si_4O_{10}](OH)_2 \cdot nH_2O$

常呈土状、隐晶质块状，白色，有时为浅灰、粉红、浅绿色，硬度 2～2.5，密度 2.0～2.7 g/cm^3，甚柔软，有滑感，加水膨胀，体积能增加几倍，并变成糊状物。具有很强的吸附力及阳离子交换性能。蒙脱石主要由基性岩浆岩在碱性环境中风化而成，也有的是海底沉积的火山灰分解后的产物。

蒙脱石为膨润土的主要矿物成分，可用于食用油的精制、脱色、除毒，污水处理等，还可以在畜牧养殖中作为饲料添加剂。

9. 伊利石 $(K, Al_2)[(Al, Si)Si_3O_{10}](OH)_2 \cdot nH_2O$

也称水云母，常呈鳞片状块体，白色，硬度 1～2，密度 2.6～2.9 g/cm^3，具有滑腻感。伊利石具有较好的吸附性、细腻性和易碎性。伊利石是一种常见的黏土矿物，常由白云母，钾长石风化而成，并产于泥质岩中，或由其他矿物蚀变形成。农业上，伊利石主要用于制取钾氮肥和用作农药填充剂。

10. 麦饭石

严格来说，麦饭石不属于矿物，而是一种成分极为复杂的岩浆岩。其化学组成为 $(K,Al,Si_3)O_8$ 或 $(Mg,Al_2,Si_2)O_8$ 等，呈土黄或青灰色，由于石头表面可看到一颗颗白色的颗粒，很像大麦饭团，主要产于中国，故称之为“麦饭石”或“中华麦饭石”。

农业上使用麦饭石可以促进植物的生长，麦饭石作为饲料添加剂可以促进家畜的健康生长。医学上用于治疗皮肤病、创伤和用作解毒剂。

第二节　农用矿物资源的利用

一、农用矿物肥料

现代农业中关于肥料的概念，已不仅仅局限于补充农作物生产所需的氮、磷、钾元素，还包括补充其他微量元素以及土壤改良及修复、防止水土流失等。农用矿物在这些领域均有用武之地，加之源自天然，因此在“绿色农业”和“生态农业”中有十分广阔的应用前景。

农业生产中，使用农用矿物肥料有许多益处。其主要作用有提供农作物需要的营养元素和有益元素；改善肥料的物理性状，如在肥料中添加沸石或黏土矿物可减少肥料的结块；增加土壤的湿度和松散性；提高肥料的吸收率和肥效，如可制作缓释肥；综合改造土壤等。具体来说，农用矿物肥料在农业生产应用中可以分成直接作为肥料和作为肥料添加剂两种方式。

（一）直接作为肥料

农用矿物在传统肥料中的应用包括以矿物为原料制造农用化肥和以矿物为添加剂制造复混肥两个方面。根据矿物资源的元素构成和属性，农用矿物可以制作成各种元素型的肥料（表 13-1）。随着农业生产的不断发展，对微量元素肥的使用越来越受到农业生产者的重视，而微量元素大量存在于矿物资源中。

表 13-1　农用矿物在肥料领域的应用

序号	肥料种类	农用矿物
1	氮矿物肥料	钠硝石、钾硝石、铵明矾、卤砂等
2	磷矿物肥料	磷灰石、磷块岩、泥炭、蓝铁矿、胶磷矿、磷铝石等
3	钾矿物肥料	霞石、钾盐、钾长石、白云母、光卤石、海绿石、钾石膏等
4	钙矿物肥料	白垩、文石、石膏、硬石膏、方解石、硅灰石等
5	硼镁矿物肥料	硼砂、硼镁石、电气石、白云石、菱镁矿、方镁石等
6	硫矿物肥料	石膏、重晶石、自然硫、天青石等
7	硅矿物肥料	沸石、长石、蛭石、石英、凹凸棒石等
8	微肥矿物肥料	麦饭石、软锰矿、辉钼矿、闪锌矿、蓝铜矿、孔雀石等
9	岩石质矿物肥料	蛇纹石、碳酸盐岩等
10	有机质矿物肥料	泥炭、腐泥等

（兰云成等，2016）

传统的农用化肥主要为氮、磷、钾肥料。制造氮肥的矿物原料主要为硝石、明矾等;磷肥的原料主要有磷灰石(磷块岩)、蓝铁矿等;钾肥原料有钾盐、光卤石等。但由于我国钾肥矿物资源不足,成为制约我国农作物增产的主要原因之一。农业上比较合理的N、P、K平衡施用比例应为1∶0.48∶0.36,而我国的实际施用比例为1∶0.28∶0.07,钾肥严重不足。因此,开发加工含钾矿物用于肥料成为当务之急。海绿石、霞石、钾长石均富含钾素,可用于弥补钾肥资源的不足。

(二)用作化肥添加剂

在传统的N、P、K肥料中掺入一定量的天然矿物,可改善化肥性能,起到防止化肥结块(团)、提高化肥利用率、降低化肥挥发及延长肥效的作用。在传统的农家肥料中添加一定量的天然矿物肥料,可使农家肥效明显提高。在复合肥料生产中,添加一定量的天然矿物肥料,可明显提高其产品质量,提高造粒硬度,防止结块,减少粉尘及碎料,其肥效也大为提高。利用天然矿物作为传统肥料的添加剂,不仅改善了传统肥料质量,而且能明显提高农作物产量和农产品质量。用作肥料添加剂的矿物或岩石主要有:膨润土、沸石、硅藻土、蛇纹岩、珍珠岩等。

(三)常用的天然矿物肥料

天然矿物肥料是指富含植物生长发育所需元素的矿物。这些矿物稍经加工,即可作为肥料直接施用。我国已发现和探明的可作为矿物肥料的矿物资源较为丰富,分布广泛且质量好。

1. 沸石

沸石是一种具有架状结构的铝硅酸盐矿物,有30多种,是当今世界各国十分重视的新兴非金属矿产资源。我国天然沸石矿床遍及22个省(自治区、直辖市),成本低廉、性能优越、开发前景十分广阔。沸石不仅含有植物生长发育所需的常量元素及部分微量元素,而且还具有独特的强吸附性、耐酸性和良好的催化性、离子交换性及交换离子的选择性。沸石与传统肥料一起使用,可延长肥效,提高肥料利用率。它能吸附土壤中的Pb、Cr等有害重金属元素及其他有害物质,对中和土壤酸度、调节或改善农业种植环境等均有明显的功效。

2. 海绿石

海绿石含有大量的K_2O,还含有Cu、Zn、Mn、B、Mo等微量元素,可提供植物生长所需的K、P及多种微量元素,增产效果显著。肥效不亚于钾肥和过磷酸钙,可使谷物增产24%～44%,棉花增产8%～12%,蔬菜增产25%～50%。此外,海绿石还具有较强的提高农作物抗病虫害的能力,能降低棉花凋萎病害34%,并能增强冬小麦的发芽率及促进根系发育。当矿石中海绿石含量不低于50%时,可当作钾肥直接施用。许多国家把它作为重要的农用矿物资源。我国辽宁、河北、湖南、云南等省是主要产地。

3. 膨润土

膨润土的主要矿物成分为蒙脱石,含量达85%~90%。具有强吸附性、膨胀性及悬浮性等物理性状。可提高玉米产量39.2%,黑小麦产量39%,豆类产量22.2%,马铃薯产量18.6%。此外,膨润土用作复合肥料添加剂,可明显提高农产品质量。我国膨润土储量仅次于美国,居世界第二位,已探明储量23.3亿t,预计资源量在75亿t以上。目前的开采量为200万t,主要集中在东北和东部沿海各地。

4. 白云石

白云石含Mg 10%~13%,是一种适用于酸性土壤的镁质矿物肥料。镁质肥料可提高甘蔗、甜菜和柑橘类果实的糖分。江西在土壤中施用镁肥,可使大豆、花生等作物增产20%左右。

5. 泥炭

泥炭富含有机质和腐殖质及各种营养元素,并有较大的持水与吸气性能以及代换性。在农业上的利用具有产品种类多,用量大,综合效益高等特点,主要用于制作各种腐殖酸类肥料。

6. 其他矿物肥料

我国常用的天然矿物肥料还有磷灰石、钾长石、菱镁矿、菱锌矿、硅灰石、黄铁矿、磁黄铁矿、凹凸棒石、蛇纹石等。天然矿物肥料的开发与应用是发展生态农业的需要,随着矿物资源研究的不断深入,一定会有更多的天然矿物肥料被发现与应用。

二、农用矿物饲料

矿物作为饲料添加剂是基于某些矿物中含有动物生长发育所必需的养分,如Ca、Mg、Zn、Cu、K、Na、Fe等化学成分。同时,作为农用矿物饲料的使用还有另一方面的功能,即作为净化剂净化空气,保证动物的生存环境质量。

(一)农用矿物饲料的作用

1. 营养作用

矿物含有动物生长必需的营养元素,如沸石、膨润土、海泡石、硅藻土、石灰石等都含有多种生物所必需的常量和微量元素，可参与动物体内的营养代谢。

2.防毒作用

利用矿物的吸附作用可减弱动物对毒素的吸收。

3.防病、治病作用

矿物对有害气体或有害物质具有吸附作用，如海泡石、沸石等可吸附氨，防止氨中毒；有的矿物（如铜蓝）具消毒杀菌作用。

4.改善肠胃功能，促进动物发育

如饲料中加入一定比例的沸石粉，可使猪增重10%左右；沸石具净水富氧功能，用于养鱼可提高鱼产量10%；加石灰粉喂禽类，可提高产蛋率。

5.载体功能

载体是指能负载各种粉、液和活性组分的物质。用作载体的矿物必须具有较好的吸附性和抗胶凝作用，无毒，化学惰性好，可用作营养和非营养组分的载体。

6.作添加剂

用作饲料的添加剂有利于饲料的加工、运输、储存等。

7.作净化剂

可改善饲养环境，减少臭气、污水的排放。

（二）选用农用矿物饲料的基本条件

1.安全性

因为生物体的最终去向一般是食品，所以对安全性要求是首要的。作为饲料使用的农用矿物材料必须满足长期使用不对动物产生毒害或其他不良影响的条件，同时也不影响人体健康，不影响饲料的适口性，不降低饲料其他组分的效价。

2.稳定性

农用矿物饲料在饲料中和动物体内均有较好的稳定性，同时易溶于水，能被动物消化吸收，并且有助于营养效益的提高。

3.效益性

作为农用矿物饲料的原材料必须价格适中，且来源广泛，能够保证持续稳定的供应，且使用后经济效益显著，能够明显降低成本或者提高收益。

（三）农用矿物饲料的种类和作用

目前已经开发出的可作为饲料添加剂的矿物有方解石、沸石、海泡石、膨润土、皂石、麦饭石、食盐、芒硝、天然碱、石膏、磷灰石、泥炭、风化煤、腐泥、硅藻土、蛭石、海绿石、凹凸棒石、胆矾以及水绿矾等。矿物饲料为畜禽生长提供数十种有益元素，可促进畜禽机体新陈代谢、促进健康和生长发育。我国已研制出多种常用饲料的矿物添加剂配方，使用的矿物已达 15 种之多，河南、山东、湖南、江西等省的开发利用效果较好。

矿物作为饲料添加剂应用广泛，效果明显。如用含 1%麦饭石的饲料喂养对虾可使产量增长 10%以上。饲料中加入 15%的沸石，可治疗猪腹泻症。在猪饲料中添加沸石粉，对猪的增重、产仔数均有明显的提高，饲料消耗量可降低 3.4%～7.3%。通过用不同的矿物饲料喂养畜禽，可使生产出的肉、蛋、奶产品的品质显著提高。

在使用矿物饲料添加剂时应注意测定矿物中所含的有毒元素量，以及其结构颗粒与硬度。作为饲料添加剂中的矿物，应以碳酸盐、硫酸盐、磷酸盐、硅酸盐、硼酸盐等含氧酸盐大类以及卤化物大类和可燃有机盐类为发展方向。

三、农用矿物农药

农药用矿物大致可分为两类：第一类是直接用于杀菌灭虫的矿物，其中往往含有一些毒性元素，如 Hg、As、S 等，对病虫害有抑杀作用；第二类是作为农药的载体、掺合剂和吸附剂，其作用是将杀虫灭害的农药长期保留在土壤内，使其发挥最大的杀虫灭害作用。

(一)直接用于杀菌灭虫的矿物

农药用的农用矿物材料主要包括两个方面，一个是杀虫剂，一个是杀菌剂。用作杀菌剂的矿物主要有碳酸铜、硫酸铜、硫黄、石灰硫黄合剂等；用作杀虫剂的矿物有砒霜、海泡石等。

可直接用作农药的矿物种类不多，主要有硫黄（天然硫）、雄黄（AsS）、雌黄（As_2S_3）、辰砂（HgS）、海泡石等。如硫黄主要用于制造硫制剂类农药，用于杀菌，具有取材方便、价格低廉、效果好、用途广等优点，应用较为普遍。而海泡石则属于物理性毒剂，可磨破昆虫的角质膜，吸收细胞中的类脂和水分，使昆虫很快死亡。雄黄、雌黄、辰砂等矿物因含有 As、Hg 等剧毒元素，使用时要注意使用方法和控制用量，防止造成农产品中毒性残留过高。

(二)用于农药的载体、掺合剂和吸附剂

这类矿物的应用是针对目前高效、低毒、用量少、易分解、无残留、不污染环境的第三代农药而开发出来的。原因是第三代农药的稳定性差、易水解。因此，采用

矿物载体控制其药效的正常发挥，防止污染和失效。常用的农药载体矿物有海泡石、坡缕石、蒙脱石、滑石、高岭石、硅藻土等。

将这些矿物用作农药的颗粒剂，主要起载药、稀释和缓释的作用。农药载体矿物可以防止挥发性农药向大气扩散，防止农药被土壤吸附而丧失活性，防止农药落入水中或随气流带走而污染环境，控制药效缓慢释放。如黏土类矿物性能稳定、无毒且成膜性好，是很好的囊材料；将蒙脱石作为化学除草剂的载体，不但使除草剂的有效期更长，而且利用率更高，同时也有效地减少了土壤中农药的残留量；再如，用黏土矿物作为杀虫剂控释的载体，可以有效地控制杀虫剂的释放速度，增加农药的有效期并降低土壤中的农药残留量。

四、污水处理

污水处理一般可以分成物理法、化学法、物理化学法和生物法几种。其中物理法应用较多。在传统的污水处理工艺中，一般是利用活性炭的良好吸附性能来净化污水。但是，由于活性炭价格昂贵，该方法难以大规模应用。而一些硅酸盐矿物具有较大的比表面积、较高的离子交换容量和良好的吸附性能等特点，如蛭石、蒙脱石、高岭石和沸石等。而且，这类矿物种类繁多、储量丰富、价格低廉。利用硅酸盐矿物净化污水，处理工艺相对简单，有着巨大的社会经济效益和生态环境效益。

在实际应用中，首先采用酸化、煅烧、离子交换等方法把硅酸盐矿物进行改性处理，以改变其表面特征、提高其阳离子交换能力，然后再用作吸附剂来净化处理污水，其效果令人非常满意。如将经过酸化处理的蒙脱石、海泡石、沸石等用于污水处理后，污水中 Pb^{2+}、Cr^{3+}、Hg^{2+} 等重金属离子的浓度远远低于国家允许的排放标准。下面简单介绍几种常见矿物在污水处理中的应用。

(一)蒙脱石

蒙脱石为膨润土中的主要矿物成分，是由 Si—O 四面体和 Al—O(或 OH)八面体按 2∶1 的比例交替层叠的层状硅酸盐，具有良好的吸附性和阳离子交换性能。膨润土原矿经过有机改性和酸化处理后，可显著提高对重金属离子、非离子型或离子型有机污染物的吸收能力。通过对膨润土进行酸化、有机、无机等改性研究，表明改性膨润土对污水中的有机物(COD、硝基苯酚、苯酚等)、重金属离子(Hg^{2+}、Cr^{6+}、Cu^{2+} 等)均有较好的处理效果，可以部分替代活性炭，应用前景十分广阔。

(二)沸石

沸石为含水的碱金属或碱土金属的铝硅酸盐矿物，它结构中具有宽阔的空洞和较宽的通道，并被 Na^{+}、Ca^{2+}、K^{+} 等阳离子和沸石水所占据，所以沸石具有一定的吸附、离子交换能力，可以去除废水中的放射性元素、重金属、氨态氮等等。在一定条件（脱水、酸化等）下，其吸附有毒离子如氟、铬和铅的量达 90%以上。用于城市污水的处理，磷的去除率最高可达 85%以上。

（三）凹凸棒石和海泡石

凹凸棒石和海泡石在矿物学分类上隶属于海泡石族，为含水的层链状镁质硅酸盐，具有独特的层链状结构特征。经过活化、酸化等处理后的凹凸棒石，对 Cr^{6+}、水溶性阳离子染料、苯系物、COD、铀等净化效果极佳，废水经处理后达到国家排放标准。而且，凹凸棒石经用盐酸处理后可循环使用，成本低廉。用盐酸改性和加热脱水等工艺处理后的海泡石对 Pb^{2+}、Hg^{2+}、Cd^{2+}、As^{3+} 等的吸附效果较好，各种离子的残留浓度均达到国家规定的排放标准。另外，海泡石经活化改性后，还具有降低水中氟离子含量的作用，可用于高氟水的除氟。

（四）硅藻土

硅藻土是一种生物成因的硅质沉积岩，主要是由古代硅藻土及一部分放射虫类硅质遗骸所组成的。硅藻土具有多孔性、低密度、大的比表面积，并且还有相对不可压缩性和化学稳定性等特殊性质，所以常被用作吸附剂。含碳酸钙硅藻土是处理重金属废水的一种很好的吸附剂，对废水中的 Cu^{2+}、Cr^{3+}、Pb^{2+} 和 Zn^{2+} 四种重金属离子的吸附效果较好。采用粉末活性炭和硅藻土联用（PDF）工艺来处理有机物，对 UV_{254}、TOC（总有机碳）去除效果较好。用硅藻土处理城市生活污水，悬浮物、COD、BOD、总氮、氟的去除率较高。

除上述几种常见的用于污水处理的矿物材料外，还有高岭石、伊利石、蛭石、云母、蛇纹石、绿泥石等，但目前研究较少。用矿物材料处理苯系物一直是废水处理中的一个难题。另外，矿物制成膜、絮凝剂等处理污水也有广阔的应用前景。但是，除了沸石已被实际应用外，其余矿物材料的应用研究大都处于实验室阶段。因此矿物材料在污水处理领域有很大的研究空间和应用前景。

五、环境保护

我国农用耕地土质退化，肥力下降日趋严重。开发利用天然矿物作为土壤改良或调节剂，具有极其重要的现实意义。针对土壤的不良性状和障碍因素，采取相应的物理或化学措施，改善土壤性状，提高土壤肥力，增加作物产量，以及改善人类生存的土壤环境的过程称为土壤改良。农用矿物在土壤改良和修复中所起的作用主要包括四个方面。

(一)改善土壤结构

利用一些矿物的通透性和膨胀性等来改善土壤结构。能起到这类作用的矿物有沸石、膨润土、浮石、蛭石、硅藻土、海泡石、泥炭等。

(二)防治水土流失

一些矿物具有吸附性、黏结性和阳离子交换性等特点。将这类矿物资源用于土壤改良时,能增加土壤的黏性和整体性,调节水的交替作用,起到防止水土流失的作用。这类矿物主要有膨润土(蒙脱石)、高岭石、方解石、蛇纹石等。

(三)调节土壤的酸碱度

可以利用一些矿物具有酸性或碱性的特点来中和土壤的酸碱度。如对碱性土壤可施用石膏、磷石膏等,以钙离子交换出土壤胶体表面的钠离子,降低土壤的pH。而对于酸性土壤,可施用石灰性物质(如方解石等)。

(四)土壤重金属污染修复

黏土矿物所具有结构特征和吸附性能,在环境污染修复治理中发挥着重要作用,而且廉价、易操作、见效快、不易改变土壤结构、增强土壤的自净能力,更利于黏土矿物的开发和合理利用。添加海泡石能够明显降低土壤中的Cd向下迁移,其效果随海泡石添加量的增大而增强。

第三节　农用矿物资源开发利用

一、农用矿物资源利用现状

我国农用矿物资源较为丰富,除钾矿物外,其他矿物来源广泛,储量较大,在农业领域应用的前景十分广阔。目前主要应用于肥料、饲料、农药、土壤改良、污水处理等领域。同时,矿物资源在农业领域的应用程度还不够,主要原因是基于以下一些方面:

(一)行业之间沟通协调不够

按照我国的管理分工和业务管理范围,矿物资源属于自然资源部的工作范畴,其与农业部门的相关协调不够,农业领域的应用情况和矿物资源领域之间的相关关系不够紧密。造成矿产部门对农业需求不了解,农业部门对矿物的情况不了解,影响矿物资源在农业中的应用。

(二)技术研发力度不够,产品缺乏

目前的农用矿物资源应用多是初级产品的应用,或者是简单加工之后的应用。对矿物资源的元素构成、有效成分等的研发力度明显不足。同时,应用的矿物资源种类仍然较少,亟待开发和发掘更多的矿物资源,尽快使其应用到农业领域。部分研究成果转化进程较慢,从实验室到大规模生产的制约因素仍未破除。产品种类相对单一,不能满足和适应当前农业发展的需求。

(三)农用矿物的作用机理尚不明确

农用矿物的应用有些时候是实践先于理论,是人民群众在实践中摸索出来的经验,按照一定的积累实际操作,但是其作用机理和过程尚不明确。在肥料施用、农药成分、畜牧饲料、环境保护等多个领域都证明其有重要的发展空间和前景,但是真正发挥作用的成分和机理不能阐释清楚。实际使用过程中,就会存在一定的不确定性和盲目性。

(四)开采开发过程仍然较为粗放

矿物资源一般都是分布于自然条件较为原始的地区和地理区域。开发开采过程中,不可避免地会对当地的环境造成一定影响。同时,矿物的开发经营者数量较多且分散,规模普遍较小,难以监管和规范。矿物资源的质量难以得到保证。产品的质量参差不齐会对市场造成不良影响,进而导致不当竞争或者以次充好等现象的发生。这些都会影响矿物资源的合理有效使用。

二、农用矿物资源利用的发展趋势

(一)肥料化利用发展趋势

农用矿物资源利用的主要方面是肥料化利用,而且技术较为成熟,研究者也较多。肥料化利用的发展趋势主要有以下几个方面。

1.扩大原料来源,积极探索新资源

一方面,积极寻找开发更多的肥料化利用矿石资源,扩大原料的来源,保证肥料的可持续生产。比如我国钾矿资源缺乏,相关的钾矿资源寻找和替代就显得尤为重要。微肥的主要来源就是矿石资源,且逐渐受到农业生产者的关注和重视。另一方面就现有资源进行深入挖掘,详细了解其有效成分,做到全面利用和开发。

2.研发优势产品,突出产品特色

肥料市场非常庞大,且种类繁多。矿物资源肥料本身存在来源广,价格低廉等优势,如何把这些优势转化为竞争优势,就是要创新肥料种类和特色,突出矿物资

源肥料的自身特色和优势,如肥料均衡,环境友好,同时提高作物产量和培肥地力等优点。可以采用差异化竞争策略,研发推出微量元素肥、全元素肥等新产品。缓控释肥是当前市场比较受欢迎的肥料种类,因为一次性施肥不用追肥,省去了很多人力物力。矿物资源制作缓控释肥具有先天优势,可以作为缓控释肥的包衣剂,也可以直接生产缓控释肥。

3.加大矿物肥的宣传力度,开展相关研究

一方面鼓励科学工作者进行矿物资源肥料的试验研究,探索其使用方法;另一方面积极推广应用矿物肥,提高农民对矿物肥的认识和理解。可以适当出台一些鼓励农民使用矿物肥的政策,增加矿物肥的应用范围,结合全国中低产田改造等工程,大力提倡矿物肥的应用。

(二)农药化利用发展趋势

面对当前农业安全生产的总体形势,农药的使用规范尤其重要。矿物资源所生产的农药产品必须保证农产品的质量安全。因此,矿物资源农药化利用的主要发展趋势就是低毒无残留。同时,农民在使用农药过程中,也逐渐重视和关注其缓释和控释效果。控释技术为延长农药作用持效期、提高药剂的稳定性、降低毒性等提供了可能,是节约农药用量、减少污染的重要途径之一,但目前还存在理论研究薄弱、实际应用少的问题。所以,开展控释农药的研发是为了发展的趋势,针对矿物资源来说,也是如此,因此,基于矿物资源研究和开发具备缓释/控释效果的低毒农药是未来发展的主要趋势。

(三)饲料化利用发展趋势

作为饲料使用的矿物资源,可以补充生物体所需的必要元素,如盐分和钙质。饲料化利用的发展趋势主要是如何充分发挥矿物资源的优势,保证动物的营养元素均衡。矿物资源的饲料不能完全替代传统饲料的使用,更多的是作为饲料添加剂使用,补充必要的微量元素。这一利用方式的发展趋势是精细化,也就是充分研究和了解动物生长发育过程中的元素需求和需求时期,精细化定量的给予补充,保证其需求又不过量。需要关注的是,国家对畜牧产品的质量要求逐年提高,饲喂动物的过程中一定要注意其对肉质会产生的影响。

(四)污水处理应用发展趋势

污水处理方面,重点研究矿物资源在污水处理时的技术体系,充分发挥矿物资源处理污水的低成本无污染等优势,大力推广应用该项技术。矿物资源不仅可以处理工业污水,也可以处理生活污水,且成本低廉,适合农村地区大力推广应用。

沸石是在污水处理中常用的矿物资源,已经得到一定程度的应用。还需要在以下几方面开展研究，一是研究生产、制备低成本新型沸石的方法，使其更具经济性、适用性和推广性，提高其应用范围和效果。二是鉴于资源的有限性和不可再生性，寻找经济有效的活化再生方法。三是传统方法与沸石方法相结合，开展沸石与其他技术相结合、优势互补的污水处理方法的研究。四是明确沸石进行污水处理的作用机理，便于精准化的进行污水处理。五是简化工艺流程和方法。研究沸石处理各种污水的最佳工艺条件，确定有关的运行参数，尽量简化工艺流程，便于操作，推广已成熟的应用性极强的研究成果。

（五）环境保护应用发展趋势

矿物资源在环境保护方面的应用主要是污水处理、有毒有害气体吸附、土壤修复等方面。天然矿物在污染治理与环境修复领域中发挥着独特的作用，并在污染治理的规模、成本、工艺、设备、操作、效果及消除二次污染等方面具有较大的优势。

农用矿物资源在有害气体治理主要是基于农用矿物资源的吸附性较强的属性，吸附有害气体。海泡石可以有效降低氨气浓度，应用海泡石可以有效降低氨气排放，控制温室气体排放，减缓气候变化。农用矿物资源在土壤修复和改良方面具有明显的作用。全国土壤环境状况总体不容乐观，部分地区土壤污染较重，耕地土壤环境质量堪忧，工矿业废弃地土壤环境问题突出。作为土壤改良和修复的良好方法，矿物资源将发挥更大的作用。要充分研究和明确矿物资源修复土壤的内在机理和具体过程方法，探索得出可以大面积推广应用的矿物资源修复土壤的技术规范和体系，方便农民实际操作的轻简化技术。研究不同矿物资源对土壤修复的效果，并加大现有技术的推广应用，全面提升土壤质量。

三、农用矿物资源开发利用对策

（一）加强勘探，扩大矿物资源的供给

农用矿物资源的隐蔽性要求始终要加强资源的勘探工作，发现更多的矿物资源，以便开采利用，近年来勘探设备和技术不断提升，发现资源的手段不断升级。国土资源部（现自然资源部）发布的《中国矿产资源报告（2017）》中指出，倡导绿色勘查理念，发展和推广绿色勘查技术。一方面尽量减少对地表环境影响大的槽探等勘查手段的使用，考虑环境承载力因素，适度调整和应用替代技术。另一方面加强制度约束和管理，制定绿色勘查监管制度，严格落实勘查施工生态保护各项措施。充分利用和推广航空物探、遥感等新技术和新方法，减少地质勘查对生态环境的影响。

(二)综合利用,充分挖掘矿物资源的价值

前已述及,农用矿物资源具有一定的共生性,也即是多种矿物同时存在。开采利用过程中,要注重综合利用,避免出现单一化利用,造成资源的浪费。综合利用农用矿物资源的前提是先进的技术,一是开采技术,采用新的方法进行矿物资源的开发利用,避免造成环境影响和破坏。二是对矿石的利用技术方面,研发提取技术,充分挖掘矿物资源的有效成分,做到物尽其用。

(三)合理利用,保证矿物资源的可持续性

农用矿物资源是有限的,同时是不可再生资源,开源的同时要注意节流。通过研究再生技术等新技术,保证矿物资源的可持续利用,提高矿物资源的利用效率。同时,积极探索矿物资源的多种综合利用技术,把现有的所谓废弃矿物资源变废为宝。

(四)科学规划,完善矿物资源的战略布局

从全球化发展的角度出发,科学规划和制定我国的矿物资源发展战略。在国际贸易规则允许的范围内,积极开拓国际市场,拓展矿物来源,充分利用国际市场平衡国内资源不足。强化战略意识,做到未雨绸缪,做好国家战略储备资源库建设。大力支持矿产资源的技术研发,支持多方面综合利用技术的推广应用。实施绿色发展,协调区域发展与矿物资源利用之间的关系,并且建立并完善矿物资源开发利用的生态补偿机制。

复习题

1. 农用矿物资源的概念是什么?
2. 矿物资源可应用于农业的哪些领域?
3. 可用于污水处理的矿物有哪些?其应用机理是什么?
4. 哪些矿物可用作肥料?作用是什么?
5. 农用矿物资源利用的发展趋势是什么?

讨论题

农用矿物资源如何在农业中发挥更大的作用?

第十四章 农业自然资源评价与利用

重点提示

本章主要阐述农业自然资源评价的基本概念、内容与方法，学习和研究农业自然资源利用与环境保护、生态平衡之间的关系及其对可持续农业的影响，了解和掌握农业自然资源开发利用存在的问题与发展对策。

第一节 农业自然资源评价

农业自然资源评价是站在农业生产角度去全方面考量农业自然资源多个因素与农业生产的关系，深入了解各个因素对资源利用的限制条件，从而揭示农业生产中的生态规律和经济规律，为提高农业自然生产潜力提供可靠的科学依据。农业自然资源调查是农业自然资源评价的基础，通过查明农业自然资源的种类、数量、质量、分布、演变和资源要素等的各方面联系，确定是否可以开发利用，以及潜力大小、利用价值、利弊影响、利用难度、预算及收益多少。

一、农业自然资源评价目标

农业自然资源评价的基本目标是要从生态、社会、经济方面综合量化自然资源的可持续水平，从自然资源的数量、质量、对未来发展的承载力等方面进行综合的评估。开展农业自然资源评价的基础是确定开发和调查资源利用的目标，然后对于如何实现这一目标制定相关的步骤和建议，确定目标明确资源利用的类型和研究对象范围及相应的人员。农业自然资源评价目标的确定，要紧紧围绕着自然资源与农业生产的关系，提高资源的生产力、生产效率和利用率，在关注自然资源时，同当地经济发展水平、劳动力人才市场、技术条件和生态环境联系，进行综合分析、合理的评价。农业自然资源评价不仅关注眼前利益，还要注重长期利益，达到经济效益、社会效益和生态效益三者最佳结合的总目标。

二、农业自然资源评价原则

(一)坚持科学性与实用性相结合的原则

农业自然资源评价指标体系必须遵循农业自然资源利用的自然规律、生态规律和经济规律等科学规律,使得农业自然资源评价指标体系能够合理地体现自然资源在农业生产系统内部的运动及外部影响状况。农业自然资源评价指标体系的构建要兼顾数据搜集处理在实际研究的可操作性,便于统计调查的开展。在调查评价过程中工作人员必须坚持实事求是的科学态度,保证评价工作的准确性、科学性。从国家和地区农业自然资源的条件特征和生产生活需要出发,全面衡量农业生产多方面实际发展情况,不断调整评价的重点。全面贯彻落实国家产业政策和满足市场需求,并不断向深度和广度发展,以实现农业农村现代化发展。

(二)坚持经济效益、社会效益和生态效益相结合的原则

农业自然资源评价是为了更好地开展农业生产、促进社会发展,在评价过程中要考虑农业自然资源要素与社会经济生态之间的相互联系、相互制约的关系,考虑经济发展水平、人文社会、自然生态多方面的综合反映。因此,农业自然资源评价要根据生态规律的客观要求,正确认识自然,科学合理的利用改造自然,深入诊断一定的生产部门与作物在一定的自然条件下的适应性及发展的技术可能性,在此基础上,按照社会经济规律的要求,按最大社会经济效益的原则,剖析其经济合理性、可行性,最终实现三大效益的统一。

(三)全面系统分析评价,重点深入主导因素和限制因素的原则

农业自然资源是一个给予自然生态的有机系统,各种自然资源在农业生产中体现出相互联系、彼此依存的耦合性,同时地理区域是一个由不同层次、不同要素构成的复杂系统,二者结合形成了既有人类社会本身又包括与人类社会有关的各种基本要素、关系和行为的有机综合的系统。因此,在开展农业自然资源评价时,必须把处于农业生产系统中的各种自然资源条件视为一个有机的整体,全面系统地分析评价。然而,不同的作物和生产部门对自然资源条件的要求有所差别,作物适宜性也不太相同。因此在农业自然资源评价时,要以单项分析评价为基础,在全面分析评价中划分主要因素、次要因素,诊断主导因素、限制因素,提高自然资源的利用效率。

(四)坚持因地制宜,发挥区域优势的原则

由于农业自然资源有地域分异规律,农业生产具有鲜明的地域性。在经济发

展水平、社会发展情况大体相同的条件下，自然资源条件不同是影响农业生产结构和布局的决定因素。因此，农业自然资源评价要充分利用当地的资源优势，充分发挥比较优势，将农业自然资源优势转化为商品生产优势、经济优势。突出地区内农业自然资源条件的特征，深入剖析自然资源的开发利用方向，因地制宜的利用自然和指导农业生产，提高农业农村现代化水平。

三、农业自然资源评价内容

农业自然资源评价主要包括 4 个方面内容：一是分析农业自然资源的种类、总量与可利用量，剖析各种自然资源利用量在自然资源总量与社会再生产中的地位、比重以及可利用的前景；二是进行农业自然资源质量评价，具体包括资源的度、位置和生产潜力，有效诊断资源的适宜性和限制性因素；三是开展农业自然资源合理开发利用的生态分析；四是在永续利用农业自然资源的前提下，剖析各地区合理开发利用和保护资源的各种备选方案。

为了使评价工作方便易行，结合我国多年来关于农业自然资源利用方面的有关研究成果，依据农业自然资源在农业生产系统中的行为特征、自然资源利用的宗旨和衡量标准，将农业自然资源评价的基本内容划分为以下相对独立的 7 个方面：

资源本底评价（RB 评价），一般分为自然资源评价、社会经济资源评价，是从农业生产的要求出发，对各种农业自然资源的数量、质量、地区分布及组合匹配结构等方面开展的测度。该测度主要侧重于限制性资源及其农业制约程度的分析。

资源生物适宜性测度（RBi 评价），从生物物种生存必须与其生态环境条件相适应观点出发，通常与农业生态区划、农业生态类型区划分以及农业区划、自然区划等密切相关。该评价主要侧重于资源与生物生存、生长关系。

资源社会评价（RUSo 评价），根据有效利用自然资源、资源产出的社会需求满足程度，来衡量标准设置的评价内容，主要包括农业自然资源产出物的品种、数量和质量评价等。它与农产品社会消费需求有着紧密的关系，随着社会经济的发展、居民生活水平的提高，农产品的社会消费结构处于经常的变动之中，这种变动对农业自然资源利用的影响程度是非常深刻的，甚至是革命性的。

资源生物生产过程评价（RUPr 评价），是农业自然资源评价研究工作的核心内容，具体包括种质测度、资源在生物生长过程中物质能量转移及有效生物质积累测度等，不同的地区的限制性资源的种类及特点不太一样，因此该测度的侧重点应因地而异。

资源经济测度（RUEc 评价），针对投入少、产出多、资源利用的经济效益衡量标准开展的测度，该测度主要侧重于农业社会经济资源中的物化劳动和劳动力等，是农业自然资源重点测度的内容。通常借助对资源投入与产出进行定量分析，对比投入产出比值来剖析资源利用的经济合理性，重在剖析资源投入的最适度及合理范围。该测度主要采用货币形式，也可按实物量或能量的投入与产出对比进行。

资源环境评价（RUEn 评价），是农业自然资源利用衡量标准规定的基本评价内容，要求不造成环境污染，保持高质量的农业生态环境，具体包括农产品污染、土壤污染、水体污染、富营养化测度等方面的内容。

资源利用可持续性评价（RUSu 评价），是农业自然资源利用衡量标准规定的基本评价内容，要求不造成资源退化、枯竭，可持续利用资源。主要从资源退化、资源枯竭及资源可替代性等方面开展评价工作。

四、农业自然资源评价方法与程序

农业自然资源评价程序因资源种类及其结构和分布差异而有所不同，以土地资源为例，评价程序如图 14-1 所示。农业自然资源评价方法对农业自然资源评价程序也有影响，常用的评价方法是两段法和平行法。

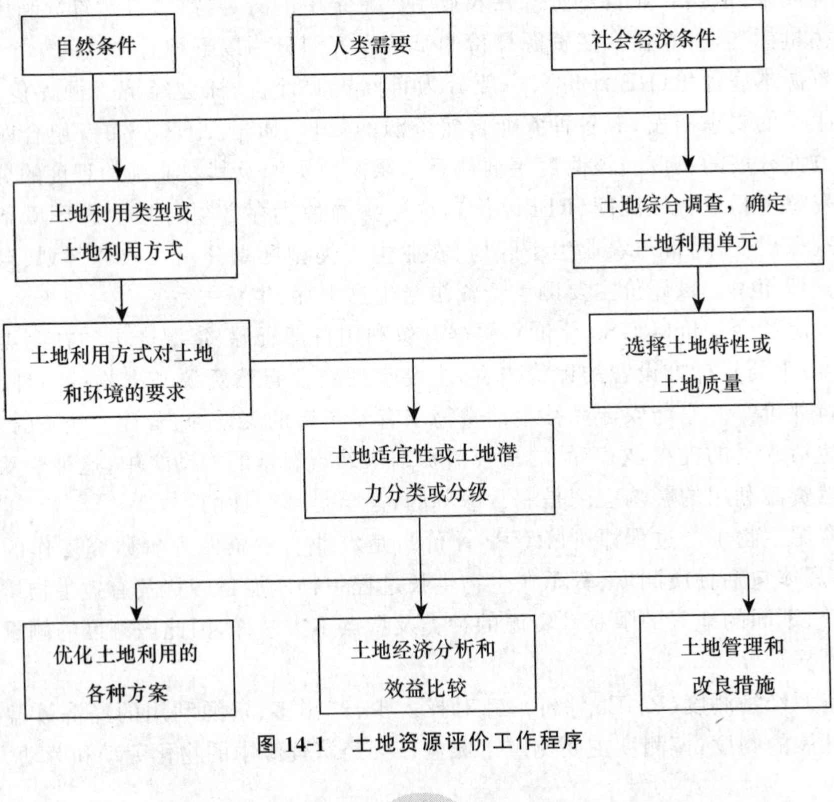

图 14-1　土地资源评价工作程序

(一)两段法

把农业自然资源评价工作分为两个阶段进行,在分析农业自然资源评价目标的基础上,第一阶段开展基础调查、定性分类评价,第二阶段开展社会经济分析及定量分析评价,然后在多个备选方案中确定最终的规划决策,或在农业自然资源评价的基础上,开展社会经济评价,最后提出各种备选方案,做出自然资源开发利用的规划决策。两阶段法使得农业自然资源评价工作由浅入深,程序分明,能灵活地安排时间和人员工作。

(二)平行法

在农业自然资源基本调查的基础上,将资源的自然因素的评价和资源的社会经济分析同时进行。由于农业自然资源评价工作需要一定的时间,在分析研究过程中社会经济条件也处于不断变化中,因此有改变经营目的、农作制度、资金投入、劳力投入等的可能,采用平行法,有利于缩短农业自然资源调查研究的时间,能够在较短时期内提供较精确的成果。

第二节 农业自然资源利用的潜在问题

一、资源的稀缺

(一)水资源短缺

水是人类社会生存和发展必不可少的条件之一,人类的一切生产生活活动都与水有着密不可分的关系。虽然地球表面71%的部分都由水覆盖,但淡水资源占总水量的比例仅达3%,而绝大部分的淡水资源又以冰川的形式存在于两极地区或高寒地区,以现在的科技难以开发利用。随着人口数量的增多、社会经济的发展,人类对水资源的需求也越来越大。联合国第八届世界水论坛上发布了《2018年世界水资源开发报告》指出,全球对水资源的需求正在以每年1%的速度增长,未来20年还将加快增长。目前有36亿人口居住在缺水地区,这一人口数量到2050年将增长到48亿~57亿人之多。

我国作为世界上13个最为贫水的国家之一,虽然淡水资源总量名列世界第四位,但人均水资源量只有世界水平的1/4。农业用水量长期占据全国总用水量的60%以上,是最大的用水行业,但未来工业用水和生活用水需求量将远大于农业需水量,这对于农业生产地区造成了严重威胁,粮食产量难以保证。同时水资源季节和地域分布上很不均衡，降水量由东南沿海向西北内陆递减。黄淮海流域耕地面积占全国的40%，水资源量仅占5%，制约了农业的进一步发展。传统的基础设施，如水库、灌溉渠和污水厂等已经难以解决问题，必须发挥大自然本身力量，改善水资源管理，应对水资源挑战。

(二)土地资源下降

因过度开垦、过度放牧、建设占用等因素导致耕地面积和草地面积减少，具有生态涵养功能的滩涂、沼泽面积逐步下降。2016年期间，全国范围内由于建设占用、灾毁、生态退耕、农业结构调整等，耕地面积减少了34.50万hm^2，通过土地整治和农业结构调整等原因，增加耕地面积26.81万hm^2，年内净减少耕地面积为7.69万hm^2。虽然总体数量较大，但由于人口众多，人均占有量少，低于世界人均水平。

土地资源数量减少的同时质量也在恶化，水土流失、土地荒漠化、土壤盐渍化问题加重。2015年，全国耕地面积中优等地面积为389.91万hm^2，仅占全国耕地评定总面积的2.90%；高等地面积为3 579.57万hm^2，占全国耕地评定总面积的26.59%；中等地和低等地面积分别为7 097.49万hm^2和2 395.41万hm^2，共占全国耕地评定总面积的70.51%。土壤肥力近年来严重下降，东北地区耕地有机碳含量下降了21.9%，闽粤琼区下降16.0%，青藏区下降13.3%，耕地质量总体属于普遍较差的水平。

(三)生物资源减少

生物资源指生物圈中对人类具有一定经济价值的动物、植物、微生物有机体以及由它们所构成的生物群落，为人类的生存和发展提供了自然基础。然而由于森林无节制砍伐、草原过度放牧、污染物肆意排放及外来物种入侵等多种原因，造成我国生态环境遭到破坏，生物资源逐渐减少。

我国森林生态系统受到威胁，原生性森林面积不多，虽然近年森林覆盖率不断提高，但主要是人工林的增长，天然林处于减少状态。森林过度砍伐减少了森林群落类型，也造成了动植物种类的消失。同时对湿地围垦、污染、淤积，导致湿地面积逐渐缩小，物种减少。火灾和虫害也是造成生物资源减少的重要原因，2016年全国共发生草原火灾56起，累计受害草原面积36 916.8 hm^2。林业有害生物发生1 186.69万hm^2，其中重度发生面积66.03万hm^2，属于偏重发生状态。同时还发现560多种外来入侵物种，且呈逐年上升趋势。这些都对我国生态环境、生物资源、经济发展和人民群众健康已造成严重影响，阻碍了农业的可持续发展。

二、环境的污染

(一)水污染

水污染是指由于人类活动排放的污染物进入水体,数量超过了水体的自净能力,导致水的使用价值降低或丧失,造成水质恶化,甚至危害人体健康或破坏生态环境。2016 年全国地表水的 1 940 个国考断面中,Ⅰ类 47 个,占 2.4%;Ⅱ类 728 个,占 37.5%;Ⅲ类 541 个,占 27.9%;Ⅳ类 325 个,占 16.8%;Ⅴ类 133 个,占 6.9%;劣Ⅴ类 166 个,占 8.6%。长江、黄河、珠江、松花江、淮河、海河、辽河等七大流域和浙闽地区河流、西北诸河、西南诸河的 1 617 个国考断面中,Ⅰ类 34 个,占 2.1%;Ⅱ类 676 个,占 41.8%;Ⅲ类 441 个,占 27.3%;Ⅳ类 217 个,占 13.4%;Ⅴ类 102 个,占 6.3%;劣Ⅴ类 147 个,占 9.1%。

我国本来就存在水资源短缺问题,水资源又被生活污水、工业废水、农村废水等污染,对农业生产的影响不容低估。农村地区为节约成本,使用污水灌溉农田,含有农药化肥等有毒有害物质的污水污染了土壤,造成农作物产量降低,甚至枯萎死亡。由于水源受污染会影响渔场鱼类的产量和质量。在受污染的水源中生存的鱼类和水生物会面临死亡,甚至导致灭绝,对整个生态环境造成严重影响。

(二)大气污染

大气污染物是指由于人类活动或自然过程排入大气,对环境或人类产生有害影响的物质。2016 年《中国环境状况公报》表明,对全国 338 个地级及以上城市进行监测,仅有 84 个城市环境空气质量达标,占全部城市数的 24.9%;254 个城市环境空气质量超标,PM 2.5 浓度范围为 12～158 $\mu g/m^3$,平均为 47 $\mu g/m^3$。SO_2浓度范围为 3～88 $\mu g/m^3$,平均为 22 $\mu g/m^3$;N_2O 浓度范围 9～61 $\mu g/m^3$,平均为 30 $\mu g/m^3$。

大气污染中的硫氧化物和氮氧化物在一定气象条件下通过排放、迁移、转化成云,成为酸雨影响了大约 7.2%的国土面积。2016 年 474 个监测降水的城市中,酸雨频率平均值为 12.7%,出现酸雨的城市比例为 38.8%,全国降水 pH 年均值范围在 4.1(湖南株洲)～8.1(新疆库尔勒)之间。受到污染的大气进入人体会导致呼吸病、心血管病、神经系统疾病和其他疾病。酸雨造成湖泊河流的水质酸化,影响鱼类的生长;使土壤酸化,破坏土壤结构,危害农作物生长,导致农作物产量下降、质量变差。

(三)土壤污染

由于人类活动造成的有害物质进入土壤,累积到一定程度超过了土壤的自净能力，引起了土壤的组成、结构和功能恶化，并导致农作物中某些指标超过国家标准，达到危害人体健康的程度，就是土壤污染。根据《全国土壤污染状况调查公报》，截至 2014 年，我国土壤污染的超标率为 16.1%，轻微、轻度、中度与重度污染点位比例分别是 11.2%、2.3%、1.5%与 1.1%。从地理位置方面来看，南方的土壤污染情况比北方严重，其中长江三角洲、珠江三角洲和东北老工业基地等部分区域土壤污染问题较为突出，西南、中南地区的土壤重金属超标范围相对较大。

土壤污染和退化是我国甚至全世界关注的污染问题之一。造成土壤污染的原因是多重的，工业和乡镇企业未按规定排放废弃物、农药化肥过度使用、畜禽粪便和生活垃圾随意丢弃都导致土壤受到污染，并且一些重金属进入土壤后容易造成长期性污染。这对人体健康极为有害，降低土壤的自然功能，导致土壤质量恶化，生产力下降，对未来的农业生产和可持续发展造成严重威胁，是不得不重视的问题。

(四)固体废弃物污染

我国每年生产的固体废弃物数量巨大且在不断增加。2015 年全国一般工业固体废物产生量达到 32.7 亿 t，综合利用量、贮存量、处置量分别达到 19.9 亿 t、5.8 亿 t、7.3 亿 t，倾倒丢弃量 55.8 万 t，全国一般工业固体废物综合利用率达到 60.3%。全国工业危险废物产生量 3 976.1 万 t，综合利用量 2 049.7 万 t，贮存量 810.3 万 t，处置量 1 174.0 万 t，全国工业危险废物综合利用处置率达到 79.9%。2016 年，全国 214 个大、中城市生活垃圾产生量为 1.88 亿 t，处置量为 1.86 亿 t，处置率达 99.1%。

固体废弃物与大气、水、土壤污染问题密切相关，能通过不同的途径进入环境造成危害。固体废物会占用大面积的土地，每万吨约占地 667 m^2，在堆放过程中有害物质会渗入土壤，杀害微生物，影响生态平衡。部分企业将废弃物直接向江河湖海中倾倒，减少水域面积，污染水体。堆积废弃物会形成大量废弃和粉尘，焚烧法处理废弃物会造成严重的大气污染。部分落后地区生活垃圾的随意丢弃严重影响了环境卫生，发酵腐烂产生恶臭，不利于生态文明的建设。

三、生态的破坏

(一)植被破坏

植被是指地球表面某一地区所覆盖的植物群落。第八次全国森林资源清查(2009—2013 年)结果显示，我国有 2.08 亿 hm^2 的森林面积，位居世界第五位，森林覆盖率为21.63%，与全球平均水平为31%的森林覆盖率相比还存在一定的差距。由于我国人口数量较多，人均森林面积仅达到世界人均水平的1/4，人均森林蓄积量是世界人均水平的1/7。我国草原面积接近4亿hm^2，大概占我国国土面积的41.7%，是全国面积最大的陆地生态系统和生态安全屏障。但是现在仍然有乱砍滥伐、毁林开荒、粗放经营等人为因素和火灾、虫灾、洪灾等自然原因破坏森林和草原，使森林和草原面积不断减少。

2016年，全国林业有害生物发生1 186.69万hm^2，重度发生面积66.03万hm^2，属于偏重发生状态。虫害发生面积857.04万hm^2，病害发生面积134.14万hm^2，鼠(兔)害发生面积195.51万hm^2，森林火灾受害面积6 224 hm^2。同时还有外来林业有害生物有42种，发生面积为158.88万hm^2，严重威胁中国的森林资源安全。2016年，全国草原火灾累计造成36 916.8 hm^2草原受灾，草原鼠害危害面积2 807万hm^2，草原虫害危害面积1 251.5万hm^2。

我国植物资源呈现出数量持续增加、质量稳步提升、效能不断增强的良好态势，但资源总量相对不足、质量不高、分布不均的状况仍未得到根本改变，生态文明建设还面临着巨大的压力和挑战。

(二)土地荒漠化

荒漠化是由于气候变化与人类不合理的经济活动等因素，导致干旱、半干旱和具有干旱灾害的半湿润地区的土地发生了退化。截至2014年，全国荒漠化土地总面积达到261.16万km^2，占国土总面积的27.20%，主要分布在新疆、内蒙古、西藏、甘肃、青海，占全国荒漠化土地总面积的95.64%。其中风蚀荒漠化占比69.93%、水蚀荒漠化占9.58%、盐渍化土地占6.58%、冻融荒漠化占13.91%。我国有轻度荒漠化土地面积占全国荒漠化土地总面积的28.69%、中度荒漠化占35.44%、重度荒漠化占15.40%、极重度荒漠化占20.47%。土地荒漠化最终结果大多是沙漠化。现阶段我国沙化土地总面积172.12万km^2，占国土总面积的17.93%，其中重度沙化面积和极重度沙化面积占19.38%和50.71%，沙漠化问题十分严重。

我国荒漠地区自然条件差，生态系统的自我调节能力和自我恢复能力不足，超载放牧的现象仍然存在，2014年牧区县平均牲畜超载率达20.6%，同时水资源稀缺问题对荒漠地区的恢复造成威胁。土地荒漠化造成土地生产力下降，导致农牧业减产甚至绝收，极大地制约了农业经济发展和农民生活水平的提高。

(三)生物多样性锐减

我国不仅有地球生态系统中的各种类型，还有着丰富的物种多样性，包括了森林类型 212 类、竹林 36 类、灌丛 113 类、草甸 77 类、荒漠 52 类。已知物种及种下单元数达到 86 575 种，其中动物界 35 905 种，植物界 41 940 种，细菌界 469 种等。但是我国人口数量持续增长，对资源和生态环境的需求也日益加大，导致了许多动物和植物都受到了威胁。对全国 34 450 种高等植物的评估结果表明，有 3 767 种高等植物受到威胁，占被评估物种总数的比例达到 10.9%，需要重点关注保护的高等植物达 10 102 种，占被评估物种总数的比例达到 29.3%。对 4 357 种已知的脊椎动物(除海洋鱼类)受威胁状况的评估结果显示，受威胁的脊椎动物有 932 种，占被评估物种总数的比例达到 21.4%，需要重点关注和保护的脊椎动物有 2 471 种，占 56.7%。其中列入国家重点保护野生动物名录的珍稀濒危野生动物共 420 种。我国已灭绝或濒临灭绝的动植物包括犀牛、麋鹿、白臀叶猴、崖柏以及喜雨草等。同时我国栽培植物遗传资源也面临威胁，许多农业区的生态系统都遭到了破坏，一些古老名贵品种绝迹。

生物多样性是人类生存和发展的必然条件，不仅有巨大的经济价值、社会价值、科学价值，还有着不可估量的生态价值。生态系统中一个物种的灭绝会影响着整个生态系统，必须加强对生物多样性的保护。

(四)气候变化及自然灾害加剧

由于人类在发展过程中过度使用能源和过度开发自然资源，温室气体浓度不断增长，温室效应加强，导致地气系统吸收与发射的能量不平衡，能量不断在地气系统累积，从而导致温度上升，引起了全球气候变化。气候变化可能导致我国农业生产不稳定，高温、干旱、缺水、沙尘暴、洪涝、泥石流、虫害等多自然灾害加剧，造成粮食减产，破坏生态系统，影响粮食安全和农业生产。

2016 年我国平均气温 10.36℃，较常年偏高 0.81℃，为 1951 年以来第三高，其中 12 月偏高 2.6℃，为历史同期最高。全国年降水量范围为 3.5 mm(新疆托克逊)～3 494.4 mm(安徽黄山)，全国平均降水量 730.0 mm，为 1951 年以来最多。2016 年我国全年共出现 46 次区域性暴雨过程，强降水导致近百个城市发生内涝。全国有 51 条河流超历史最高水位，受灾农作物 1.39 亿亩、人口 1.02 亿人。全国作物受旱面积 3.03 亿亩、受灾面积 1.48 亿亩、成灾面积 9 196 万亩，共有 469 万人、650 万头大牲畜一度出现饮水困难。全年低温冷冻害和雪灾导致农作物受灾面积达 200 万 hm^2，绝收 26.3 万 hm^2，直接经济损失 179 亿元。

第三节　农业自然资源开发利用的策略

一、坚持可持续发展理念

(一)可持续发展概念的由来

1962年,美国女生物学家莱切尔·卡尔逊(Rachel Carson)发表了《寂静的春天》(*Silent Spring*),引发了人类关于发展观念上的争论,公众开始关注环境问题。1972年6月于斯德哥尔摩召开的联合国人类环境会议,通过了"人类环境宣言",鼓舞和指导世界各国人民保护和改善人类环境。1987年,"世界环境与发展委员会"发表了影响全球的题为"我们共同的未来"的报告,对"可持续发展"提出了定义,实现了人类有关环境与发展思想的重要飞跃。1992年在巴西里约热内卢召开的联合国环境与发展大会形成了走可持续发展道路的共识。会议通过的《21世纪议程》《里约宣言》《气候变化公约》等文件,都是以可持续发展思想为指导加以制定的,并把可持续发展在全世界范围由理论和概念推向了行动。

框14-1　《寂静的春天》

《寂静的春天》以寓言开头向我们描绘了一个美丽村庄的突变:一个奇怪的阴影遮盖了这个地区,神秘莫测的疾病袭击了成群的小鸟,牛、羊接二连三地病倒和死亡,在人类中也出现了突然死亡的现象。一种奇怪的寂静笼罩了这个地方,这里的清晨曾经飘荡着鸟儿悦耳的啼叫声,现在却只有一片寂静覆盖着田野、树木和沼泽。从陆地到海洋,从海洋到天空,这本书全方位地反映了化学农药的危害,是一本公认的开启了世界环境运动的奠基之作,它既贯穿着严谨求实的科学理性精神,又充溢着敬畏生命的人文情怀。

莱切尔·卡尔逊通过女作家特有的生动笔触,详细地讲述了由于广泛使用杀虫剂给我们环境带来的难以逆转的危害。尖锐地说明环境问题的深层根源在于人类对自然的傲慢与无知。然而这本书的问世使卡尔逊一度备受攻击、诋毁,但书中提出的有关生态的观点最终还是被人们所接受。环境问题从此由一个边缘问题逐渐走向全球政治、经济议程的中心。

令人遗憾的是,卡尔逊未能看到她所付出的努力对此后人类生态环境保护产生的重要影响和积极作用。在《寂静的春天》出版后几个月,她的健康全面恶化,1964年于56岁被癌症夺去了生命。

(二)可持续发展的概念

与各类经济理论和概念的形成和发展一样，关于可持续发展的概念有不同的流派，众说纷纭。现在被国际社会普遍接受的是1987年布兰特夫人在联合国世界环境与发展委员会的报告《我们共同的未来》对可持续发展给出的定义，可持续发展是指“既满足当代人的需求，又不损害后代人满足需要的能力的发展”。因为此定义具有抽象概括性和普遍指导意义，在最概括的意义上得到了广泛的接受和认可，并得到全球范围的共识。

(三)农业自然资源可持续利用的途径

1.调整产业结构，优化生产布局

根据优化资源配置和有效利用的原则，制定科学的农业发展布局规划，立足本地农业自然资源的特点，开发拓展农业功能，调整优化农业产业结构布局。坚持因地制宜，宜农则农、宜牧则牧、宜林则林，逐步建立起农业生产力与资源环境承载力相匹配的农业生产新格局。优化调整种养业结构，促进种养循环、农牧结合、农林结合。大力发展农产品加工业，延长农产品产业链，提高产品附加值，同时提升农业产业化经营服务水平。

同时进一步发展环保产业，建立循环经济，把清洁生产和废弃物的利用融为一体，减缓资源的耗竭和农药化肥的使用。因地制宜推广节水、节肥、节药等节约型农业技术，以及“稻鱼共生”“猪沼果”、林下经济等生态循环农业模式。把现代科技成果与传统农业技术相结合，建立起一种可持续发展的现代化农业生产体系。

2.建立相关法律法规和保障体系

把可持续发展原则纳入法律体系，完善环境与资源法律。研究并修订耕地质量保护、农药管理、肥料管理、基本草原保护、农业野生植物保护等法规规章，强化法制保障。建立节约有效的农业用水制度，控制农业用水总量，严格管理对于地下水的利用，并加快建立合理的农业水价形成机制和节水激励机制。健全农业生物资源的保护与利用体系，实施保护生物多样性的重大工程，实现生态可持续发展。健全农业可持续发展的投入保障体系，提高资金的管理和使用效率。

3.坚持创新驱动发展和人才支撑

解决环境与发展问题的根本出路在于依靠科技进步，充分发挥创新驱动发展作用，加强农业科技自主创新，大力推进科技进步。加强可持续发展的理论和方法的研究，开发和推广清洁生产技术的研究，提高环境保护技术水平。正确引导和大力扶持环保产业的发展，尽快把科技成果转化成防治污染的能力，提高环保产品的质量。人口是影响农业自然资源的重要因素。强化农民和专业人才对农业可持续发展理念的认识，积极组织实用技术培训，加大对自然资源和生态环境的保护，为农业可持续发展提供坚实的人才保障。

4.合理利用国际市场和资源

依据国内农产品产量和农产品需求，确定合理的自给率目标和农产品进口率目标，以缓解国内资源环境压力，维持国内市场稳定。国家要不断完善相关政策支持体系，积极参与国际与区域农业政策以及农业国际标准制定，引导国内企业投资境外农业，培育一批具有国际竞争力的粮棉油等大型企业，支持与周边国家发展互利共赢的农业生产和贸易合作关系。加强与其他国家的技术交流与合作，缩小技术差距，对资源进行共同开发，联合处理矛盾，使自然资源能够被合理高效利用，向可持续方向发展。

二、合理配置资源

资源的合理配置是按照生态经济系统的结构和科学技术管理手段的使用，对自然资源系统进行改造、设计、组合和布局的活动。这对确立地区发展方向、生产要素合理布置有着关键作用，有利于解决经济系统增长的无限性与资源生态系统供给的有限性之间的矛盾。

(一)坚持经济、社会和生态效益相结合的原则

农业的经济效益、社会效益、生态效益的关系实质是农业近期、中期和长期效益的关系，对农业自然资源进行掠夺式的开发利用会扩大资源供求之间的差距，导致农业自然资源变质、退化、灭绝，威胁人类的生存。当前正确处理农业经济效益、生态效益、社会效益的关系，应从追求眼前经济效益为主，逐步过渡到追求经济效益、生态效益、社会效益并重发展模式上来。将对农业自然资源的开发利用和国民经济发展的速度匹配起来，依照生态经济的规律，在农业生产中既取得经济效益，又取得社会效益和生态效益。将传统农业技术的精华和现代农业技术相结合，建立起具有生态合理、经济高效的现代化农业发展模式。把保护生态环境、提高自然资源利用效率、满足社会需求相结合，达到生态合理和可持续发展的目的。坚持节约资源和保护环境的基本国策，树立和践行绿水青山就是金山银山的理念，形成绿色发展方式和生活方式。

(二)调查农业自然资源,因地制宜开发利用

我国地域辽阔,有着丰富的自然资源。由于时空分布的不均匀性和严格的区域性,使自然资源在地区分布方面有明显的差异。不同资源的特性不同,不同地区、不同时间的同种自然资源也有不同的区域、时间特性。因此要合理配置、有效利用农业自然资源,需要首先对各种资源进行调查,了解土壤、水文、气候、生物等农业自然资源的数量、质量、分布和组合关系等。然后在资源调查的基础上,对相关条件进行综合评价,揭示各种农业资源的地域分布规律,分析不同地区的资源特点、发展方向和途径。为因地制宜、分类指导发展农业生产提供科学依据。通过发展本地区具有资源优势的生产部门和产品,因地制宜,达到利益最大化,带动当地经济的快速发展。

(三)综合开发利用农业自然资源

一个国家或地区的资源,在一定的地理范围内是互相促进、互相制约的统一整体。改变传统农业的耕作方式,推广生态农业和立体农业等现代农业的可持续发展模式,走农业综合开发的道路。由粗放经营变为集约经营,发展循环经济,保护生态环境,促进经济发展与人口、资源、环境相协调。农业综合开发要把改造中低产田,提高耕地利用率,增加粮食产量作为首要任务。通过优化投资结构和产品结构,使农产品供给结构与市场需求相适应,既能够努力提高农产品的综合生产能力,增强农业生产发展的后劲,又能够逐步增加农民收入。改善农业生产基本条件及生态环境,从根本上实现农业增长方式的转变,进而提高农业综合生产能力和整体效益、加快农业现代化进程和现代农业可持续发展。

(四)加强科学技术研究

农业经济增长和资源合理配置的实现依赖于农业科学技术的进步,科技进步既会引起资源配置的不均衡,又能使自然资源配置实现新的均衡,并提高资源利用率,实现资源不断达到优化配置。如拥有着肥沃的土地资源的东北地区,热量资源、水资源不足限制了农业生产力的提高,地膜覆盖技术的推广,促进了该地区的热量资源与土地资源、水资源等的合理匹配。通过大力发展科技,不断优化农业资源的要素配置状况,实现农业自然资源配置的最大效益。

三、开发替代资源

资源替代战略指用一种较丰富的资源去替代另一种相对紧缺资源,或者通过技术发展来扩大某种自然资源的利用范畴。

(一)土地资源

中国现有22.91亿亩面积的宜农荒地，主要分为南北方两大区域，若这些土地资源得到有效开发，可满足2030年以后的中国食物消费增长。通过综合开发山地资源，实现“平面农业”向“立体农业”的积极转变。未围滩涂也是开发土地资源的重要途径。以江苏省为例，未围滩涂总面积为50多万 hm^2，约为全省耕地面积的1/7。开发滩涂面积能促进海洋经济发展，有利于农业可持续发展，壮大海洋经济规模、优化海洋产业结构。

(二)水资源

通过调控田间降水各转化环节的转化效率和降雨收集利用措施，将降水资源更高效的利用，对于干旱、半干旱及其他缺水(或季节性缺水)地区具有重要意义。天然降水主要用于人畜生活用水和农业灌溉。年有效降水量在250 mm以上的地区均可通过集中蓄积雨水提高天然降水的利用效率，进而提高农业灌溉的经济效益。我国废水排放量较多，部分污水中含有有机物质或作物营养物质，慎重发展污水灌溉，不仅可利用水资源，还可利用这部分养分，但要注意防止重金属和有机物超标的污水对土壤，农产品等造成污染。我国尚有一定数量的咸水或微咸水，可为农业利用，充分利用这部分水资源可以缓解水资源短缺的压力。

(三)气候资源

在掌握气候规律的基础上，综合考虑经济方面要求以及实际可行性，遵循自然规律和经济规律，因地、因作物布局农业生产。以最适宜的作物适应当地气候，以达到发挥气候资源优势的目的。如西北干旱区水土极不平衡，土多水少，便可根据水资源的多少来确定农业开发规模的大小，以提高水以及光温的利用率。粮食复种对粮食增产存在贡献潜力，中纬度地区热量丰富，具备发展多熟种植的有利条件。通过调节农田植被结构，改善通风透光条件，提高光和利用率，来调节、控制和改良农田小气候。发展覆盖保护地栽培，并向大型化发展，营造农田防护林，加强农业气象预报，准确、及时、针对性强的天气预报，防御自然灾害。

(四)生物资源

1.种植业资源

不断改善种植业的生产基本条件，加强对农业基础设施的建设，并适当增加投入种植业基础设施，建立完善的农业技术推广体系，这有利于提高农业技术水平，并改革传统育种技术，不断培育推广使用优良品种。进一步改善化肥结构，调整化肥用量，重视科学施肥。提倡施用有机肥料，持续增进土壤肥力，协调氮、磷、钾的比例适当。发展多品种农膜，加大对以植物纤维为原料的农膜的开发力度，研究改进光质的有色膜，是高效发展种植业的手段之一。

大力发展农田水利建设，积极发展农田灌溉，完善沟渠配套设施，把新的灌水技术如喷灌、滴灌、渗灌等逐步运用到生产上，并制定出有效的节水措施。综合利用并发展农副产品，对农产品进行加工，精制重复利用，延长产业链，提升农副产品附加值。

2.草地资源

天然草地是我国草地资源的主体，加强天然草地的合理利用和建设是重要方面。目前存在的最主要问题是季节不平衡和超载过牧，因此解决问题的实质还是要协调草畜关系，缓解草畜矛盾。积极建设人工草地，改善天然草地的生产条件。人工草地的优点不仅是产量高、质量好，而且产量稳定，利用适宜性强，能弥补春冬饲草料短缺的问题，在发展畜牧业的过程中，要重视人工草地的建设。我国宜农荒地中适合人工建立草地的地区，如果适当增加投入，建立更多的人工草场，使人工草场的比重提高，我国天然草场超载的现象将会得到改善。

(五)能源资源

替代能源是指可以代替当前广泛使用的矿产燃料如石油、天然气和煤炭等燃料的能源，包括太阳能、风能、水能、地热能、核工业能、生物质能、海洋能等可再生能源。太阳能是非常丰富的可再生能源形式，是所有化石能源及多种可再生能源的源头。风电是具有成本优势的一种可再生能源，在风力资源较好的地区，风力发电成本与燃油发电或燃气发电相比拥有成本竞争力。水能可用于水力发电，水力发电是通过水的势能和动能转换成电能的过程。三峡水电站是世界上最大的水电站。水能成本低、可连续再生、无污染，但是分布受水文、气候、地貌等自然条件的限制较大，并且水资源容易受到污染。在现有能源供给的约束条件下，我国能源供需存在着结构性矛盾，有着能源自给安全压力与环保压力。发展替代能源，实现新能源替代传统能源是解决我国能源供需结构性矛盾的有效途径，也是减轻环境压力的重要措施。

四、保护生态环境

(一)积极推进立法，加强法制建设

我国以往采用环境费与其他相关税种结合的方式，指导生态环境保护治理工

作，在实际征收费用为排污费、使用费、产品费等。新出台的《环境保护税法》规定，从2018年1月1日起，取消排污费制度，意味着近40年的排污收费制度退出历史舞台。环境保护税按照"税负平移"原则，实现排污费制度向环保税制度的平稳转移。《环境保护税法》将"保护和改善环境，减少污染物排放，推进生态文明建设"写入立法宗旨，是重大的进步。关注农业农村改革发展进程，将农业立法与改革决策相结合，完善耕地保护、农业污染防治、农业生态保护、农业投入品管理等方面的法律制度。各级政府和有关部门切实履行职责，依法行政，持续加大环境行政执法力度。

（二）重视环境保护，提高全民族环境意识

党的十九大报告明确提出"树立和践行绿水青山就是金山银山"，将"坚持节约资源和保护环境的基本国策"一起，成为新时代生态文明建设的思想和基本方略。坚持教育引导，加强环保知识的宣传，采取符合农村特点的有效方式，使环境保护成为公众自发的行为。利用报刊、电视、互联网等多种途径，开展农业生态环境保护建设宣传，鼓励企业和农户减少能源消耗和污染物的排放，充分利用农业废弃物，动员全社会广泛参与到农业生态保护和建设中来。

（三）健全环境影响评价制度，制定环境损失补偿方法

科学合理地制定统一的技术规范，对自然资源进行分类，重新规划评价方法、指标和标准。建立农业资源环境生态监测预警体系，强化资源环境考核评价，落实各级政府和部门的绿色发展责任。同时进行回顾性评价，及时发现以往工作上的漏洞和疏忽加以补救，防止超量开发造成的重大环境问题。"资源无主、谁采谁用"的陈旧观念需要破除，使大众认识到农业自然资源的实有价值。按照"谁开发谁保护、谁破坏谁恢复、谁利用谁补偿"和"开发利用和保护增殖并重"的原则，收取治理补偿费。

（四）加大环境保护资金投入，健全生态修复保护政策

农业生态环境保护和建设是一项基础性、公益性的工作，在进一步加强中央财政支持力度的同时积极拓宽融资渠道广泛吸纳社会资金。各级政府也要加大对技术创新、科技成果转化的财政投入，积极推动和建立农业生态环境保护和建设的补偿机制。

复习题

1. 农业自然资源评价的目标是什么？

2.农业自然资源评价有哪些原则？

3.农业自然资源评价的主要程序是哪些？

4.未来农业自然资源利用存在哪些潜在问题？

5.未来应该如何开发利用农业自然资源？

讨论题

国外有哪些农业自然资源利用模式？有哪些值得我国学习的经验？

参考文献

[1] 安睿.浅析野生动物经驯化作为家畜驯养繁殖的利和弊[J].野生动物，2005(6):11-12.

[2] 白成,刘丽平,鄢小宁,等.苏云金芽孢杆菌的概况及其研究进展[J].热带农业科学，2012，32(8):33-38.

[3] 边炳鑫，赵由才.农业固体废物的处理与综合利用[M].北京：化学工业出版社，2005.

[4] 卞有生.生态农业中废弃物的处理与再生利用[M].2版.北京：化学工业出版社，2005.

[5] 陈百明.土地资源学[M].北京：北京师范大学出版社，2008.

[6] 陈常优，王喜.土地资源学[M].北京：科学出版社，2015.

[7] 陈芬.基于AEZ/GIS的福建土地适宜性评价[J].福建地理，2002，17(3):11-13.

[8] 陈欢,王全忠,周宏.中国玉米生产布局的变迁分析[J].经济地理，2015，35(8):165-171.

[9] 陈景和,王家福,赵廷翠,等.我国与世界森林资源评估分析[J].山东林业科技，2015，45(3)：94-96.

[10] 陈永文.自然资源学[M].上海:华东师范大学出版社,2002.

[11] 崔凤,赵缇,沈彬.治理与养护:实现海洋资源的可持续利用[M].北京：社会科学文献出版社，2017.

[12] 崔旺来,钟海玥.海洋资源管理[M].青岛：中国海洋大学出版社，2017.

[13] 邓东旺.我国森林资源的调查现状及其原因探析[J].中国林业经济,2016(4)：85-86.

[14] 丁建民.世界上最早驯化的野生动物[J].云南林业，1990(4):2-6.

[15] 段建南.农业资源及可持续利用[M].2版.北京:中国农业出版社,2013.

[16] 冯效毅,刘春阳.凹凸棒土在环境保护中的研究进展[J].污染防治技术，2014(5):8-10.

[17] 高鸿宾.中国草原[M].北京：中国农业出版社，2012.

[18] 高旺盛. 中国区域农业协调发展战略[M]. 北京：中国农业大学出版社，2004.
[19] 高雅，林慧龙. 草业经济在国民经济中的地位现状及其发展建议[J]. 草业学报，2015，24(1)：141-157.
[20] 谷树忠. 农业自然资源与可持续利用[M]. 北京：中国农业出版社，1999.
[21] 韩鹤忠. 底线思维与国家粮食安全新战略[J]. 中国粮食经济，2014(10)：27-29.
[22] 韩俊. 中国草原生态问题调查[M]. 上海：上海远东出版社，2011.
[23] 何静. 我国土地资源利用中存在的问题与对策[J]. 农业灾害研究，2014，4(2)：28-36.
[24] 何欣，牛建明，郭晓川，等. 典型草原家庭牧场草地资源利用行为分异机制及管理策略研究[J]. 草业学报，2013，22(4)：257-265.
[25] 贺义雄，勾维民. 海洋资源资产价格评估研究[M]. 北京：海洋出版社，2015.
[26] 侯向阳. 中国草原科学[M]. 北京：科学出版社，2013.
[27] 胡四一，王浩. 中国水资源[M]. 郑州：黄河水利出版社，2016.
[28] 环境保护部. 2017 年全国大中城市固体废物污染环境防治年报[R/OL]. 2016-11-22 [2018-05-15]. http://trhj. mee. gov. cn/gtfwhjgl/zhgl/201611/P020161123507795479700. pdf.
[29] 环境保护部. 2016 中国环境状况公报[R/OL]. 2017-05-31 [2018-05-15]. http://www. zhb. gov. cn/hjzl/zghjzkgb/lnzghjzkgb/201706/P020170605833655914077. pdf.
[30] 环境保护部，国土资源部.《全国土壤污染状况调查公报》(2014)[R/OL]. 2014-04-17 [2018-05-15]. http://www. gov. cn/foot/2014-04/17/content_2661768. htm.
[31] 黄文秀. 农业自然资源[M]. 北京：科学出版社，1998.
[32] 黄云. 农业资源利用与管理[M]. 2 版. 北京：中国林业出版社，2010.
[33] 霍明远，张增顺. 中国的自然资源[M]. 北京：高等教育出版社，2001.
[34] 姬超，颜玮. 广义系统下中国草地资源的退化成因与可持续利用对策[J]. 农业现代化研究，2013，34(5)：538-542.
[35] 李军. 农作学[M]. 北京：科学出版社，2016.
[36] 李琳凤，李孟刚. 提高复种指数是保障我国粮食安全的有效途径[J]. 管理现代化，2012(3)：26-28.

[37] 李明辉,周玉玺,周林,等. 中国小麦生产区域优势度演变及驱动因素分析[J]. 中国农业资源与区划, 2015, 36(5):7-15.
[38] 李宁, 方美英. 家养动物驯化与品种培育[M]. 北京: 科学出版社, 2012.
[39] 李树财. 我国土地资源利用存在的问题与对策[J]. 科技创新与应用, 2016(31):124-126.
[40] 李文光. 优质矿物肥料泥炭在农业上的利用与研究[J]. 化工矿产地质, 2002(2):115-120.
[41] 李文华. 中国区域农业资源合理配置、环境综合治理和农业区域协调发展战略研究——农业生态问题与综合治理[M]. 北京: 中国农业出版社, 2008.
[42] 李旭. 非金属矿物在改善农业环境中的作用[J]. 农业环境与发展, 2003(2): 28-29.
[43] 李勇凯, 毛胜勇, 朱云伟. 益生菌发酵饲料研究及应用现状[J]. 畜牧与兽医, 2009, 41(3): 90-93.
[44] 联合国粮食及农业组织. 2016 世界渔业和水产养殖状况[R/OL]. 2016[2018-05-15]. http://www.fao.org/publications/sofia/2016/zh/.
[45] 梁书民. 中西线联合南水北调的宜农荒地资源开发潜力[J]. 水利发展研究, 2013, 13(12):15-24.
[46] 梁文俊,刘佳,刘春敬,等. 农作物秸秆处理处置与资源化[M]. 北京: 化学工业出版社, 2018.
[47] 梁学庆, 杨凤海, 刘卫东. 土地资源学[M]. 北京: 科学出版社, 2006.
[48] 廖启林, 刘聪, 朱伯万,等. 凹凸棒石调控 Cd 污染土壤的作用及其效果 [J]. 中国地质, 2014(5):1693-1704.
[49] 刘珉. 多角度解读第八次全国森林资源清查结果[J]. 林业经济, 2014(5): 3-9.
[50] 刘秀珍. 农业自然资源概论[M]. 北京: 中国林业出版社,2009.
[51] 刘耀林, 焦利民. 土地评价理论方法与系统开发[M]. 北京: 科学出版社, 2008.
[52] 刘自飞, 曲明山, 廖洪,等. 不同矿质肥料在蔬菜上的施用效果研究[J]. 中国土壤与肥料, 2015(4):108-111.
[53] 卢秀茹,贾肖月,牛佳慧. 中国棉花产业发展现状及展望[J]. 中国农业科学, 2018, 51(1):26-36.
[54] 罗锋,宋晓村,常曼,等. 沿海滩涂资源围垦开发利用需求与制约因素[J]. 水

利经济，2017，35(1)：1-3.
[55] 罗巧玉，王晓娟，林双双，等. AM 真菌对重金属污染土壤生物修复的应用与机理[J]. 生态学报，2013，33(13)：3898-3906.
[56] 罗运兵，张居中. 河南舞阳县贾湖遗址出土猪骨的再研究[J]. 考古，2008 (1)：90-96.
[57] 麻万诸，王浩，章明奎. 矿物改良剂对污染土壤中重金属多目标有效性的影响[J]. 浙江大学学报：农业与生命科学版，2012 (5)：629-638.
[58] 马传栋. 可持续发展经济[M]. 北京：中国社会科学出版社，2015.
[59] 马林转，王红斌，刘满红，等. 环境与可持续发展[M]. 北京：冶金工业出版社，2016.
[60] 马梅，乔光华. 气候变化与生产经营活动对草地退化影响的实证研究——以锡林郭勒盟牧区为例 [J]. 生态经济，2018，34(2)：201-208.
[61] 马群. 非金属矿在农业环保等领域的应用 [J]. 中国非金属矿工业导刊，2015 (1)：1-2.
[62] 马世骏，李松华. 中国的生态农业工程[M]. 北京：科学出版社，1987.
[63] 蒙吉军. 土地评价与管理[M]. 2 版. 北京：科学出版社，2011.
[64] 农业部，国家发展改革委，科技部，等. 全国农业可持续发展规划(2015—2030年)[R/OL]. (2015-05-20) [2018-05-15]. http://www.moa.gov.cn/gk/zcfg/qnhnzc/201505/t20150528_4622065.htm.
[65] 庞素艳，于彩莲，解磊. 环境保护与可持续发展[M]. 北京：科学出版社，2015.
[66] 彭渤. 矿产资源学[M]. 北京：地质出版社，2014.
[67] 皮广洁. 农业自然资源与管理[M]. 北京：中国林业出版社，2002.
[68] 秦大河. 中国气候与环境演变：2012[M]. 北京：气象出版社，2012.
[69] 全国畜牧总站. 畜禽资源化利用技术——种养结合模式[M]. 北京：中国农业科学技术出版社，2016.
[70] 任继周. 草业科学概论[M]. 北京：科学出版社，2014.
[71] 邵东国. 水土资源规划与管理[M]. 北京：中国水利水电出版社，2009.
[72] 申晓晶，李王成，田军仓. 西北干旱地区降水高效利用的研究进展[J]. 节水灌溉，2014(2)：26-28.
[73] 沈海花，朱言坤，赵霞，等. 中国草地资源的现状分析[J]. 科学通报，2016，61 (2)：139-154.

[74] 生态环境部. 全国环境统计公报(2015 年)[R/OL]. 2017-02-23[2018-05-15]. http://www.zhb.gov.cn/gzfw_13107/hjtj/qghjtjgb/201702/t20170223_397419.shtml.
[75] 石涛. 近东地区的早期动物驯化[J]. 四川文物，2013(2):32-39.
[76] 水利部. 2016 年中国水资源公报[R/OL]. 2016-07-11[2018-05-15]. http://www.mwr.gov.cn/sj/tjgb/szygb/201707/t20170711_955305.html.
[77] 水利部水利水电规划设计总院. 中国水资源及其开发利用调查评价[M]. 北京:中国水利水电出版社，2014.
[78] 谭术魁. 土地资源学[M]. 上海：复旦大学出版社，2011.
[79] 谈俊忠,张梅,谈心,等. 1995—2010 年中国西部草地资源动态变化监测研究[J]. 地理与地理信息科学，2015，31(4):60-64.
[80] 唐海萍,陈姣,房飞. 世界各国草地资源管理体制及其对我国的启示[J]. 国土资源情报，2014(10):9-17.
[81] 万晓彤，马志龙，杨阿米,等. 野生动物繁育与野外资源保护关系的研究进展[J]. 野生动物学报，2018(1):186-190.
[82] 汪慧玲. 农业自然资源评估[M]. 兰州:甘肃人民出版社，2011.
[83] 王大海. 海水养殖业规模经济发展研究[M]. 青岛：中国海洋大学出版社，2014.
[84] 王芳,朱大奎. 全球变化背景下可持续的滨海旅游资源开发与管理[J]. 自然资源学报，2012，27(1):1-16.
[85] 王敬国，张玉龙. 资源与环境概论[M]. 2 版. 北京：中国农业大学出版社,2011.
[86] 王腊春，史运良，曾春芬,等. 水资源学[M]. 南京：东南大学出版社，2014.
[87] 王开章. 现代水资源分析与评价[M]. 北京：化学工业出版社，2006.
[88] 王述民，李立会，黎裕,等. 中国粮食和农业植物遗传资源状况报告 [J]. 植物遗传资源学报，2011，12(2):167-177.
[89] 王万茂. 土地资源管理学[M]. 2 版. 北京：高等教育出版社，2010.
[90] 王小敏,赵军,王建华,等. 基于农业生态区域模型的黑河流域土地资源承载力[J]. 干旱区研究，2014，31(6):5-8.
[91] 王亚菲，石岩. 凹凸棒石在农业生产上应用进展[J]. 耕作与栽培，2016(2):69-72.
[92] 魏海燕，磊明，赵玉艳,等. 我国微生物农药的应用现状[J]. 干旱环境监测，

2008，22（4）：236-242.
[93] 魏辅文，娄治平. 中国野生动物保护研究现状[J]. 中国科学院院刊，2010，25(6)：668-673.
[94] 温发园，张永安，王玉珠，等. 微孢子虫防治农业害虫研究进展[J]. 植物保护，2005，31（3）：5-10.
[95] 吴斌，秦富仓，牛健植. 土地资源学[M]. 北京：中国林业出版社，2010.
[96] 吴绍洪，黄季焜，刘燕华，等. 气候变化对中国的影响利弊[J]. 中国人口资源与环境，2014，24(1)：7-11.
[97] 吴文景，李睿宇，蔡一冰. 论我国森林资源质量变化和现状[J]. 中国林业产业，2016(1)：141-144.
[98] 武建勇，薛达元，赵富伟，等. 中国生物多样性调查与保护研究进展[J]. 生态与农村环境学报，2013，29(2)：146-151.
[99] 谢立勇，冯永祥. 北方水稻生产与气候资源利用[M]. 北京：中国农业科学技术出版社，2009.
[100] 辛仁臣，刘豪，关翔宇. 海洋资源[M]. 北京：化学工业出版社，2013.
[101] 徐济德. 我国第八次森林资源清查结果及分析[J]. 林业经济，2014(3)：6-8.
[102] 徐敏云. 草地载畜量研究进展：中国草畜平衡研究困境与展望 [J]. 草业学报，2014，23(5)：321-329.
[103] 杨庆文，秦文斌，张万霞，等. 中国农业野生植物原生境保护实践与未来研究方向[J]. 植物遗传资源学报，2013，14(1)：1-7.
[104] 杨改河. 农业资源与区划[M]. 北京：中国农业出版社，2007.
[105] 尹晓青. 我国草地资源可持续利用状况的动态变化及区域差异分析[J]. 生态经济，2015，31（12）：93-97.
[106] 于磊，鲁为华，阎平，等. 新疆昭苏县境沙尔套山天然草地牧草资源与评价[J]. 中国草地学报，2014，36(6)：4-11.
[107] 袁靖. 中国古代的家猪起源//西部考古（第一辑）[M]. 西安：三秦出版社，2006.
[108] 岳锐平，张慧东. 我国野生植物资源高效利用前景及存在问题[J]. 辽宁林业科技，2015(6)：44-46.
[109] 曾波. 近 30 年来我国水稻主要品种更新换代历程浅析[J]. 作物杂志，2018(3)：1-7.

[110] 张超，王玉霞. 微生物农药在病虫害防治中的应用及发展前景[J]. 西南园艺，2003，31 (4)：58-59.

[111] 张成龙，黄晖，黄良民，等. 海洋酸化对珊瑚礁生态系统的影响研究进展[J]. 生态学报，2012，32(5)：1606-1615.

[112] 张桂荣. 仔鸡饲喂玉米秸秆粉发酵饲料初探[J]. 中国家禽，2003 (14)：17-18.

[113] 张佳宁. 祁连山北坡高寒草地退化现状及应对策略[J]. 草业科学，2014，31 (4)：776-781.

[114] 张硕. 畜禽污染的四化处理[M]. 北京：中国农业科学技术出版社，2007.

[115] 张雅京. 我国生物多样性保护现状及宏观对策浅析[J]. 环境教育，2013 (12)：79-80.

[116] 张耀光. 中国海洋经济地理学[M]. 南京：东南大学出版社，2015.

[117] 张中华，周华坤，赵新全，等. 青藏高原高寒草地生物多样性与生态系统功能的关系[J]. 生物多样性，2018，26(2)：111-129.

[118] 郑大玮，李茂松，霍治国. 农业灾害与减灾对策[M]. 北京：中国农业大学出出版社，2013.

[119] 郑殿升，杨庆文. 中国作物野生近缘植物资源[J]. 植物遗传资源学报，2014，15(1)：1-11.

[120] 中国海洋志编纂委员会. 中国海洋志[M]. 郑州：大象出版社，2003.

[121] 国家林业局. 中国森林可持续经营国家报告[M]. 北京：中国林业出版社，2013.

[122] 周国强，张青. 环境保护与可持续发展概论[M]. 北京：中国环境出版社，2017.

[123] 朱建国，陈维春，王亚静. 农业废弃物资源化综合利用管理[M]. 北京：化学工业出版社，2015.

[124] 自然资源部. 2017 中国土地矿产海洋资源统计公报[R/OL]. 2018-05-18 [2018-05-20]. http://gi.mlr.gov.cn/201805/t20180518_1776792.html.

[125] 左其亭，窦明，马军霞. 水资源学教程. 2 版[M]. 北京：中国水利水电出版社，2016.